最新・最前線・旅遊全攻略

北海道

HOKKAIDO

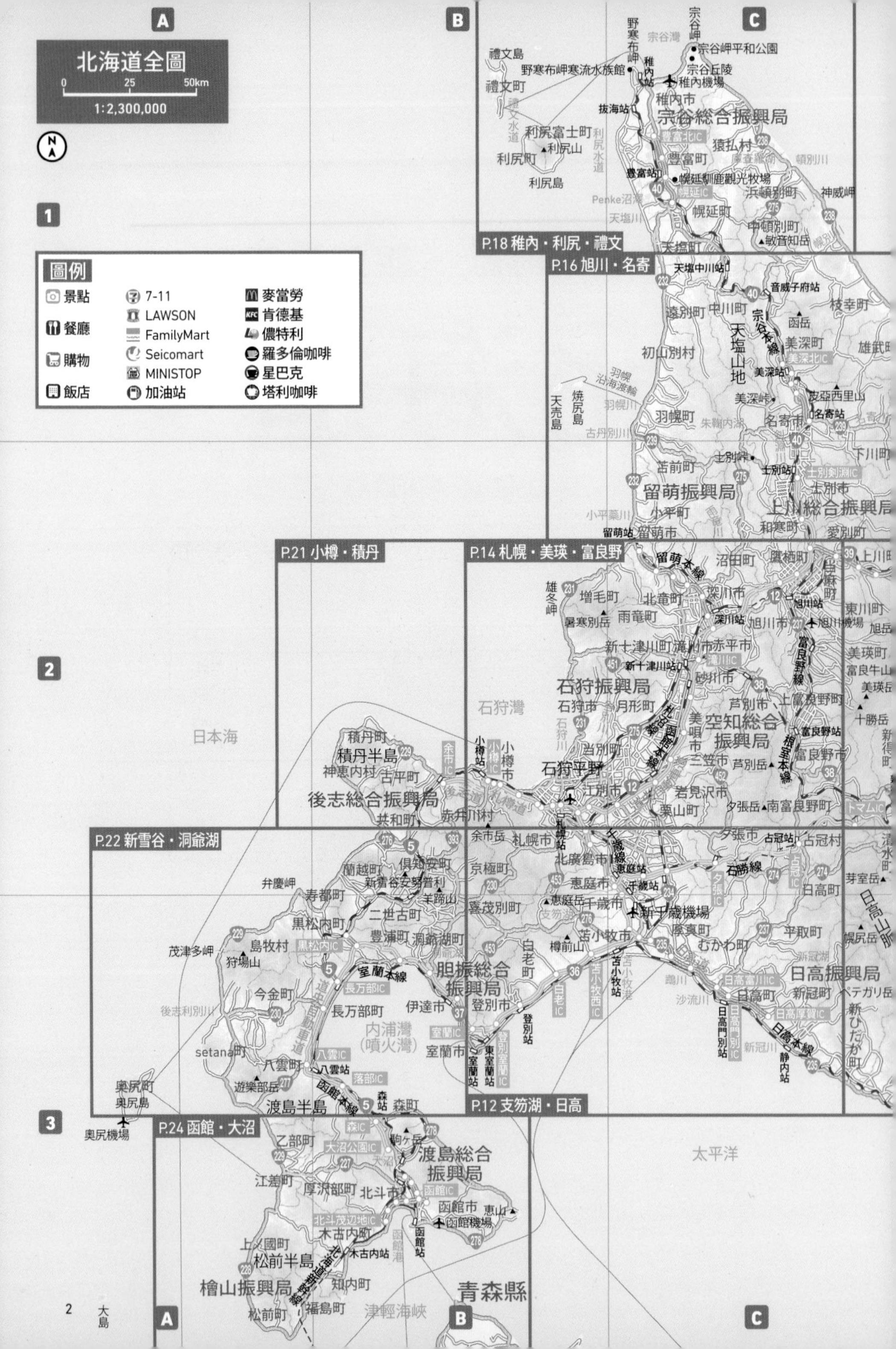

北海道全圖
0
25
50km
1:2,300,000
圖例
景點
餐廳
購物
飯店
7-11
LAWSON
FamilyMart
Seicomart
MINISTOP
加油站
麥當勞
肯德基
儂特利
羅多倫咖啡
星巴克
塔利咖啡
A
B
C
1
2
3
P.18 稚內・利尻・禮文
P.16 旭川・名寄
P.21 小樽・積丹
P.14 札幌・美瑛・富良野
P.22 新雪谷・洞爺湖
P.12 支笏湖・日高
P.24 函館・大沼
宗谷岬
宗谷岬平和公園
宗谷丘陵
宗谷灣
野寒布岬
野寒布岬寒流水族館
稚內站
稚內機場
稚內市
宗谷総合振興局
禮文島
禮文町
禮文水道
利尻富士町
利尻山
利尻町
利尻島
利尻水道
抜海站
豊富北IC
豊富町
豊富站
猿払村
幌延馴鹿觀光牧場
幌延IC
幌延町
浜頓別町
中頓別町
敏音知岳
神威岬
Penke沼
天塩川
天塩町
天塩中川站
音威子府站
中川町
遠別町
宗谷本線
枝幸町
函岳
天塩山地
美深町
美深北IC
初山別村
雄武町
羽幌沿海渡輪
美深站
美深峠
天売島
焼尻島
羽幌川
羽幌町
朱鞠內湖
名寄市
名寄站
古丹別川
苫前町
士別峠
士別站
士別市
士別剣淵IC
下川町
留萌振興局
上川総合振興局
小平蘂川
小平町
留萌站
留萌市
和寒町
愛別町
留萌本線
沼田町
鷹栖町
当麻町
上川町
雄冬岬
増毛町
北竜町
深川市
旭川站
東川町
暑寒別岳
雨竜町
深川站
旭川市
旭川機場
旭岳
新十津川町
滝川市
赤平市
滝川IC
美瑛町
新十津川站
砂川市
富良野線
富良野牛山
美瑛岳
石狩振興局
石狩灣
石狩市
月形町
芦別市
上富良野町
美唄市
空知総合振興局
十勝岳
日本海
積丹町
積丹半島
余市IC
小樽站
小樽IC
小樽市
当別町
富良野站
神恵内村
古平町
石狩平野
三笠市
芦別岳
根室本線
富良野市
後志総合振興局
江別市
岩見沢市
夕張岳
南富良野町
トマムIC
共和町
赤井川村
栗山町
札樽道
余市岳
札幌市
札幌站
千歳線
夕張市
占冠站
占冠村
倶知安町
北廣島市
恵庭站
石勝線
占冠IC
蘭越町
新雪谷安努普利
京極町
千歳站
夕張IC
日高町
弁慶岬
寿都町
羊蹄山
恵庭市
芽室岳
二世古町
喜茂別町
恵庭岳
千歳市
新千歳機場
日高山脈
黒松內町
豊浦町
洞爺湖町
鵡川
厚真町
むかわ町
平取町
幌尻岳
茂津多岬
島牧村
黒松內IC
樽前山
苫小牧市
狩場山
室蘭本線
白老町
苫小牧站
胆振総合振興局
日高振興局
長万部IC
日高富川IC
今金町
白老IC
苫小牧西IC
沙流川
日高町
新冠町
ペテガリ岳
後志利別川
長万部町
伊達市
登別市
日高厚賀IC
新ひだか町
内浦灣（噴火灣）
室蘭IC
登別室蘭IC
日高門別IC
日高門別站
日高本線
setana町
八雲IC
登別站
室蘭市
新冠川
八雲町
八雲站
道央自動車道
落部IC
東室蘭站
室蘭站
静内站
遊樂部岳
奥尻町
奥尻島
函館本線
森站
森町
渡島半島
奥尻機場
森IC
駒ヶ岳
乙部町
大沼公園IC
渡島総合振興局
太平洋
江差町
厚沢部町
北斗市
函館IC
函館市
惠山
北斗茂辺地IC
函館機場
木古内町
函館站
上ノ國町
木古內站
函館港
松前半島
北海道新幹線
檜山振興局
知內町
青森縣
福島町
松前町
津輕海峽
大島

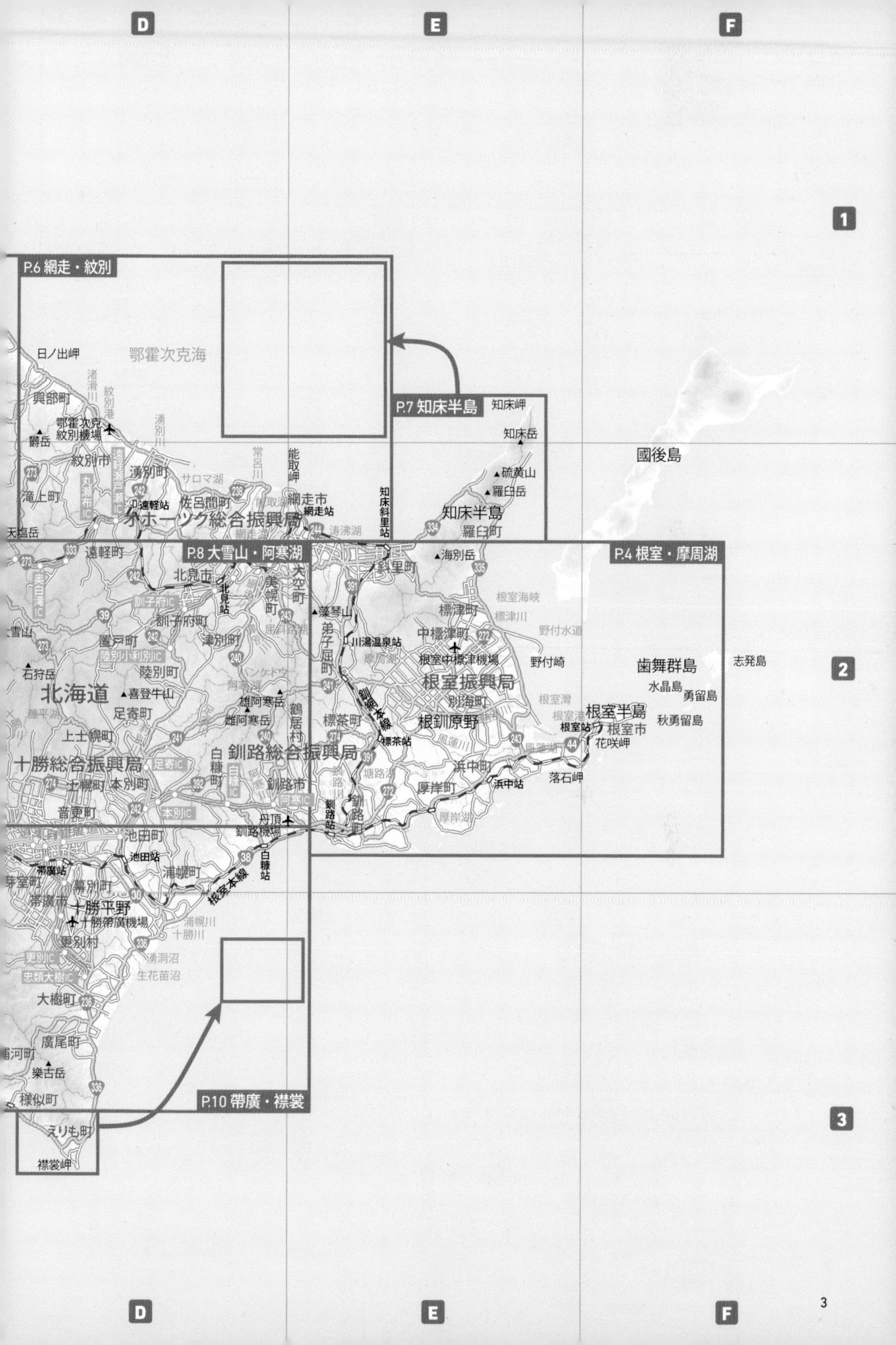
D
E
F
1
2
3
P.6 網走・紋別
P.7 知床半島
P.8 大雪山・阿寒湖
P.4 根室・摩周湖
P.10 帶廣・襟裳
鄂霍次克海
日ノ出岬
興部町
鄂霍次克紋別機場
紋別市
湧別町
滝上町
佐呂間町
網走市
網走站
能取岬
鄂霍次克總合振興局
遠軽町
北見市
北見站
美幌町
大空町
訓子府町
置戸町
津別町
陸別町
北海道
石狩岳
喜登牛山
足寄町
上士幌町
十勝總合振興局
士幌町
本別町
音更町
池田町
池田站
浦幌町
帶廣站
芽室町
幕別町
帶廣市
十勝平野
十勝帶廣機場
更別村
大樹町
廣尾町
樂古岳
樣似町
えりも町
襟裳岬
浦河町
知床岬
知床岳
硫黃山
羅臼岳
知床半島
羅臼町
知床斜里站
斜里町
海別岳
藻琴山
弟子屈町
川湯溫泉站
標津町
中標津町
根室中標津機場
根室振興局
別海町
根釧原野
標茶町
標茶站
雄阿寒岳
雌阿寒岳
鶴居村
白糠町
釧路總合振興局
釧路市
釧路站
釧路町
丹頂釧路機場
白糠站
根室本線
釧網本線
厚岸町
浜中町
浜中站
落石岬
根室半島
根室站
根室市
花咲岬
根室海峽
野付水道
野付崎
歯舞群島
水晶島
勇留島
秋勇留島
志発島
國後島

A
B
C
1
2
3
網走市
止別站
P.180 流冰物語號
宇登呂
羅臼
羅臼峠
浜小清水站
斜里町役場
道の駅しゃりい
知床斜里站
天堂之路
羅臼町
國後國道
Nonky Land Higashimokoto 休息站
小清水町役場
中斜里站
斜里町
海別岳
知床國道
清里溫泉
植別川
清里町
清里町役場
小清水町
斜里國道
Papas Land Satsuru休息站
札弦站
東藻琴芝櫻公園
根北峠
野付國道
斜里岳
大空町
清里町
藻琴山高原溫泉
櫻花瀑布
摩周國道
綠站
JR釧網本線
藻琴山
高地小清水725
小清水峠
野上峠
Samakkenupuri山
保落岳
P.198 北泉名湯之森飯店
武佐岳
P.198 忍冬川湯第一飯店
標津岳
標津町役場
美幌峠 P.195
標津鮭魚科學館
仁伏溫泉
川湯溫泉
神の子池
中島
屈斜路湖 P.195
P.195 砂湯
硫磺山 P.195
川湯溫泉站
開陽台
標津町
裏摩周展望台
溫泉富士
池の湯
和琴半島自然探勝路
和琴溫泉
P.194 摩周湖第三觀景台
摩周湖 P.194
養老牛溫泉
P.214 根室中標津機場
摩周岳（カムイヌプリ）
古丹溫泉露天浴池
Moan山
中標津町役場
西別岳
P.194摩周湖第一觀景台
屈斜路湖鶴雅Auberge Sora
中標津町
美羅尾山
鮭の頭紀念碑
弟子屈町
摩周站
阿寒湖
摩周溫泉休息站
摩周溫泉
弟子屈町役場
900草原
多和平
別海町
別海町役場
磯分內站
パイロット國道
豬排店 Roman
久著呂川
風蓮川
鶴居村
標茶町役場
標茶站
JR釧網本線
鶴居伊藤丹頂鶴保護區
標茶溫泉
鶴居村役場
湿原溫泉
標茶町
フッポウシ川
鶴居Dosanko農場
茅沼站
農場設計
鶴見台
Kottaro濕原觀景台
茅沼溫泉
Sarurun觀景台
Sarubo觀景台
厚岸町
P.188
塘路站
元村ハウスぱる レイクサイドとうろ
酪農展望台
浜中站
釧路濕原
塘路湖
塘路自然中心
溫根內遊客中心
茶內站
達古武夢ヶ丘步道
溫根內木道
厚岸
釧路湿原站
細岡觀景台 P.189
岩保木山
細岡遊客中心 P.189
霧多布湿原中心
國美島
釧路市
釧路市濕原觀景台 P.188
厚岸站
厚岸美食園區休息站
厚岸望洋台
浜中町役場
濕原觀景台步道 P.188
釧路町
霧多布湿原
遠矢站 P.189
JR根室本線
尾幌站
厚岸町役場
牡蠣島
嶮暮帰島
東釧路站
厚岸漁港
厚岸湖
火散布沼
琵琶瀨展望台
釧路濕原慢車號
釧路外環狀道路
上尾幌站
アイカップ崎
藻散布沼
釧路站
大樂毛站
釧路町役場
厚岸灣
釧路港
別保站
根釧國道
Pirikauta觀景台
Ayamegahara原始花園
釧路市役所
釧路 P.185
參閱P.37
チンベノ鼻
釧路市立博物館
尻羽岬
大黑島

北方四島
0 25 50km
1:3,500,000
鄂霍次克海
國後島
泊村
野付水道
野付半島
尾岱沼
野付灣
野付半島自然中心
野付溫泉
竜神崎
野付崎
別海北方展望塔
Odaito休息站
野付國道
兼金沼
Kamoiwakka岬
蘂取岳
散布山
蘂取村
Rakkibetsu岬
紗那村
留別村
択捉島
西単冠山
Rurui岬
安渡移矢岬
國後水道
Berutarube山
知床岬
Rurui岳
爺爺岳
留夜別村
羅臼岳
國後島
羅臼山
色丹村
泊村
色丹水道
色丹島
太平洋
Keramui崎
多樂島
納沙布岬
野付崎
水晶島
志發島
根室市
勇留島
根室站
厚床站
秋勇留島
齒舞群島
相泊崎
齒舞群島
帆前岬
珸瑶瑁水道
水晶島
三角岬
溫根元漁港
貝殼島
勇留島
北方原生花園
納沙布岬 P.196
萌茂尻島
秋勇留島
鈴木食堂 P.196
根室市役所
明治公園
根室港
根室市
齒舞漁港
P.196 Dorian咖啡館餐廳
根室
根室站
根室灣
風蓮湖
友知島
根室市春國岱元生野鳥公園
自然中心
春國岱
花咲站
花咲灯台車石
花咲岬
酪農喫茶
Grassy Hill
Swan 44 Nemuro
休息站
溫根沼
長節沼
根釧國道
厚床站
JR根室本線
小鵜居島
鵜居島
落石站
浜中町
落石漁港
落石岬
太平洋
鄂霍次克海
日本海
根室・摩周湖
太平洋
周邊圖 P.2-3
根室・摩周湖
0 5 10km
1:550,000

網走・紋別
1:500,000
網走市區
1:20,000
鄂霍次克海
P.180網走流冰觀光破冰船 極光・極光2號
P.181 流冰街道網走休息站
網走站
JR釧網本線
網走市
天都山
桂台站
網走市立郷土博物館
網走市役所
網走市立圖書館
厚生醫院
網走Dormy Inn
網走Central飯店
流冰破冰船GaringoII號 P.182
鄂霍次克海豹中心 P.182
冰海観景台鄂霍次克塔 P.182
鄂霍次克紋別休息站
鄂霍次克紋別機場 P.214
紋別 P.182
紋別中央飯店
北海道鄂霍次克流冰科學館
鄂霍次克流冰公園
蟹螯藝術品
Komuke原始花園
Komuke湖
Shibunotsunai湖
佐呂間湖
道の駅おこっぺ
興部町役場
起司工廠
雄武町
興部町
西興部村
滝上町
Kaori-no-Sato Takinoue 休息站
芝櫻滝上公園
紋別市
湧別町
道上湧別温泉休息站
鬱金香之湯
上湧別鬱金香公園
愛Land湧別休息站
遠軽町
遠軽站
太陽の丘えんがる公園
丸瀬布站
丸瀬布休息站
JR石北本線
安國站
生田原站
瀬戸瀬温泉
丸瀬部森林公園
丸瀬布温泉
白滝站
旭川紋別自動車道
佐呂間町
佐呂間町役場
周邊圖 P.2-3

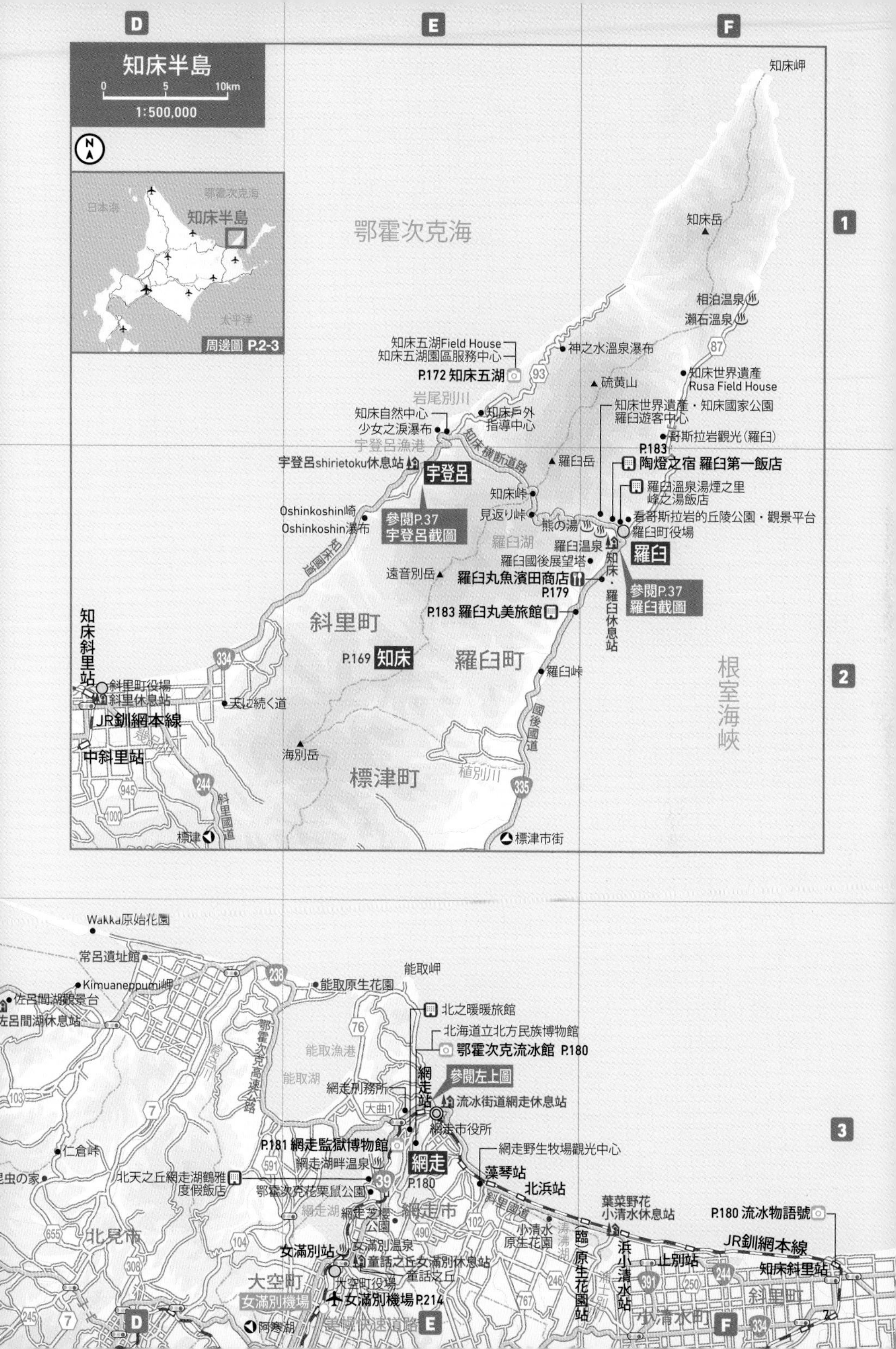

知床半島
0 5 10km
1:500,000
鄂霍次克海
日本海
知床半島
太平洋
周邊圖 P.2-3
知床岬
知床岳
相泊溫泉
瀨石溫泉
神之水溫泉瀑布
知床五湖Field House
知床五湖園區服務中心
P.172 知床五湖
硫黃山
知床世界遺產
Rusa Field House
岩尾別川
知床世界遺產・知床國家公園
羅臼遊客中心
知床自然中心
少女之淚瀑布
知床戶外
指導中心
哥斯拉岩觀光（羅臼）
宇登呂漁港
知床橫斷道路
P.183
宇登呂shirietoku休息站
宇登呂
羅臼岳
陶燈之宿 羅臼第一飯店
羅臼溫泉湯煙之里
峰之湯飯店
知床峠
Oshinkoshin崎
參閱P.37
宇登呂截圖
見返り峠
看哥斯拉岩的丘陵公園・觀景平台
Oshinkoshin瀑布
熊の湯
羅臼町役場
羅臼湖
羅臼溫泉
羅臼
羅臼國後展望塔
知床・羅臼休息站
遠音別岳
羅臼丸魚濱田商店
P.179
參閱P.37
羅臼截圖
知床國道
P.183 羅臼丸美旅館
斜里町
知床斜里站
P.169 知床
羅臼町
根室海峽
羅臼峠
斜里町役場
斜里休息站
天に続く道
JR釧網本線
國後國道
中斜里站
海別岳
標津町
植別川
斜里國道
標津
標津市街
Wakka原始花園
常呂遺址館
能取岬
Kimuaneppumi岬
能取原生花園
佐呂間湖觀景台
左呂間湖休息站
北之暖暖旅館
北海道立北方民族博物館
鄂霍次克高速公路
鄂霍次克流冰館 P.180
能取漁港
能取湖
參閱左上圖
網走站
網走刑務所
流冰街道網走休息站
大曲1
網走市役所
P.181 網走監獄博物館
網走野生牧場觀光中心
仁倉峠
網走湖畔溫泉
網走
藻琴站
昆虫の家
北天之丘網走湖鶴雅
度假飯店
北浜站
P.180
鄂霍次克花栗鼠公園
葉菜野花
小清水休息站
網走湖
網走芝櫻
公園
網走市
斜里國道
P.180 流冰物語號
北見市
小清水
原生花園
濤沸湖
JR釧網本線
女滿別溫泉
（臨）原生花園站
浜小清水站
女滿別站
童話之丘女滿別休息站
上別站
知床斜里站
童話之丘
大空町役場
大空町
女滿別機場
女滿別機場 P.214
斜里町
阿寒湖
美幌快速道路
小清水町

大雪山・阿寒湖
1:500,000
愛別町
あいべつちょう
愛別町役場
愛別站
愛山站
上川站
上川町役場
愛山上川
上川層雲峡
當麻鍾乳洞
木雕之里
P.151 大雪森林花園
上川町
愛山溪溫泉
層雲峡
層雲峡溫泉
流星瀑布、銀河瀑布
銀河隧道
大函
大雪山
北鎮岳
旭岳
白雲岳
旭岳溫泉
東川町
天人峡溫泉
大雪高原溫泉
忠別ダム
忠別岳
化雲岳
美瑛町
Tomuraushi山
白金溫泉
Oputateshike山
Tomuraushi溫泉
望岳台
吹上露天の湯
美瑛岳
十勝岳
十勝岳溫泉
富良野岳
富村水壩
突角山
浮島峠
浮島隧道
浮島
Chitokaniushi山
奥白滝
白滝PA
白瀧休息站
白滝站
白滝
遠軽瀬戸瀬
遠軽國道
旭川紋別自動車道
丸瀬布森林公園 Ikoi森林
丸瀬布溫泉
有明山
遠軽町
Niseikaushuppe山
支湧別岳
武利岳
屏風岳
塩別溫泉
滝の湯溫泉
北見富士
北見國道
石北峠
Oketo湖
鹿之子水壩
三國山
三國峠
音更山
石狩岳
十勝三股
糠平國道
西クマネシリ岳
南クマネシリ岳
幌加溫泉
Nipesotsu山
丸山
P.165 Taushubetsu川大橋
Taushubetsu觀景台
舊國鐵士幌線拱橋群
ubebesanke山
芽登溫泉
糠平水壩
糠平源泉郷
上士幌町鐵道資料館
幌鹿峠
鹿の湯
山田溫泉
上士幌町
NAITAI TERRACE P.23
Naitai高原牧場 P.165
Naitai山
然別湖村
然別湖
然別湖自然中心
然別湖畔溫泉
Naitai高原溫泉
しんとくちょう
新得町
東大雪湖
Air Trip
白樺峠
東Nupukaushi山
扇ヶ原展望台
新村牧場
上士幌町役場
富士見台
十勝水壩
オソウシ溫泉
新田牧場
P.165 Sahoro Resort Bear Mountain
岩松湖
岩松水壩
鹿追町
十勝馬鈴薯田
居邊山
南富良野町
佐幌岳
佐幌度假飯店
佐幌度假中心
狩勝高原軌道自行車
佐幌西部村 P.32
瓜幕休息站
士幌町役場
士幌町
士幌21號碼頭休息站
士幌溫泉休息站
東鹿越站～新得站間運休中
落合站
狩勝峠
狩勝國道
新得蕎麥麵館
共働學舍新得農場
NPO法人 Donkoro 野外學校
Mintal
新得站
新得町役場
三部牧場樹屋
鹿追町役場
鹿追休息站
音更町
十勝牧場
十勝 P.153
根室本線
周邊圖 P.2-3
日本海
鄂霍次克海
太平洋
大雪山
阿寒湖

瀬戸瀬温泉
遠軽站
生田原站
JR石北本線
置戸國道
金華峠
金華站
北方大地水族館
温根湯溫泉
温根湯溫泉休息站
北見温泉
JR石北本線
相内站
北見市
北見市役所
北見站
北見中央
北見西
訓子府町役場
訓子府溫泉
訓子府
置戸町役場
置戸町
訓子府町
津別町
津別町役場
美幌町
活汲峠
開成峠
仁頃山
新佐呂間隧道
網走湖
女滿別站
女滿別溫泉
童話之丘
女滿別休息站
網走市
大空町
大空町役場
女滿別機場
女滿別機場 P.214
Nonky Land
東藻琴休息站
美幌站
美幌
P.195 美幌峠
Grutto全景美幌峠休息站
中島
P.195 屈斜路湖
津別峠展望台
弟子屈町
Chimikeppu湖
釧北國道
相生休息站
Shigechan Land博物館
陸別小利別
陸別町
陸別國道
陸別極光之城93休息站
銀河森林天文台
陸別町役場
Kaneran峠
東三國山
喜登牛山
阿寒湖 P.192
釧北峠
阿寒湖溫泉
双岳台
雄阿寒岳
双湖台
前田一步園光之森林
參閱P.37
神威之湯
La Vista阿寒川 P.197
錦沼
雌阿寒溫泉
雌阿寒岳
遠內多湖
阿寒富士
遠內多湖溫泉瀑布
足寄國道
鶴居村
足寄町
足寄湖休息站
足寄銀河大廳21休息站
足寄町役場
足寄動物化石博物館
足寄
Ukotakinupuri山
Green Lake庶路
庶路水壩
阿寒國際鶴中心GRUS
阿寒Land丹頂之里
阿寒Land丹頂之里休息站
本別町
本別溫泉
本別町役場
Stella★本別休息站
釧勝峠
白糠町
釧路市
浦幌
本別
道東自動車道
白糠國道
白糠
庶路
阿寒
釧路市動物園
釧路市丹頂鶴自然公園
P.214 丹頂釧路機場
浦幌町
釧路市
池田町
D
E
F
1
2
3

十勝清水站
十勝清水
P.161 Butadontoko Butaya
音更町
音更町役場
長流枝PA
池田
道東自動車道
十勝平原SA
音更帶廣
帶廣JCT
音更休息站
筒井溫泉
十勝川溫泉 花園水療館P.167
十勝川溫泉 第一飯店 豐洲亭P.166
大平原飯店 P.166
十勝之丘觀景台
十勝之丘公園
十勝川溫泉
日勝峠
芽室
P.159 OONO FARM COWCOW Cafe
十勝川溫泉
帶廣 P.153
Pekerebetsu岳
御影站
P.156 十勝千年之森
芽室帶廣
芽室町役場
芽室站
西帶廣站
帶廣站
參閱P.11
幕別町役場
幕別站
明野
池田町役場
清水円山展望台
芽室川
Penkenushi岳
Viz農場餐廳 P.157
Hills Shop P.157
十勝Hills P.156
真鍋庭園 P.157
日高町
芽室岳
清水町
P.159 Harukoma麵包坊
P.159 麥音
帶廣川西
劍山
愛國站（愛國交通記念館）
十勝 P.153
Rubeshibe岳
芽室町
幕別町
帶廣市
美生水壩
美生川
伏美岳
伏美湿原
Bipairo岳
P.156 紫竹花園
平取町
戸蔦別岳
戸蔦別川
幸福親密接觸廣場
幸福
十勝帶廣機場 P.214
P.158 野島家農家餐廳
幌尻岳
札內岳
十勝幌尻岳
中札內村役場
P.157 六花之森
中札內休息站
中札內
中札內美術村
Esaomantottabetsu岳
P.163 十勝野Fromage
新冠町
Namewakka岳
中札內農村休暇村 Feriendorf飯店
更別
更別村役場
更別休息站
岩內川
Kamuiekuuchikaushi岳
札內川水壩
札內川
廣尾國道
中札內村
更別村
十勝ryutan湖
歷舟川
Koikakushusatsunai岳
忠類
Naumann溫泉
忠類休息站
1839峰
忠類大樹
Panpetsu山
Kamuikotan公園
晚成海岸原生花園
P.159 充滿夢想的牧場
Petegari岳
高見ダム
新日高町
大樹町役場
COSMOL 大樹休息站
歷舟中の川
大樹町
中之岳
Nubinai川
神威岳
Soematsu岳
大森花園
紋別川
Pisenai山
Pirikanupuri山
三石水壩
十勝・太四郎之森
Toyoni岳
三石川
野塚隧道
樂古川
十勝港
廣尾町役場
浦河町
樂古岳
天馬國道
黃金道路
廣尾町
荻伏站
絵笛站
苫小牧站
Oromappu觀景台
Taniiso隧道
襟裳國道
浦河站
浦河町役場
樣似町
樣似町役場
樣似站
JR日高本線
鵡川站～樣似站間運休中
目黑隧道
Pinnesiri山
太平洋
日高幌別站
樣似漁港
幌滿湖
幌滿水壩
襟裳町
Enrumu岬
襟裳岬
Apoi岳
襟裳岬

帶廣・襟裳
0 5 10km
1:500,000
襟裳岬
0 5km
1:500,000
帶廣市區
0 250 500m
1:33,000
周邊圖P.2-3
本別Jct
白糠町
釧路市
池田町
豐頃町
浦幌町
樣似町
襟裳町
帶廣市
太平洋
JR根室本線
釧路國道
十勝國道
襟裳國道
廣尾國道
西庶路站
庶路站
白糠站
白糠町役場
大樂毛站
新大樂毛站
釧路站
白糠戀問休息站
音別站
厚內站
豐頃站
浦幌站
浦幌休息站
浦幌町役場
新吉野站
豐頃溫泉
豐頃町役場
葡萄酒城
光南
吉野共W
P.23 珠寶冰
大津海岸
大津・長節原生花園
長節湖
湧洞沼
生花苗沼
晚成溫泉
Apoi岳
浦河
豐似湖
豐似岳
廣尾
黃金道路
襟裳黃金隧道
望洋台
追分峠
襟裳町公所
石南花公園
庶野漁港
P.165 襟裳岬「風之館」
音更
帶廣柏葉高
帶廣神社
本願寺別院
幕別
新得站
協立醫院
北榮小
帶廣署
啓北公園
Natural COCO帶廣總店 P.162
福原
帶廣川
帶廣小
帶廣署
中央公園
帶廣市役所
市役所南口
帶廣局
六花亭本店
新町西
新町東
P.162
十勝村產地直銷市場
P.168 輓曳十勝
帶廣賽馬場
西町公園
串燒店
串之Yassan P.165
Kokoro P.165
北方屋台 P.165
Pancho豬肉丼飯 P.161
P.167
帶廣天然溫泉福井飯店
Premier Hotel
-CABIN-帶廣 P.167
Hanatokachi P.160
P.161 Hujimori宴會餐廳
P.167 十勝花園飯店
帶廣市民文化廳
長崎屋
帶廣站
ESTA帶廣西館
日航北國帶廣飯店
十勝廣場
十勝食物語
十勝物產中心 P.162
翔陽中
厚生醫院
白樺通り
新緑通り
白樺公園
帶廣五中
緑丘小
花草中心
P.163 十勝Toteppo工房
P.167
森林水療度假村
北海道飯店
P.160 Tonta豬肉丼飯
池田站
光南小
AEON
西南大通り
花園小
明星小
帶廣百年記念館
緑ヶ丘公園
緑ヶ丘
帶廣美術館
帶廣四中
Akashiya公園
Rancho Elpaso
中札內
石狩通り
青葉通り
明星通り

定山溪溫泉
P.87 定山溪鶴雅休閒渡假溫泉SPA飯店 森之謌
P.87 定山溪萬世閣飯店Milione
P.87 二見吊橋
札幌市
新札幌站
北廣島站
北廣島市
惠庭市
惠庭站
千歲站
南千歲站
新千歲機場站
新千歲機場 MAP P.42
千歲市
P.63 札幌啤酒北海道工廠
P.63 北海道龜甲萬股份有限公司
Poropinai食堂 P.85
支笏湖遊客中心
丸駒 溫泉旅館
LAKESIDE VILLA 翠明閣
P.85 支笏湖
支笏湖觀光船 P.85
支笏湖透明獨木舟之旅 P.85
支笏湖溫泉
苫小牧市
苫小牧站
沼ノ端站
P.23 UPOPOY（民族共生象徵空間）
白老
白老站
白老町
愛奴民族博物館
Poroto天然生態林
伊達市
壯瞥町
P.86 地獄谷
P.86 大湯沼川天然足湯
登別溫泉
P.86 登別棕熊牧場 P.86
第一滝本館
心之度假村海之別邸古川
登別市
登別站
富浦站
室蘭
東室蘭站
室蘭站
室蘭市
京極町
喜茂別町
長沼町
由仁站
追分站
早來站
JR千歲線
JR室蘭本線
支笏湖・日高
0 5 10km
1:500,000
周邊圖 P.2-3

D
E
F
幸福的黃手帕之回憶廣場
富良野
シューパロ湖
夕張市
夕張Shuparo水壩
占冠站
占冠村役場
占冠村
道東自動車道
占冠自然體感休息站
占冠
雨霧山
由仁町
栗山町
新夕張站
夕張Merodo休息站
JR石勝線
夕張
帶廣
巨大棕熊雕像
日高峠
大夕張隧道
Mukawa穗別
千歲樹海路
沙流川
日高樹海路休息站
Abira D51 Station休息站
安平町
Hattaomanai岳
日高町
安平站
厚真川
厚真水壩
厚幌水壩
Mukawa町穗別博物館
糠平山
二岐山
仁世宇川
日高國道
桂峠
厚真町役場
Nukannrai岳
厚真町
似灣峠
額平川
二風谷湖
新冠川
平取町二風谷愛努文化博物館
二風谷湖水壩
Idonnappu岳
Ripira山
新冠湖
厚真
Mukawa町
義経公園
平取町
新冠ダム
浜厚真站
鵡川
鵡川站
平取町役場
義経峠
Mukawa町役場
Mukawa四季之館休息站
富川站
日高富川
日高門別
太陽之森Dimaccio美術館
日高町
日高門別站
日高町役場
新冠町
笹山
高見水壩
鵡川～様似站間停駛
日高厚賀
Thoroughbred銀座通
Pisenai山
新日高町
純種馬道路新冠休息站
新冠町役場
新冠站
前川庭園
新ひだか町役場
靜內站
靜內溫泉
Natural Resort Hygeia
日高三石站
太平洋
三石漁港
三石休息站
歲三三石昆布溫泉
浦河
1
2
3

札幌・美瑛・富良野
0 5 10km
1:500,000
日本海
石狩灣
增毛町
留萌市
新十津川町
浦臼町
月形町
石狩市
當別町
岩見沢市
新篠津村
江別市
小樽市
札幌市
南幌町
長沼町
日方泊隧道
雄冬岬
Gamata隧道
二岩隧道
送毛隧道
太島内隧道
石狩「Airoad 厚田」休息站
暑寒別岳
浜益岳
群別岳
黄金山
円錐峰
P.29 北龍町向日葵之里
雨滝沼濕原
尾白利加水壩
新十津川水壩
Pinneshiri山
隈根尻山
青山水壩
望來水壩
當別水壩
石狩月形站
月形町役場
中小屋温泉
石狩當別站
當別町役場
北村温泉
新篠津村役場
新篠津休息站
岩見沢站
JR函館本線
JR札沼線
JR室蘭本線
河川博物館
太美温泉
北歐之風當別休息站
Ai之里教育大站
石狩市役所
江別市役所
江別站
野幌站
大麻站
新札幌站
白石站
札幌站
札幌市役所
北海道開拓之村
南幌温泉Heart & Heart
南幌町役場
栗山站
栗山町役場
馬追温泉
手稲站
錢函站
朝里站
小樽站
余市
余市IC
小樽Jct
後志自動車道
札樽自動車道
春香山
手稲山
迷沢山
百松沢山
天狗山
藻岩山
參閱P.26
丘珠機場
羽幌
神居岩
中幌峠
千望台
幌糠站
留萌幌糠
增毛町役場
雄冬漁港
浜益漁港
石狩灣新港
八幡町
新港南1
栄町
角山
周邊圖 P.2-3
鄂霍次克海
太平洋
美瑛・富良野

D
E
F
幌加内
名寄
愛別町
愛別町役場
愛別站
伊香牛站
比布町
比布町役場
鷹栖町
鷹栖町役場
JR函館本線
當麻站
當麻町
上野農場P.151
桜岡站
永山站
男山酒造り資料館
旭川
P.150
旭川市旭山動物園P.34
旭川拉麵村P.150
南永山站
旭川站
參閱P.37
P.150 雪之美術館
旭川休息站
旭川市科學館「SAIPARU」
東神樂町役場
東川町役場
東川「道草館」休息站
參閱P.36
旭川機場
東川町
東神樂町
旭川市
JR富良野線
美瑛
P.133
美瑛站
美瑛丘之倉休息站
美瑛町役場
美瑛町
美瑛白金Biruke休息站
美馬牛站
四季彩之丘
深山峠
白金溫泉
白金青池
日之出公園
上富良野站
上富良野町役場
富良野
P.133
上富良野町
望岳台
吹上露天溫泉
十勝岳溫泉
富田農場
中富良野站
中富良野町役場
中富良野町
富良野岳
富良野站
朝日之丘公園
富良野市役所
富良野市
麓郷之森
Popuri之里
山部站
東鹿越站～新得站間停駛
樹海峠
南富良野休息站
南富良野町役場
南富良野
幾寅站
狩勝國道
社滿射岳
幾寅峠
落合岳
金山站
金山水壩
金山峠
南富良野町
JR根室本線
占冠村
湯之澤溫泉
花人街道
占冠IC
JR石勝線
道東自動車道
P.164 雲海平台
P.164 霧冰平台
P.164星野度假村 Tomamu
Tomamu站
帶廣
鷹泊ダム
沼田ダム
幌新溫泉
沼田町
JR留萌本線
東比島峠
美葉牛峠
秩父別鐘鳴町休息站
石狩沼田站
沼田町役場
秩父別町
秩父別站
北竜町
北竜溫泉
北龍向日葵休息站
北竜町役場
妹背牛町
妹背牛町役場
妹背牛站
雨竜町
雨龍田園之里休息站
雨竜町役場
深川市役所
深川站
深川休息站
深川市
新城峠
Irumukeppu山
瀧川休息站
滝川市
滝川站
滝川市役所
新十津川町役場
新十津川站
赤平市
赤平市役所
赤平站
Kamoi岳溫泉
歌志內市役所
歌志內市
歌志內休息站
Chiroru溫泉休息站
上砂川町役場
蘆別休息站
蘆別市役所
蘆別站
蘆別溫泉
蘆別市
砂川市役所
砂川站
JR函館本線
鶴沼休息站
浦臼站
奈井江休息站
奈井江町役場
奈井江站
奈井江溫泉
上砂川町
奈井江町
浦臼町役場
美唄山
美唄市
美唄溫泉
東明公園
美唄市役所
美唄站
安田侃雕刻美術館 Arte Piazza 美唄
三笠溫泉
湯之元溫泉
桂澤水壩
三笠休息站
三笠市役所
三笠市
寶水酒莊
蘆別岳
幾春別岳
鉢盛山
夕張岳
屏風山
栗山町
夕張
哈密瓜城
夕張市石炭博物館
夕張市役所
幸福的黃色手帕回憶廣場
夕張市
夕張Shuparo水壩
滝里水壩
滝里湖
富蘆隧道

旭川・名寄
0 5 10km
1:500,000
日本海
遠別町
初山別村
羽幌町
苫前町
小平町
留萌市
增毛町
沼田町
深川市
中川町
羽幌
留萌
増毛
佐久站
留萌站
幌糠站
JR留萌本線
天売島
焼尻島
羽幌沿海渡輪
Ororon Line
天売國道
霧立國道
名寄國道
深川留萌自動車道
遠別町役場
富士見休息站
金浦原生花園
旭温泉
浪漫街道初山別休息站休息站
初山別天文台
初山別村役場
HOT羽幌休息站
大型海鴿雕像
羽幌港
羽幌温泉
羽幌町役場
苫前漁港
風w苫前休息站
苫前町役場
綠之丘公園
小平鰊番屋休息站
小平町役場
小平水壩
留萌港
黄金岬海濱公園
留萌市役所
神居岩温泉
中幌峠
千望台
留萌大和田
舊増毛站
増毛町役場
恵比島峠
幌新温泉
沼田水壩
達布峠
Poropin湖
鷹泊水壩
森與湖之里幌加內休息站
三頭山
Pisshiri山
霧立峠
天幕峠
東山湖
周邊圖 P.2-3

鄂霍次克海
音威子府村
美深町
名寄市
枝幸町
雄武町
興部町
西興部村
下川町
士別市
剣淵町
和寒町
幌加内町
滝上町
愛別町
比布町
鷹栖町
上川町
旭川市
JR宗谷本線
JR石北本線
音威子府站
咲来站
天塩川温泉站
恩根内站
美深站
智恵文站
日進站
名寄站
風連站
多寄站
士別站
剣淵站
和寒站
比布站
伊香牛站
愛別站
愛山站
筬島站
美深町役場
名寄市役所
士別市役所
下川町役場
雄武町役場
西興部村役場
剣淵町役場
和寒町役場
幌加内町役場
愛別町役場
音威子府村役場
比布町役場
美深北休息站
糯米之鄉名寄休息站
繪本之鄉剣淵休息站
雄武休息站
西興部花夢休息站
音威子府休息站
名寄温泉
美深北温泉
天塩川温泉
日向温泉
五味温泉
剣淵温泉
湯元協和温泉
黑岩山
函岳
Piyashiri山
Uenshiri岳
士風山
九十九山
天塩岳
渚滑岳
突角山
苫頓別山
音威富士
天塩川
名寄川
Penkeniupu川
Urupeshi川
幌内川
下川珊瑚湖
岩尾内湖
岩尾内水壩
愛別水壩
朱鞠内湖
朱鞠内自然公園
溫根別水壩
旭川紋別自動車道
道央自動車道
鄂霍次克海高速公路
天北國道
下川國道
美深國道
名寄國道
浮島隧道
銀河隧道
元稲府漁港
遠軽瀬戸瀬IC
旭川鷹栖IC
濱頓別
紋別
興部
17

A
B
C
1
2
3
P.205
看得到海豹的旅館 須古頓岬民宿
海驢島
須古頓岬
金田岬
船泊灣
久種湖
鐵府漁港
澄海岬
禮文島
禮文島 P.207
禮文水道
禮文岳
禮文町
P.207
桃岩觀景台
禮文瀧
禮文町役場
元地漁港
海鮮處Kafuka P.207
香深港渡輪站
P.207
桃台貓台
北方的金絲雀公園
Heartland渡輪（香深～稚內）
Heartland渡輪（鴛泊～稚內）
Heartland渡輪（香深～鴛泊）
Heartland渡輪（香深～沓形）
ペシ岬
利尻海洋飯店 P.205
富士野園地
鴛泊灣
利尻機場
鴛泊港渡輪站
利尻日富士町役場
Sato食堂 P.206
Pon山
姬沼
Mirupisu商店 P.206
沓形港渡輪站
沓形岬
利尻町役場
利尻「海藻之鄉利尻」休息站
利尻富士町
利尻山
利尻町
利尻島
利尻島 P.206
利尻水道
Otatomari沼澤
Otatomari沼澤 P.206
利尻町立博物館
白色戀人之丘
仙法志漁港
仙法志御崎公園 P.206
日本海
P.203 野寒布岬
P.203 野寒布寒流水族館
稚內休息站
宗谷灣
稚內站
稚內港渡輪總站
百年記念塔
稚內市役所
稚內港
P.202
稚內
參閱左下截圖
南稚內站
P.205 稚內大飯店
大沼
拔海原生花園
拔海站
拔海岬
拔海漁港
稚內市
JR宗谷本線
勇知
勇知站
豐富北
兜沼站
稚內國道
豐富町
豐富快速道路
長沼群
佐呂別展望台
德滿站
佐呂別原始花園
豐富站
豐富町役場
佐呂別原野
Penke沼澤
名山台展望台
下沼站
Panke沼澤
長沼
北川口展望台
天塩河口大橋
天塩町役場
天鹽休息站
天売國道
遠別漁港
遠別町役場
富士見休息站
金浦原生花園
稚內市區
0 100 200m
1:20,000
N
寶來2
野寒布岬
冰雪之門
寶來
御菓子司 小鹿
稚內港北防波堤圓頂
稚內公園 P.204
車屋 源氏
稚內Surfeel飯店 P.205
天然溫泉 天北之湯
P.205 稚內Dormy Inn
稚內局
郵便局前
Hitoshi之店 P.204
稚內市北方記念館・開基百年記念塔
北市場
JR稚內車站P.204
開運
稚內渡輪總站
稚內市役所
市役所前
中央3
稚內休息站
綜合文化中心
中央
稚內醫院
中央4
稚內港
森林公園
中央5
稚內村
魚菜市場
樺太記念館
港1
稚內市
港
稚內赴港市場 P.204
南稚內站
港2
新港町
40
106
105
108
254
510
811
1118
763
444
923
972
551
232

稚內・利尻・禮文
0 5 10km
1:500,000
稚內・利尻・禮文
日本海
鄂霍次克海
太平洋
周邊圖 P.2-3
宗谷海峽
宗谷岬 P.202
最北端之碑
宗谷岬平和公園
宗谷丘陵
稚內Footpath宗谷丘陵路線 P.203
宗谷國道
東浦漁港
稚內機場 P.214
原生植物群生地
メグマ
動物互動園區
猿払村役場
猿払公園休息站
猿骨沼
Kimoma沼
ポロ沼
猿払村
Kmuito沼
Esanuka原始花園
Esanuka線
Mokeuni沼澤
瓢簞沼
Pon沼
小沼
幌尻山
Beniya原始花園
屈茶路湖
大沼
北鄂霍次克濱頓別休息站
濱頓別溫泉
浜頓別町役場
豐富幌加
大規模草地牧場
豐富佐呂別
豐富溫泉
濱頓別町
神威岬
目梨泊岬
幌延馴鹿觀光牧場
幌延町役場
幌延站
幌延
珠文岳
幌延町
上幌延站
南幌延站
安牛站
知駒岳
中頓別町役場
Poronupuri山
Usutaipe岬
北幸公園
枝幸町役場
糠南站
雄信內站
問寒別站
中頓別町
天塩町
歌內站
敏音知岳
Pinneshiri溫泉
Pinneshiri休息站
Marine Island岡島休息站
JR宗谷本線
Panke山
民安水壩
天北峠
頓別國道
中川町役場
天塩中川站
中川休息站
Ponpira溫泉
枝幸町
中川町
薰衣草香之丘
筬島站
音威子府休息站
佐久站
音威富士
音威子府站
音威子府村役場
名寄國道
天幕峠
咲来峠
音威子府村
遠別町
咲来站
銀河隧道

小樽市區
0 100 200m
1:11,000
石狩灣
小樽港
OTAMOI航線
色內埠頭
色內埠頭公園
下水終末處理場
第三埠頭
第二埠頭
港町埠頭
往Hagemashi斜坡
運河公園
舊日本郵船株式會社 小樽支店
石山町
淨応寺
錦町
北海道信金
RALSE超市
卸売市場
小樽劇場 GOLDSTONE
色內(3)
稲穂(5)
北海製罐
旭橋
田中酒造本店
美食中心
色內(2)
竜宮橋
港灣中心 Seaside Inn
月見橋
旧大家倉庫
観光船乘船處
倶知安・新雪谷
倶知安站
稲穂(4)
稲穂局
JR函館本線
龍宮神社
味處Takeda食堂 P.101
伊勢壽司 P.100
若雞時代Naruto P.101
小樽市博物館・運河館
運河PLAZA
稲穂(3)
中央市場
市民中心(海洋廳)
中央橋
小樽運河遊船 P.94
小樽倉庫
渋澤倉庫
旧安田銀行小樽支店
P.107 小樽Nord飯店
小樽運河 P.94
法務局
船見坂
ホテル稲穂
三角市場 P.101
Smile Hotel 別館
小樽運河友愛散歩道
小樽啤酒・小樽倉庫NO.1
Ferris教堂
Smile Hotel 本館
色內(1)ホテルソニア
P.107運河之宿 小樽谷川旅館
Northstar運輸公司
P.99小樽藝術村
花窗玻璃美術館(舊高橋倉庫)
站前局
P.107 小樽Dormy Inn PREMIUM天然溫泉 燈之湯
手宮線跡地
浅草橋
浅草橋観光案内所
大同倉庫
稲穂(2)
P.103 美園冰果店
旧三井銀行小樽支店
似鳥美術館(旧北海道拓殖銀行小樽支店)
小樽運河食堂(浪華倉庫) P.103
出抜小路
路易斯・C・蒂芙尼花窗玻璃館
新藝術・裝飾藝術玻璃館
富岡(2)
長崎屋
小樽站
小樽局
小樽運河巴士總站(三菱銀行小樽分行) P.103
港町
P.103 小樽Bine(北海道銀行總行)
小樽美術館・小樽文学館
北のウォール街
大正硝子館總店 P.98
旧百十三銀行小樽支店
北海道四季彩館
P.93 車站超市 TARCHÉ
P.101 桂苑中華食堂
日本銀行旧小樽支店金融資料館
大正玻璃器店
彩屋小樽玻璃燈 P.99
港町1号上屋
P.107 小樽歐森飯店
手作り鞄の専門店 水芭蕉
堺町
かま栄 工場直売店
P.103 Amato總店
產業會館
P.103 小樽浪漫館(百十三銀行小樽分行)
堺町・かま栄本社前
富岡(1)
小樽署
SUNMALL一番街
小樽都通
於古発川
旧板谷邸
P.102 大正玻璃kubo家
Kobushiya伴手禮店
檢察廳
コープ
稲穂(1)
寿司屋通り
威尼斯美術館
稲穂小
米華堂 P.103
東雲町
P.99 北一威尼斯美術館
保健所
小樽掖済會病院
旧寿原邸
外人坂
LeTAO PLUS P.97
LeTAO PATHOS P.96
綠第一大通
花園高架下商店街
Nouvelle Vague LeTAO Chocolatier小樽總店 P.97
水天宮
小樽教會
山田町
職人坂
小樽聖公會
北一硝子前
北一硝子水晶館
北一硝子 調味料瓶專賣店
花園(1)
P.98 北一硝子三號館
P.103 北一Hall
北一PLAZA
綠(1)
水道局
市役所通り
花園橋
六花亭 小樽運河店
北菓楼 小樽本館
北一硝子 Outlet
花園(2)
寶泉寺
小樽圖書館
P.97 Fromage Danish DANI LeTAO
小樽洋果子鋪 LeTAO總店 P.96
小樽市
花園十字街
童話十字路口
小樽市役所
相生町
蒸氣時鐘・小樽音樂盒堂本館
裁判所
公園通り
羊蹄國道
市民會館
三本木急坂
花園(3)
南小樽站下
綜合體育館
花園(4)
Green Rd
臨港線入口
小樽公園
入船(1)
住吉町
花園(5)
花園小
量徳寺
コープ
南小樽站
菁園中
札幌
札幌站

小樽・積丹
0 5 10km
1:500,000
日本海
鄂霍次克海
太平洋
周邊圖 P.2-3
新日本海渡輪(往舞鶴·新潟)
P.104 神威岬
島武意海岸
積丹岬
夫婦岩
Makka岬
余別漁港
積丹岬之湯 P.104
積丹温泉
黃金岬展望台
新積丹號 水中觀景船
寶島
厚苫岬
積丹町役場
純之店 P.104
積丹町
P.104 積丹半島
積丹岳
余別岳
古平町役場
古平漁港
古平家族旅行村
沼前岬
Jubo岬
川白岬
神恵内村
Tomaru岬
古平町
余市町
P.105 日果威士忌余市釀酒廠
Shiriba岬
余市灣
竜ケ岬
日本海
Hagemashi斜坡
小樽城堡飯店
祝津全景展望台
鯡魚御殿小樽貴賓館 (舊青山別墅)
高島岬
小樽水族館
P.91 小樽
參閱P.20
手宮公園
小樽港
石狩灣
小樽站
小樽運河
朝里站
余市站
余市町役場
Space Apple Yoichi休息站
天狗岳
後志自動車道
小樽天狗山纜車
JR函館本線
銭函站
Osukoi! 神恵内休息站
大森隧道
P.105 OcciGabi Winery & Restaurant
仁木町役場
余市 P.105
朝里川温泉
札樽自動車道
神恵内村役場
竜神岬
仁木站
余市酒莊 P.105
P.107 小樽朝里Classe飯店
P.107 武藏亭飯店
小樽市
盃温泉
冷水峠
春香山
泊村
仁木町
大黒山
毛無峠
朝里峠
赤井川村役場
泊村役場
稲穂峠
道の站 Akaigawa
Kiroro
朝里岳
銀山站
阿女鱒岳
余市岳
札幌市
堀株川
共和町
赤井川村
天狗山
札幌湖
定山溪水壩
岩内休息站
共和町役場
國富
岩内町役場
小沢站
JR函館本線
Waisu温泉
倶知安町
定山溪温泉
岩内温泉
本倶登山
無意根山
岩内町
京極町
札幌
壽都
長萬部
喜茂別
余別川
美國川
雷電國道
羊蹄國道
余市川
小樽川

A
B
C
新雪谷・洞爺湖
0 5 10km
1:500,000
1
新雪谷
安努普利山
P.106
新雪谷格蘭比羅夫滑雪場夏季纜車
新雪谷格蘭比羅夫滑雪場
二世谷泉鄉
比羅夫溫泉
343
P.106 NAC新雪谷探險中心
Niseko Village滑雪度假村
倶知安站
新雪谷安努普利國際滑雪場
新雪谷熱氣球(OAC)
希爾頓
Niseko Village
Niseko Village
高爾夫球場
比羅夫站
631
P.106
新雪谷高橋牧場牛奶工房
新雪谷町
343
倶知安町
JR函館本線
西山花の丘
新雪谷車站
尻別川
66
新雪谷
0 0.5 1km
1:110,000
5
有島記念館
羊蹄國道
792
2
長万部站
新雪谷町役場
鄂霍次克海
日本海
新雪谷・洞爺湖
太平洋
周邊圖 P.2-3
日本海
Yotteke!島牧
休息站
229
島牧村役場
836
宮内溫泉
白糸岬
Motta海岸溫泉
千走川
千走川溫泉
大平
狩場山
茂津多岬
島牧村
泊川
229
檜山國道
Kanikan岳
345
447
真駒内水壩
今金町
783
677
立象山公園
686
玉川公園
230
今金町役場
花石道路
北桧山溫泉
せたな町役場
後志利別川
936
鷹ノ巣岬
740
太櫓川
810
水垂岬
793
263
瀬棚町
尾花岬
42
毛無山
42
229
太櫓越峠
帆越岬
740
臼別溫泉
八雲町
日昼岬
臼別川
遊樂部岳
久遠漁港
Tekkui Land
大成休息站
277
白水岳
雲石峠
八雲溫泉
平田内溫泉
見市溫泉
雄鉾岳
檜山國道
見市川
長磯岬
229
熊石漁港
江差
新日本海渡輪(小樽~新潟・舞鶴)
Heart Land渡輪
稻穗岬
3
奥尻町役場
神威脇漁港
奥尻島
39
奥尻町
39
Heart Land渡輪(往江差)

神威岬
余市
小樽
共和町役場
岩内町役場
小沢站
Waisu
岩内
赤井川村
本倶登岳
岩内町
岩内岳
共和町
三島先生的芝櫻庭園
雷電岬
朝日溫泉
雷電溫泉
雷電山
旭ヶ丘公園
倶知安溫泉
倶知安町役場
倶知安站
新雪谷安努普利山
新雪谷五色溫泉
Shell Plaza. 港休息站
參閱P.22
倶知安町
京極町
札幌市街
P.106 新雪谷
名水之鄉京極休息站
京極町役場
京極名水公園
新雪谷大飯店
昆布溫泉
新雪谷車站
新雪谷町役場
羊蹄山（蝦夷富士）
弁慶岬
Minato Mare 壽都休息站
蘭越町役場
昆布川溫泉
蘭越站
真狩村
喜茂別町役場
壽都町役場
壽都漁港
壽都灣
昆布站
新雪谷View Plaza休息站
喜茂別町
母衣月山
目名站
蘭越故鄉之丘休息站
真狩村役場
尻別岳
登川溫泉
真狩花卉中心休息站
留壽都度假村
苫小牧
壽都町
留壽都村役場
230留壽都休息站
蘭越町
新雪谷町
黑松内町
目名峠
昆布岳
留壽都村
黑松内休息站
黑松内站
黑松内町役場
豐浦町
伊達市
洞爺湖休息站
道央自動車道
黑松内
洞爺湖町
黑松内南
黑松内Jct
礼文華峠
洞爺湖 P.84
黑松内岳
静狩站
静狩峠
豐浦
長万部岳
JR函館本線
JR室蘭本線
豐浦站
洞爺湖
虻田
洞爺湖汽船 P.84
中島
壯瞥町
豐浦町役場
豐浦休息站
二股鐳溫泉
P.84 洞爺湖溫莎SPA度假飯店
洞爺站
洞爺湖町役場
壯瞥情報館休息站
壯瞥町役場
有珠山
有珠山纜車
昭和新山熊牧場
長万部
長万部站
長万部町役場
Aputa休息站
有珠站
Arutori岬
西山山麓火口散策路
伊達溫泉
伊達市
長万部町
P.84 若狹芋本舖 洞爺湖總店
伊達歷史之杜休息站
有珠山SA
洞爺湖溫泉
伊達紋別站
伊達市役所
美利河峠
美利河水壩
國縫
國縫站
本輪西展望所
室蘭
內浦灣（噴火灣）
白鳥大橋
Mitara室蘭休息站
室蘭港
室蘭夜景夜間觀光船
室蘭
室蘭市役所
室蘭站
室蘭市
地球岬
遊樂部川
八雲
八雲站
八雲町役場
八雲溫泉
川崎近海汽船（宮古～室蘭）
Tsudoru Plaza Sawara休息站
育成牧場
落部站
落部
落部公園
森町
渡島砂原站
砂原漁港
砂崎
銀婚湯溫泉
上之湯溫泉
大沼公園IC
森站
惠山

函館・大沼
0 5 10km
1:500,000
Heart Land渡輪（往返尻）
1
森站
大沼
北海道大沼高爾夫球場
JR函館本線（經大沼）
月見橋
P.126 Lumber House
小沼・大沼湖畔步道 P.126
大沼遊船 P.126
P.126 沼之家
JR函館本線（經砂原）
池田園站
森站
大沼自然體驗中心
大沼鶴雅美食之宿EPUY
大沼公園站
Friendly Bear
七飯町
小沼
大沼站
Exander 大沼獨木舟屋 P.33
新函館北斗站
大沼公園
0 500m
1:60,000
江差
0 100 200m
1:20,000
2
舊中村家住宅
江差町役場
厚沢部町・乙部町
P.128 江差追分會館・江差山車會館
江差港
渡船站
中歌町
歐島
P.128 幕末軍艦開陽丸紀念館
フェリー前
橫山家
舊檜山爾志郡役所（江差町鄉土資料館）
江差小
開陽丸記念館前
Hanya Becky
姥神大神宮
P.128 藏YAMAGEN 蕎麥麵店
江差旅庭 群来
津花漁港
橋本町
新地
江差町
上ノ國町
瀬棚
檜山國道
八雲町
鮪ノ岬
乙部町
乙部岳
北海道
Route 229元和台休息站
突符岬
館の岬
乙部館浦溫泉
乙部町役場
厚沢部川
厚沢部町役場
俄虫溫泉
安野呂川
大野國道
厚澤部休息站
江差休息站
江差町役場
江差 P.128
鴎島
姥神大神宮
館城跡公園
厚沢部町
八幡岳
參閱左下截圖
江差町
上之國Monju休息站
大崎
上ノ國町役場
上之國水壩
下之澤川
中之澤川
中野川
湯ノ岱溫泉
上之國町
上之澤川
木古内町
石崎川
福山街道
左股川
右股川
七ッ岳
重内展望台
知内休息站
知内水壩
知内溫泉
大千軒岳
知内町
二越岬
大鴨津川
小鴨津川
江良漁港
茂草川
岩部岳
福島町
松前町
福島町役場
福島漁港
橫綱之里福島休息站
福島町特產中心
P.127 松前藩屋敷
松前 P.127
P.127 福山城（松前城）
北前船松前休息站
松前町役場
松前灣
白神岬
JR北海道新幹線
青函隧道
溫泉旅館 矢野
P.127 矢野餐廳
日本海
小島
3
鄂霍次克海
日本海
太平洋
函館・大沼
周邊圖 P.2-3
龍飛崎
三廄休息站
中泊町
外ヶ濱町
五所川原

森站
JR函館本線
長万部IC
森町役場
YOU・遊・森休息站
出来澗崎
駒ヶ岳
鹿部站
道央自動車道
駒ヶ岳站
鹿部町役場
鹿部溫泉
森町
大沼 P.126
東大沼溫泉
鹿部間歇噴泉公園休息站
大沼公園
銚子口站
函館大沼王子大飯店
P.33 賽格威之旅
鹿部町
蓴菜沼
大沼站
惠山國道
參閱P.24
七飯町
七色・七飯休息站
七飯町營城岱牧場觀景區
城岱牧場
臼尻漁港
毛無山
Jomon Roman South Kaybe休息站
七飯藤城
函館市繩文文化交流中心
P.210 新函館北斗車站
七飯町役場
函館北斗La'gent Plaza飯店
七飯本町
川汲溫泉
七飯站
三森山
台場山
川汲公園
七飯大川
函館
函館市
北斗市
北斗追分
道南四季之森公園
北斗中央
梅漬峠
北斗市役所
赤川
毛無山
函館Dosanko農場
北斗富川
上磯站
函館灣
五稜郭站
五稜郭
惠山
惠山岬
水無海濱溫泉
惠山溫泉
桂岳
P.109
函館
函館站
湯之川溫泉
天使聖母Trappistine修道院
函館機場 P.214
Natowa
惠山休息站
山背泊漁港
杜鵑花公園
JR北海道新幹線
茂辺地川
函館市役所
函館山
參閱P.32
北斗茂辺地
Trappist修道院 P.129
葛登支岬
戶井漁港
日浦岬
汐首岬
泉沢站
道南漁火鐵道
新日本海渡輪(敦賀・新潟・秋田～苫小牧)
Kikonai溫泉
木古內町役場
Misogi no sato木古內休息站
津輕海峽渡輪(往青森)
青函渡輪(往青森)
津輕海峽渡輪
福山街道
知内町役場
津輕海峽
狐越岬
大間崎
大間町役場
風間浦村役場
下風呂溫泉
大間町
風間浦村
大間道
佐井漁港
燧岳
佐井村役場
大畑漁港
海峽Line
藥研溫泉
佐井村
大畑川
石神溫泉
青森縣
むつ市
福浦崎
朝比奈岳
恐山溫泉
湯坂溫泉
仏ヶ浦展望台
縫道石山
湯野川溫泉
宇曾利山湖
早掛沼公園
Mutsu矢立溫泉
仏ヶ浦
恐山
Mutsu市役所
川内水壩
川内湖休息站
釜臥山
大湊站
下北站
JR大湊線
野邊地站
焼山崎
川内湖
高野崎
平舘海峽
大湊灣
今別町
外ヶ濱町
三厩灣
青森
脇野沢
男川
脇野沢
D
E
F
1
2
3

A
B
C
手稲區
北區
西區
札幌市
中央區
南區
1
2
3
石狩当別站
新琴似站
學園都市線
JR札沼線
札幌市體育交流設施
Community Dome
Tsutomu
榮町站
日之丸公園
麻生站
新道東站
札幌北
北34東1
北34東7
北34条站
大學村の森
東局
元町站
2番通公園
北發寒公園
小樽站
西陵公園
發寒站
AEON mall
新川
新川站
發寒12-1
エルムの森公園
北區役所
北署
北24条站
北園公園
美香保公園
環狀通東站
宮の沢站
札幌西
白色戀人公園 P.63
發寒中央站
農試公園
八軒站
P.76 Cherry Merry
P.89 UNTAPPED HOSTEL
北18条站
東署
札幌大谷大
JR函館本線
琴似站
發寒南站
宮丘公園
西署
北大病院
天使大
藤女子大
東區役所前站
北13条東站
東區役所
P.71 札幌啤酒園
サッポロビール博物館
琴似站
西局
西區役所
P.65 札幌市中央批發市場場外市場
北海道醫療センター
二十四軒站
札幌競馬場
北12条站
參閱P.28
北海道大學
札幌市大
札幌站
中央局
桑園站
札幌東站
厚生病院
苗穗站
P.65 札幌市場飯館marusan亭總店
道廳
中央署
札幌市鐘樓
北大植物園
北海道知事公館
三岸好太郎美術館
北海道立近代美術館
西28丁目站
P.75 RITARU COFFEE
P.81 SPACE1-15
大通站
巴士總站前站
二条市場
參閱P.30
狸小路
中央區役所（改築中）
札幌市役所
札幌電視塔
豐水薄野站
薄野站
菊水站
北海道神宮
円山公園
円山公園站
西18丁目站
札幌醫科大
札幌醫科大附屬病院
札幌市資料館
大倉山展望台
P.80 presse
P.45 園山鬆餅
P.62 札幌市圓山動物園
山鼻9条
中島公園站
北海商科大
西線9条旭山公園通
學園前站
円山
中島公園
豐平館
札幌市電
幌平橋站
豐平公園站
宮之森跳台競技場
旭山記念公園
中の島站
山鼻局
石山通
盤溪川
纜車入口
札幌環狀線
南19西16
幌南小學校前
平岸站
石山通
円山西町
白石藻岩通
電車事業所前
P.67 Sumire札幌總店
豐平區役所
藻岩山纜車
南平岸站
盤溪滑雪場
北海道學園大
P.60 藻岩山山頂觀景台
藻岩山
藻岩山神社
南署
藻岩山
天神山綠地
平岸靈園
P.61 Star Hall
南30西10
P.61 THE JEWELS
藻岩山觀光自動車道
澄川站
平岸1-21
平岸1-22
北ノ沢
札幌藻岩山スキー場
北の沢川
自衛隊前站
自衛隊駐屯地
中の沢川
SEKISUI HEIM 滑冰場
真駒內公園
真駒內站

札幌廣域
1:70,000
莫埃來沼公園 P.63
Sapporo Satoland
札幌 Soccer Amusement Park
日本郵便
豐平川綠地
東區
札幌刑務所
AEON mall
伏古公園
丘珠公園
一の村公園
白石區
北鄉
川上
川下
北鄉公園
川下公園
白石站
平和站
貨物站
厚別站
森林公園站
新札幌站
札幌艾米西雅飯店
Sunpiazz水族館
厚別區役所
大地公園
札幌會議中心 (SORA)
白石區役所
南鄉7丁目站
南鄉13丁目站
南鄉18丁目站
美園站
彩味麵屋 P.67
月寒中央站
月寒体育館
札幌月寒早午餐
福住站
豐平區
大谷地站
Hibarigaoka站
北星學園大
吉田川公園
Takakura綠地
厚別公園
札幌巨蛋
羊之丘
北海道農業研究中心
札幌羊之丘觀景台 P.62
清田區
清田區役所
平岡公園
平岡樹藝中心
江別市
中央公園
大麻站
百年記念塔
北海道博物館
野幌森林公園
北海道開拓之村
熊の沢公園
上野幌站
北廣島市
種苗管理中心 中央農場

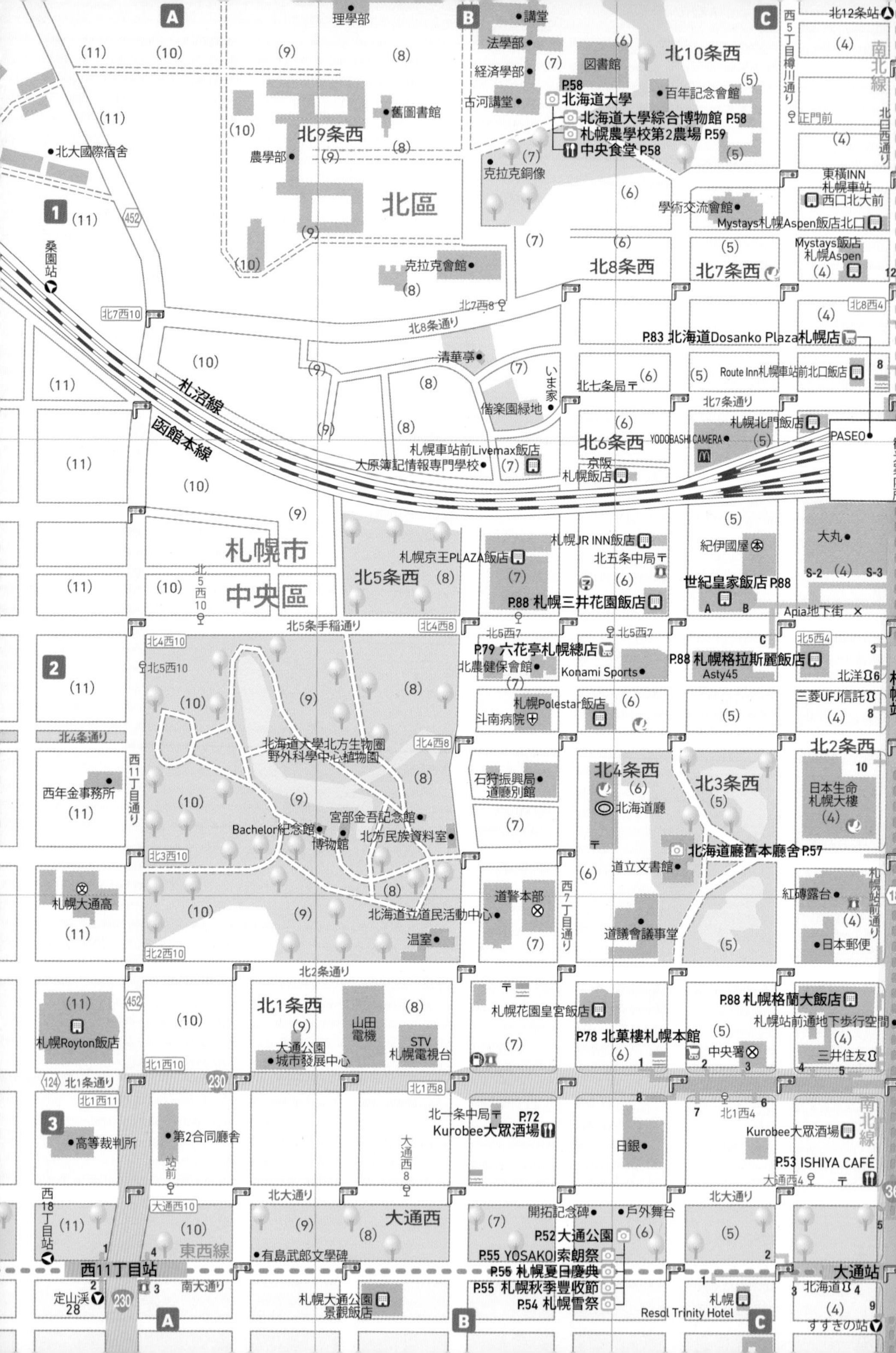
理學部
講堂
法學部
經濟學部
古河講堂
圖書館
北10条西
百年記念會館
P.58 北海道大學
北海道大學綜合博物館 P.58
札幌農學校第2農場 P.59
中央食堂 P.58
舊圖書館
北9条西
農學部
北大國際宿舍
克拉克銅像
北區
學術交流會館
東橫INN 札幌車站 西口北大前
Mystays札幌Aspen飯店北口
Mystays飯店 札幌Aspen
北8条西
北7条西
克拉克會館
桑園站
北8条通り
清華亭
いま家
偕楽園緑地
北七条局
札沼線
函館本線
P.83 北海道Dosanko Plaza札幌店
Route Inn札幌車站前北口飯店
北7条通り
札幌北門飯店
YODOBASHI CAMERA
PASEO
北6条西
京阪 札幌飯店
札幌車站前Livemax飯店
大原簿記情報專門學校
札幌市
中央區
北5条西
札幌京王PLAZA飯店
札幌JR INN飯店
北五条中局
紀伊國屋
大丸
世紀皇家飯店 P.88
P.88 札幌三井花園飯店
Apia地下街
北5条手稲通り
P.79 六花亭札幌總店
北農健保會館
Konami Sports
P.88 札幌格拉斯麗飯店
Asty45
北洋
三菱UFJ信託
札幌Polestar飯店
斗南病院
北4条通り
北海道大學北方生物圏野外科學中心植物園
西11丁目通り
西年金事務所
石狩振興局 道廳別館
北4条西
北海道廳
北3条西
北2条西
日本生命 札幌大樓
宮部金吾記念館
Bachelor紀念館
博物館
北方民族資料室
北海道廳舊本廳舍 P.57
道立文書館
紅磚露台
札幌大通高
道警本部
西7丁目通り
北海道立道民活動中心
道議會議事堂
日本郵便
溫室
北2条通り
P.88 札幌格蘭大飯店
北1条西
山田電機
STV 札幌電視台
札幌花園皇宮飯店
札幌站前通地下步行空間
札幌Royton飯店
大通公園 城市發展中心
P.78 北菓樓札幌本館
中央署
三井住友
北1条通り
北一条中局
P.72 Kurobee大眾酒場
Kurobee大眾酒場
高等裁判所
第2合同廳舍
日銀
P.53 ISHIYA CAFÉ
北大通り
開拓記念碑
戶外舞台
大通西
P.52 大通公園
東西線
有島武郎文學碑
P.55 YOSAKOI索朗祭
P.55 札幌夏日慶典
P.55 札幌秋季豐收節
P.54 札幌雪祭
西11丁目站
大通站
南大通り
定山溪 28
札幌大通公園景觀飯店
札幌 Resol Trinity Hotel
北海道
すすきの站
西18丁目站
北12条站
南北線

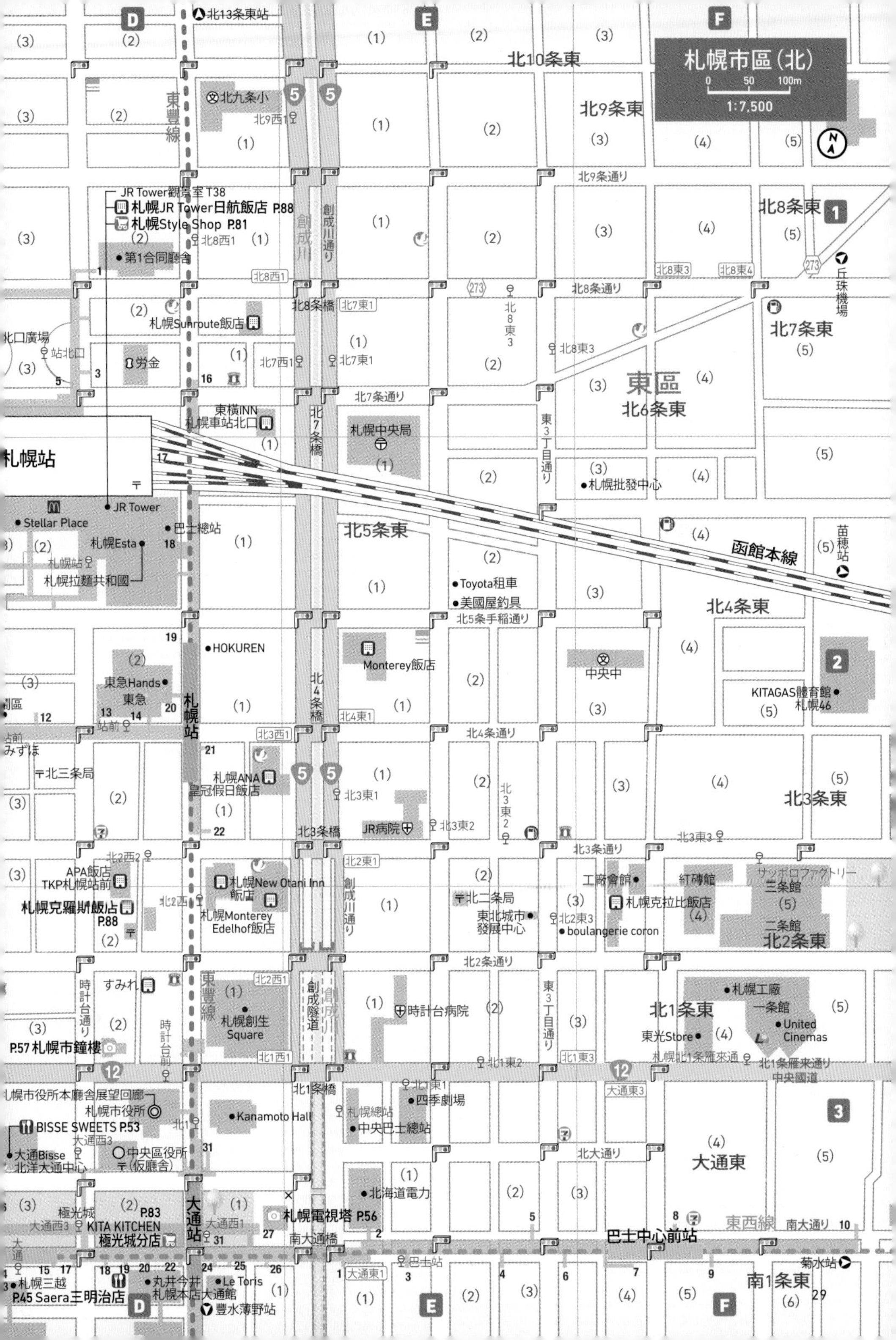
札幌市區(北)
1:7,500
北10条東
北9条東
北8条東
北7条東
北6条東
北5条東
北4条東
北3条東
北2条東
北1条東
大通東
南1条東
東區
北13条東站
北九条小
JR Tower觀景室 T38
札幌JR Tower日航飯店 P.88
札幌Style Shop P.81
第1合同廳舍
札幌Sunroute飯店
勞金
東橫INN
札幌車站北口
札幌站
JR Tower
Stellar Place
巴士總站
札幌Esta
札幌拉麵共和國
札幌中央局
札幌批發中心
Toyota租車
美國屋釣具
函館本線
苗穗站
丘珠機場
HOKUREN
東急Hands
東急
Monterey飯店
中央中
KITAGAS體育館
札幌46
札幌ANA
皇冠假日飯店
JR病院
APA飯店
TKP札幌站前
札幌克羅斯飯店 P.88
札幌New Otani Inn飯店
札幌Monterey Edelhof飯店
北二条局
東北城市發展中心
工廠會館
紅磚館
札幌克拉比飯店
boulangerie coron
サッポロファクトリー
三条館
二条館
すみれ
札幌創生Square
時計台病院
札幌工廠
一条館
東光Store
United Cinemas
P.57 札幌市鐘樓
札幌市役所本廳舍展望回廊
札幌市役所
BISSE SWEETS P.53
大通Bisse
北洋大通中心
中央區役所(仮廳舍)
Kanamoto Hall
札幌總站
中央巴士總站
四季劇場
北海道電力
札幌電視塔 P.56
極光城
KITA KITCHEN
極光城分店
P.83
大通站
巴士中心前站
東西線
菊水站
札幌三越
P.45 Saera三明治店
丸井今井札幌本店大通館
Le Toris
豐水薄野站
創成川通
東豐線
北三条局
北1条雁來通
中央國道

札幌市區（南）
1:7,500
大通西
大通公園
西11丁目站
中央區役所前
西8丁目
資生館小學校前
東本願寺前
山鼻9条
市電
東西線
南1条西
南2条西
南3条西
南4条西
南5条西
南6条西
南7条西
南8条西
南9条西
南10条西
P.52 大通公園
P.55 YOSAKOI索朗祭
P.55 札幌夏日慶典
P.55 札幌秋季豐收節
P.54 札幌雪祭
P.75 ATELIER Morihiko
P.65 福家壽司
P.74 BARISTART COFFEE
P.68 SOUL STORE
P.77 INITIAL
P.44 Gaucher
P.76 Bar plus Sweets Two Rings
P.64 SUSHI KAN
東本願寺
中島公園
定山溪
中島公園通

札幌站
大通西3
極光城
大通西1
札幌電視塔 P.56
大通東
東西線
南大通り
大通站
巴士中心前站
大通
大通東1
巴士中心
丸井今井札幌本店
大通館
Le Toris
南大通橋
南1条東
菊水站
piccolina P.81
IKEUCHI GATE
札幌三越
1条館
札幌市
中央區
南1条通り
味之三平 P.66
PARCO
大丸藤井
IKEUCHI ZONE
南1条
丸井今井
(閉鎖中)
創成橋
南1東1
北海道神宮頓宮
橋本
南2条東
Forever21
南1西1
P.69 TREASURE湯咖哩
札幌中央WBF飯店
南2条通り
南2条橋
二条市場
北海寺
千歳鶴酒博物館
Pole Town
東豐線
狸小路
創成隧道
雪結 P.89
創成東醫院
南3
ニューリフレ
Sunshine Sports Club
南3条東
PIVOT
Aiche
南3条通り
P.73
海味Hachiko 別亭OYAJI
吉田學園
札幌東武飯店
南四条局
P.69 YELLOW湯咖哩
東橫INN札幌薄野十字路口
Parfaiteria PaL 夜間巴菲冰專賣店 P.77
南4条橋
南4条東
Clark In Hotel
すすきの
南4
南4西1
南5東1
室蘭街道
月寒通り
薄野站
積丹濱料理
第八太洋丸 P.73
APA Hotel(札幌薄野站前)
南4東1
南5条東
P.89 札幌美居飯店
創成川
拉斐爾教會
元祖札幌拉麵橫丁
ANA Holiday inn 札幌薄野
札幌Ronshan Hotel
北洋
豐平橋
Super Hotel 札幌薄野
豐水薄野站
創成川通り
東橫INN 札幌薄野南
南6条東
豐平川
南北線
札幌成吉思汗白熊札幌總店 P.71
南6西1
南7東1
新東飯店
南7条東
P.89
札幌 - Premier Hotel-TSUBAKI
月寒
豐平4条
Yamaka炭烤成吉思汗 P.70
新榮寺
鴨々川
南7西1
豐平川綠地公園高爾夫球場
南7条大橋
APA Hotel(札幌薄野站南)
南7西3
札幌站前通り
Jasmac Plaza Hotel
札幌第一飯店
南七条大橋
園生橋
豐水まちづくりセンター
豐平區
豐平5条
藻山橋
札幌Marks Inn Hotel
豐水通り
豐平川通り
南7条米里通り
南八条局
札幌宜必思尚品飯店 P.89
八条橋
南9西4
MYSTAYS札幌公園精品飯店
豐平川綠地
東豐線
North City Hotel
中島公園站
南大橋
菊水旭山公園通り
水車町
中の島通り
旭町
學園前站
札幌公園飯店
南10条西
幌平橋站

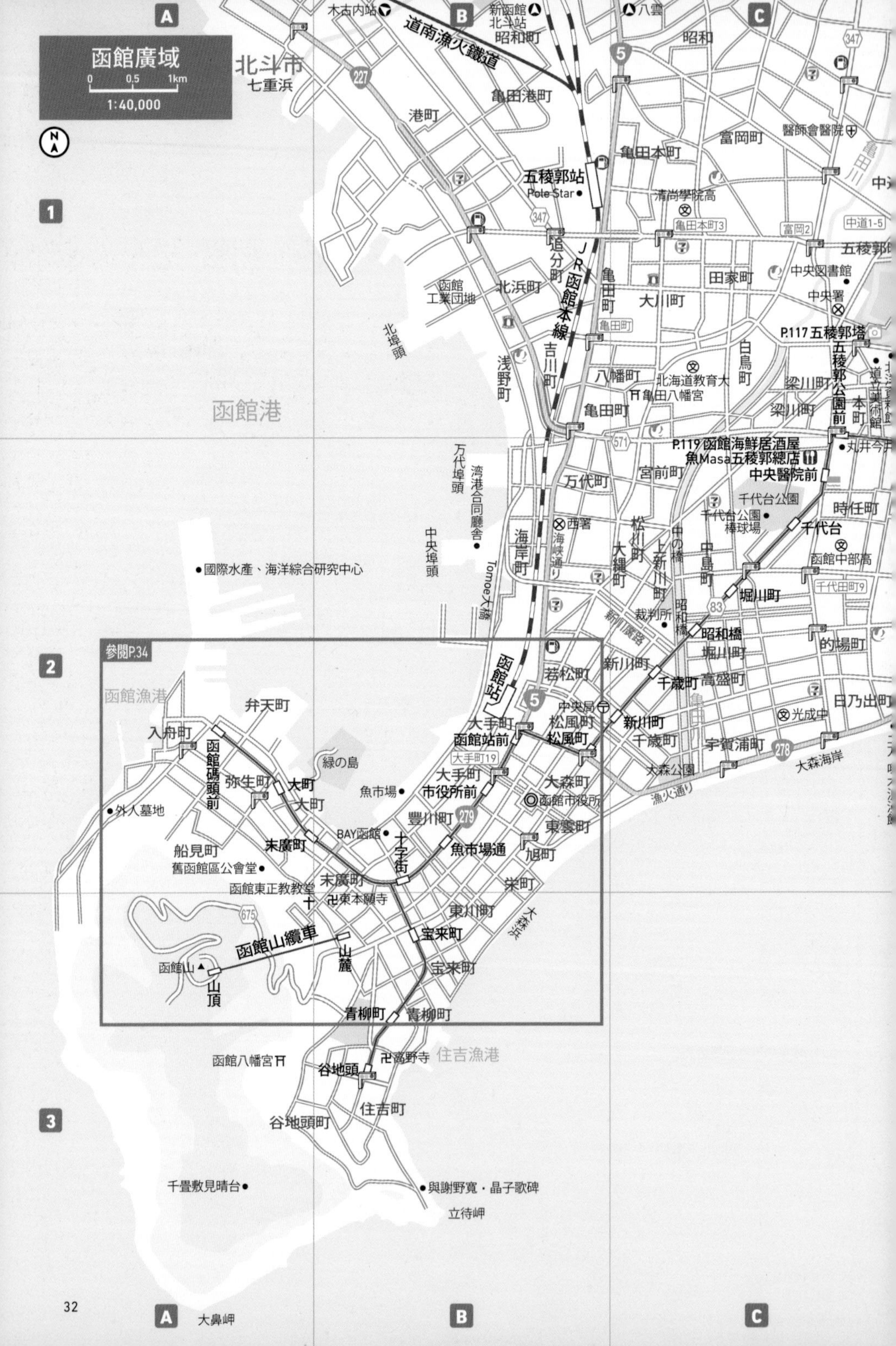

函館廣域
0 0.5 1km
1:40,000
北斗市
七重浜
道南漁火鐵道
木古内站
新函館北斗站
八雲
昭和町
昭和
亀田港町
港町
富岡町
醫師會醫院
亀田本町
五稜郭站
Pole Star
清尚學院高
亀田本町3
富岡2
中道1-5
五稜郭
追分町
JR函館本線
亀田町
大川町
田家町
中央図書館
中央署
函館工業団地
北浜町
北埠頭
亀田町
P.117 五稜郭塔
五稜郭公園前
吉川町
浅野町
白鳥町
八幡町
北海道教育大
亀田八幡宮
梁川町
道立美術館
本町
函館港
亀田町
梁川町
P.119 函館海鮮居酒屋魚Masa五稜郭總店
丸井今井
万代埠頭
湾港合同廳舎
万代町
宮前町
中央醫院前
千代台公園
時任町
西署
千代台公園棒球場
千代台
中央埠頭
海岸町
海峡通り
松川町
大縄町
上新川町
中の橋
中島町
函館中部高
國際水產、海洋綜合研究中心
Tomoe大橋
千代田町9
昭和橋
堀川町
新川廣路
裁判所
昭和橋
堀川町
的場町
參閱P.34
函館漁港
若松町
新川町
函館站
高盛町
日乃出町
千歳町
中央局
弁天町
入舟町
大手町
函館站前
松風町
松風町
新川町
千歳町
宇賀浦町
光成中
大森海岸
函館碼頭前
緑の島
大手町19
大森公園
弥生町
大町
大町
魚市場
大手町
市役所前
大森町
函館市役所
漁火通り
外人墓地
BAY函館
豐川町
十字街
東雲町
船見町
末廣町
魚市場通
旭町
舊函館區公會堂
末廣町
栄町
函館東正教教堂
東本願寺
東川町
大森浜
函館山纜車
宝来町
山麓
函館山
山頂
宝来町
青柳町
青柳町
函館八幡宮
高野寺
住吉漁港
谷地頭
住吉町
谷地頭町
千畳敷見晴台
與謝野寛・晶子歌碑
立待岬
大鼻岬

D
E
F
東山霊園
東山町
鈴蘭丘町
東山
Jolly Jellyfish P.121
鍛治
山の手
函館北中
白百合學園高・中
函館大谷短大・高
滝沢町
見晴町
山の手
本通
函館市
滝沢町
湯の沢川
湯の川
松倉川
五稜郭公園 P.116
箱館奉行所 P.117
日吉団地
日吉町
銅山町
函館高
大妻高
函館工高
函館高爾夫俱樂部
見晴公園
P.119 Caldo Calcio
花園町
高丘町
杉並町
松陰町
柏木町
深堀町
川原町
函館醫院
函館大
函館Rasaru高・中
P.129 天使聖母 Trappistine修道院
函館短大
遺愛女子高・中
柏木町
函館市電
上野町
上黒川町
函館大柏稜高
函館大有斗高
市民の森
競馬場前
駒場町
深堀町
榎本町
駒場車庫前
函館體育館
湯の川溫泉
湯の川
湯倉神社
戸倉町
人見町
函館競馬場
函館アリーナ前
乃木町
廣野町
自衛隊函館駐屯地
湯巡り舞台 足湯
大盛湯
P.131 湯元啄木亭
P.131 函館望樓NOGUCHI
東局
竹葉新葉亭 P.131
函館競輪場
湯浜町
湯川町
湯の川温泉
根崎公園
航站大廈
瀬戸川町
漁火通り
金堀町
高松町
函館機場 P.214
汐見橋
渚亭 湯之川王子大飯店 P.131
若松 割烹旅館 P.131
函館市熱帶植物園 P.131
湯川海水浴場
根崎町
根崎川濯神社
志海苔町
漁火通り
志海苔漁港
恵山
津輕海峡
1
2
3

函館中心

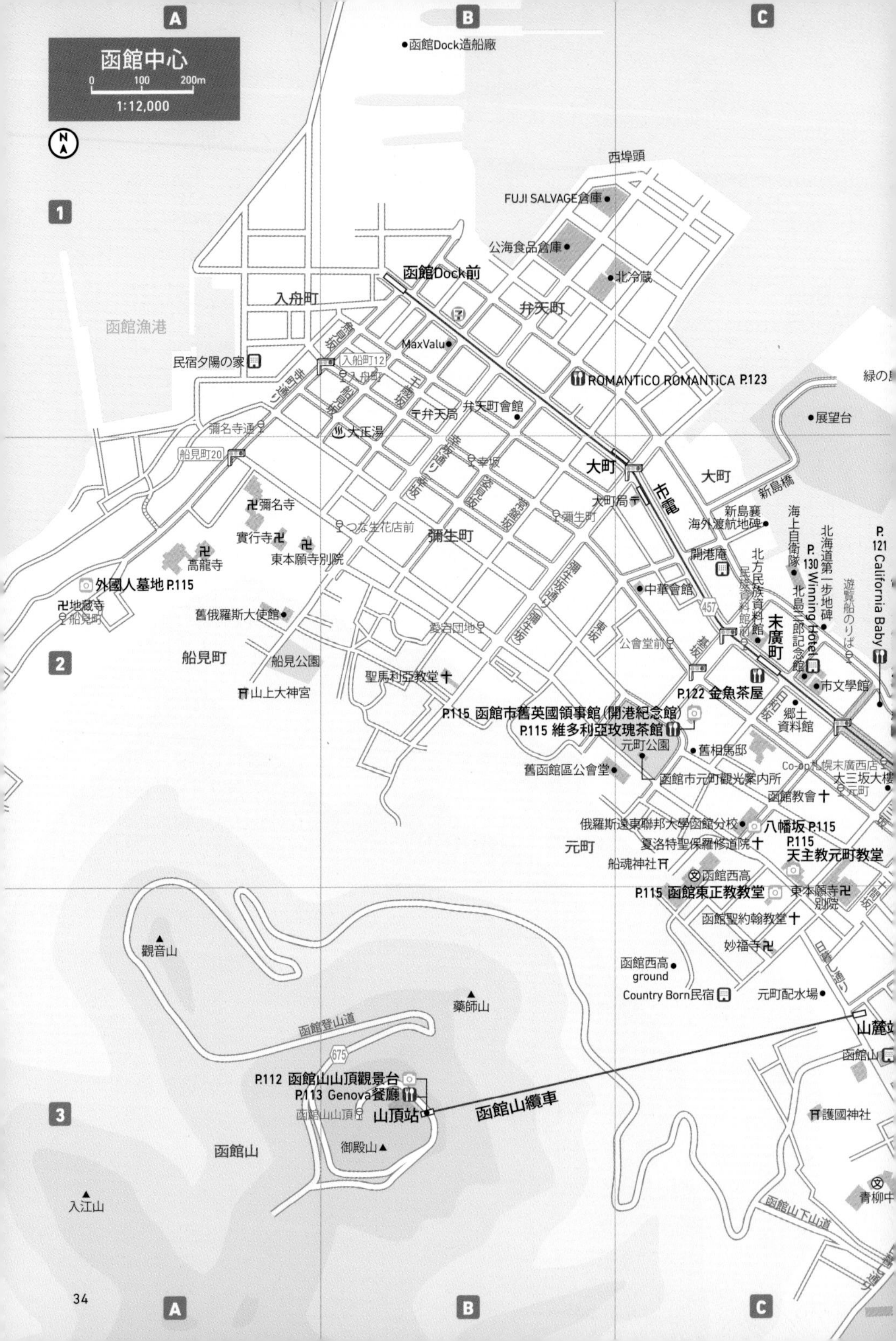

函館中心
0 100 200m
1:12,000
A
B
C
1
2
3
函館Dock造船廠
西埠頭
FUJI SALVAGE倉庫
公海食品倉庫
北冷蔵
函館Dock前
入舟町
弁天町
函館漁港
MaxValu
民宿夕陽の家
入船町12
入舟町
ROMANTiCO ROMANTiCA P.123
綠の島
展望台
弁天局
弁天町會館
大正湯
彌名寺通
船見町20
幸坂
大町
大町
市電
新島橋
大町局
彌名寺
彌生町
つな生花店前
新島襄海外渡航紀念碑
實行寺
東本願寺別院
高龍寺
彌生町
開港庵
海上自衛隊
北海道第一步地碑
P.121 California Baby
外國人墓地 P.115
地藏寺
船見町
舊俄羅斯大使館
中華會館
北方民族資料館
P.130 Winning Hotel
北島三郎記念館
遊覧船のりば
末廣町
愛宕団地
公會堂前
船見町
船見公園
聖馬利亞教堂
市文學館
山上大神宮
P.122 金魚茶屋
P.115 函館市舊英國領事館(開港紀念館)
P.115 維多利亞玫瑰茶館
郷土資料館
元町公園
舊相馬邸
舊函館區公會堂
函館市元町観光案内所
Co-op札幌末廣西店
大三坂大樓
函館教會
元町
俄羅斯遠東聯邦大學函館分校
八幡坂 P.115
元町
夏洛特聖保羅修道院
P.115 天主教元町教堂
船魂神社
函館西高
P.115 函館東正教教堂
東本願寺別院
函館聖約翰教堂
妙福寺
觀音山
函館西高ground
藥師山
Country Born民宿
元町配水場
函館登山道
675
山麓站
函館山
P.112 函館山山頂觀景台
P.113 Genova餐廳
函館山纜車
函館山山頂
山頂站
護國神社
函館山
御殿山
青柳中
入江山
函館山下山道
457

函館港
P.120 味彩麵廚房JR函館車站分店
P.118 一花亭Tabiji
P.118 早市味處茶夢
P.118 元祖活烏賊釣場
P.118 函館早市
P.130 函館福朋喜來登飯店
P.119 魚Sanko
函館站前
Enraku函館鹽拉麵專賣店 P.120
函館西點Snaffle's P.124
聖誕廣場 P.124
Import Rabuka P.124
函館蒟蒻香皂 P.124
金森洋物館 P.124
P.121
P.123 大手町house函館 cafe centenaire
P.122 Cafe & Deli MARUSEN
P.130 函館國際飯店
Pâtisserie Petite Merveille P.125
singlar's P.125
BAY函館 P.125
函館灣La Vista 飯店 P.130
函館明治館 P.125
噴砂體驗工房 P.125
幸運小丑Marina末廣店
觀光遊覽船Blue Moon
大謀爐端燒 P.129
龍鳳新函館拉麵 P.129
Asian Kitchen Chaze P.129
函館光之屋台大門橫丁 P.129
函館RESOL飯店 P.130
函館站
JR函館本線
五稜郭站
觀光案內所
旅遊中心
摩周丸
總合福祉中心
小狗尾巴別墅民宿
若松町
新川町
Route Inn Grantia 函館站前
Smile Hotel
Kiraris函館
函館 Comfort Hotel
新奧特飯店
東橫INN 函館站前朝市
函館世紀濱海飯店
APA HOTEL函館站前
東橫INN 函館站前大門
大手町
松風町
明治安田生命
高龍寺
市役所前
日銀
函館Super Hotel
大森町
水天宮
函館皇家飯店
湯の川溫泉
湯の川
函館市消防本部
函館市役所
大槻食品館
水產物地方卸売市場
函館啤酒
東雲町
函館灣美食俱樂部
函館海鮮市場
魚市場通
旭町
朝日小
函館西波止場
函館History Plaza
箱館高田屋嘉兵衛資料館
函館巧克力飯店
海神社
sunrifure函館
多目的廣場
末廣町
坂本龍馬雕像
豐川町
榮町
十字街
北海道坂本龍馬記念館
本願寺別院
善光寺
函館市地區交流城市發展中心
Villa Concordia Resort & Spa P.130
函館市
函館WBF大飯店
寶來町
Homac Nicot
東川町
であえーる大森浜団地
職業訓練センター
魚長
旅館長島
天祐寺
市電
高田屋嘉兵衛の像
青柳町
青柳小
すりばち坂
函館公園
ゆとりろ
常住寺
谷地頭
立待岬
津輕海峽
護國神社坂

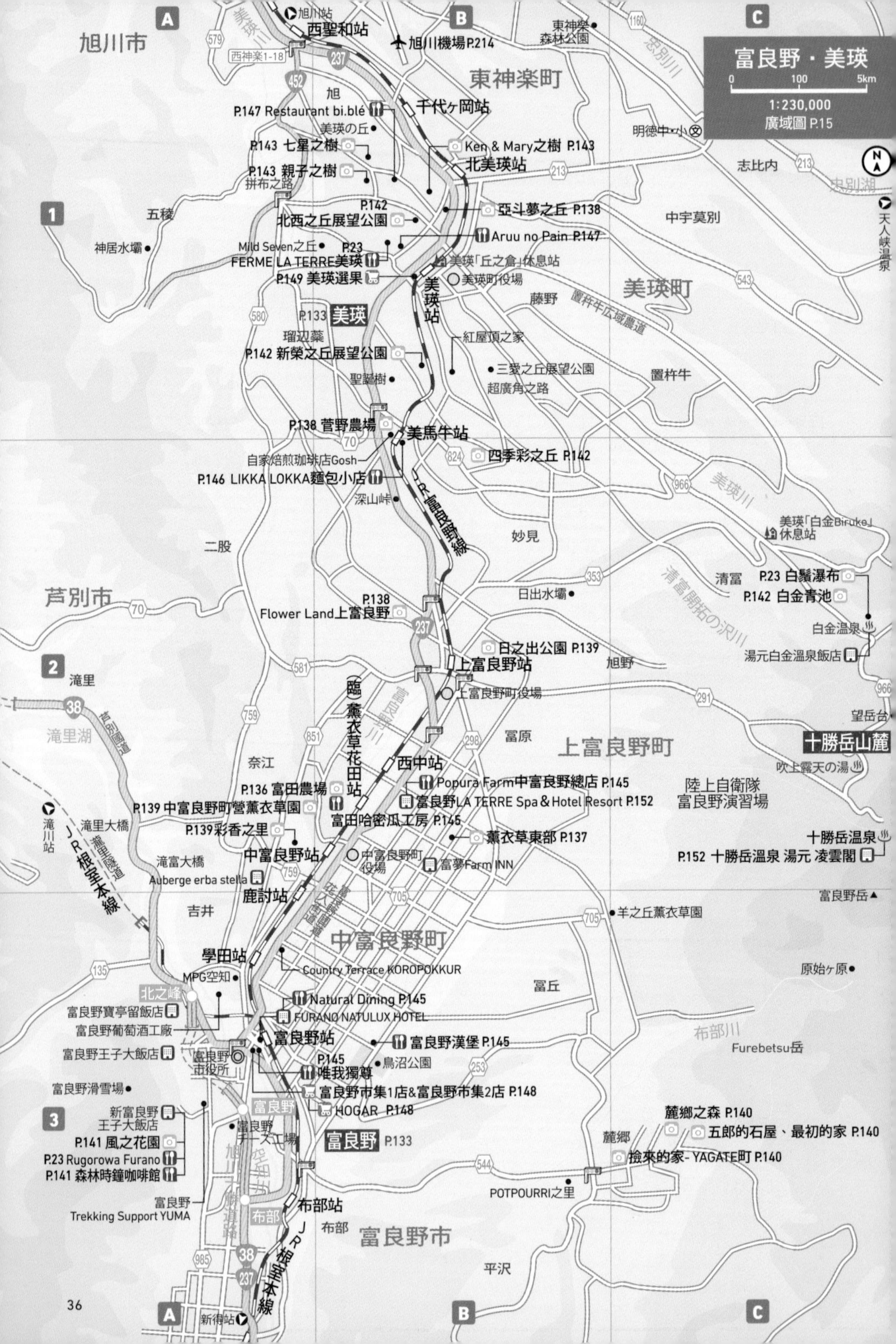

富良野・美瑛
0
100
5km
1:230,000
廣域圖 P.15
A
B
C
1
2
3
旭川市
旭川站
西聖和站
旭川機場 P.214
東神楽森林公園
忠別川
東神楽町
西神楽1-18
美瑛川
旭
P.147 Restaurant bi.blé
千代ヶ岡站
美瑛の丘
P.143 七星之樹
Ken & Mary之樹 P.143
明徳中・小
P.143 親子之樹
北美瑛站
志比内
拼布之路
忠別湖
五稜
P.142
北西之丘展望公園
亞斗夢之丘 P.138
中宇莫別
天人峡温泉
神居水壩
Mild Seven之丘
P.23
FERME LA TERRE美瑛
Aruu no Pain P.147
美瑛「丘之倉」休息站
P.149 美瑛選果
美瑛町役場
美瑛站
美瑛町
藤野
置杵牛広域農道
P.133 美瑛
瑠辺蘂
紅屋頂之家
P.142 新榮之丘展望公園
三愛之丘展望公園
置杵牛
聖誕樹
超廣角之路
P.138 菅野農場
美馬牛站
自家焙煎珈琲店Gosh
四季彩之丘 P.142
P.146 LIKKA LOKKA麵包小店
美瑛川
深山峠
JR富良野線
美瑛「白金Biruke」休息站
二股
妙見
清冨
P.23 白鬚瀑布
清富開拓の沢川
P.142 白金青池
芦別市
日出水壩
P.138
Flower Land上富良野
白金温泉
日之出公園 P.139
湯元白金温泉飯店
上富良野站
旭野
滝里
上富良野町役場
滝里湖
芦別国道
(臨)薰衣草花田站
望岳台
冨原
上富良野町
十勝岳山麓
奈江
西中站
吹上露天の湯
P.136 富田農場
Popura Farm中富良野總店 P.145
陸上自衛隊
富良野演習場
P.139 中富良野町營薰衣草園
富良野LA TERRE Spa & Hotel Resort P.152
富田哈密瓜工房 P.145
滝川站
滝里大橋
P.139彩香之里
薰衣草東部 P.137
十勝岳温泉
JR根室本線
滝里隧道
中富良野站
中富良野町役場
P.152 十勝岳温泉 湯元 凌雲閣
滝富大橋
富夢Farm INN
Auberge erba stella
鹿討站
富良野岳
吉井
羊之丘薰衣草園
中富良野町
學田站
Country Terrace KOROPOKKUR
原始ヶ原
MPG空知
北之峰
冨丘
Natural Dining P.145
富良野寶亭留飯店
FURANO NATULUX HOTEL
富良野葡萄酒工廠
布部川
富良野站
富良野漢堡 P.145
Furebetsu岳
富良野王子大飯店
富良野市役所
P.145
唯我獨尊
鳥沼公園
富良野滑雪場
富良野市集1店&富良野市集2店 P.148
新富良野王子大飯店
富良野
HOGAR P.148
麓郷之森 P.140
P.141 風之花園
富良野チーズ工場
麓郷
五郎的石屋、最初的家 P.140
P.23 Rugorowa Furano
富良野 P.133
撿來的家- YAGATE町 P.140
P.141 森林時鐘咖啡館
空知川
POTPOURRI之里
富良野
Trekking Support YUMA
布部站
布部
布部
富良野市
平沢
新得站

宇登呂
1:28,000
廣域圖 P.7
羅臼
1:18,000
廣域圖 P.7
旭川市區
1:20,000
廣域圖 P.15
釧路市區
1:30,000
廣域圖 P.4
阿寒湖溫泉
1:20,000
廣域圖 P.9

札幌市內交通路線圖

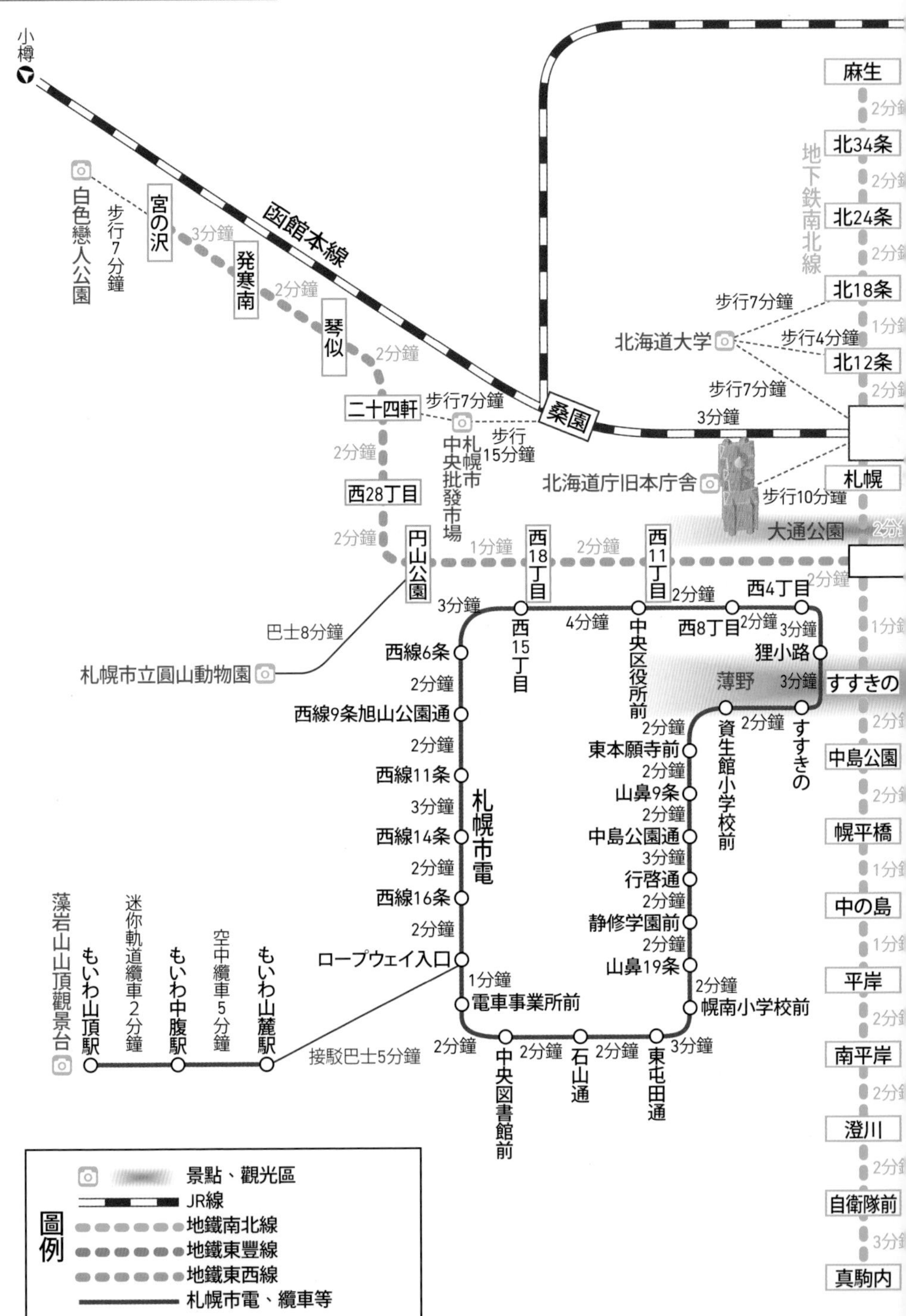

小樽
函館本線
白色戀人公園
步行7分鐘
宮の沢
3分鐘
発寒南
2分鐘
琴似
2分鐘
二十四軒
步行7分鐘
札幌市中央批發市場
步行15分鐘
桑園
3分鐘
2分鐘
西28丁目
2分鐘
円山公園
1分鐘
西18丁目
2分鐘
西11丁目
巴士8分鐘
札幌市立圓山動物園
麻生
北34条
北24条
北18条
北12条
札幌
地下鉄南北線
北海道大学
步行7分鐘
步行4分鐘
步行7分鐘
北海道庁旧本庁舎
步行10分鐘
大通公園
すすきの
中島公園
幌平橋
中の島
平岸
南平岸
澄川
自衛隊前
真駒内
札幌市電
西15丁目
中央区役所前
西8丁目
西4丁目
狸小路
薄野
すすきの
資生館小学校前
東本願寺前
山鼻9条
中島公園通
行啓通
静修学園前
山鼻19条
幌南小学校前
東屯田通
石山通
中央図書館前
電車事業所前
ロープウェイ入口
西線16条
西線14条
西線11条
西線9条旭山公園通
西線6条
接駁巴士5分鐘
もいわ山麓駅
空中纜車5分鐘
もいわ中腹駅
迷你軌道纜車2分鐘
もいわ山頂駅
藻岩山山頂觀景台
圖例
景點、觀光區
JR線
地鐵南北線
地鐵東豐線
地鐵東西線
札幌市電、纜車等

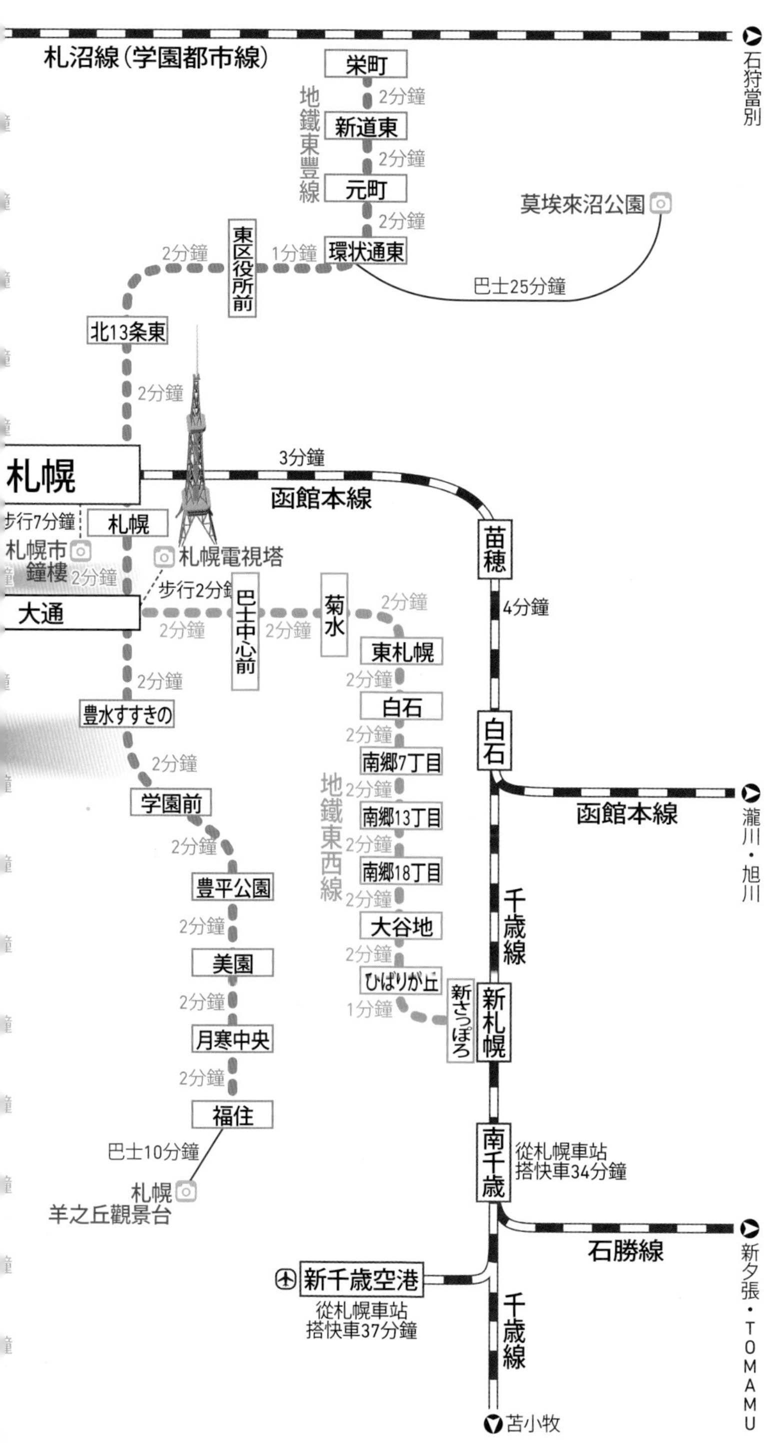
札沼線(学園都市線)
石狩當別
栄町
2分鐘
新道東
2分鐘
元町
2分鐘
環状通東
地鐵東豐線
莫埃來沼公園
巴士25分鐘
1分鐘
東区役所前
2分鐘
北13条東
2分鐘
札幌
3分鐘
函館本線
苗穗
4分鐘
步行7分鐘
札幌
札幌市鐘樓
2分鐘
札幌電視塔
步行2分鐘
大通
2分鐘
巴士中心前
2分鐘
菊水
2分鐘
東札幌
2分鐘
白石
2分鐘
南郷7丁目
2分鐘
南郷13丁目
2分鐘
南郷18丁目
2分鐘
大谷地
2分鐘
ひばりが丘
1分鐘
新さっぽろ
地鐵東西線
白石
函館本線
瀧川・旭川
千歳線
新札幌
2分鐘
豊水すすきの
2分鐘
学園前
2分鐘
豊平公園
2分鐘
美園
2分鐘
月寒中央
2分鐘
福住
巴士10分鐘
札幌羊之丘觀景台
南千歲
從札幌車站搭快車34分鐘
石勝線
新夕張・TOMAMU
新千歲空港
從札幌車站搭快車37分鐘
千歲線
苫小牧

函館市內交通路線圖

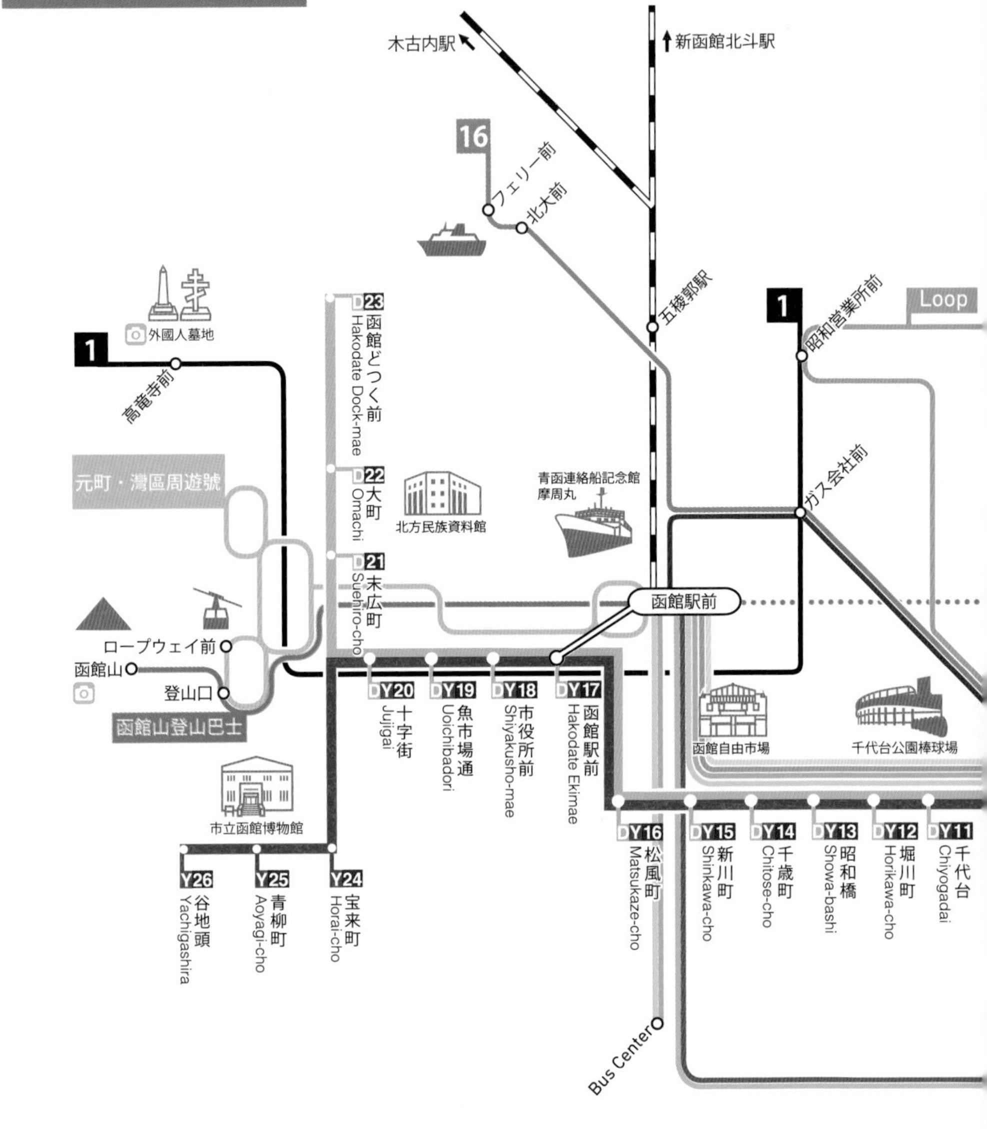

木古内駅
新函館北斗駅
16
フェリー前
北大前
五稜郭駅
1
昭和営業所前
Loop
外國人墓地
1
高竜寺前
D23 函館どつく前 Hakodate Dock-mae
D22 大町 Omachi
北方民族資料館
青函連絡船記念館 摩周丸
ガス会社前
元町・灣區周遊號
D21 末広町 Suehiro-cho
函館駅前
ロープウェイ前
函館山
登山口
函館山登山巴士
DY20 十字街 Jujigai
DY19 魚市場通 Uoichibadori
DY18 市役所前 Shiyakusho-mae
DY17 函館駅前 Hakodate Ekimae
函館自由市場
千代台公園棒球場
市立函館博物館
DY16 松風町 Matsukaze-cho
DY15 新川町 Shinkawa-cho
DY14 千歳町 Chitose-cho
DY13 昭和橋 Showa-bashi
DY12 堀川町 Horikawa-cho
DY11 千代台 Chiyogadai
Y26 谷地頭 Yachigashira
Y25 青柳町 Aoyagi-cho
Y24 宝来町 Horai-cho
Bus Center

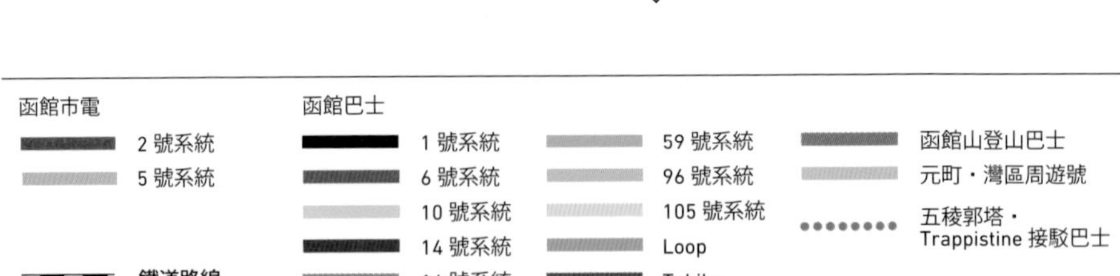

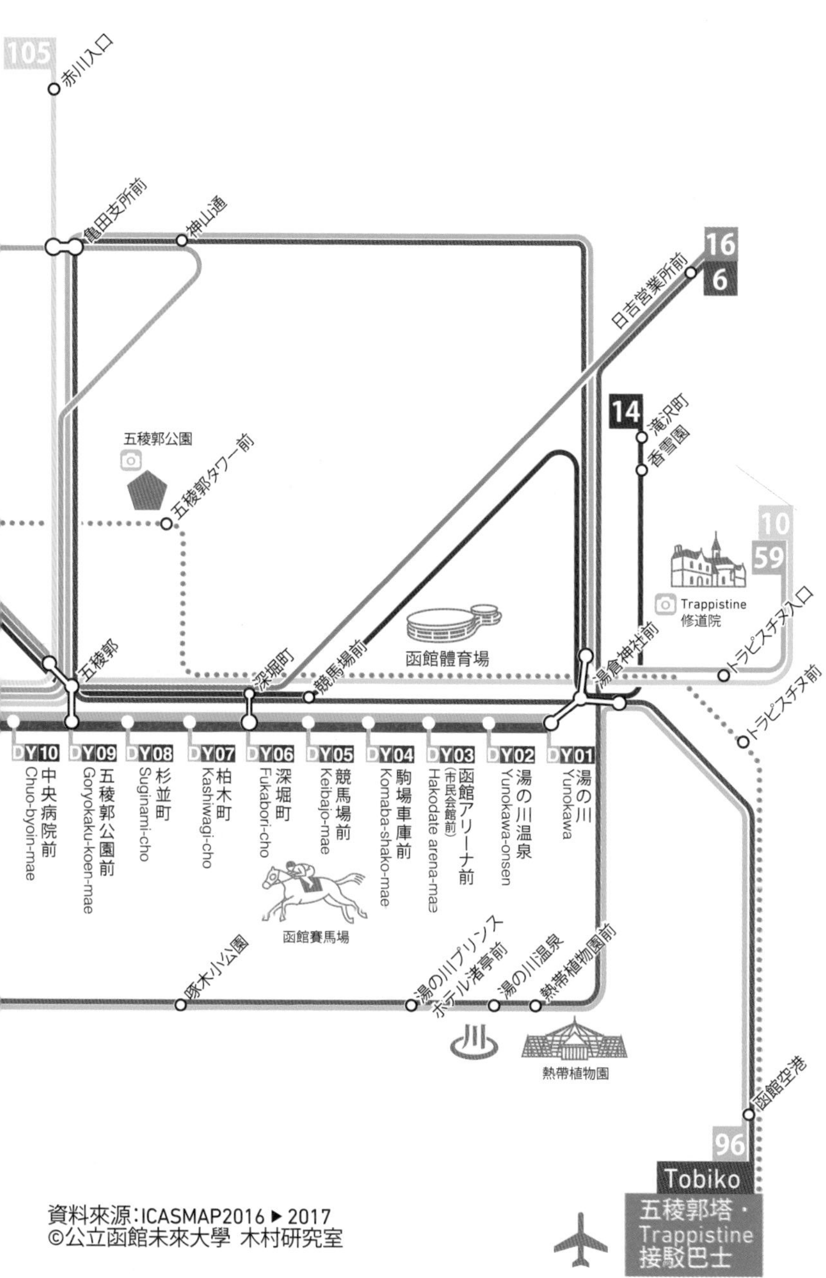

資料來源:ICASMAP2016 ▶ 2017
©公立函館未來大學 木村研究室

北海道的玄關口

掌握新千歲機場

旅客人數高居北海道第一的新千歲機場，分成國內線和國際線2座航廈，國內線航廈設有豐富的購物和美食商店。聰明掌握機場設施讓旅行更有意義吧！

北海道觀光據點

新千歲機場

千歲 ▶MAP P.12 C-1

機場位於札幌東南方的千歲市。國內線的年客運量高達1800萬人次，除了連結日本國內各機場外，也有以亞洲為首的國際線航班。身為北海道的空中玄關，相當繁忙。

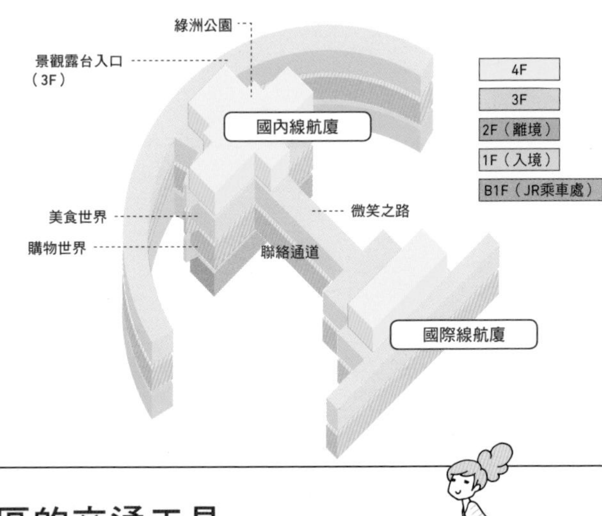

新千歲機場航站大廈

新千歲機場內
0123-23-0111（機場綜合服務處）
有（收費）

從機場到札幌市區的交通工具

以下是從機場到札幌市區的主要移動方式。搭JR可在最短的時間內抵達JR札幌車站。入住的飯店前有巴士站的話，坐巴士比較輕鬆。

搭JR

新千歲機場車站就位於航廈地下1樓。搭JR快速Airport號，可以在最短的時間內到達JR札幌車站。8:00～21:00間每15分鐘一班。＋530日圓就能坐u座位（對號座）。也可以使用Suica、PASMO等IC票卡。

費 單程1150日圓
37分鐘
011-222-7111（JR北海道電話客服中心）

搭計程車

計程車招呼站位於國內線航廈的11、17號處。到札幌市區要走高速公路，需時1小時～。建議選搭北都交通或札幌MK TAXI的定額制計程車（採預約制）。

【北都交通】
費 9000日圓（中央區）※深夜清晨加成計價
011-290-4000

【札幌 MK TAXI】
費 8000日圓～（中央區）※高速公路過路費另計
011-777-5058

搭巴士

國內線航廈的巴士乘車處位於1樓，可到中央巴士或北都交通巴士櫃台買車票。前往札幌都心（經福住車站）的巴士停在14、22號處。中途除了停靠札幌站前、薄野、道廳正門前外，還有市區主要飯店。每小時有2～4班車。

費 單程1100日圓、來回票2100日圓
1小時10分鐘
0570-200-600（中央巴士）
011-375-6000（北都交通）

從新千歲機場出發的長途巴士

北都交通有往來新千歲機場的長途巴士。此外，道南巴士也有開往室蘭、登別溫泉、苫小牧、穗別的路線。
0143-45-2131（道南巴士）

【帶廣．十勝川溫泉】
費 3800日圓（帶廣站前）、4300日圓（十勝川溫泉）
營 1天5班（其中3班開往十勝川溫泉）
2小時30分鐘（帶廣站前）、3小時10分鐘（十勝川溫泉）

【定山溪溫泉】
費 1800日圓 營 1天1班 1小時40分鐘

CHECK1

當地美食in機場

到國內線航廈3樓的美食世界區，就能在機場嘗遍北海道各地的知名美食。

3F 美食世界

充滿懷舊感的紅磚造型牆。

北海道拉麵道場

聚集10家北海道各地人氣拉麵店的區域。

豪華北海道拉麵
1300日圓
湯頭是辣味噌口味。配菜有扇貝、奶油、玉米等。

蝦味拉麵
780日圓
使用大量甜蝦頭熬煮湯頭，鮮美無比。

北海道三大螃蟹味噌拉麵
1980日圓
能一次吃到帝王蟹、松葉蟹和花咲蟹。

烤玉米拉麵
1280日圓
以中粗捲麵搭配濃郁的味噌湯頭。烤玉米風味絕佳。

麵處 白樺山莊
☎0123-45-7575
營10:00～20:30LO

一幻鮮蝦蕎麥麵
☎0123-45-6755
營10:00～20:30LO

弟子屈拉麵
☎0123-45-8888
營9:00～20:30LO

空拉麵
☎0123-45-6038
營10:00～20:00LO

北海道美食區

從道地壽司、成吉思汗烤肉到霜淇淋等，北方之味應有盡有。

道產小麥義大利麵店 meer lounge
☎0123-45-1000
營11:00～20:30LO

德式馬鈴薯培根義大利麵
842日圓
北海道馬鈴薯和厚片培根煎香後淋上自製醬料的義大利麵。

DONBURI茶屋
☎0123-25-6650
營10:30～20:00LO

超大漁丼飯
2380日圓
爽快鋪滿北海道時令海鮮的奢侈丼飯。吃得到頂級生海膽或牡丹蝦等當日海鮮。

「豚丼名人」Drive in 豬肉丼飯專賣店
☎0123-46-4200
營10:00～19:45LO

炙燒起司豬肉丼飯1242日圓
新千歲機場限定的人氣菜單。北海道豬里肌肉配上祕製醬汁和烤起司，無比對味。

市電通食堂街

放置市電車廂，打造昭和懷舊空間。有酒吧、迴轉壽司等6家餐館。

味噌Kitchen
☎0123-46-2123
營11:00～20:30LO

味噌豬排飯1274日圓
味道關鍵在用北海道味噌調配的圓潤味噌醬。

lavi湯咖哩
☎0123-21-8618
營10:30～20:00LO

蝦夷鹿蔬菜咖哩1580日圓
湯頭充滿番茄酸味。配料是蝦夷鹿肉和大量蔬菜。

國內線航廈3樓的一部分規畫成美食區，提供拉麵、成吉思汗烤肉、咖哩等。

CHECK2

機場必買&限定伴手禮！

機場內設有多家商店，從甜點到生活用品應有盡有。不可錯過機場限定商品！

2F 購物世界

甜點、海鮮、機場便當等商店齊聚一堂。

營8:00～20:00

限定

鬆軟夾心餅乾
5個裝1080日圓
夾著棉花糖的香濃沙布列餅乾，外層再淋上巧克力。

函館 Pastry Snaffle's

☎0123-21-8461

KINOTOYA新千歲機場店

☎0123-29-6161

必買

起司塔6個裝1080日圓
（1個183日圓）
鬆軟濃郁的起司慕斯搭配酥脆塔皮，堪稱絕品。

必買

ROYCE 巧克力洋芋片
（原味）1箱778日圓
單面淋上巧克力醬的洋芋片。

ROYCE

☎050-3786-3770

CARAMEL KITCHEN

☎0123-46-6590

限定

手工牛奶糖
8個裝972日圓
在店內廚房熬煮牛奶糖。有牛奶、杏仁、奶油3種口味。

Siretoco Sky Sweets

☎0123-46-2109

限定

戀愛小熊
7個裝980日圓
一口大小的甜甜圈蛋糕。

NOUVELLE VAGUE LeTAO Chocolatier

☎0123-25-3233

限定

皇家山峰紅茶布朗尼
4個裝864日圓
使用皇家山峰紅茶巧克力製作的布朗尼。散發出紅茶香氣。

限定

杯裝泡芙夢風船
1個185日圓
泡芙內塞滿加了馬斯卡彭起司的卡士達鮮奶油。

北菓樓

☎0123-46-2226

限定

美瑛豆豆麵包
5個裝1080日圓
內餡和麵包上放滿美瑛生產的5種豆類。

美瑛選果

☎0123-46-3300

必買

三萬六小塊裝
5條裝600日圓
以牛奶×白巧克力畫出白樺樹木紋。切成小塊狀的年輪蛋糕。

柳月 三萬六studio店

☎0123-45-0036

CHECK3

解饞外帶美食

肚子有點餓又不想進餐廳，這時就需要方便的外帶美食。從必買甜點到鹹食，豐富選項任君挑選。

2F 購物世界

Kama榮

☎0123-46-5894
㊟8:00～20:00

馬鈴薯玉米餅
216日圓
加了馬鈴薯塊和玉米的炸魚板。香甜馬鈴薯和鹹味魚板超搭。

Calbee+

☎0123-45-6055
㊟8:00～20:00

現炸洋芋片（蘆筍培根口味）
330日圓
當場現炸的洋芋片帶有蘆筍的清新香氣及培根的鹹香味。

牛奶&巴菲冰 四葉White Cosy

☎0123-46-2188
㊟8:00～20:00

北海道哈密瓜巴菲冰
520日圓
香濃綿密的四葉霜淇淋加上夕張哈密瓜果凍及果汁。充滿哈密瓜滋味的奢侈巴菲冰。

SKY SHOP小笠原

☎0123-46-2021
㊟7:00～20:30

脆皮奶油派
1個200日圓
只在部分六花亭門市販售的商品。在圓筒狀派皮內擠滿卡士達奶油餡。

CHECK4

還有娛樂設施！

機場內除了商店和餐廳外還有多項設施！早一點到機場四處逛逛也很有趣。

3F 微笑之路

Hello Kitty快樂飛行公園

和化身為空服員的Kitty一起去全世界找三麗鷗卡通人物！
☎0123-21-8115
㊟10:00～18:00（商店～18:30）
㊡全年無休
㊕門票800日圓

哆啦A夢空中樂園

來到新千歲機場隨時看得到哆啦A夢，一起合影留念吧。♪
☎0123-46-3355
㊟ 公園區10:00～18:00、咖啡館～17:00 LO、商店～18:30
㊡全年無休
㊕公園區門票800日圓

Royce' Chocolate World

Royce在機場內開設的巧克力工廠和博物館，還有200種原創商品。
☎050-3786-3771
㊟ 8:00～20:00（工廠8:30～17:30。依季節調整）
㊡全年無休　㊕免費參觀

4F 綠洲公園

新千歲機場溫泉

設有露天浴池、三溫暖和岩盤浴等豐富設施。也可到功能完善的休息室放鬆身心。
☎0123-46-4126
㊟ 10:00～翌日9:00　㊡ 全年無休　㊕ 基本入浴1800日圓（含浴衣、浴巾和毛巾。有晨間入浴費和深夜費用）

SORA CINEMA CHITOSE

日本首座機場電影院。也有午夜場等各種折扣票。
☎0123-46-4150　㊟ 9:00～23:00（依上映電影調整）
㊡ 全年無休　㊕ 1800日圓（3D影片多加400日圓）

2F 通路設施

發現Steiff通廊

可以擁抱接觸德國Steiff公司生產的玩偶，並合影留念的博物館。
㊟10:00～18:00
㊡全年無休
㊕免費

位於3樓美食區的大空博物館，可以透過飛行模擬器體驗操控的樂趣。

吃遍美食大挑戰！

知名美食指南

沒有吃到這個，不算來到北海道旅遊！
一網打盡必吃美食和各地特色料理。

FOOD

札幌拉麵

札幌

炒蔬菜搭配濃厚味噌湯頭和雞蛋捲麵的拉麵。是充滿蒜香滋味的重口味拉麵。

函館拉麵

函館

源自中國麵類料理的直麵條，配上清澈湯頭的鹽味拉麵。

釧路拉麵

釧路

以柴魚高湯為基底的醬油拉麵。使用可在港口小鎮路邊攤迅速端上桌的細麵條。

旭川拉麵

旭川

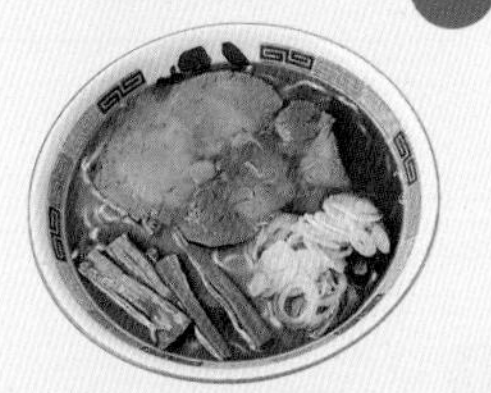

最常見的是用豬骨或雞骨調和成雙重湯頭的濃郁醬油味拉麵。在湯裡加豬油保溫。

壽司

全區

北海道使用的握壽司料特別新鮮。從吧檯壽司到迴轉壽司，店家種類廣泛。

海鮮丼飯

全區

在市區或市場內的餐館都吃得到。想盡情品嘗當季海鮮首推海鮮丼飯！

成吉思汗烤肉

全區

把羊肉和蔬菜一起放在鐵板上燒烤後食用，是北海道的地方菜色。也有提供北海道羊肉的餐廳。

湯咖哩

札幌

在加了大量香料的高湯內放入蔬菜或肉類等配料燉煮。配飯食用。

活烏賊生魚片

函館

在烏賊產量豐富的函館才吃得到的名菜。請直接享用肉身透明新鮮的現釣烏賊。

豬肉丼飯

帶廣

將淋滿鹹甜醬汁，烤得香氣撲鼻的豬肉豪爽地放在白飯上，是帶廣的必吃美食。

咖哩蛋包飯

富良野

使用蔬菜、米飯、雞蛋等當地食材製作。濃縮富良野美味的在地咖哩。

海膽丼飯

積丹　利尻島　禮文島

丼飯上奢侈地放滿近海捕獲的新鮮海膽。價格略貴，但入口即化的海膽堪稱人間美味。

試著說北海道方言！

以下介紹可增添旅行樂趣的部分北海道方言。

Namara →非常
例句：Namara umai（非常好吃）

Syakkoi →冰冷
例句：Ko no mizu ha syakkoi（水好冰）

Kowai →好累
例句：Sonna ni hasitte kowakunai ka？（跑成那樣不累嗎）

Nageru →丟掉
例句：So no gomi nagetoite（把垃圾丟掉）

Shitakke →如果那樣（也有再見的意思）
例句：Shitakke，Okaasan ga saa（那樣的話，媽媽）

Azumashii →舒適
例句：Ko no heya namara azumashii（這個房間非常舒適）

炸雞（zanngi）

雞肉用醬油醃過再炸的北海道風味炸雞。不僅是雞肉，很多炸物都叫zanngi。

奶油馬鈴薯

居酒屋的菜單上也有很多馬鈴薯菜色。北海道的吃法是放在鹽漬烏賊內臟上食用。

拉麵沙拉

常見的家常菜。拉麵麵條和蔬菜加美乃滋沙拉醬拌勻後食用。

豬排義大利麵

豬排放在義大利麵上，再淋入大量肉醬。是釧路「泉屋餐廳」的招牌菜。

爐端燒

海鮮、蔬菜、肉類放在炭爐上烤熟的烹調法。炭火烤過的食物，口感鬆軟相當美味。

三平湯

北海道的冬季家常菜。鮭魚或鱈魚和馬鈴薯、蔬菜等一起放入昆布高湯煮的清湯。

舊金山飯

函館

函館的人氣餐廳「California Baby」的招牌菜。法蘭克福香腸放在奶油炒飯上，再淋入大量肉醬。

炸半雞

小樽

醃好的半隻雞炸熟後直接上桌。外皮酥脆雞肉多汁。

玉米（唐黍）

全區

北海道的玉米產量高居日本第一。這裡一般稱作「唐黍」，是常見的路邊攤小吃。

SWEETS 巴菲冰

使用大量北海道牛奶製作的鮮奶油和冰淇淋。現在流行喝完酒再吃「消夜巴菲冰」。

哈密瓜甜點

北海道日夜溫差大，生產的哈密瓜香甜可口，因此研發出多種哈密瓜甜點。

薰衣草甜點

也有用紫色薰衣草製作的甜點。散發微微香氣，呈現美麗的薰衣草色。

建議在函館或小樽等海港城市吃海鮮，到富良野．美瑛或十勝等內陸地區品嘗蔬果或乳製品美食。

深入了解北海道
文化指南

北海道在開拓以前稱作蝦夷地，當地原住民是愛努族。
事先了解北海道的特殊文化和歷史，旅行起來更有趣！

愛努族

北海道、東北地方北部、庫頁島、千島群島、堪察加半島的原住民。母語是愛努語，但是沒有文字記載，全靠口述代代相傳。愛努在愛努語的意思是人類。

北海道開拓使

明治政府成立後將蝦夷地改名為北海道，1869年（明治2年）在札幌設置北海道開拓使。以紅星為標誌。

Nikka威士忌

1934年，「日本威士忌之父」竹鶴政孝（1894～1979）在氣候跟威士忌原產地蘇格蘭相似的余市，創立Nikka的前身「大日本果汁株式會社」，後來取公司名稱中的日與果，命名為Nikka。

島義勇 1822～1874年

北海道開拓之父。佐賀藩的藩士，擔任明治新政府的北海道開拓史判官，以京都為藍圖將荒野之地規畫成棋盤格城市。在北海道神宮、札幌市公所都立有他的銅像。

土方歲三 1835～1869年

誕生於現今東京．日野的農家，在動盪不安的幕府末期擔任新選組副長。在鳥羽伏見之戰戰敗後，來到江戶、會津時加入榎本武揚率領的舊幕府海軍前往箱館。卻死於箱館之戰。享年34歲。

Soran節

江戶時代鯡漁業的鼎盛時期，可以看到名為Yanshiyu的漁夫在漁場齊聲高歌捕魚的景象。撈魚時的吆喝聲「Soran、Soran」演變成Soran節民謠。發源地在積丹半島。

屯田兵

明治政府在1874年（明治7年）推行的制度。目的是設置北方軍隊抵禦俄羅斯南下，同時開墾北海道。屯田兵平時在開墾的土地上務農，戰時則是軍人，具有農兵雙重身分。北海道各地都有屯田兵駐守。

北前船

北前船是江戶時代從松前或江差出發，行經敦賀、瀨戶內海這條西部航線前往大阪的船舶。當時的松前和江差非常熱鬧，有很多商人前來進貨，將鯡魚或昆布等載到中途停靠港或大阪販售。

松浦武四郎 1818～1888年

為北海道命名的名人。因俄羅斯的南下政策從長崎北上蝦夷地，6度走訪蝦夷地境內進行勘查。得到愛努族的協助編整地圖和報告書。2018年是北海道命名150週年。

高田屋嘉兵衛 1769～1827年

淡路島出生，後來成為船員，嶄露頭角後和兄弟合開「高田屋」。以箱館為據點經營大阪到北海道間的船運業。開拓北方航線時被扣留在俄羅斯，致力恢復兩國間的關係。

克拉克博士 1826～1886年

克拉克博士（William Smith Clark）曾是麻省農業學校校長，1876年7月來到日本擔任札幌農業學校校長，任教8個月。和學生告別時說的「Boys, be ambitious!」，成為流傳後世的名言。

男爵馬鈴薯

明治時代對日本造船業貢獻良多的川田龍吉男爵（1856～1951），為了在北海道栽種留英時期吃過的馬鈴薯，從海外取得馬鈴薯種子並栽培成功。後來取名為男爵馬鈴薯。

江差追分

源自長野縣追分町吟唱的馬子歌。隨著北前船傳到江差，經盲人樂師佐之市改編和流行民謠謙良節融合。

薄荷

薄荷的歷史源自從山形薄荷產地遷移到北海道的居民，在當地培植成功。其中最適合種植的北見成為最大產地。後來產業衰退，但現在仍有種植。

北海道的地名

北海道的地名有很多來自愛努語，不過有些地方是以外來移民者的出身地取名。釧路市的鳥取、北方廣島的北廣島市、奈良縣十津川的人將小鎮喚作新十津川町等，頗有意思。

如何使用本書

在北海道必做的108件事！

從基本玩法到意想不到的樂事，提供全方位的遊玩方案。

5W1H來解惑

詳細說明What、When、How to等基本問題。一讀就懂。

分類整理介紹

依地區和主題分類。從「必去的地方」、「必做的事」翻頁查詢。

- TOURISM
- EAT
- SHOPPING
- PLAY
- STAY

旅遊情報

用一行文字介紹對旅途有幫助的訊息或是讓旅遊更開心的小常識！

【圖例說明】

- 地址
- 電話號碼
- 營業時間（寫出開始到結束的時間。不過，結束時間或最後點餐時間仍請依照店家規定）
- 節日、年底年初等假期以外的公休日
- 成人票價、設施使用費，入住一晚的基本房價等
- 交通方式或從據點處出發的所需時間
- 是否有停車場、台數
- ▶MAP　表示在書前地圖上的位置

本書登場人物！

Hare的追捕之旅

特別收錄

別冊地圖

＼ 可以取下使用！ ／

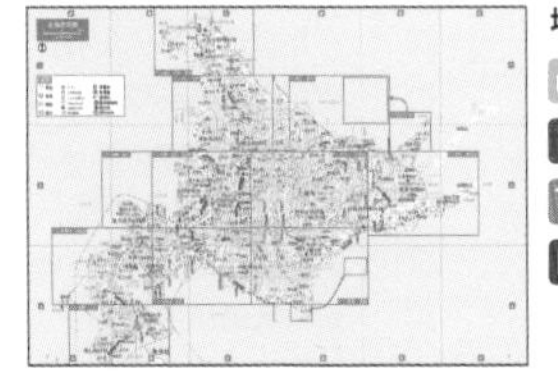

地圖圖例

- 觀光景點
- 餐廳
- 購物
- 飯店

北海道便利帳

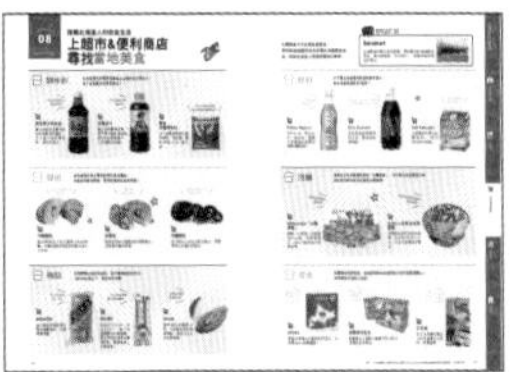

關於本書

書中記載的資料是截至2019年4月的情況。內容時有變動，請事先做好確認（疫後資訊更新以店家歇業與否為主）。遇到假日和年底年初時，營業時間及公休日等會和書中介紹的不同。書中標示的價格，基本上是以採訪當時的稅率加上消費稅的金額。請注意有些店家提供的是未稅價格。飯店價格如果是2人共用一間，以單人計價，如果是雙人房則以房間計價，都是淡季最低房價。房價依季節、週末、房型而異，訂房時務必確認清楚。敝出版社恕不賠償因本書記載內容所造成的損害等，尚請見諒。

CONTENTS

在北海道必做的108件事

☑ 做過的請打勾！

函館

富良野・美瑛

十勝・帶廣

知床・網走

釧路・阿寒・摩周湖

稚內・利尻・禮文島

一看就懂 北海道之旅STUDY

歡迎參加北海道的非凡之旅！

在大自然環抱的北海道，除了多項戶外活動外，還有豐富美食及觀光景點。
望向隨著四季更迭變換風情的北海道天空，盡是晴朗快意！

TOURISM

觀光

冬季流冰夏季花海，觀光內容依季節而異。
依最佳時間擬定旅遊計畫吧。

北海道冬天的代名詞

流冰

在1月中旬～3月中旬的嚴冬時期，覆滿流冰的鄂霍次克海，是冬季觀光亮點。搭乘破冰船前進於流冰海上，來趟震撼十足的流冰之旅！

網走流冰觀光碎冰船極光號・極光2號 >>> P.180

花卉交織成的彩虹線條

花田

富良野・美瑛地區散布著大規模的花田。一到初夏時節，高低起伏的丘陵染上色彩，可看到連綿不絕的花海美景。

四季彩之丘 >>> P.142

如何觀看影片

先下載免費APP

從智慧型手機或平板電腦的「Google play」或「App Store」搜尋「朝日connect」。下載免費APP。

※雖然APP免費，但需自行負擔通訊費用。

選擇日期用手機鏡頭對準！

開啟APP，選擇朝日新聞出版。在日期選擇上設定為。2019年6月1日，對準每個記號。

※請水平對準記號直向移動。對準後須等待數秒。

PLAY

遊玩

和動物近距離接觸或是充滿活力的戶外活動，北海道的玩樂選項也很豐富。投入大自然的懷抱吧！

ZOO

用智慧型手機看影片

去看精力旺盛的動物

旭山動物園

旭山動物園精心規畫讓遊客可以看到動物活潑可愛的姿態。觀賞餵食秀、參加季節性活動，是讓人找回童心的景點。

旭川市旭山動物園 >>> P.34

EAT

美食

海鮮、拉麵、湯咖哩等，北海道擁有豐富的美食特產。以新鮮食材入菜的餐點令人讚不絕口。

KAISENDON

用智慧型手機看影片

爆滿的鮭魚卵，超感動！

海鮮丼飯

堆滿白飯的鮭魚卵和招呼聲一樣氣勢驚人，是Hachiko大受歡迎的原因。能盡情享用自製的醬油漬鮭魚卵。店內還有多樣海鮮餐點。

海味Hachiko 別亭OYAJI >>> P.73

BEST PLAN 01

在哪裡要玩什麼？

調查實現夢想的區域

HOKKAIDO MAP

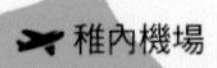

稚內機場

稚內・利尻・禮文島

鄂霍次克紋別機場

知床・網走

旭川機場

女滿別機場

根室中標津空港

富良野・美瑛

釧路・阿寒・摩周湖

小樽

札幌

丹頂釧路機場

新千歲機場

十勝・帶廣

十勝帶廣機場

函館

函館機場

道內179個市町村，分屬於9個綜合振興局和5個振興局轄下管理。

各區特色標示圖

看了圖就知道要先去哪！各區特色瞭若指掌。

- 遊玩
- 購物
- 美食
- 溫泉
- 觀光

日本領土最北端的城鎮和離島

稚內・利尻・禮文島

→ P.199

面向宗谷海峽，是日本最北端的領土，看得到對岸的薩哈林州。也可搭船前往利尻島、禮文島等離島觀光。該區特產為新鮮海產。

宗谷岬立有日本最北端的地碑。

北海道觀光的玄關

札幌

→ P.49

和北海道主要機場新千歲機場相鄰的地區。札幌車站附近高樓和餐飲店櫛比鱗次，相當熱鬧。道內最大的鬧區，薄野也位於此處。

貫穿市區東西的大通公園。

位於市中心的札幌市鐘樓是必遊景點。

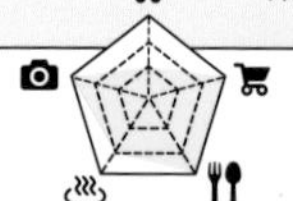

函館早市名產活章魚丼飯。

璀璨夜景和海鮮美食

函館

→ P.109

1859年開港，是日本最早的國際貿易港。境內留有多處充滿異國風情的西洋建築。不僅有箱館戰爭遺址，還有豐富的海鮮美食。

從函館山遠眺函館灣的夜景。

北海道幅員遼闊。各地風情迥然不同，觀光內容也依季節而異。掌握各區特色，安排旅遊計畫！

北海道行前須知

■ 從台北出發	約4～4.5小時（飛機）
■主要交通工具	電車、租車、路線巴士等
■ 最佳旅遊季節	7～9月
■預算	1天1萬日圓～
■ 面積	約8萬3450km2
■ 人口	約540萬人
■ 道花	濱茄
■ 道鳥	丹頂鶴

以薰衣草花園為首的花田散布其間

富良野・美瑛 → P.133

位於北海道正中央。大面積的各色花田坐落其間，還能欣賞到美麗的丘陵風光。也有用蔬菜或小麥等當地食材製成的美食。

廣闊的園內開滿薰衣草，是富田農場引以為豪的美景。

富良野哈密瓜甜點是必吃美食！

接觸大自然的世界遺產

知床・網走 → P.169

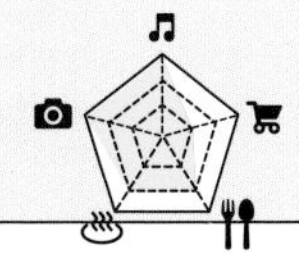

突出於鄂霍次克海的知床半島列入世界遺產，有知床五湖健行及自然觀光船等多種戶外活動。

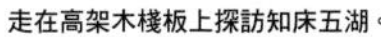

走在高架木棧板上探訪知床五湖。

道內首屈一指的酪農地區

十勝・帶廣 → P.153

十勝平原寬廣遼闊，主要景點是花園和牧場。距離帶廣不遠處，也有十勝川溫泉和TOMAMU等度假飯店。

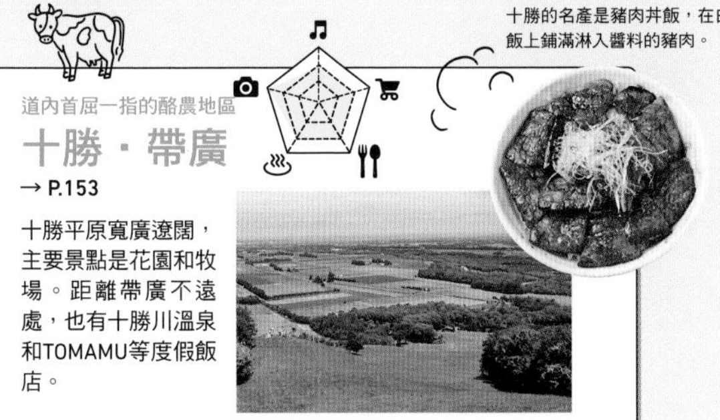

十勝的名產是豬肉丼飯，在白飯上鋪滿淋入醬料的豬肉。

宛如拼布般的田園風光。

保有舊建築的甜點玻璃街

小樽 → P.91

小樽曾是日本數一數二的繁榮港都。從明治到大正時期興建的銀行或商號等歷史建築物散布其間。還能遊覽運河及品嘗甜點。

小樽運河周邊時光彷彿停止的景致。

一望無際的壯闊濕原是道東觀光據點

釧路・阿寒・摩周湖 → P.185

日本最大的濕原，釧路濕原是主要觀光景點。另外，阿寒湖和摩周湖也值得一看。必吃以爐端燒為首的海鮮美食。

從觀光列車慢車號上也看得到遼闊的釧路濕原。

南部函館和北部稚內的月均溫最多可差3℃，各區的天氣和氣溫截然不同。

BEST PLAN 02

享受北海道的季節樂趣

年度活動行事曆

1月	2月	3月	4月	5月	6月

祭典・活動

1月下旬～3月下旬

層雲峽溫泉

層雲峽溫泉冰瀑祭

在立於石狩川沿岸的大型冰雕上，打起七彩燈光。祭典期間還會施放煙火。

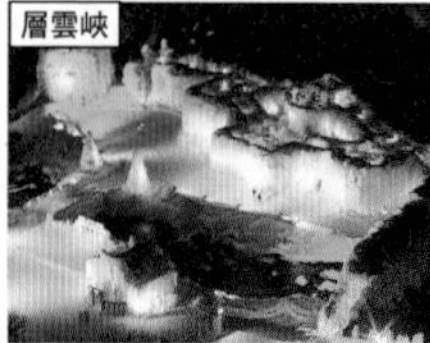

層雲峽

4月28日～10月31日

洞爺湖溫泉湖畔

洞爺湖長期煙火大會

連續187天，每天20:45～21:05在湖畔施放約450發的煙火。

洞爺湖

2月左右

川湯溫泉周邊

鑽石星塵 in KAWAYU

舉辦閃耀的鑽石星塵燈光秀及森林燭光活動。

川湯溫泉

4月下旬～5月中旬

松前公園

松前櫻花祭

松前公園內約有1萬株，250種的櫻花綻放，期間也會舉辦武士軍團遊行和特產展。

松前

2月上旬～中旬

小樽運河、手宮線遺跡等地

小樽雪燈之路

傍晚時分漂流在市內各處的燭燈，照亮冬季運河和街道。

小樽

6月10～14日（暫定）

大通公園、札幌市內等地

YOSAKOI索朗祭

在市內20處的會場舞台上，約有280隊參加舞蹈表演。大通公園的遊行也值得一看。

2月4～11日

大通公園、薄野等地

札幌雪祭

北海道的代表性冬季祭典。大通公園各街區都立有大雪像、冰雕。

札幌

©HBC　北海道放送

札幌

集結北海道內外的隊伍。

※2019年7月～2020年6月的活動暫訂日期。

當季物產

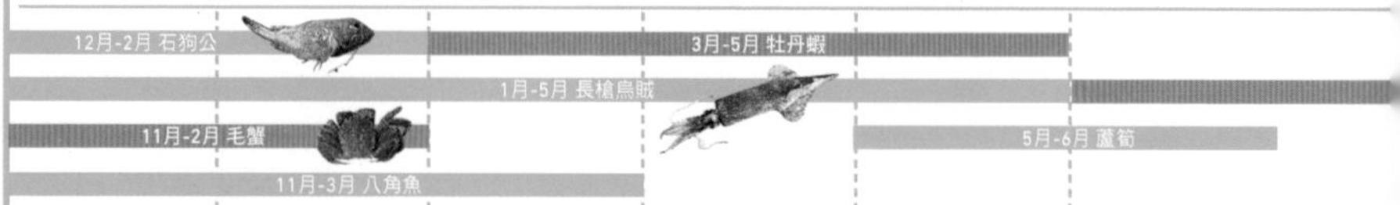

- 12月-2月 石狗公
- 3月-5月 牡丹蝦
- 1月-5月 長槍烏賊
- 11月-2月 毛蟹
- 5月-6月 蘆筍
- 11月-3月 八角魚

各地在夏季舉辦戶外活動或遊行，秋季是豐收祭，冬季則有冰雕或雪祭。盡情體驗期間限定活動的樂趣吧。

7月	8月	9月	10月	11月	12月

7月19日～8月16日

大通公園

札幌夏日慶典

主會場在札幌大通啤酒花園。大通公園成為1萬3000個座位的大型啤酒花園。

9月6日～29日

大通公園

札幌秋季豐收節

北海道美食齊聚一堂的盛大活動。有最新當地美食或拉麵等食物登場。

10月8～10日

阿寒湖溫泉街

綠球藻祭

阿寒湖一帶的傳統祭典。有綠球藻舞遊行、愛努族人迎接「綠球藻」儀式等活動。

11月下旬～12月下旬

大通公園

慕尼黑聖誕市集 in Sapporo

呈現札幌的姊妹市德國慕尼黑的聖誕市集氣氛。

除了啤酒外還有豐富美食。

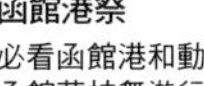

8月1～5日

函館市全區

函館港祭

必看函館港和動作特殊的函館花枝舞遊行。第一天還有煙火大會。

函館

照片提供：（一社）函館國際觀光會議協會

11月下旬～3月中旬

大通公園、站前大道等地

札幌白色燈樹節

在主會場大通公園（～12月下旬）設置造型燈飾，行道樹也掛上燈球。

7月28、29日

北海肚臍祭會場

北海肚臍祭

位於北海道中心富良野的夏日風情慶典。舉辦在肚皮上畫臉譜邊跳舞邊遊行的肚臍舞蹈大會。也可以一起加入同樂。

每個活動看起來都好好玩。

函館

12月～2月（暫定）

元町地區

函館冬季嘉年華

從元町到函館車站前裝上燈飾。元町地區約使用16萬顆燈泡。

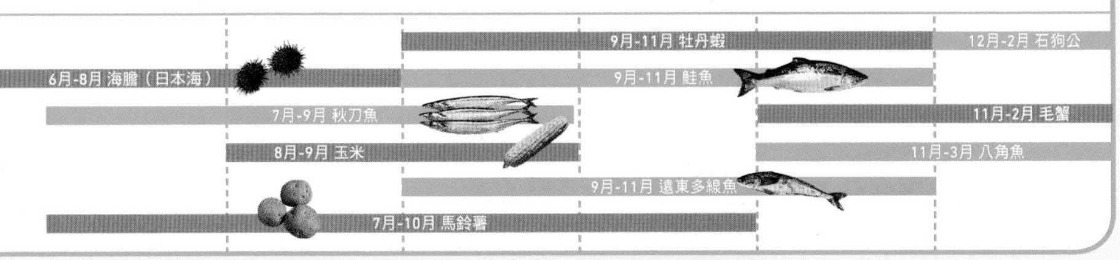

在支笏洞爺國家公園內昭和新山的山腳下，每年2月下旬會舉辦昭和新山國際雪戰大賽。約有150個隊伍參加雪戰比賽。

BEST PLAN

03 在最佳時間點做最棒的事
札幌・小樽・函館的24小時玩樂計畫

難得的北海道之旅，就要玩夠24小時！
以下依類別介紹北海道3座主要城市的最佳觀光時間。
擬定從早到晚的玩樂計畫吧。

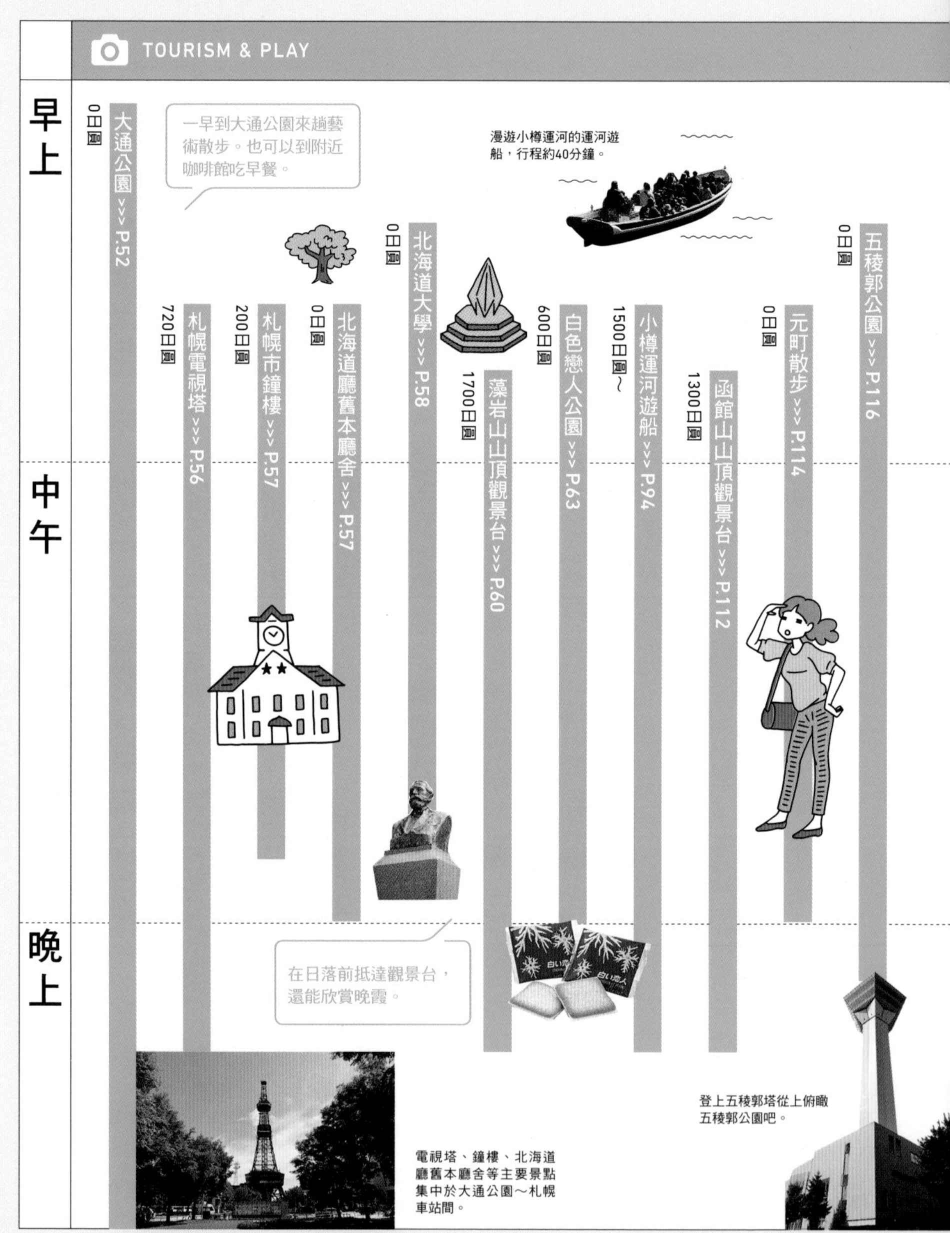

各區行動時間建議表

- 札幌　8:00～凌晨1:00
- 小樽　9:00～20:00
- 函館　7:00～21:00
- 富良野・美瑛　8:00～19:00
- 十勝・帶廣　8:00～19:00
- 知床・網走　8:00～18:00
- 釧路・阿寒・摩周湖　8:00～18:00
- 稚內・利尻・禮文島　9:00～18:00

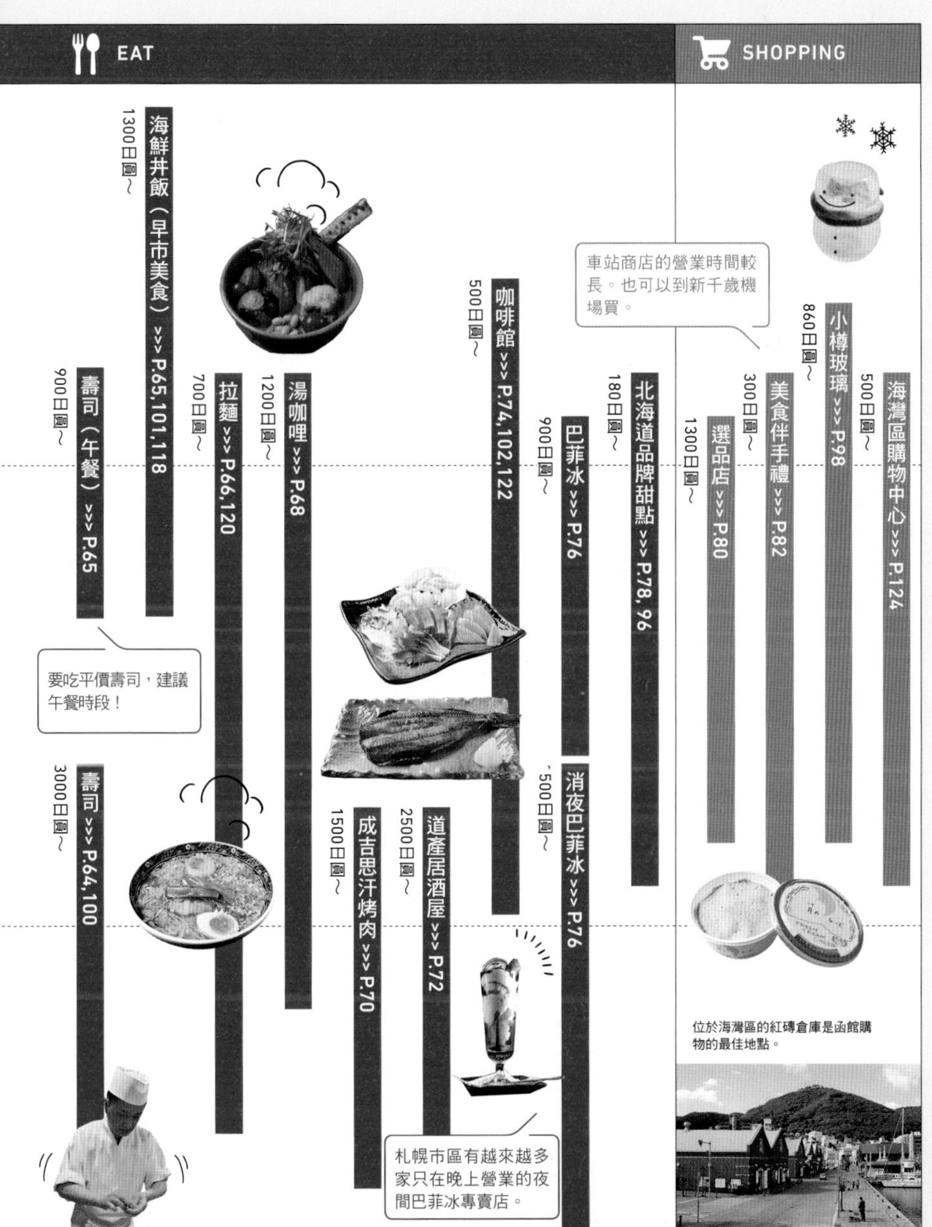

位於海灣區的紅磚倉庫是函館購物的最佳地點。

BEST PLAN 04

2天1夜的經典路線

在札幌觀光並前往旭山動物園&富田農場

第1天

AM

11:05 新千歲機場

電車約40分鐘

11:45 札幌車站

步行約5分鐘

地鐵約2分鐘

PM

12:00

大通公園周邊

〈需時約4小時30分鐘〉

- ① 大通公園 → P.52
- ② 湯咖哩Yellow → P.69
- ③ 札幌市鐘樓 → P.57
- ④ 北菓樓 札幌本館 → P.78

市電約20分鐘

接駁巴士約5分鐘

17:00

藻岩山麓站

〈需時約2小時〉

- ⑤ 藻岩山山頂觀景台 → P.60

接駁巴士約5分鐘

市電約25分鐘

19:30

薄野

〈需時約2小時〉

- ⑥ Kurobee大眾酒場 →P.72

第一次到北海道！先到札幌市區逛個盡興

走景點時以大通公園為中心，還能邊逛邊吃甜點。晚上就到北海道第一歡樂街薄野享用海鮮美食！

SIGHTSEEING

① 前往札幌中心的大通公園

東西長約1.5km的公園。園內有噴水池和雕像，可以邊欣賞藝術作品邊散步。

矗立在東側的，是札幌電視塔。

POINT 大通公園也是活動會場

夏季在啤酒花園舉辦「札幌夏日慶典」，冬季則是「札幌雪祭」會場。也可以安排在活動期間前往。

LUNCH

② 午餐就吃札幌名產湯咖哩

清淡的咖哩湯加了許多配料，頗具飽足感！

湯咖哩Yellow的雞肉蔬菜咖哩。

SIGHTSEEING

③ 在鐘樓拍紀念照

參觀札幌必遊觀光景點札幌市鐘樓。別忘記在建築物正面拍紀念照。

SHOPPING

④ 到北菓樓享受甜點時刻

以沙龍為主題的北菓樓札幌本館。不要錯過此處才有的限定商品和內用品項。

本館限定的夢句路輪贊。

可頌麵包的內餡是特製卡士達奶油醬。

SIGHTSEEING

⑤ 到藻岩山看夜景

從山麓站搭空中纜車再轉迷你軌道纜車前往山頂觀景台。浪漫夜景令人感動。

POINT 在日落前抵達

從傍晚到日落，天空色彩逐漸變化的魔幻時刻，相當美麗。建議早點到觀景台欣賞。

DINNER

⑥ 到薄野大啖海鮮！

薄野聚集了多家餐飲店。去輕鬆就能吃到美味海產的海鮮居酒屋喝一杯！連吃幾家也盡興。

Kurobee大眾酒場的10種生魚片拼盤。

MODEL
COURSE
MAP

旭川
美瑛
札幌
富良野

第一次到北海道旅行，先走訪必看景點。
以下介紹札幌、夏季美瑛．富良野的2天1夜玩樂路線。

看北方動物和花園美景

早早起床從札幌出發，前往富良野．美瑛地區。租車的話可以善用異地還車方案（→ P.213）。

SIGHTSEEING

⑦ 到旭山動物園看活力充沛的動物

旭山動物園最著名的是看得到動物身影的「行為展示」。還能近距離觀賞氣勢驚人的北極熊！

必看飼養員投餵動物的「餵食秀」。

POINT 處必看展示區

園內共有27處展示區，全部走完要花上半天。如果只逛河馬館、企鵝館、海報館、北極熊館4座展示區，2小時30分鐘就夠了。

SIGHTSEEING

⑧ 欣賞青池美景

白金青池是美瑛的代表性絕景。天氣好的話就能看到如明信片般的藍色美景。

POINT 何時是最佳時機？

薰衣草花季在7月上旬～下旬。這段期間觀光客眾多，周邊道路車流混雜，多預留點時間賞花。

LUNCH

⑨ 健康的美瑛蔬食午餐

提供農家自產蔬菜，或美瑛小麥製成的麵包等只在丘陵之鄉．美瑛才吃得到的當地食材料理。店家引以為豪的還有周遭豐富的自然景觀！

麵包小店LIKKA LOKKA的法國吐司午餐。

SIGHTSEEING

⑩ 到富田農場欣賞整片薰衣草花田

富良野的代表性花園。遼闊的斜坡上分布著12座花田，漫步其間樂趣無窮。

園內也有薰衣草甜點。

購買薰衣草產品當伴手禮。

第2天

AM

7:45 札幌

約2小時15分鐘

10:00
旭川
⑦ 旭山動物園 → P.34
〈需時約2小時30分鐘〉

約50分鐘

PM

13:20
美瑛
〈需時約1小時30分鐘〉
- ⑧ 白金青池 →P.142
- ⑨ 麵包小店 LIKKA LOKKA → P.146

約30分鐘

15:20
富良野
⑩ 富田農場 → P.136
〈需時約2小時〉

約45分鐘

18:05
旭川機場

第2天的晚餐，若時間充裕可以去富良野市區吃，或是到富良野市集外帶。

BEST PLAN 05

利用2天1夜走訪花田和絕景

前往十勝花園和雲海平台

第1天

AM

9:15
十勝帶廣機場

約30分鐘

9:45
① 十勝Hills
→ P.156
〈需時約3小時〉

約10分鐘

PM

13:00
② 真鍋庭園
→ P.157
〈需時約1小時〉

約10分鐘

14:10
帶廣車站周邊
〈需時約4小時30分鐘〉
- ③ 輓曳十勝 →P.168
- ④ Pancho 豬肉丼飯 →P.161

約1小時

19:40
⑤ 星野Tomamu度假村
→P.164

到繁花盛開的十勝來趟花園巡禮

以十勝帶廣機場為起點開車逛花園。除了觀光外，也是美食收穫滿滿的一天！

SIGHTSEEING　LUNCH

① 到十勝Hills賞花＆午餐

以「美食與農產」為概念，面積達23公頃的廣大花園。中午就在花園內的餐廳享用匈牙利菜。

運用十勝當季食材烹調出賞心悅目的匈牙利菜。提供3種套餐。

SIGHTSEEING

② 在真鍋庭園的森林散步

日本最早的針葉林花園。林間設有日本庭園和觀景台棧板，讓散步過程充滿探險氣氛。

SIGHTSEEING

③挑戰輓曳賽馬！

巨大的輓馬拖著沉重雪橇競跑，是全球唯一的輓曳賽馬。買張馬票試試手氣吧。

POINT 賽程表

賽事主要在週六、日、一舉辦。夏季最晚場的比賽是20:45開始。請事先確認賽程表。

DINNER

④ 去吃帶廣特產豬肉丼飯

炭火烤得金黃焦香的豬肉擺在白飯上，再淋入鹹甜醬汁，就是豬肉丼飯。是來到帶廣必吃的美食之一。

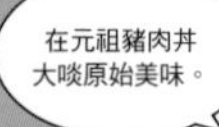

在元祖豬肉丼大啖原始美味。

STAY

⑤ 前往十勝地區最棒的度假村星野Tomamu

入住除了住宿設施外，還有雲海平台活動，餐廳等多項設備的星野Tomamu度假村。也可到視野開闊的露天浴池泡湯恢復精神。

7～8月的北海道有許多景點值得一遊。以下介紹正值觀賞期的十勝區花園和Tomamu的雲海賞遊等內容豐富的行程。也可以結合札幌觀光再住1晚。

MODEL COURSE MAP

Tomamu
十勝・帶廣

到雲海平台碰運氣！＆農場美食

去過飯店的雲海平台後，邊吃農場美食邊逛花園。別忘了買伴手禮！

SIGHTSEEING

⑥ 早起觀賞 氣勢磅薄的絕景

坐纜車前往位於海拔1088m高的Tomamu山上平台。從平台遠眺雲海的景致堪稱一絕。

POINT 什麼時候去才看得到雲海？

雲海平台的開放時間是5月中旬～10月中旬。因為早上出現的機率較高，最好搭乘首班纜車上山。

SIGHTSEEING

⑦ 到十勝千年之森 體驗賽格威

4座主題花園組成，也有現代藝術和體驗設施。騎賽格威在草原滑行的行程約需2小時。

聆聽30分鐘教學後跟著園內團體出發。需預約。

LUNCH

⑧ 到農場餐廳大啖 嚴選肉品

到處都有牧場直營咖啡館和餐廳。一邊眺望閑靜的牧場風光，一邊品嘗直營地才有的嚴選美味。

享用以肉質多汁的大野農場牛肉製成的牛排。

FARM RESTAURANT

SIGHTSEEING

⑨ 在六花之森享受花園＆藝術樂趣

北海道知名甜點店「六花亭」的花園。園內十勝六花盛開，並附設美術館和禮品店。

也有包裝袋花紋設計師的美術館。

SHOPPING

⑩ 買十勝起司當伴手禮

十勝附近有多家起司工房，在帶廣市內的伴手禮店或機場也能買到工房直送的起司。

香林農園的起司。也有山羊奶製成的起司。

第2天

AM

5:00
⑥ 雲海平台 → P.164
〈需時約3小時〉
約45分鐘

10:00
⑦ 十勝千年之森 → P.156
〈需時約2小時30分鐘〉
約30分鐘

PM

13:00
⑧ OONO FARM COWCOW Cafe → P.159
〈需時約1小時〉
約50分鐘

14:50
⑨ 六花之森 → P.157
〈需時約1小時〉
約50分鐘

16:40
⑩ 十勝物產中心 →P.162
〈需時約1小時〉
約35分鐘

18:15
十勝帶廣機場

十勝是知名溫泉地。以十勝川溫泉最有名，但帶廣市內也有多家設有溫泉澡堂或附溫泉池的市區飯店。

BEST PLAN 06

3天2夜的道東暢遊路線

貼近知床&釧路濕原的自然環境

第1天

AM

8:50
女滿別機場

約1小時40分鐘

11:00
① 宇登呂漁會婦女餐廳
→P.178
〈需時約1小時〉

約40分鐘

PM

12:40
② 知床五湖
→P.172
〈需時約2小時30分鐘〉

前往知床觀光的重點區知床五湖

前往登錄為世界遺產的知床大地。步道規畫完善，但還是穿著行動方便的服裝吧。

LUNCH

① 先來份宇登呂的新鮮海產大飽口福

在知床半島北側的宇登呂能吃到來自鄂霍次克海的鮭魚和鮭魚卵。來碗用料豪邁的海鮮丼飯！

宇登呂漁會婦女餐廳的秋鮭三寶飯。

SIGHTSEEING

② 知床五湖健行

從一湖到五湖，五座湖泊分布其間。一邊在步道上前進，一邊欣賞知床的自然景致，眺望知床山脈。

POINT
必須參加當季講座或團體導覽

地面步道的開放時期分成植被保護期、棕熊活動期和自由參觀期，除了自由參觀期外，必須加入講座或跟著導覽團一起健行。詳情見 → P.173

第2天

AM

9:00
③ 知床半島遊船
→P.174
〈需時約3小時〉

約3小時

PM

15:00
摩周湖
〈需時約1小時〉
└ ④ 摩周湖第一觀景台
→P.194

參加從世界遺產海洋眺望美景的遊船之旅！

第2天從遊船上展開知床觀光。不但有雄偉的景致，還能和動物相遇。晚上投宿於川湯溫泉或阿寒湖溫泉。

SIGHTSEEING

③ 參加知床絕景遊船行程

半島絕景遊船行程是從宇登呂港沿著知床半島巡航。可看到神之水瀑布和知床岬等壯麗景致。

No.1景點
神之水瀑布。

POINT 有2種遊船

分成最多乘載400位遊客的大型船和30～80位的小型船。想悠哉賞景建議搭大型船，要靠近沿岸觀賞震撼景致則選小型船。

SIGHTSEEING

④ 從觀景台眺望摩周湖

以神祕藍色池水著稱的摩周湖。設有3處觀景台，每處都觀賞得到美麗風光。

體驗北海道大自然的行程。也可以安排2天1夜，
不過，因為景點間的移動距離長，建議住2晚以上慢遊閒逛。

MODEL COURSE MAP

知床（宇登呂）
摩周湖
阿寒湖
釧路

眺望阿寒湖&釧路濕原的最佳風光

最後一天是釧路區的代表性景點巡禮。午餐享用阿寒湖名產西太公魚，晚上就吃釧路的特產美食。

SIGHTSEEING

⑤ 到阿寒湖看天然綠球藻

搭阿寒觀光汽船欣賞完湖邊風景後，到綠球藻展示觀光中心和綠球藻本尊見面。

在位於阿寒湖北部的Churui島上岸。

SIGHTSEEING

⑥ 釧路濕原健行

以釧路市濕原觀景台為起點，繞全長約2.5km的濕原觀景台步道一圈。實地感受濕原的自然生態。

途中會穿過吊橋。

DINNER

⑦ 到釧路市區享用旅遊美食

在港都釧路，有各種當地特有美食。海鮮爐端燒、豬排鐵板麵或拉麵，令人看得眼花撩亂。

爐端燒

特定季節才開店的岸壁爐端。

豬排鐵板麵

泉屋餐廳的招牌菜豬排鐵板麵頗受歡迎。

行程規畫訣竅

冬季出發的話 知床不單是夏天好玩。還有冬季限定活動！

知床半島遊船
↓
動物遊行秀

1月下旬～3月會舉辦流冰&賞鳥行程。可以看到海豹或白尾海鵰。

→ P.175

知床五湖健行
↓
流冰遊船in網走

1月中旬～4月上旬乘大型破冰船在流冰海上航行，體驗流冰行程。

→ P.180

第3天

AM

9:00
⑤ 阿寒湖
→P.192
〈需時約2小時〉
約1小時45分鐘

PM

13:45
⑥ 釧路濕原 → P.188
〈需時約2小時〉
約30分鐘

17:15
釧路車站周邊
〈需時約1小時30分鐘〉
⑦ 岸壁爐端
→P.190
⑧ 泉屋餐廳總店
→P.191
↓約30分鐘

19:15
丹頂釧路機場

寒冬時可在摩周湖看到空氣中的水蒸氣凝結於枝頭上，稱為「霧淞」的現象。冬天因為空氣清澈，星空格外美麗。

BEST PLAN 07

方便聰明的打包小撇步

準備北海道之旅的行李物品

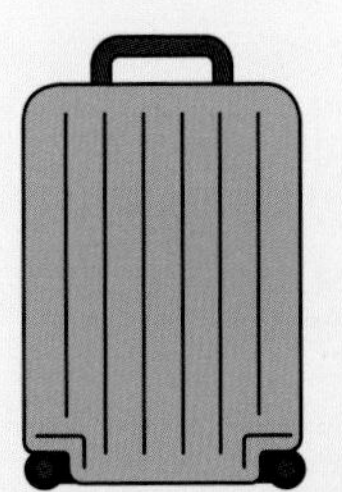

只裝一半，剩餘空間要塞當地的戰利品！

3天2夜用的行李箱

3天2夜的話帶登機箱就夠了！不過要是買了很多伴手禮帶回家，最好準備大行李箱才夠裝。

USEFUL ITEMS

飯店會提供洗面乳等盥洗用品，但也可以自備個人慣用品，讓旅程更舒適。冬天氣候乾燥，不要忘記帶保濕產品。

洗髮精＆潤髮乳

拖鞋

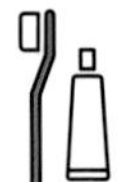

牙刷牙膏組

保養品

環保袋

外套

濕紙巾

防蚊噴霧

參加夏季戶外活動務必攜帶防蚊用品。防蚊噴霧或是防蚊貼都很好用。

FASHION

氣候依地區有明顯差異，但全年氣溫比日本本州低。就算夏天有時會超過30℃，但早晚偏涼，最好攜帶外套。隆冬時節就算中午氣溫也時常在零度以下，須做好防寒準備。

4 四季穿搭指南

春

直到4月中旬都還會下雪。早晚寒冷，須帶穿脫方便的外套。

夏

白天可穿短袖或涼鞋。早晚帶件長袖上衣比較放心。

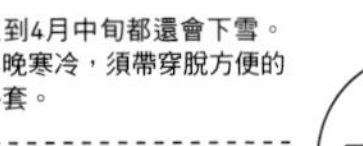

秋

從10月起就要準備大衣或毛衣。依洋蔥式穿法或披肩做調整。

冬

必備厚羽絨外套、手套、帽子和圍巾等保暖衣物。鞋子須穿雪靴。

札幌・函館的溫度、降雨量

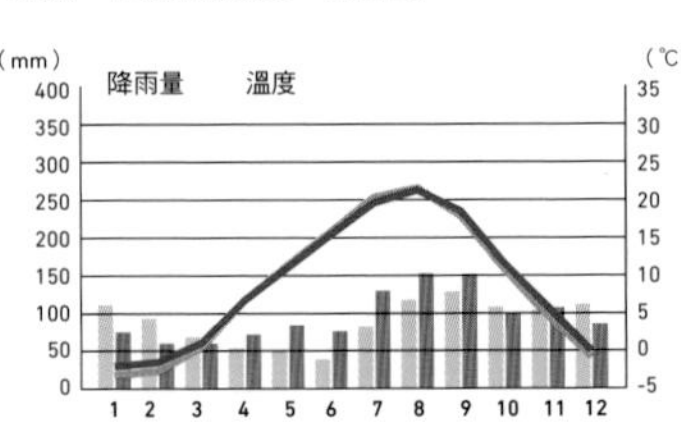

往年都在10月中旬～11月中旬開始降下初雪，融雪季節則在3月下旬～4月中旬。最佳觀光時期是7～9月。

札幌溫度

札幌降雨量

函館溫度

函館降雨量

決定好出發日期，就趕快開始準備旅行用品！
充分確認下列物品是否已準備妥當，避免在當地手忙腳亂。
以開車為主要交通工具的地區，附近大多沒有便利商店，
不要只想著到當地再買，帶齊基本必需品再出發比較保險。

MONEY

有些地方不能刷卡，還是要帶現金。常停車的話，多準備點零錢比較放心。

省錢之旅只要 2.5萬台幣就夠了

現金
有些地方附近沒有ATM，多帶點現金在身上。請注意巴士上無法使用大面額紙鈔。

3天2夜的平均預算 約3萬台幣

◎事先費用
機 票 … 8000～2萬台幣
飯 店 … 3000～1萬台幣
租 車 … 3000～6000台幣

◎當地費用
🍴 … 4500台幣
🛒 … 4500台幣
♫ … 3000台幣
📷 … 1500台幣
每人花費不同，以上金額僅供參考。

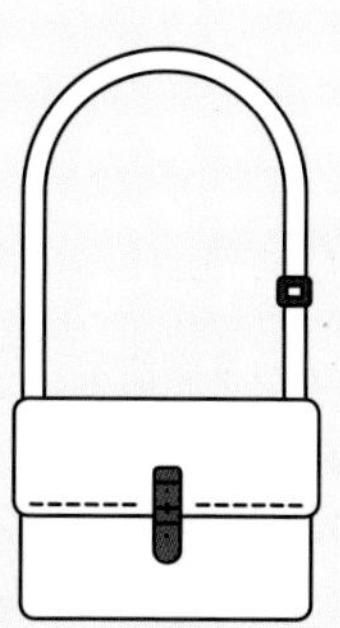

當地使用的隨身包
可放貴重物品、手帕或旅遊書等。帶著笨重的行李長途旅行，一下子就走累了，分類打包才是上策。

…etc.

除了錢以外，再放入機票、雨具、飲料等讓旅程更舒適的隨身用品。

機票
事先印好電子機票。

手機充電器
在旅遊景點，手機的耗電量比想像中還快。有行動充電器比較放心。

雨具
方便的晴雨兩用傘。

外套
即便是盛夏早晚也有寒意。帶條迅速就能披上的披肩等就很實用。

不要忘記帶喲！

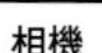

相機

《北海道：最新・最前線・旅遊全攻略》

方便自駕遊的隨車物品

在北海道開車移動的時間相當長。備好以下物品，降低行車時的不便及焦躁感！

車用充電器
可幫手機充電。有些租車公司會提供。

墨鏡
開車時常會遇到陽光太刺眼，戴上墨鏡比較舒服。

糖果・口香糖
長途開車時的提神點心。

零錢
能迅速掏出來付高速公路的過路費。

塑膠袋
裝垃圾用。可以拿到加油站扔掉。

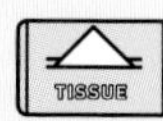

面紙
必備的實用物品。拿來擦汗等都很方便。

BEST PLAN 08

有了這些代表去過北海道！
北海道戰利品寶物大公開

SWEETS 不容錯過的經典甜點！

☐ ITEM 01 品牌甜點

北海道擁有豐富的牛奶、小麥等製作甜點必備的食材。好吃又便宜的北海道品牌甜點，是必買伴手禮。

價格：180日圓～

購自這裡GO！

北菓樓 札幌本館 → P.78
六花亭 札幌本館 → P.79

SWEETS 琳瑯滿目的北海道甜點

☐ ITEM 02 機場甜點

在新千歲機場，設有多家北海道代表性品牌的櫃位。還有機場才買得到的限定款甜點，絕對不能錯過。

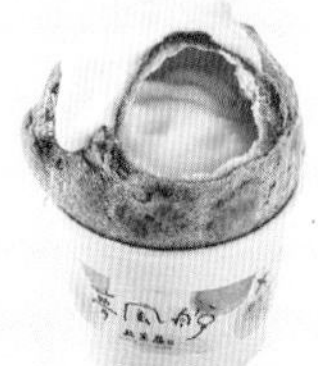

價格：185日圓～

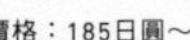

購自這裡GO！

新千歲機場 → MAP P.44

SWEETS 人氣歷久不衰的老店滋味

☐ ITEM 03 懷舊甜點

北海道境內有數家日式傳統糕點店。除了直接到當地店面購買外，札幌市內也有網羅來自各地名點的商店。

價格：258日圓～

購自這裡GO！

北海道Dosanko Plaza札幌店 → P.83
KITA KITCHEN極光城分店 → P.83

FOOD 在家重現當地口味的拉麵

☐ ITEM 04 拉麵外帶包

伴手禮店或超市也會賣名店監製的拉麵外帶包，可以帶回各家美味。還有用蝦子或昆布等在地食材製成的商品。

價格：100日圓～

購自這裡GO！

伴手禮店、北海道超市

DRINK 歷史悠久的珍貴威士忌

☐ ITEM 05 北海道威士忌

和日本威士忌之父竹鶴政孝頗有淵源的日果威士忌余市釀酒廠，除了經典酒款外，還有珍貴的限定版威士忌。在各地機場也買得到。

價格：3000日圓～

購自這裡GO！

日果威士忌余市釀酒廠 → P.105

FOOD 北海道居民熱愛的古早味

☐ ITEM 06 超市＆便利商店的當地商品

北海道境內限定販售的泡麵、調味料、麵包或飲料等。附中式湯料包的速食炒麵「炒麵便當」是人氣商品，在北海道及外縣市都擁有眾多粉絲。

價格：209日圓～

購自這裡GO！

北海道超市、便利商店

FOOD 堅持手工製作的北海道起司

☐ ITEM 07 北海道起司

用現擠鮮奶製成味道香濃的起司。北海道境內有多家起司工房，除了到工房買現做的起司外，也可以在道內的產地直銷市場購得。

價格：388日圓～

購自這裡GO！

十勝物產中心 → P.162
十勝村產地直銷市場 → P.162

FOOD 以北方海產當下酒菜

☐ ITEM 08 海鮮加工品

也可以買鮭魚、烏賊或干貝等海產當伴手禮，如果要送人還是加工產品比較方便＆令人放心。常溫品的話推薦鮭魚乾，冷藏品則是醬油漬鮭魚卵。

價格：346日圓～

購自這裡GO！

北海道Dosanko Plaza札幌店 → P.83
KITA KITCHEN極光城分店 → P.83

北海道有甜點、海鮮等各種美食伴手禮！
到哪裡買什麼比較好，預算抓多少才好，
以下為不知該如何挑選伴手禮的你，介紹北海道的必買好物。
購買冷藏品時也可以用低溫宅急便寄回家。

GOODS 動物造型商品及甜點

☐ ITEM 09 動物園商品

北海道的觀光勝地旭山動物園，販售多款動物園原創商品。有造型玩偶、文具、零食或甜點等，種類豐富。

價格：310日圓～

購自這裡GO！

旭川市旭山動物園 → P.34
札幌市圓山動物園 → P.62

GOODS 說到北海道香氛就是這個

☐ ITEM 10 薰衣草商品

在以薰衣草花田而聞名的富田農場，有多款用自家薰衣草製成的原創商品。如香水、精油或香氛乾燥花，都擁有療癒花香。

價格：712日圓～

購自這裡GO！

富田農場 → P.136

GOODS 在數量有限的成品中尋找喜歡的商品

☐ ITEM 11 小樽玻璃

玻璃製品是小樽的代表性伴手禮，有玻璃杯、飾品及餐具等，種類眾多且式樣豐富。在小樽主街道堺町通上有不少家玻璃商店。

價格：864日圓～

購自這裡GO！

北一硝子三號館 → P.98
大正硝子館 總店 → P.98

GOODS 以愛努藝術品當伴手禮

☐ ITEM 12 愛努族工藝品

在阿寒湖愛努村及附近有多家販售愛努傳統工藝品的商店。如愛努族特有的花紋刺繡品、木雕擺飾等等。

價格：1500日圓～

購自這裡GO！

阿寒湖愛努村 → P.193

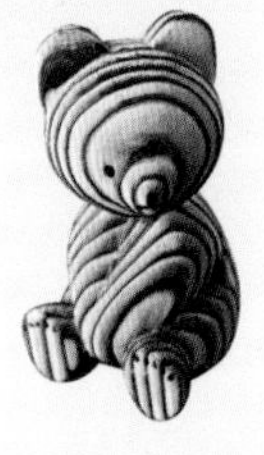

GOODS 店長嚴選商品

☐ ITEM 13 進口生活用品

近年來在札幌，從北歐或歐洲進口生活用品販售的選品店備受矚目。從餐具到布製品，或許能遇到命定單品？

價格：1265日圓～

購自這裡GO！

presse → P.80
piccolina → P.81

GOODS 來自札幌的設計品

☐ ITEM 14 來自札幌的設計品

如來自札幌的地方品牌「札幌Style」認證商品或札幌當地創作者的手工製品等。大多以雪景或北方動物為主題。

價格：1512日圓～

購自這裡GO！

札幌Style Shop → P.81
SPACE1-15 → P.81

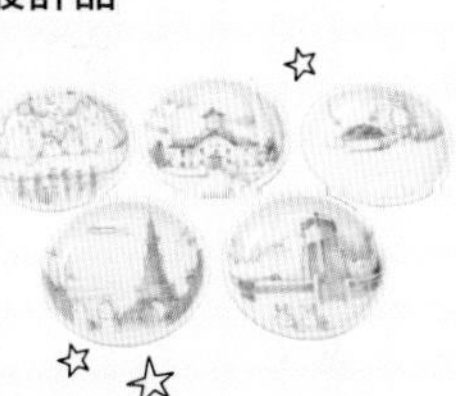

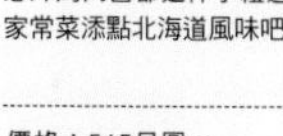

FOOD 在家享用北方精華美味

☐ ITEM 15 調味料

除了用大量北海道蔬果製成的沙拉醬或果醬外，湯咖哩包和成吉思汗烤肉醬都是伴手禮選項。為家常菜添點北海道風味吧！

價格：565日圓～

購自這裡GO！

富良野市集1店＆富良野市吉2店 → P.148
美瑛選果 → P.149

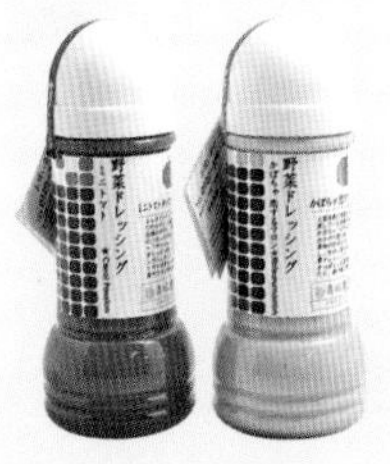

COSME 濃縮溫泉精華的保養品

☐ ITEM 16 保養品

十勝川溫泉素有「美人湯」之名。讓加了稀有濕原溫泉成分的化妝水或美容液等保養品，為妳增添女性魅力。也有十勝川溫泉花園水療館的自有品牌商品。

價格：1080日圓～

購自這裡GO！

十勝川溫泉花園水療館 → P.167

要帶酒或調味料等瓶裝商品回家時，放入夾鏈袋再帶走比較安全。事先準備好袋子吧。

HOKKAIDO

HOKKAIDO NEWSPAPER

新館開幕的圓山動物園是札幌的熱門景點。人氣雲海平台也增設了新觀景區。還有蔚為話題的最新絕景勝地、餐廳＆咖啡館，一起去看看吧！

TOWN 札幌必知的最新資訊和熱門景點

重新粉刷的鐘樓和話題焦點圓山動物園

圓山動物園陸續有新館開幕，近來備受矚目。可以近距離觀賞北極熊館的北極熊泳姿，和象舍內大象戲水的身影。鐘樓的外牆粉刷工程歷經4個月完工，2018年11月重新開放。以「紅磚廳舍」外號而聞名的北海道舊本廳舍，因為修建工程在2019年10月關閉。

可以看到北極熊在水底隧道游泳的整體姿態。

札幌市圓山動物園

2018年3月北極熊館、2019年3月象舍開幕。還有亞洲區和非洲區，展示許多北海道動物。

>>> P.62

展示4頭新大象。

札幌的必拍景點。

札幌市鐘樓

札幌的地標鐘樓是日本最古老的現役鐘樓。近來整修工程結束，和20年前一樣重新粉刷成紅色屋頂和淺綠色牆壁。

>>>P.57

北海道開發的指標。

北海道廳舊本廳舍

使用250萬個紅磚建成的重要文化財產。預計在2019年10月～2023年3月進行整修工程，完工後才有參觀機會！

>>>P.57

TOURISM 星野度假村Tomamu「雲海平台」新景點陸續OPEN！

從各個角度欣賞雲海

度假村推出的Cloud 9企畫，提供雲海平台各式玩法，每年都有新的觀景區誕生。從雲海纜車山頂站起設有5個面向Tomamu山的觀景點，試著用各種方式觀賞雲海吧。

星野度假村Tomamu 雲海平台

>>> P.164

Contour Bench
設在山坡上的長椅。可以從各種角度欣賞雲海。

Cloud Bed
設置一大片以雲朵為造型的彈性靠墊。是2018年8月開幕的景點。

網路熱烈討論的新絕景勝地

TOURISM

偶然發現的美麗自然風光

在北海道有許多拍照勝地。除了美瑛青池或富良野的富田農場等代表性景點外，近年來最熱門的是白鬚瀑布和珠寶冰（Jewelry Ice）。一起去看絕佳美景吧！

也是美瑛青池的源頭。

白鬚瀑布

瀑布往下流向因水質成分，河面呈鈷藍色的美瑛川。橋上是一覽瀑布和河流的拍照點。

美瑛町白金 ☎0166-94-3355（美瑛休息站「白金BIRUKE」） ㊣自由參觀 ㊍從JR美瑛站開車30分鐘 🚗公共停車場

美瑛 ▶MAP P.36 C-2

最佳觀賞期是1月中旬～2月。

珠寶冰（Jewelry Ice）

十勝川河口結凍流向海邊的冰塊，被波浪打上大津海岸的現象。沐浴在晨光下的冰塊特別閃亮，就像珠寶般璀燦。

豊頃町大津海岸 ☎015-578-7202（豐頃町觀光協會） ㊣自由參觀 ㊍從JR帶廣站開車40分鐘

十勝 ▶MAP P.11 D-2

TOPICS

以愛努族為主題的國立博物館

基本設計階段示意圖
提供者：文化廳

UPOPOY（民族共生象徵空間）

由北日本首座「國立愛努博物館」和可體驗愛努文化的「國立民族共生公園」組成的民族共生象徵空間，UPOPOY的暱稱取自愛努語，意思是眾人歡唱。這座體驗愛努歷史和文化的設施，備受全國關注。

白老町若草町2-3

白老 ▶MAP P.12 B-2

北海道特有的遼闊風光 NEW餐廳&咖啡館

EAT

一邊眺望森林、丘陵及牧場風光

地理位置優越的餐廳或咖啡館，路過時就想進來看看。堅持使用當地生產的蔬菜、小麥或肉類等食材也是魅力之一。

FERME LA TERRE美瑛

西點麵包店。附設的咖啡館餐廳提供的午間套餐，可以吃到用美瑛小麥製成的麵包。

美瑛町字大村村山 ☎0166-74-4417 ㊣商品販售：10:00～17:00、咖啡廳：5～9月11:00～17:00、10～4月平日11:00～15:00、週五～週日、假日～17:00（午餐11:00～15:00） ㊡週一（遇假日則順延至隔天。7～8月無公休，11～5月休週一、二，遇假日則順延至隔天） ㊍從JR美瑛站開車8分鐘 🚗36台

美瑛 ▶MAP P.36 B-1

Rugorowa富良野

劇作家倉本聰先生參與設計的餐廳。提供堅持選用北海道當季食材製成的午間及晚間套餐。

富良野市中御料 ☎0167-22-1123 ㊣12:00～13:30LO、17:30～20:30LO（須訂位） ㊡週一、二（營業時間依季節而異。11月因保養維修暫停營業） ㊍從JR富良野站開車10分鐘 🚗可停在新富良野王子大飯店，共390個車位

富良野 ▶MAP P.36 A-3

NAITAI TERRACE

Naitai高原牧場丘陵上新開幕的咖啡館餐廳。從整片落地玻璃窗看出去，牧場風光盡收眼底。

上士幌町上音更128-5 ☎090-3398-5049 ㊣4月下旬～10月下旬的9:00～17:00（大門開放時間7:00～18:00（6～9月～19:00） ㊡營業期間無公休（依天候調整） ㊍從JR帶廣站開車1小時30分鐘 🚗83台

上士幌 ▶MAP P.8 C-3

貓刑警Hare
走遍天涯海角也要逮到鼠輩Tabi。性格上是家貓特有的虎頭蛇尾！？

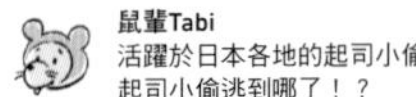

鼠輩Tabi
活躍於日本各地的起司小偷。起司小偷逃到哪了！？

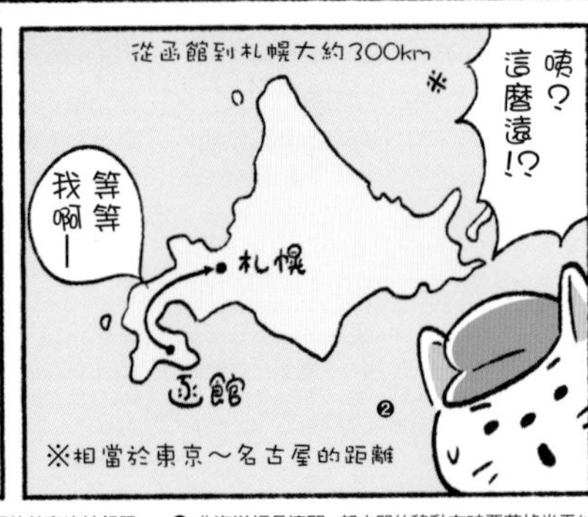

❶ 一到盛夏時節，白天最高溫也會超過30℃，即便如此，早晚還是有寒意。帶件穿脫方便的外套比較舒服。 ❷ 北海道幅員遼闊，都市間的移動有時要花掉半天以上。多預留些交通時間吧！

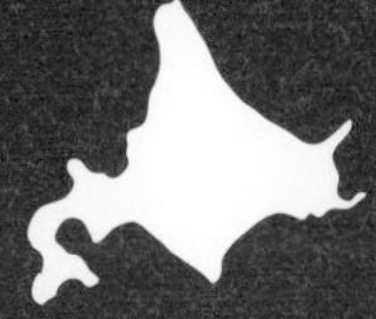

HIGHLIGHT

北海道事件簿

到北海道旅遊，面對當地特有的習慣或文化常會不知所措。事先做好功課，了解北海道的必備常識吧。

事件1

下雪了，趕快撐傘！正手忙腳亂時，卻發現周遭沒人撐傘！

冬天在北海道逛到一半，淅瀝瀝地下起雪來。正要轉頭撐傘時，卻發現當地人都不撐傘，若無其事繼續走路。淋濕了沒關係嗎？

解決！

一般都不撐傘。戴上外套連帽 or 帽子擋住就行了！

北海道的雪含水量較少，衣服沾到雪拍拍就掉了。即便下大雪，也有很多人不撐傘。冬季旅遊時，穿上質料不易沾雪的連帽大衣或羽絨外套吧。

HIGHLIGHT

其他還有

北海道氣候須知

即便在北海道境內，各區天氣也有明顯差異

大雪山、日高山脈幾乎貫穿北海道中央，再加上周圍3處海域的洋流各不相同，在山脈的東西邊，鄂霍次克海沿岸和太平洋沿岸，經常呈現截然不同的氣候型態。

冬季室溫超過25℃沒有暖桌

說到北海道的冬天，只有寒冷可言，但屋內卻很溫暖。室溫設定在25℃以上，就算冬天，有些人甚至只穿短袖。所以很多人家裡沒有暖桌。

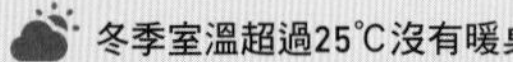

「夏天也很涼」不適用！？

雖然比本州涼，但近年來盛夏時也會超過30℃。因為家裡通常沒有空調，遇上連日高溫就會熱到無精打采。

道東有時連黃金週都下雪。櫻花也很晚開

北海道和東京的季節感約有1個月以上的差異。4月仍可看到大雪紛飛，黃金週很多地區還有殘雪。札幌的櫻花通常在黃金週左右綻放，道東則是5月下旬。

從4月下旬開到5月上旬的松前血脈櫻。

下雪前出現的「雪蟲」

北海道人一聽到地方新聞播出「雪蟲」一詞，就知道要下雪了。看到天空出現如雪片般飛舞的蟲子，經常會在1週～10天內降下初雪。

事件2

從函館到札幌居然不是一日生活圈！

本來以為從函館到札幌觀光，應該可以當天來回，但租車業者明確地說「不可能」。查清楚後發現，全程都不休息單程也要4小時30分鐘。

北海道面積約占日本國土的20%。東京～名古屋間約是360km，雖然比函館～札幌間遠一些，但交通時間幾乎一樣。

解決！

札幌～函館間約300km。
交通時間要1天。

函館和札幌間的距離，走高速公路沿途不休息大約要4小時30分鐘。走一般道路則要6小時以上。如果中途又停下來休息，可能傍晚或晚上才會抵達。

事件3

地名都不會念，無法說出目的地！

就算看地圖看道路指標，都是念不出來的地名。找人問路也說不出想去的地方！

解決！

地名源自愛努語，
所以有很多假借漢字的名稱！

北海道地名有很多是硬冠上漢字的愛努語，不時出現謎樣地名。出發前請先記住右表列出的難讀地名吧。

難讀地名一覽表

發寒（札幌市西區）➡ Hassamu
麻生（札幌市北區）➡ Asabu
忍路（小樽市）➡ Oshoro
弟子屈（弟子屈町）➡ Teshikaga
興部（興部町）➡ Okoppe
藻琴（大空町）➡ Mokoto
女滿別（大空町）➡ Memanbetsu
留邊蘂（北見市）➡ Rubeshibe
音威子府（音威子府村）➡ Otoineppu
止別（小清水町）➡ Yamubetsu
俱知安（俱知安町）➡ Kutchan
虎杖濱（白老町）➡ Kojōhama
長萬部（長萬部町）➡ Oshamanbe
木古內（木古內町）➡ Makonai
椴法華（函館市）➡ Todohokke

道東太平洋海岸公路（道道142號）沿線都是難念的地名，又稱「難讀地名路」。

規模盛大
令人讚嘆的彩色花田！

北海道最佳旅遊季節是花朵綻放的夏天。
整座花園覆蓋在無數花朵下，呈現拼布般的景致。
各種花卉的賞花期不一，依花季規畫行程吧。

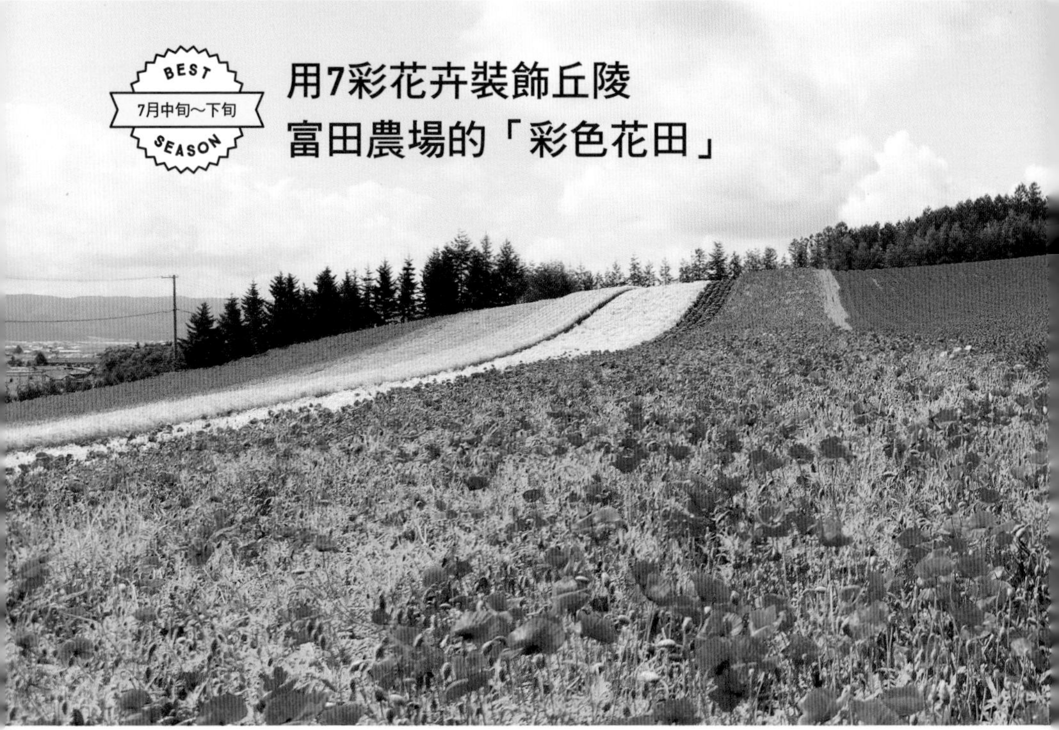

用7彩花卉裝飾丘陵 富田農場的「彩色花田」

7月才看得到的 富良野薰衣草花田

染成紫色的大片花田
薰衣草東部

位於富田農場往東約4km處，田內種植香料作物薰衣草。是日本規模最大的薰衣草花田。

富良野 >>> P.137

面積遼闊的薰衣草花田散發清香味。

POINT
園內設有觀景台，可以360度環視薰衣草全景。

WHAT IS

花季

右邊是北海道花園的代表性花卉。賞花期依花種而異，請事先確認清楚。

薰衣草 6月下旬～7月下旬

花莖尖端開滿紫色小花穗。特色是花香明顯。

罌粟 7月中旬～8月上旬

罌粟科花朵，全世界約有150種。知名花種有東方罌粟等。

高雪輪 7月中旬～下旬

別名補蟲撫子。在約50cm長的花莖尖端開出團狀小花。

滿天星 7月上旬～下旬

在分岔的細枝前端，開滿無數白色小花。是石竹科的家庭成員。

彩色花田連綿不絕的繽紛帶狀花海，是園內最受歡迎的花田。

POINT
紫色薰衣草、白色滿天星，還有粉紅高雪輪。因為花期短，一次看到7種顏色的機會難能可貴。

富良野的代表性花田

富田農場

擁有12座花田的花園。除了薰衣草外還種有上百種花卉，從春～秋都可賞花。園內也有薰衣草藥舖設備。

富良野 >>> P.136

BEST SEASON 7月下旬～8月上旬

一望無際 150萬株向日葵

北龍的夏季風情

北龍町向日葵之里

日本最大的向日葵花田。盛開時可以看到一大片金黃色向日葵花海，還可搭曳引機拉的遊園車在園內觀光。

🏠 北竜町板谷143-2（向日葵觀光中心） ☎ 0164-34-2111（北龍町向日葵觀光協會） 營費 自由入園 交 從JR深川站開車25分鐘（搭深川站發車的路線巴士，在向日葵之里北龍中學前下車） 🚗 500台

北竜 ▶MAP P.15 D-1

150萬株向日葵在23公頃大的寬廣花田上同時綻放的盛況。

POINT
搭向日葵號（一趟500日圓）在遼闊的花園悠哉賞景。

北龍町會配合向日葵花季舉辦活動。「第33屆向日葵祭典2019」在2019年7月20日～8月20日舉行。

大自然孕育的雄偉風光

深受感動的奇蹟絕景

現身於雄偉大自然下的神祕美景。
只在季節或天氣等各項條件都配合的情況下才看得見。去看自然現象造成的奇蹟絕景吧。

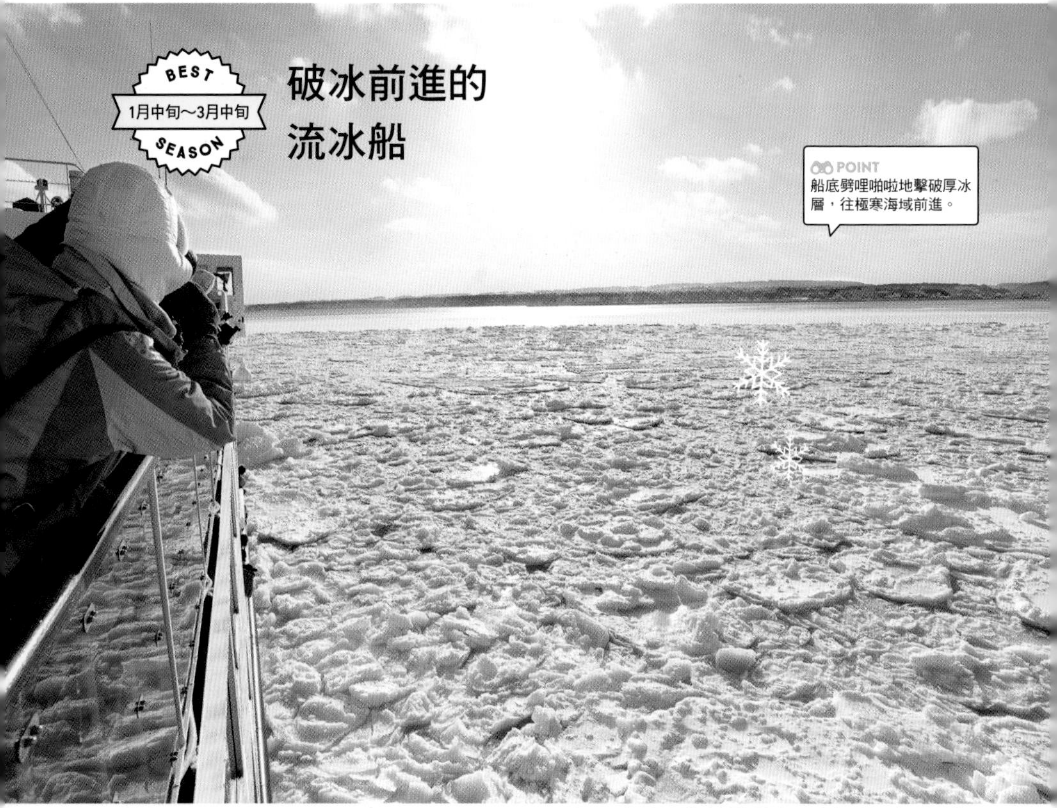

BEST SEASON 1月中旬～3月中旬

破冰前進的流冰船

POINT
船底劈哩啪啦地擊破厚冰層，往極寒海域前進。

切開冰層的瞬間震撼驚人！極寒之地網走才有的活動。

搭船破冰的航程

網走流冰觀光碎冰船 極光號・極光2號

全球首艘觀光流冰碎冰船。海水流經船底，利用船身重量擊破流冰。有2艘全長45m，載客量450位的船運行。

網走 >>> P.180

HOW TO

其他流冰行程

冬季有各種觀賞流冰的行程，如在流冰海上豪邁前進的碎冰船、觀察海底生物的遊船、可從窗外眺望流冰的期間限定火車等。

搭遊船

流冰破冰船Garingo II號

以紋別為據點的破冰船。利用螺旋槳擊破流冰前進。→P.182

知床Nature Cruise

可以看到和流冰一起出現的海豹、白尾海鵰及虎頭海鵰等動物。→P.175

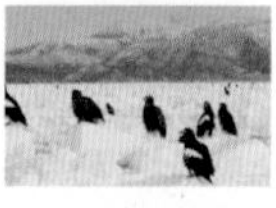

從車窗

流冰物語號

從車窗眺望流冰的觀光列車。在限定期間內行駛於鄂霍次克海沿海。→P.180

色澤多變的神秘湖泊

白金 青池

為了預防火山泥而興建攔河堰，引進美瑛川河水蓄積成的人造池。因為水質成分反射陽光而呈現藍色。

美瑛 ▶P.142

周圍設置步道供遊客參觀。

雲海熱潮的創始地

星野度假村 Tomamu 雲海平台

位於Tomamu代表性度假設施內的平台。雲海出現時，可以看到眼前雲層流洩而下的磅礴美景。

Tomamu >>> P.164

還有突出於斜坡上的「Cloud Walk」棧板走道。

照片提供：Tourism Teshikaga

觀賞湖泊夜景和星空

摩周湖

摩周湖之美白天自不用說，夜晚則有無邊無際的美麗星空，深藍色天空上群星閃爍。不負愛努語「山神湖」之名。

摩周湖 >>> P.194

摩周湖第三觀景台周圍是最佳賞景點。

摩周湖星紀行是Tourism Teshikaga（電話015-483-2101）的活動。費用3000日圓，需時約1小時30分鐘。

徜徉在北方大地下！

以自然為舞台的活動

北海道的大自然體驗活動相當豐富。因為設備齊全且導覽清楚，新手也能放心玩。
在綠意中，挑戰平日體驗不到的活動吧！

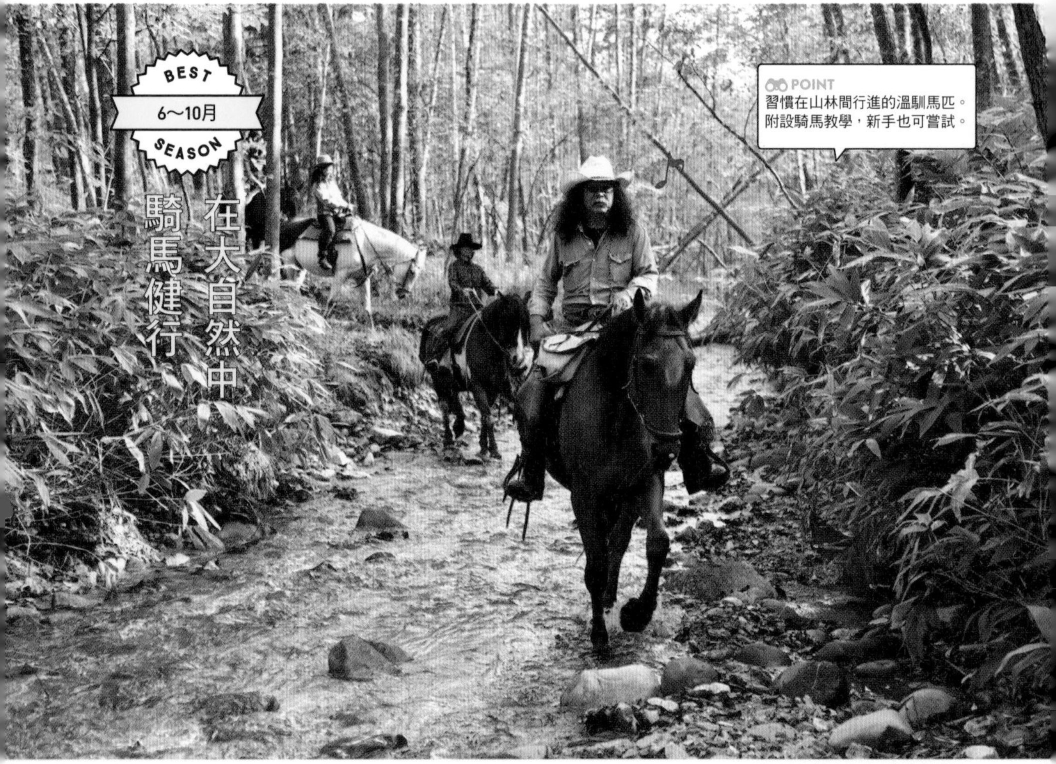

BEST SEASON 6～10月

在大自然中騎馬健行

POINT
習慣在山林間行進的溫馴馬匹。
附設騎馬教學，新手也可嘗試。

從馬背上享受十勝佐幌的自然風光。

和馬默契同行

佐幌西部村

（Western Village Sahoro）

在狩勝高原的森林間步行的騎馬健行活動。穿越森林和河流約1小時的行程。從馬背上眺望森林風光的經驗非常新鮮有趣。

新得町狩勝高原　☎0156-64-4111
營騎馬健行活動每日3場（一天前預約）
休不固定　費1萬2800日圓　交從JR新得站開車10分鐘　🚗20台
新得 ▶MAP P.8 A-3

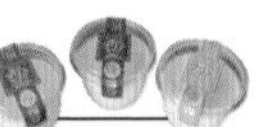

WHAT IS

山頂平台

位於園內的山頂平台，是騎馬報到區兼咖啡館。使用3種新鮮雞蛋製成的「山頂布丁」380日圓頗受歡迎。
營10:00～15:00　休不固定

1 出發健行前，先練習如何對馬下指令。

2 立刻出發吧！因為步伐緩慢不用擔心。

3 抓好韁繩，渡過流經森林的溪流。

4 走在森林中的馬口渴了。放鬆韁繩讓馬喝水。

騎著賽格威和大沼自然環境融為一體！

在大沼體驗熱門的賽格威

賽格威之旅

騎乘電動兩輪車跑約5km的活動。一邊吹著風一邊欣賞美麗的駒岳風景。

🏠七飯町西大沼溫泉（函館大沼王子大飯店境內） ☎080-3434-8360 營4月下旬～10月下旬的9:00～17:00（1天最多4場）） 休營業期間無公休 費9000日圓 交從JR大沼公園站開車8分鐘 🚗230台

大沼 ▶MAP P.25 D-1

POINT
需時約2小時30分鐘。出發前有1小時左右的操作教學，新手也能放心騎乘。

穿梭於步道間，一下子就能操作自如。

在尻別川的清溪間划船前進！

POINT
齊心協力在水流湍急處前進也很好玩。

除了泛舟外，也有獨木舟或峽谷漂流等活動。

濺起水花順流而下

NAC新雪谷探險中心

划著橡皮船，在水質清澈的尻別川順流而下。春天因為水量豐沛，特別驚險。

新雪谷 >>> P.106

一邊眺望駒岳美景一邊划獨木舟遊湖

貼近國家公園內的自然環境

Exander大沼獨木舟屋

一邊划獨木舟一邊欣賞大沼、小沼的自然環境，是頗受歡迎的行程。從獨木舟上眺望駒岳的景致相當迷人。

🏠七飯町大沼町22-4 ☎0138-67-3419 營9:00～17:00（報名） 休不固定 費2小時4000日圓～ 交從JR大沼站開車3分鐘（可預約接送） 🚗7台

大沼 ▶MAP P.24 A-2

從小沼出發，邊欣賞駒岳邊遊湖的2小時行程。

POINT
有在晨霧間遊湖的清早團和夜晚團。

Exander大沼獨木舟屋在冬季有穿著雪鞋在雪上漫步及單板滑雪等活動。

觀賞動物活潑的姿態

享受200%的旭山動物園

旭山動物園以特有的飼養和展示手法而聞名。既然來了，就要玩個徹底！為你送上終極參觀重點指南。

照片提供：旭川市旭山動物園

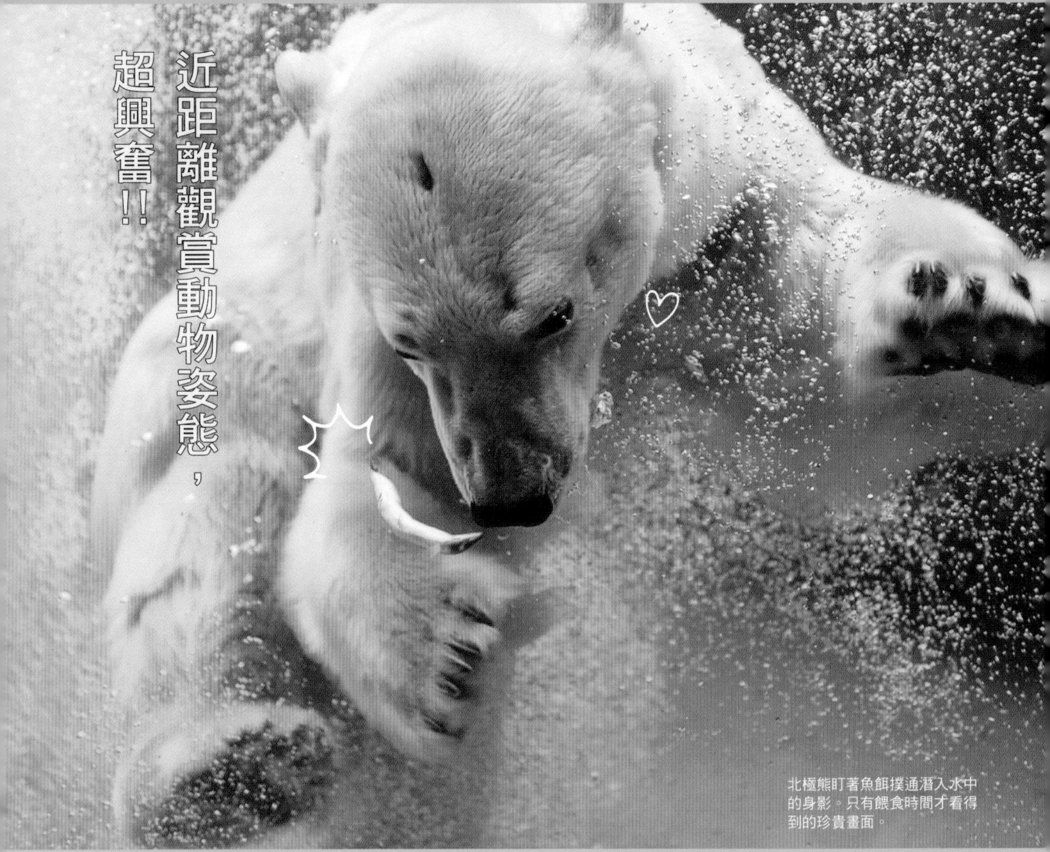

近距離觀賞動物姿態，超興奮!!

北極熊盯著魚餌撲通潛入水中的身影。只有餵食時間才看得到的珍貴畫面。

呈現精心設計的展示空間

旭川市旭山動物園

動物園以多元化的展示手法呈現動物原始生態，成為人氣焦點。可以從園內的餵食秀或動物習性學習活動等各種角度觀察動物。

🏠旭川市東旭川町倉沼
☎0166-36-1104 ㊫門票820日圓（國中生以下免費） ㊋從JR旭川站搭往旭川動物園的旭川電氣軌道巴士，約40分鐘後在旭山動物園站下車，步行1分鐘即達 🚗500台

旭川 ▶MAP P.15 F-1

休園日
2023年4月10～28日、11月4～10日、12月30日～2024年1月1日（開園期間無公休）

夏季營業時間
2023年4月29日～10月15日
㊢9:30～17:15
2023年10月16日～11月3日
㊢9:30～16:30
（最後入園時間都是16:00）

冬季營業時間
2023年11月11日～2024年4月7日 ㊢10:30～15:30
（最後入園時間15:00）

從機場或車站過來的交通方式

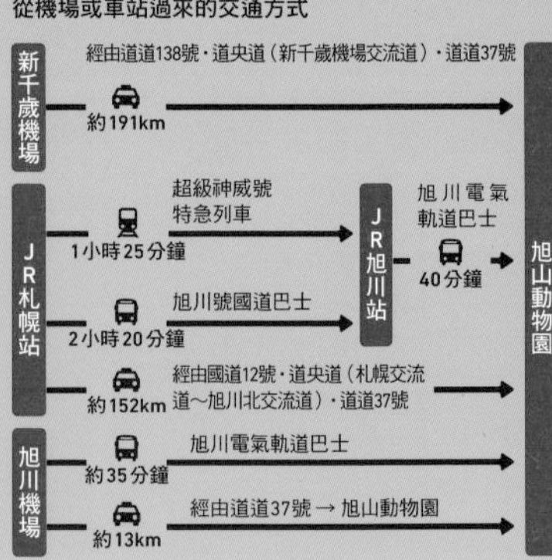

旭山動物園的觀賞重點！

☑ 欣賞動物原始自然生態的「行動展示」

透過精心設計的展示方法，呈現動物在自然界生活的真實樣貌。可以從各個角度觀賞到動物生動活潑的姿態。

可看到河馬泳姿的觀察池。

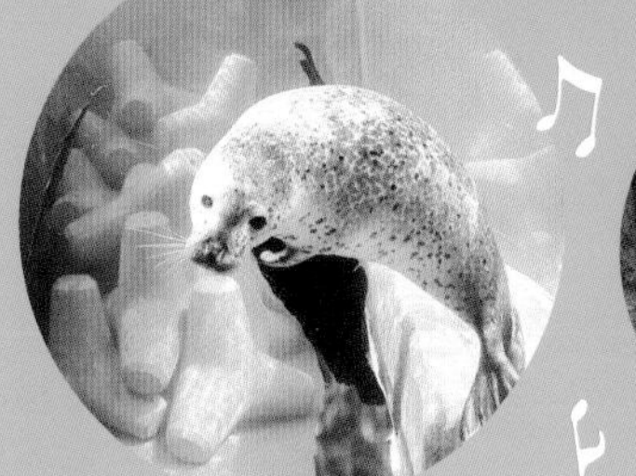

和水族箱內的海豹四目交接！

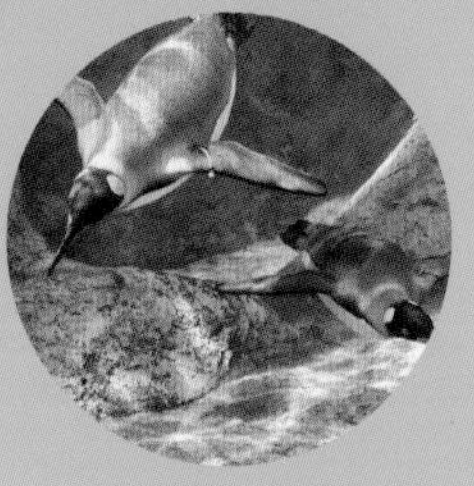

企鵝像是在水中飛舞般游來游去。

☑ 觀察動物進食的「餵食秀」

飼養員一邊餵食一邊講解動物的進食方式和習性，是頗受歡迎的項目。園內入口處設有當日活動時間的看板，先去確認時間吧。

可以清楚看到海豹吞進整條魚的樣子。

☑ 重現自然界的「共生展示」

在同一個飼養場展示棲息在同個地區的各種動物，以和自然界相似的環境，呈現動物間彼此互動的生活樣貌。

☑ 吸睛手繪看板

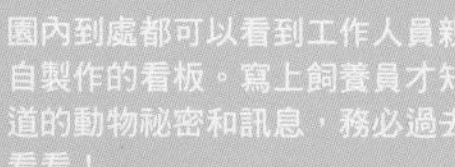

園內到處都可以看到工作人員親自製作的看板。寫上飼養員才知道的動物秘密和訊息，務必過去看看！

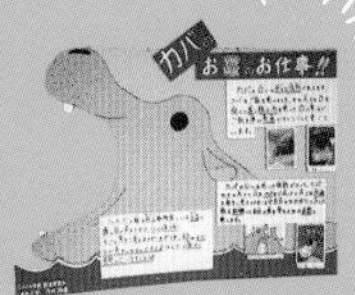

好多這裡才有的資訊。

HOW TO

到動物園的交通方式

從札幌當天來回

【定期觀光巴士】旭山動物園一日遊路線
營 4月29日～6月30日 費 5900日圓
從札幌站前巴士總站（9:30出發）搭巴士前往旭山動物園。可在動物園參觀3小時35分鐘。回程時的停靠站17:55札幌工廠、18:00札幌市鐘樓（皆可中途下車）、18:05札幌站前巴士總站。
☎ 0570-200-600（中央巴士札幌站）

【定期觀光巴士】旭山動物園、富良野美瑛及精靈露台超值方案
營 6月1日～10月6日每天 費 5900日圓
從札幌市內飯店（7:30出發）搭巴士前往旭山動物園、拼布之路（車內參觀）、青池、富田農場、精靈露台，約20:00回到薄野。停在旭山動物園的參觀時間是2小時30分鐘。費用含旭山動物園門票。
☎ 011-251-4118（Club Gets札幌通運股份有限公司）

【定期觀光巴士】含到札幌車站的JR票！旭山動物園盡興方案
營 11月11日～25日的週六、日、假日和12月1日～4月7日 費 8300日圓
從札幌市內飯店（7:00出發）搭巴士前往旭山動物園。到達動物園後自由參觀。可以提前離開回旭川站順遊周邊景點。費用含旭川站～札幌站的JR特急車票（自由座）、旭山動物園門票。從旭山動物園到旭川站可搭路線巴士（自付車資440日圓）
☎ Club Gets札幌通運股份有限公司

交通＋門票超值套裝方案

【JR】旭山動物園套票
營 2020年4月27日～2021年4月10日 費 6130日圓（札幌站出發）
套票內含札幌～旭川特急列車自由座來回票、旭川站～動物園的旭川電氣軌道巴士來回票和旭山動物園門票。有效期間4天。可在JR北海道主要車站的綠色窗口、旅行服務中心等處購買。
☎ 011-222-7111（JR北海道電話服務中心）

【國道巴士車票】旭山動物園巴士來回套票
營 2020年4月28日～11月3日、11月11日～2021年4月7日 費 4700日圓
套票內含札幌～旭川的「高速旭川號」來回票、旭川站前～動物園的旭川電氣軌道巴士來回票和旭山動物園門票。可在中央巴士札幌站、札幌站前巴士總站購買。
☎ 中央巴士札幌站

※實施期間請洽詢各處

餵食秀的時間表和內容當天早上才決定，無法事先得知。

旭山動物園完美指南！

一次逛完4處旭山動物園的代表性設施，全長2小時30分鐘的經典路線。
同時介紹各設施的必看重點！

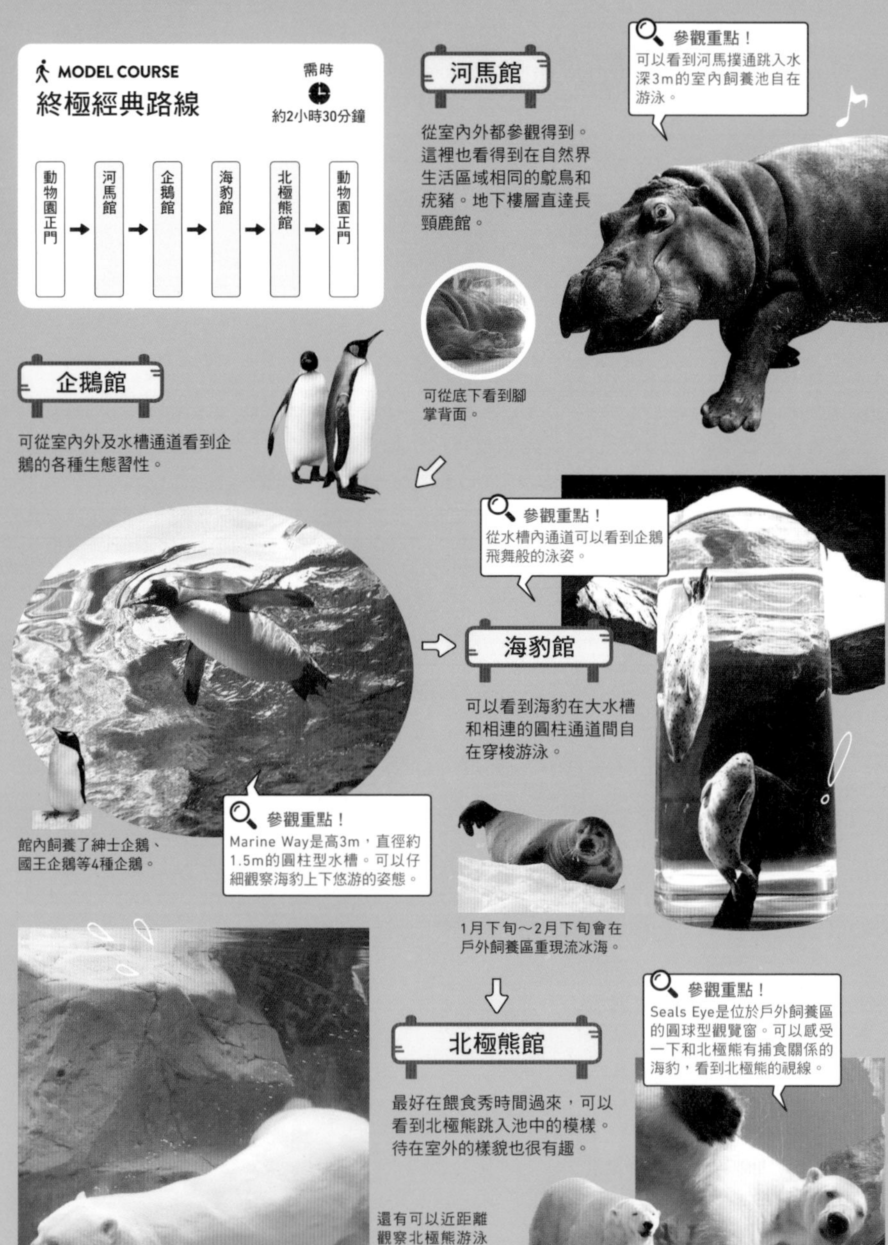

還有時間的話繼續參觀這裡！

猛獸館

這裡飼養了老虎、獅子、花豹和東北棕熊。

北海道原產動物區

展示各種棲息在北海道的生物，以鳥類為主。也可以看到貓頭鷹和虎頭海鵰。

長頸鹿舍

可以看到長頸鹿用長舌頭覓食的樣子。這裡也養了白鵜鶘和珠雞。

野狼森林　蝦夷鹿森林

兩處飼養區比鄰而立，藉此重現100年前的北海道自然環境。

動物館舍列表

1 紅鶴
2 鳥禽村
3 河馬館
4 長頸鹿舍
5 企鵝館
6 海豹館
7 猛獸館
8 北極熊館
9 北極狐舍
10 小貓熊
11 小動物區
12 雪鴞舍
13 野狼森林
14 蝦夷鹿森林
15 丹頂鶴舍
16 兩棲類、爬蟲類舍
17 毛腿漁鴞舍
18 紅毛猩猩舍
19 馴鹿舍
20 長臂猿舍
21 猴舍
22 蜘蛛猴・水豚館
23 黑猩猩森林・黑猩猩館
24 北海道原產動物區
25 猴山
26 兒童牧場
27 孔雀舍

各區一到餵食秀時間往往人潮洶湧，如果想悠哉地觀賞動物，建議避開餵食秀時間。

旭山動物園達人祕笈

從季節限定活動到園內美食商品。為你獻上內行人才知道的有趣實用資訊。

祕笈1 瞄準季節限定活動到訪！

以下是園內在各季節舉辦的活動。也可以上官網查詢。

可以看到動物夜間的生態活動。設置在通道旁的冰燭如夢似幻。

營業時間延長到21:00（最後入園20:00）。還能看到飼養員的夜間餵食秀及夜燈展示等。

祕笈2 聽到寶貴資訊！？「原來如此講座」&「重點講座」

飼養員講解動物特殊行動的「原來如此講座」及每週日、假日舉辦的「重點講座」。可以聽到飼養員現身講解無法在標本或照片看到，動物不為人知的生態。

原來如此講座

營業時間 每天，1天4場
當天早上才決定時間表

重點講座

營業時間 每週日、假日13:30～
動物、主題及舉辦場所每次都不同

祕笈3 從APP看動物影片

下載「A Reader」的APP到智慧手機或平板電腦上，點選介紹指標的圖案就能看到附講解的動物影片。園內免費提供的手冊也有附影片播放連結。

肚子有點餓時 園內午餐 & 外帶美食

園內有3家餐飲店，可以坐下來用餐，
此外還有麵包店及外帶美食。

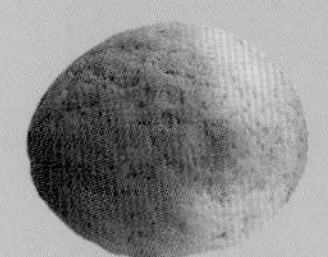

菠蘿麵包
200日圓 C
口感香酥的菠蘿麵包最受歡迎。

咖哩麵包
280日圓 C
咖哩麵包的內餡選用北海道生產的蔬菜製作。

動物鬆餅
400日圓 B
鬆餅上印了園內明星海豹的臉。

OSHIRI綜合霜淇淋
350日圓 A
放上北極熊屁股形狀的餅乾當裝飾。

動物商品伴手禮

有好多動物園才看得到的可愛動物主題商品！
還有動物園限定包裝甜點。

旭山動物園餅乾
30片裝
印上動物臉譜的楓糖味餅乾 E

是誰？午餐盒
雙層原創便當盒。附筷子 A

旭山動物園
便利貼
原創動物圖案便利貼 E

旭山小北極熊
手掌大小的白熊布偶 E

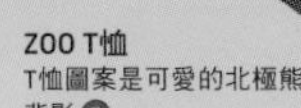

Asahiyama Zoo筷架
3個裝
紅毛猩猩、北極熊、長頸鹿造型的陶瓷筷架 F

ZOO T恤
T恤圖案是可愛的北極熊背影 E

A
旭山動物園Club 正門shop・東門shop
園內有2家品項豐富的禮品店。
☎0166-36-5181
外帶・伴手禮

B
動物園中央食堂
位於海豹館入口附近的自助式速食店。餐點有旭山醬油拉麵680日圓等。
☎0166-36-4190
內用・外帶

C
旭山動物園 Club麵包小屋
和正門商店相鄰的小木屋造型建築物，販售剛出爐的麵包。
☎0166-36-5191
外帶

D
Tailn Tail
也賣旭川當地的點心和酒款。
☎0166-36-0088
伴手禮

E
Zoo shop
限定原創商品最受歡迎。
☎0166-36-4190
伴手禮

F
ZOO shop & Kitchen CoCoLo
有美食名產&外帶餐點。
☎0166-74-7261
外帶・伴手禮

G
Farm Zoo ※夏季限定
有好多動物布偶。
☎0166-36-0606
內用・外帶・伴手禮

每年造訪動物園2次以上，購買「動物園護照」比較划算。1020日圓1年內不限次數入場。

HIGHLIGHT 05 EAT

說到北海道就是這個！

吃遍北方海鮮

北海道周遭有3處海域，是新鮮海產的寶庫。可用適宜的價格吃到豪華海鮮。既然要吃，就選用料新鮮的壽司和海鮮丼飯！

海鮮丼飯

有螃蟹、鮭魚卵、牡丹蝦等經典配料！大口吞下時令海鮮吧。

季節 2全年　預算 2000日圓～

地區 道內全區

季節海鮮丼
2980日圓
札幌市場飯館marusan亭
札幌 >>> P.65

當季海鮮丼
4500日圓
味處Takeda食堂
小樽 >>> P.101

海膽丼飯

吃得到紫海膽&蝦夷馬糞海膽2種海膽。每種都是人間美味！

季節 6～8月　預算 3000日圓～

地區 利尻・禮文島、積丹半島等地

生海膽丼
4500日圓
Sato食堂
利尻島 >>> P.206

海膽丼
4300日圓
海鮮處Kafuka
禮文島 >>> P.207

壽司

想嘗試夢想中的吧檯壽司，務必到壽司的發源地北海道。

季節 全年　預算 3000日圓～
地區 道內全區

鮭魚卵丼飯

想盡情享用醬油漬鮭魚卵，就選鮭魚卵丼飯！

季節 全年　預算 2000日圓～
地區 道內全區

烏賊料理

活烏賊的味道相當特別。在烏賊城函館有多種菜色可選。

季節 7～9月　預算 1000日圓～
地區 函館

函館全區都在推廣烏賊料理。還有用烏賊墨汁做的紅豆麵包及霜淇淋等特色甜點。

HIGHLIGHT
06
EAT

盤點北海道各地名產
道內美食指南

北海道當地美食相當豐富。各地區有不同的飲食文化，即便是同樣菜色，味道或素材也不盡相同。先來預習各地區名產吧！

札幌

札幌聚集多家來自北海道各地不同種類的餐飲店。有壽司、拉麵或成吉思汗烤肉，菜色選項豐富。

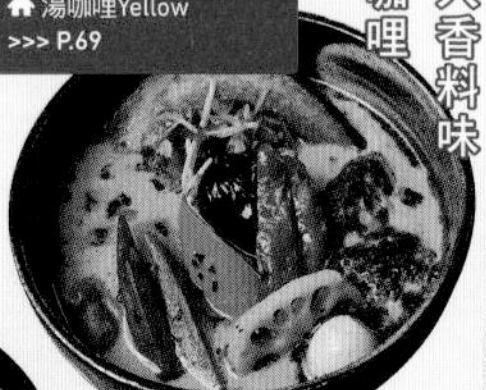

迷人香料味湯咖哩

雞肉蔬菜咖哩
1200日圓
湯咖哩Yellow
>>> P.69

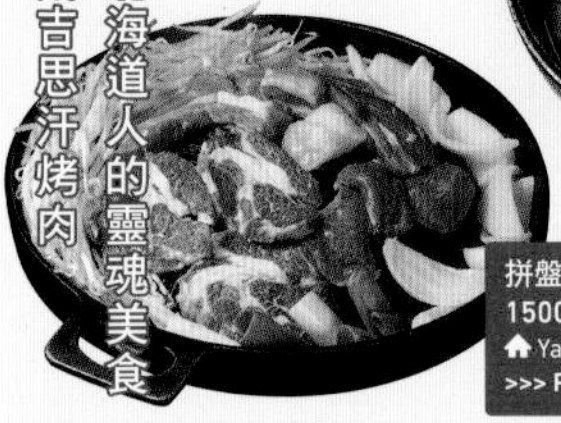

北海道人的靈魂美食成吉思汗烤肉

拼盤
1500日圓
Yamaka碳烤成吉思汗
>>> P.70

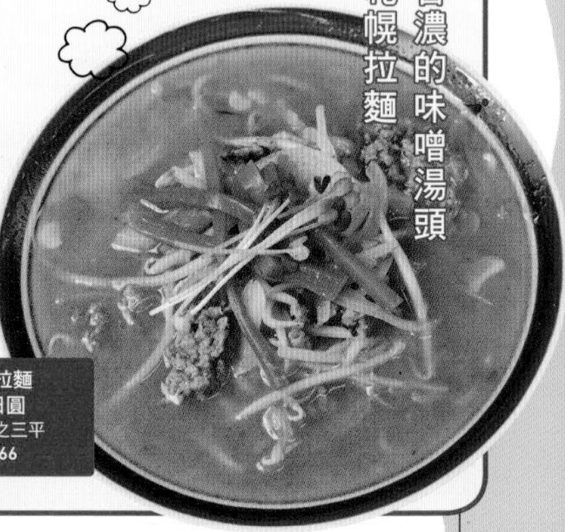

香濃的味噌湯頭札幌拉麵

味噌拉麵
850日圓
味之三平
>>> P.66

小樽

港都小樽首重海鮮。也有炸半雞、燴炒麵等各種B級美食。

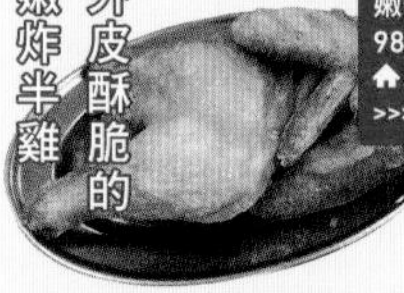

外皮酥脆的嫩炸半雞

嫩炸半雞
980日圓
若雞時代Naruto
>>> P.101

函館

函館除了海鮮外，也發展出當地特有的靈魂美食。風味清爽的函館拉麵也是必吃選項。

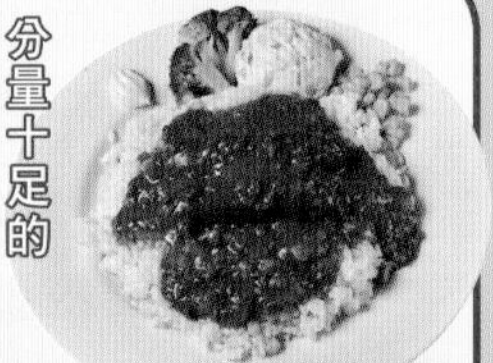

分量十足的Shisuko Rice

舊金山飯（Cisco Rice）
820日圓
California Baby
>>> P.121

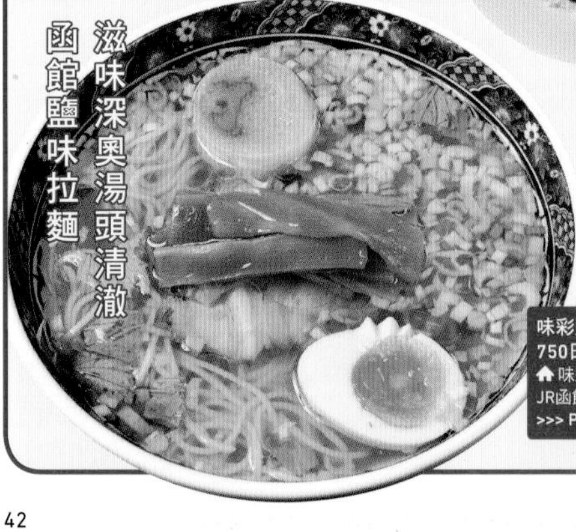

滋味深奧湯頭清澈函館鹽味拉麵

味彩鹽味拉麵
750日圓
味彩麵廚房JR函館車站分店
>>> P.120

小樽
札幌
函館

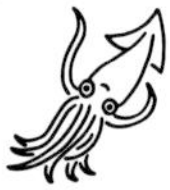

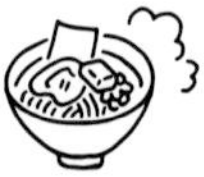

富良野・美瑛・旭川

有許多活用在地新鮮蔬果做成的料理。到富良野必吃咖哩蛋包飯和哈密瓜。

以W湯頭為主的旭川拉麵

醬油拉麵
750日圓
蜂屋 五条創始店
>>> P.150

用當地食材製作的富良野蛋包飯

富良野咖哩蛋包飯
1080日圓
Natural Dining
>>> P.144

充滿自然甜味的哈密瓜甜點

聖誕老人的鬍子（大）
1400日圓～
Popura Farm中富良野總店 >>> P.145

知床

突出於鄂霍次克海的知床半島，有多種以鮭魚或海膽為首的海鮮。想吃個痛快就選海鮮丼！

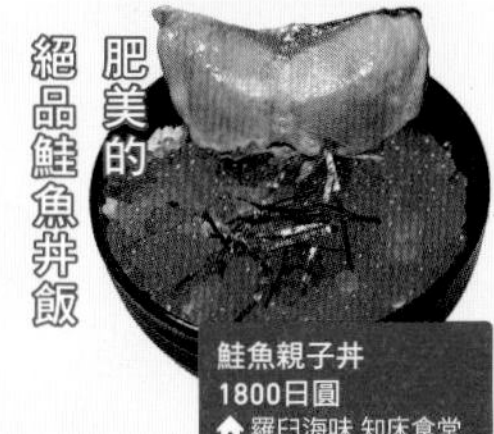

肥美的絕品鮭魚丼飯

鮭魚親子丼
1800日圓
羅臼海味 知床食堂
>>> P.179

知床

富良野・美瑛
旭川

釧路

十勝
帶廣

十勝・帶廣

這裡是北海道數一數二的酪農區，擁有品質精良的肉類和乳製品。必吃能大啖優質豬肉的豬肉丼飯。

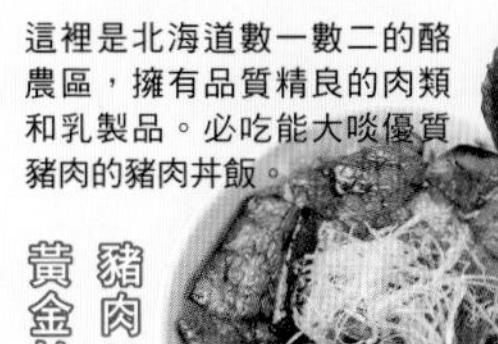

豬肉X醬汁的黃金拍檔

特級豬肉丼飯（豬五花）930日圓
Butadontoko Butaya
>>> P.161

釧路

釧路曾是繁榮一時的漁村。除了在爐灶上烤海鮮來吃的爐端燒，拉麵和帶骨炸雞也很有名。

漁夫愛吃的釧路拉麵

醬油拉麵
700日圓
釧路拉麵河村
>>> P.191

根室的地方風味餐點薄切炸豬排飯

薄切炸豬排飯
870日圓
Dorian咖啡館餐廳
>>> P.196

在發源地吃剛炸好的炸雞

無骨炸雞
690日圓
鳥松
>>> P.191

代表北海道的4大拉麵分別是札幌的味噌拉麵、函館的鹽味拉麵、釧路的醬油拉麵和旭川的醬油拉麵。麵條種類也依地區而異。

HIGHLIGHT 07 EAT

目前正夯的焦點！

享用話題美食

脂肪含量少肉質柔軟的蝦夷鹿肉。

自法國進口道地野味

Gaucher

老闆小鹿先生是在法國學習薩拉米腸和臘腸作法的熟食廚師。搭配自然派葡萄酒，品嘗店家自製熟食冷肉和野味，堪稱絕品。

🏠札幌市中央區南3西8-7 大洋大樓2F ☎011-206-9348 營17:00～22:00 休週二 交從市電站資生館小學校前步行3分鐘 🚗無

札幌 ▶MAP P.30 B-1

熟食冷肉拼盤2138日圓（2人份）。

位於十勝Hills的農場餐廳VIZ。主推十勝食材製成的匈牙利套餐。

在眺望美瑛丘陵風景的咖啡館，品嘗用美瑛小麥烘烤的麵包和美瑛蔬菜烹調的法式午餐。

北海道美食發展日新月異。
雖說經典食物也不錯，但務必挑戰一下新菜色！
以下介紹札幌排隊名店和走遠些也值得的必吃餐廳。

草莓季期間限定。依季節推出當季水果品項。

掀起札幌的鬆餅熱潮

圓山鬆餅

即便位於郊區也要排隊的鬆餅專賣店。特色是麵糊中加了瑞可塔起司，烤出口感鬆軟綿密的鬆餅。

札幌市中央區南4西18-2-19 Brillante南圓山1F ☎011-533-2233 營11:00～18:30 LO（鬆餅售完為止） 休週三
交從地鐵西18丁目站步行7分鐘
4台
札幌 ▶MAP P.26 B-2

內餡是帝王蟹和5種水果的綜合三明治。

任選2種餡料搭配

Saera三明治店

1975年（昭和50年）開業的三明治專賣店。可以從雞蛋或蝦排等10種以上的配料中選出2種組合。人氣No.1是帝王蟹。。

札幌市中央區大通西2　都心大樓B3F ☎011-221-4220
營10:00～17:30 LO 休週三
交從地鐵大通站步行1分鐘 無
札幌 ▶MAP P.29 D-3

小酌後來一杯
當紅的宵夜巴菲冰

北海道境內越來越多吃得到蝦夷鹿肉的餐廳。超市也有賣蝦夷鹿的生肉和加工食品。

接觸北海道人的飲食生活

上超市&便利商店尋找當地美食

調味料

北海道居民的廚房或餐桌上必備的常用調味料。
加了這些讓家常菜更美味！？

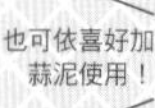

也可依喜好加蒜泥使用！

成吉思汗烤肉醬

醬油加香味蔬菜和香辛料調製成的醬料。沾了這一味的烤羊肉，滋味才道地！

日式西式料理皆好用。

沾麵醬汁

醬油加味醂及柴魚、昆布等5種高湯調製成的5倍濃縮醬汁。北海道限定發售。

也可以當炒飯或義大利麵的調味料。

華味拉麵調味粉

加了蔬菜精華的拉麵調味粉。有味噌、鹽味和醬油味3種可選。

麵包

北海道境外很少看到的特殊風味麵包。
味道也依店家而異，買來試吃評比也很有趣！

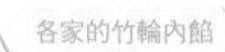

各家的竹輪內餡都不同。

竹輪麵包

麵包中間夾了塞入鮪魚沙拉的竹輪。竹輪的鹹味和口感搭麵包意外地對味。

麵包體質地柔軟。

豆麵包

麵團加甘納豆揉製成的樸實麵包。是營養午餐的常客。

鬆軟的麵包和羊羹超對味。

羊羹麵包

塞了鮮奶油或紅豆餡的麵包，表面再淋上羊羹的甜麵包。

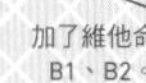

糕點

充滿懷舊元素的包裝內，是不負期待的古早味。
1個100日圓上下，適合當伴手禮。

加了維他命B1、B2。

維他命蛋糕

旭川老店高橋製菓生產的蜂蜜蛋糕。味道樸實懷舊。

在北海道總會提到糯米糰子。

糯米糰子

創始於1923年（大正12年）。為了支援關東大地震復興，寫上和糯米糰子發音相同的「起備團合」字樣發售。

也有黑糖或魁蒿口味。

BEKO餅

葉子造型的雙色年糕。5月端午節的應景糕點，很多地方以此代替柏餅。

札幌美食不只出現在餐飲店！
便利商店或超市也有各種北海道限定商品。試試北海道人熟悉的當地口味吧。

Seicomart

以橘色招牌配上鳳凰圖案，標誌醒目的連鎖便利商店。當地暱稱為「SEKOMA」。販售多種自有品牌商品。

飲料

以下是北海道境內限定的稀有飲料。
到北海道旅遊時來1瓶吧？

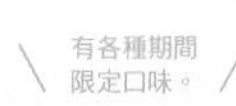

味道清新備受歡迎。

Ribbon Napolin

自1911年（明治44年）推出後，頗受北海道居民喜愛的橘色碳酸飲料。

瓜拿納（Guarana）是原產於南美亞馬遜河的植物。

Kirin Guarana

添加瓜拿納萃取物的汽水。最適合提神時喝。

有各種期間限定口味。

Soft Katsugen

北海道的代表性乳酸飲料。雪印MEGMILK販售。

泡麵

逐漸在全日本嶄露頭角的「炒麵便當」，和針對北海道居民口味加以改良的常見商品都是必買選項。

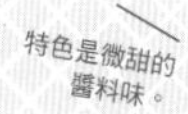

特色是微甜的醬料味。

MARUCHAN「炒麵便當」

暱稱「炒便當」的碗裝日式炒麵。附中華湯包，加在泡麵倒出來的熱水裡。

使用北海道生產的利尻昆布！

北方Don兵衛豆皮烏龍麵

使用利尻昆布製成的湯頭，加上多汁的大片豆皮。印上北海道限定標誌。

零食

就算是常見的零食，收到或吃到北海道限定口味時還是很開心！
也有適合分送的小包裝。

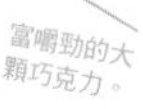

富嚼勁的大顆巧克力。

APORO

精選北海道牛奶製成的巧克力「北海道Aporo白色禮盒」。

也有小份量獨享包。

白雷神巧克力

白雷神是人氣點心雷神巧克力的北海道限定款商品。

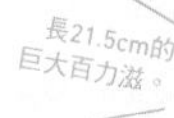

長21.5cm的巨大百力滋。

百力滋

加了北海道四葉奶油的北海道奶油口味。甜度適中。

北海道限定口味零食在觀光地的綜合伴手禮店或機場商店販售，品項齊全。

貓刑警Hare
走遍天涯海角也要逮到鼠輩Tabi。性格上是家貓特有的虎頭蛇尾！?

鼠輩Tabi
活躍於日本各地的起司小偷。起司小偷逃到哪了！?

❶ 札幌市內的餐飲店大多聚集在JR札幌站周邊、大通公園附近和薄野一帶。不過，薄野那裡的商店幾乎是夜間才營業。 ❷ 要吃海鮮丼飯，建議到場外市場或二条市場。市場內的店家一大早就開門營業，所以也很早休息。

到北海道觀光先來這裡

札幌
SAPPORO

最佳季節

● 全年

主要景點或餐廳全年開放。因為大通公園每個季節會舉辦不同的活動（→ P.54），也可以配合活動時間過來。

最佳停留期間

● 1～2天

1天可以安排到必去景點觀光、吃美食、購物等一般行程。想到小樽等周邊地區一日遊，就要多加1天。

交通方式

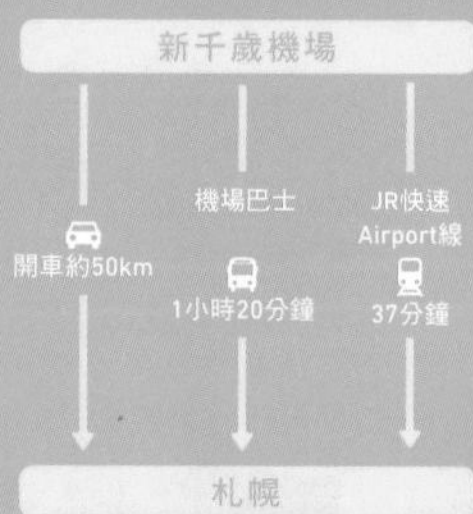

觀光移動方式？

市中心的觀光景點彼此距離很近，步行就能參觀。另外，地鐵、巴士、市營電車等大眾運輸系統完善，到郊區景點也很方便。北海道中央巴士推出定期觀光巴士，提供景點門票加來回車票的套票組合，可以多加利用。

到其他地區

小樽是一日遊的最佳選項。也可以到定山溪溫泉或登別溫泉等溫泉地區享受當日來回的泡湯設施。雖然也有公車開往富良野、帶廣、函館等道內各地區城市，但班次少且費時，很難在當天來回觀光。

北海道的美食集中區

認識札幌！

從開拓時代起就是北海道的重點地區，人口約195萬人的政令指定都市。道內各地美食齊聚一堂，是知名美食大城。

在札幌必做的3件事

1 北海道美食巡禮

→ P.68

種類眾多，有蔬菜滿滿的湯咖哩、成吉思汗烤肉和味噌拉麵等！

2 到大通公園散步

→ P.52

到札幌一定要去這座橫貫東西的狹長形公園。也是舉辦活動的會場。

3 上藻岩山賞夜景

→ P.60

藻岩山山頂觀景台的夜景獲選為日本新三大夜景。從市區搭大眾運輸工具就能到的人氣景點。

札幌市區散步經典路線

需時 7小時

主要景點都集中在大通公園附近，走路就能逛完。比搭地鐵或市電更有效率。

START

JR札幌站

↓ 步行15分鐘

① 札幌名產・味噌拉麵

→P.66

↓ 步行3分鐘

② 大通公園

→P.52

↓ 步行5分鐘

③ 採購品牌甜點

→P.78

↓ 步行7分鐘、市電20分鐘

④ 藻岩山山頂觀景台（纜車入口站））

→P.60

↓ 市電27分鐘

⑤ 薄野美食

→P.72

↓ 地鐵3分鐘、步行5分鐘

JR札幌站

到北菓樓和六花亭購物＆喝茶。

④

俯瞰札幌夜景的浪漫景點。

札幌MAP

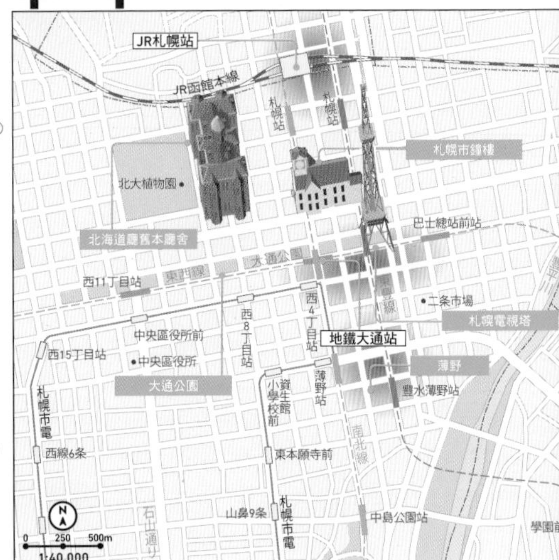

札幌事件簿

札幌是進出北海道觀光的玄關。掌握逛街路線、主要景點、必吃美食及淡旺季等訊息，規畫順暢的旅遊行程吧。

FILE 1

想訂飯店時
發現每家都客滿…
要是早點訂房就好了！

札幌旅行就在1個月後。覺得差不多該訂飯店了，上網一查，發現市中心的飯店幾乎都客滿！真後悔，要是早點決定就好了。

解決！

事先調查吸引人潮的活動。

一旦遇上右列活動舉辦期間或人氣偶像開演唱會，市中心飯店就會客滿。最好提前訂房，或事先確認活動及表演資訊，避開那段期間。

- YOSAKOI索朗祭／2023年6月7～11日
- RISING SUN ROCK FESTIVAL／2023年8月11～12日
- 札幌雪祭／2023年2月4～11日

FILE 2

看不懂札幌的地址。
北1条？南2条？是什麼！？

目的地的地址寫著「北1条西3丁目」「南2条東1丁目」，好像密碼文字。街道就像棋盤格狀，一下子就分不清北邊在哪裡，總覺得要迷路了……

解決！

以大通和創成川為基準。

札幌在開拓時代便規畫成棋盤狀街道。大通公園所在的街道是南北基準，往上走是北1条，往下則是南1条。東西基準是創成川。習慣後就分得清楚了。

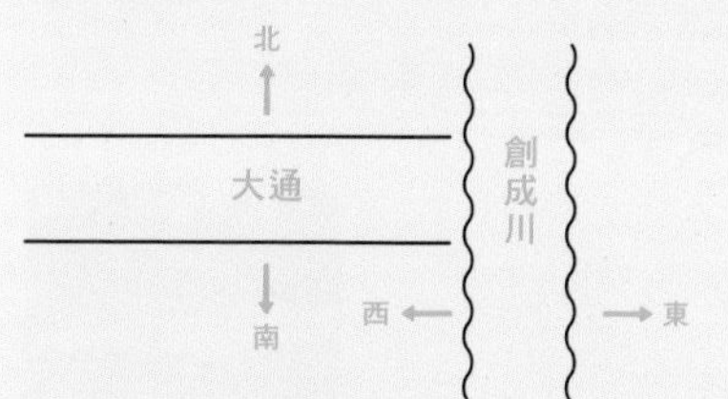

方便的地下通道！

下雨或下雪時超方便。

從JR札幌站到薄野設有地下通道，就算不走地面馬路，也能到達主要地區。

還有坐在馬車上悠哉逛市區的「觀光幌馬車」。從大通公園4丁目出發約50分鐘的行程。營業時間是4月下旬～11月3日（須付費）。

宛如戶外美術館！

大通公園藝術漫遊

大通公園位於札幌中心。東西長達1.5km，園內設有噴水池和雕像。天氣晴朗時可以帶著欣賞藝術的心情悠哉漫步其間。

需時 約1小時

走訪分布在公園內的藝術品

泉之像
雕刻家本鄉新的作品。以3位舞伶來表現泉水。位於花圃中間。

札幌電視塔
聳立於大通公園的東側。從觀景台望出去，大通公園和札幌市區一覽無遺！→P.56

西3丁目噴水池
可觀賞每15分鐘循環1次的噴水表演。注水期是4月下旬～10月。

大通公園MAP

西4丁目噴水池
水噴向中央尖塔。注水期是4月下旬～10月。

黑色漩渦狀滑梯
野口勇先生用黑色花崗岩雕塑成的藝術作品。也是座溜滑梯。

札幌電視塔　大通站　泉之像　大通站　東西線　東豐線　南北線
西1丁目　西2丁目　西3丁目　西4丁目　西5丁目　西6丁目　西7丁目　西8丁目　西9丁目

壁泉
從1.8m高處流洩而下，寬33m的噴水牆。注水期是4月下旬～10月。

遊戲坡
又名「鯨魚山」的大型溜滑梯。

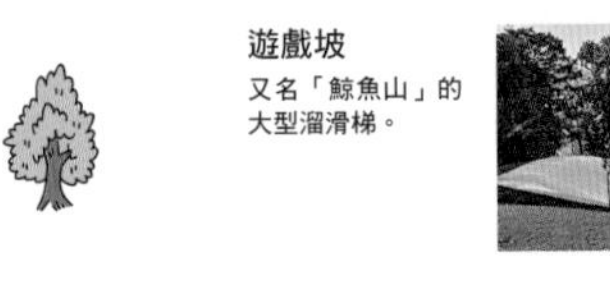

WHY

興建目的？

北海道開拓時期，將札幌規畫成棋盤格狀的街區。當時的基準軸就是現在的大通公園，馬路北側為官方行政區，南側則是住宅商業區。大通公園也具備防火巷功能，發生火災時，以公園為邊界避免火勢蔓延。

貫穿市區的綠園道

大通公園

橫跨西1～12丁目的綠園道。園內種植約4700株樹木，增添四季之美。1980年（昭和55年）規畫成都市公園。

札幌市中央區大通西1～12
☎011-251-0438（大通公園管理事務局）
營 自由參觀
交 從地鐵大通站步行1分鐘　🚗無
大通公園周邊 ▶MAP P.28 A-3～P.29 D-3

「泉之像」前面是大通公園的最佳拍照點。夜間噴水池嘗點燈。

赫拉斯・卡普隆雕像

少女雕像
以玫瑰園為背景的青銅立像。

西11丁目站

西10丁目　西11丁目　西12丁目　西13丁目

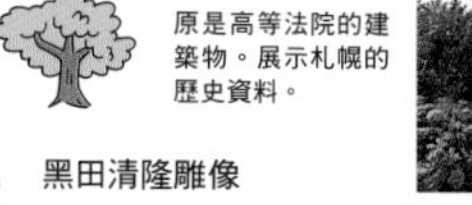

札幌市資料館
原是高等法院的建築物。展示札幌的歷史資料。

黑田清隆雕像

\ 還想去這裡 /

大通公園周邊咖啡館

大通公園中間的4丁目十字路口一帶是甜點聚集區！散步途中找家店休息一下吧。

多款ISHIYA甜點

ISHIYA CAFÉ

因「白色戀人」而聞名的ISHIYA公司開設的咖啡館。推薦厚約3.5cm的鬆餅及白色戀人霜淇淋。

草莓＆開心果
1404日圓
在開心果鮮奶油上放了草莓和2種冰淇淋的巴菲冰。

札幌市中央區大通西4-6-1 札幌大通西4大樓B2F
☎011-231-1487　營8:00～20:00　休12/31～1/1
交 地鐵大通站出站直達　🚗無
大通公園周邊 ▶MAP P.28 C-3

Bocca Milking Parlor
黃豆粉黑糖蜜 500日圓
Bocca的甜點。把霜淇淋或紅豆放在最中餅上吃。

各種北海道甜點任君挑選

BISSE SWEETS

網羅札幌近郊和函館等地的人氣甜點店。提供內用＆外帶服務。

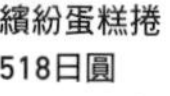

繽紛蛋糕捲
518日圓
KINOTOYA大通公園店的限定款甜點。蛋糕捲內夾了鮮奶油、卡士達奶油、求肥麻糬和紅豆餡。

札幌市中央區大通西3-7
營10:00～20:00（依店鋪而異）
休 比照大通BISSE　交 地鐵大通站出站直達
🚗特約停車場
大通公園周邊 ▶MAP P.29 D-3

4月下旬～10月上旬，在大通公園內3、4丁目有玉米餐車出來擺攤。烤玉米、水煮玉米各300日圓。

春夏秋冬都好玩！

大通公園活動攻略

有4項盛大活動以大通公園為會場，每次都盛況空前！
有冬季代表活動的札幌雪祭、吃遍北海道美味的美食活動。請事先確認活動日期。

冬

到處都是超上相的巨大雪像&冰雕

2023年2月4～11日

第73屆札幌雪祭

展示超過200座雪像冰雕，是北海道的冬季代表景致。除了主要的大通會場外，還可到薄野會場、TSUDOME會場享受現場活動。

（玩樂POINT）

- 投射在雪像上，華麗震撼的光雕投影。
- 在會場內設置的飲食攤吃遍北海道各地美味。

© HTB

2017年度的大雪像「奈良・興福寺 中金堂」。

大通會場

大通公園西1丁目～西12丁目

大通公園放置各種大小的雪像。在1丁目設有滑雪場。

點上華麗燈飾的大通公園。從電視塔看出去的景色。

把帝王蟹或鮭魚凍在冰塊裡的「魚冰」展示。

薄野會場

南4条通～南7條通的西4丁目縣道（站前馬路）

薄野街上立有多座夢幻冰雕。並舉辦冰雕競賽及設置冰吧。

活動期間，除了部分時段外，該區規畫為行人徒步區

TSUDOME會場

札幌市體育交流設施COMMUNITY DOME

以「大人小孩都能與大自然的雪親密接觸」為概念。設置雪滑梯等供民眾遊玩。

室內會場也設置多處咖啡攤和小吃美食。

決賽在8丁目會場！

2023年6月7日～11日

YOSAKOI索朗祭

來自日本各地約280組隊伍，在市內20多個會場展開舞蹈比賽。舞者默契十足的團隊表演非常精采。

（玩樂POINT）

- 事先購買踩街座位區、舞台座位區門票慢慢觀賞。
- 當天練習即可參加舞蹈表演，與舞者同樂（詳情請上官網查詢）。

照片提供：YOSAKOI 索朗祭組織委員會

集結日本各地的索朗舞表演團體在市內會場跳舞！

自1992年開辦至今，已是觀光人次超過200萬的大型活動

在戶外喝啤酒超讚！

2023年7月21日～8月16日

札幌夏日慶典

主會場在園內可容納1萬3000人的「札幌大通啤酒花園」（～8月16日）。還能看到「北海盆舞」。

（玩樂POINT）

- 在戶外攤位就能享受到冰涼的啤酒和北海道美食。
- 在市內指定飯店可預訂觀光客優先入座的「貴客座位區」（詳情請上官網查詢）。

在大通公園享受北海道涼夏

國內最大規模的啤酒花園。除了啤酒大廠的攤位外，全世界的啤酒也一應俱全。

2023年9月8～30日

札幌秋季豐收節2023

網羅北海道各地的農產品和海產，透過食物活化鄉鎮交流的節日。主題之一「札幌主廚的廚房」頗受歡迎。

（玩樂POINT）

- 從拉麵、甜點到酒吧，在各丁目不同主題的攤販間一家吃過一家。
- 各鄉鎮也會來擺攤，可在傳統市場區選購伴手禮。

集結當地招牌美食及北海道在地珍饈

市區餐廳為了這項活動推出的創意料理令人期待。

除了北方引以為傲的海產外，葡萄酒、啤酒到日本酒應有盡有。

從11月中旬～3月中旬，大通會場、站前通會場、南一条通會場，這3個地點會舉辦札幌白色燈樹節。

說到札幌觀光就是這裡！

走訪3大必遊景點

介紹到札幌觀光絕對不可錯過的3處景點。
無論從外面看，或入內參觀都很好玩。先來看必逛重點吧！

SPOT 1

從電視塔一覽札幌市區

白天　夏天綠意盎然的大通公園相當漂亮。公園盡頭是大倉山。

全長147.2m

觀景台樓層90.38m

從3樓搭電梯約60秒抵達。可360度環顧札幌市區。

電子時鐘65m

Sky Lounge 22.9m

相當於大樓6樓的高度。有電視爸爸專區、禮品店和餐廳。

電視爸爸是以札幌電視塔為造型的吉祥物。

傍晚　天色逐漸改變的魔幻時刻，景致也很漂亮。

夜晚　冬季日落後的夜景很迷人。璀璨的街道燈景非常浪漫。

360度的公園景觀

札幌電視塔

需時 約40分鐘

矗立於大通公園東側的札幌地標。1957年（昭和32年）完工的電視塔，可從高90.38m的觀景台俯瞰市區。

札幌市中央區大通西1　☎011-241-1131　營9:00～22:00　費 觀景台門票1000日圓　休 不固定　交 從地鐵大通站步行1分鐘　🚘無

大通公園周邊 ▶MAP P.29 D-3

SPOT 2

進入鐘樓探索

連續為札幌報時141年

札幌市鐘樓

1878年（明治11年）由克拉克博士（William Smith Clark）提議，建作札幌農學校的武道館及禮堂之用。之後設置鐘樓。

札幌市中央區北1西2
☎011-231-0838
㊖ 8:45～17:10（最後入館～17:00）㊝入館門票200日圓
㊡全年無休　㊦從JR札幌站步行7分鐘　🚗無

札幌站周邊 ▶MAP P29 D-3

需時 約30分鐘

1906年（明治39年）移至現址。

北海道境內文化財產的展示和影片區。

除了札幌農學校的相關展示品外，還有鐘樓歷史講解。

高9m的尖頂天花板。設有哈瓦度公司製作的擺動式時鐘。

和在鐘樓內擺動的時鐘造型相同。

WHAT IS

五稜星

以北極星為形的紅星，象徵北海道開拓者。開拓期興建的建築物都印有星形標誌。

SPOT 3

前往象徵開拓的紅磚廳舍

浪漫的紅磚建築物

北海道廳舊本廳舍

1888年（明治21年）建造的美式新巴洛克建築。暱稱「紅磚廳舍」。2019年10月～2023年3月因維修工程暫時休館。

札幌市中央區北3西6
☎011-204-5019（8:45～17:30。週六、日、假日改撥011-204-5000）
㊖8:45～18:00
㊝免費參觀　㊡年末年初　㊦從JR札幌站步行10分鐘　🚗無

札幌站周邊 ▶MAP P.28 C-2

需時 約30分鐘

正面寬61m，高33m，外觀宏偉。1969年指定為重要文化財產。

樓梯上的圓柱和拱門是西洋建築的象徵。

歷代長官或知事辦公的房間。

主要陳列北海道的歷史相關文件。也有展示道廳的模型。

順路到美麗的庭園欣賞秋天楓紅、春天櫻開的四季更迭景致。

電視塔的點燈有投光燈投射效果和設置在鐵塔上的LED燈飾，依時間切換。

隨處可見珍貴展示品！

北海道大學校園巡禮

北海道大學位於JR札幌車站北側。腹地廣大，不是學生也能自由進入校園散步。翻修後的北海道大學綜合博物館是必看景點！

需時

約3小時

找找看我在哪裡。

❶ 北大正門
是占地177萬m^2的札幌校區入口。

❷ 遊客服務中心「榆樹森林」
附設咖啡館和商店。

❸ 中央草坪
從北大正門直走就是一大片綠色如茵的中央草坪。

用舊穀倉做展示館。

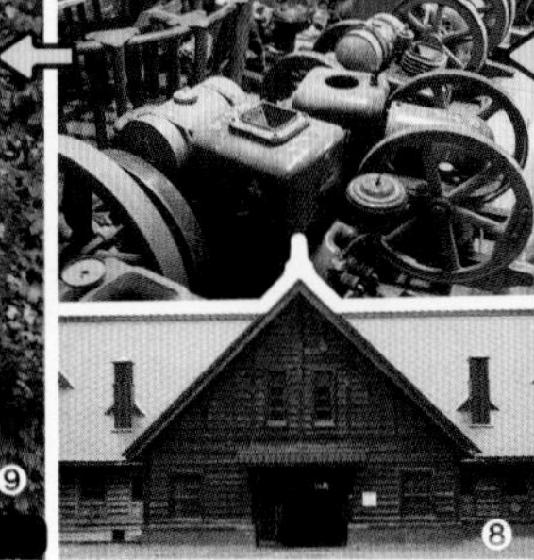

❾ 白楊林蔭道
北大標誌之一。可在80m長的林蔭道散步。

❽ 札幌農學校第2農場
穀倉和示範牛舍等9棟建築物被指定為國家重要文化財產。

❼ 銀杏林蔭道
10月下旬～11上旬是澄黃銀杏的觀賞期。

❻ 中央食堂
北大內也有多家餐廳。中午就佯裝成學生坐下來用餐吧。

以廣大占地面積而自豪的國立大學

北海道大學

1876年（明治9年）建校的國立大學，前身是札幌農學校。第一任校長是說出名言「Boys, be ambitious!（少年啊，要胸懷大志！）」的克拉克博士。

札幌市北區北8西5
☎011-716-2111 營休費 自由參觀
交 從JR札幌站步行7分鐘 停 無

札幌站周邊 ▶MAP P.28 B～C-1

透過實物資料學習北大的歷史和現在

北海道大學綜合博物館

1999年設立的博物館。收藏自札幌農學校創校以來，超過300萬件的學術研究資料和標本等。

☎011-706-2658
營10:00～17:00（6～10月的週五～21:00）
休 週一、時有臨時休館 費 免費

填飽肚子的平價餐點

中央食堂

1樓附設販賣部及COOPU PAN麵包店，2樓是餐廳。除了丼飯或咖哩外，還提供多種主餐搭配副菜的選項。

☎ 011-726-4780 營 10:00～20:00（週六11:00～19:00、週日、假日11:00～15:00、週一～五11:30～13:00僅開放給大學相關人員使用） 休 全年無休（比照大學行事曆縮短營業時間或休息）

WHAT IS

札幌農學校

創設於明治時代初期的教育機構。聘請克拉克博士擔任首任校長。培養出新渡戶稻造等活躍於各領域的領導者。

❹ 古河講堂

目前是文學研究所的校舍，只開放外部參觀。

❺ 北海道大學綜合博物館

這棟外牆貼上陶瓦磁磚的現代哥德式建築，是理學院本館。

還有伴手禮＆甜點！

使用北海道米製成的米果。有醬油奶油和玉米2種口味。

印上「札幌農學校」名稱的餅乾。3片裝。

北大甜饅頭5個裝。有奶香餡和南瓜餡2種口味。

CAFE

博物館1樓
asu博物館咖啡館

西興部村的霜淇淋一夢400日圓。

展示活躍於開拓時期的農機具

札幌農學校第2農場

克拉克博士指導興建，是北海道最早的畜產經營實踐農場。可以進入實際使用過的穀倉或牛舍參觀。

☎ 011-706-2658
㊎ 室外8:30～17:00
㊡ 第4週週一
㊮ 免費

每年初夏和秋季，有在校學生導覽的校園參訪團。詳情及報名方式請上官網查詢。

在藻岩山山頂

欣賞札幌最棒夜景

獲選為日本新三大夜景的札幌夜景。從藻岩山山頂的觀景台看出去，札幌市區夜景盡收眼底。是一生必看的美麗夜景。

需時 約1小時

獲選為日本新三大夜景的浪漫景色

薄野周邊特別亮
薄野周邊大型高樓林立，燈光特別華麗。

橘色光
札幌市區大多使用「鈉燈」，特色是呈現溫暖的橘色光。

幸福之鐘
相傳情侶只要把南京鎖扣在鐘旁的欄杆上，就能長長久久。

不僅是札幌市區的夜景，白天也能眺望另一側的山景。

札幌夜景的代表景點

藻岩山山頂觀景台

位於海拔531m藻岩山山頂的觀景設施。從札幌市區至日本海一帶的景致飽覽無遺，在傍晚到晚上特別漂亮。

札幌市中央區伏見5-3-7
☎011-561-8177
營 10:30～22:00（上山最晚21:30。12～3月11:00～） 休 2023年3月27日～4月26日年度保養檢查 費 空中纜車+迷你軌道纜車（往返）2100日圓 🚘山麓站120台（全年）、中腹站（僅限夏季）

札幌郊外 ▶MAP P.26 B-3

前往山頂站的交通

搭接駁車到山麓站
在市電纜車入口站下車，走到隔壁的巴士站搭車（免費）。

購票
在山麓站買票。購買往藻岩山頂站的票到觀景台。

搭空中纜車到中腹站
從山麓站搭空中纜車出發。在空中漫遊約5分鐘。

搭Morisu Car到山頂站
在中腹站換搭迷你軌道纜車Morisu Car前往山頂站。

從觀景台看出去的視野

WHEN IS

最佳觀景時機

最好配合太陽下山的時間到達山頂。日落時間在春天約是18:00、夏天約18:30、秋天約17:30、冬天約16:00。請上官網參考日落和夜景時間。

傍晚

太陽落入西邊山間。可以看到天色變黑前，從橘色變成藍色的天空。

晚上

環繞360度的全景視野。還能遠望石狩灣及石狩平原。

等待時光不寂寞

山頂站除了觀景台外還有以下設施！可以早點上山悠哉等候。

室內也能看到璀璨星空

Star Hall（目前尚未開放）

位於山頂的星象儀。可在直徑6m的圓頂劇場看到500萬顆星星。播放時間約20分鐘。

☎011-518-8080 營11:00～末場開始放映20:30（依季節調整） 費700日圓 休比照觀景設施

一邊看夜景一邊優雅地享用晚餐

THE JEWELS

可透過玻璃窗觀賞夜景的餐廳。提供用北海道食材烹調的法國菜，晚間套餐4860日圓～。

☎011-513-0531 營平日僅供應晚餐17:00～21:00，六、日、國定假日午餐11:30～14:00（冬季12:00～），晚餐17:00～21:00

一邊看夜景一邊享受特別的晚餐時光。

WHAT IS

日本新三大夜景

由全日本約5萬500位夜景鑑賞家在2015年、2018年投票選出。第1名是長崎市、第2名是札幌市、第3名是北九州市。

因為海拔較高，即便在夏天溫度也比平地低2～3℃左右。不要忘記帶件外套禦寒。

療癒心靈的動物

前往正夯的圓山動物園

圓山動物園在北海道歷史悠久。
2018年北極熊館、2019年象舍開張。
來看朝氣蓬勃的動物吧！

需時 約1小時

新象舍開張！近距離觀賞在水池裡玩水的大象

2019年3月OPEN

WHAT IS

象舍

展示來自緬甸的4頭亞洲象，是日本最大的飼養設施。分成室內飼養場和室外飼養場，可以看到大象泡在水池裡的樣子。

透過玻璃窗看到泡在室內水池裡的大象。

非洲區有獅子和河馬。

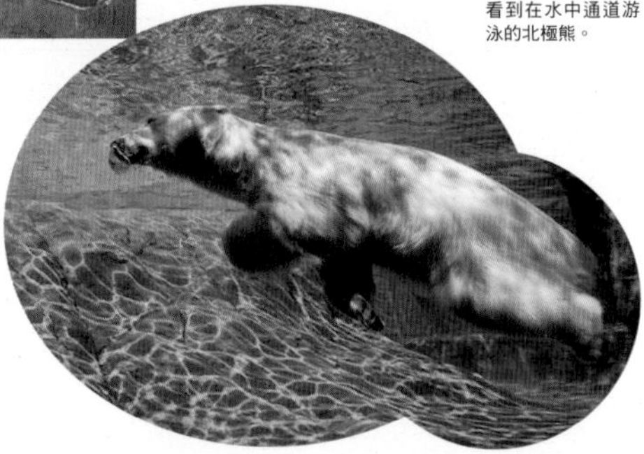

在北極熊館，可以看到在水中通道游泳的北極熊。

圓山公園內自然生態豐富的動物園

札幌市圓山動物園

以北方動物為主飼養約180種動物。眾所皆知園內有多起成功繁殖北極熊的案例。必看依棲息地做展示的非洲區和亞洲區。

⌂ 札幌市中央區宮ヶ丘3-1　☎ 011-621-1426
[營] 9:30～16:30（11～2月～16:00。最後入園時間為30分鐘前）　[休] 第2、4週的週三（如遇假日順延至隔天）、4月和11月包含第2週週三的當週一～五
[費] 門票800日圓　[交] 從地鐵圓山公園站搭公車8分鐘，在動物園前下車步行1分鐘　🚗 959台（收費）
[圓山公園周邊] ▶MAP P.26 B-2

其他還有　夏季限定！必看毛茸茸的綿羊

豎立札幌名人雕像

札幌羊之丘展望台

展望台最著名的是立在高2m的底座上，身長2.85m的克拉克博士雕像。除了商店和餐廳外，還有免費溫泉泡腳池等設施。

⌂ 札幌市豐平區羊ケ丘1　☎ 011-851-3080
[營] 9:00～17:00（依季節而異）　[費] 門票600日圓
[休] 全年無休　[交] 從地鐵福住站搭公車10分鐘，在札幌羊之丘展望台下車步行1分鐘　🚗 100台
[札幌郊外] ▶MAP P.27 D-3

在北大半身像之後製作的第2代雕像。

北海道特有的放牧風光。

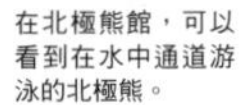

這裡也不能錯過！

札幌順遊SPOT

藝術公園、知名甜點主題公園或新千歲機場周邊的觀光工廠等景點。

SPOT 1

整座公園都是藝術品！前往莫埃來沼公園

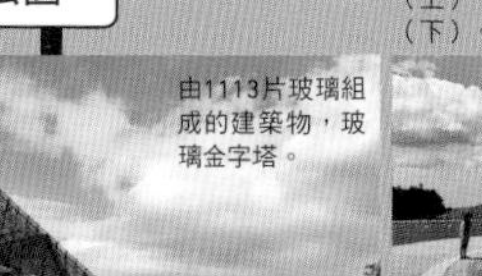

由1113片玻璃組成的建築物，玻璃金字塔。

頗受小孩歡迎的莫埃來沙灘（上）、高30m的Play Mountain（下）。

半圓形的Music Shell。

大人也樂在其中的藝術公園

莫埃來沼公園

雕刻家野口勇親手設計，面積189公頃的公園。整座公園就是藝術品，大型裝置藝術坐落其間。

札幌市東區莫埃來沼公園1-1
☎011-790-1231
營7:00～22:00（最後入園～21:00）
休全年無休（依設施而異）
費免費入園
交從地鐵環狀通東站搭公車25分鐘，在莫埃來沼公園東口下車，步行1分鐘
🚗1500台（冬季100台）
札幌郊外

照片提供：莫埃來沼公園

SPOT 2

前往代表北海道的知名點心主題公園

有看有吃還能買伴手禮

白色戀人公園

除了參觀知名甜點「白色戀人」和年輪蛋糕的工廠外，還能體驗親手做點心的樂趣。商店種類也很豐富。

札幌市西區宮の沢2-2-11-36
☎011-666-1481　營9:00～17:00
休全年無休　費免費（參觀工廠一般路線800日圓）　交從地鐵宮之澤站步行7分鐘　🚗130台
札幌郊外

玫瑰盛開宛如仙境的巧克力娛樂設施。

皮卡迪利商店

免費參觀區內的商店。販售以「白色戀人」為首的多項商品。

營9:00～17:00

拉博糖果店

販售五顏六色的糖果。1天有4～5次的製作表演。

營9:00～19:00

近距離看專業糖果師傅表演。

「白色戀人」36片盒裝 3638日圓

有3種盒裝產品。36片裝的內容物是27片白巧克力和9片黑巧克力。

SPOT 3

新千歲機場周邊的觀光工廠

札幌的代表性啤酒品牌

SAPPORO啤酒北海道工廠

工作人員帶領參觀SAPPORO啤酒的製造過程。還可以免費試喝現榨生啤酒。

惠庭市戶磯542-1
☎011-748-1876　營報名參觀10:00～11:00、12:45～16:00（可預約）、需時1小時　休週一（如遇假日順延至隔天）　費免費
交從JR SAPPORO BEER惠庭站步行10分鐘　🚗200台
惠庭

SAPPORO黑標生啤酒和「北海道限定」款SAPPORO CLASSIC。

開心學習醬油大小事

北海道龜甲萬股份有限公司

以淺顯易懂的影片和展示品介紹醬油歷史及製作過程。北海道人餐桌上常見的沾麵醬油「Memmi」就是這家工廠的產品。

千歲市泉澤1007-53
☎0123-28-3888　營工廠參觀1天5次，9:00、10:00、11:00、13:00、15:00（須預約）、需時1小時　休週六、日、假日　費免費　交從JR千歲站開車20分鐘
🚗10台
千歲

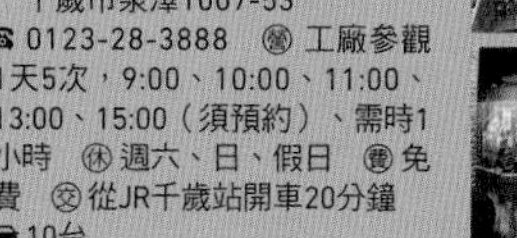

可以看到完整的醬油製作過程。

在薄野夢幻名店的

吧檯壽司初體驗

薄野地區壽司店林立。從能輕鬆入店的迴轉壽司到必須訂位的高級壽司店，選項豐富！初次體驗吧檯壽司就到待客親切的壽司店。

在舒適的空間品嘗來自北海的嚴選海鮮

放輕鬆品嘗！

觀察冷藏櫃內的海鮮！
冷藏櫃內放滿時令海鮮。看到中意的壽司料就告訴師傅！

預算7000日圓（未稅）可以吃到這些！

飲料、小菜500日圓、服務費5%另計。

附一道紅燒魚或烤魚。魚的種類和大小每天不同。要指定的話須事先告知討論。

壽司
依季節更換配料。10個（松）3000日圓。

橘醋鱈魚白子
北海道的冬季滋味代表。

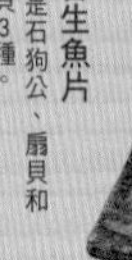

綜合生魚片
當天是石狗公、扇貝和北寄貝3種。

毛蟹肉
海味十足的濃郁蟹膏值得一嘗。

和師傅聊天也很開心

SUSHI KAN

在這家店可以用佛心價吃到來自松前的壽司師傅捏好的高級壽司。雖然也有榻榻米座位區，但建議坐在吧檯和師傅聊天。

札幌市中央區南5西4 BAKKASU大樓1F
☎011-531-1116 營17:30～凌晨0:30 休週日、假日
交從地鐵薄野站步行3分鐘 停無
薄野 ▶MAP P.30 C-2

要喝什麼酒？

日本酒每杯300日圓～。有根室的北之勝大海、增毛國稀特別純米等。

HOW TO

吧檯壽司

沒有制式菜單，吧檯壽司的醍醐味就是一邊和師傅聊天一邊決定菜單！

・先訂位

最好事先訂位。當天如果有空位也可以直接入內用餐。

・要抓多少預算？

訂位時先告知用餐預算，就會準備預算內的餐點。因為魚的進貨價格不一（＝時價），很多壽司店不會把價格寫在菜單上。

・該怎麼點餐？

先告知師傅不敢吃哪些壽司料。沒有規定點餐順序，直接說出想吃什麼即可。拿到捏好的壽司盡快吃掉。

沒有嚴格規定，放輕鬆地過來吧！

想吃平價壽司

如果重視性價比，建議實惠的午間壽司或到市場吃海鮮丼飯！

午餐

午餐A套餐 900日圓

套餐內容是9個握壽司、茶碗蒸、沙拉和湯。

選項豐富的午間套餐

福家壽司

能在氣氛高級的店內享用實惠的午間套餐，頗受好評。提供8種午間套餐700～1700日圓。晚上的宴會套餐3900日圓～。

札幌市中央區南1西5 KAGA1•5大樓B1F
☎011-232-1567 營11:30～14:00、17:00～20:00
休週日、假日
交從地鐵大通站步行1分鐘 停無
大通公園周邊 ▶MAP P.30 C-1

丼飯

季節海鮮丼 2980日圓

有牡丹蝦、海膽、鮪魚等，配料依季節而異。

批發商才有的高性價比

札幌市場飯館marusan亭

場外市場的螃蟹批發商marusan三上商店的直營餐廳。副菜的選項也很豐富。

札幌市中央區北12西20-1-2 marusan三上商店內
☎011-215-5655 營7:00～14:30LO（壽司料用完為止） 休週四
桑園 ▶MAP P.26 B-2

在這裡吃！

札幌的代表性市場

札幌市中央批發市場 場外市場

場外市場位於札幌市中央批發市場南側。有許多新鮮海產和農產品。

札幌市中央區北11西21 ☎011-621-7044（場外市場商店街振興工會） 營6:00～15:00（依店鋪而異） 休全年無休（依店鋪而異） 交從地鐵二十四軒站步行7分鐘 停130台
桑園 ▶MAP P.26 B-2

春天時鮭、夏天海膽、秋天秋刀魚、冬天白子（阿拉斯加鱈魚白子），是各季節的代表性壽司料。

全日本首屈一指的拉麵激戰區！

重視味噌的札幌拉麵

說到札幌拉麵就是味噌拉麵。撲鼻的味噌香配上口感清脆的蔬菜，令人食指大動。從創始老店到排隊名店，來場味噌拉麵大評比！

傳承第一代美味至今的札幌味噌名店

口感清脆的蔬菜加上滿滿的味噌湯頭。各種風味巧妙融合成這碗絕讚拉麵。

札幌拉麵

味噌拉麵的始祖

味之三平

1948年（昭和23年）前一代主人研究出倒入味噌湯頭的拉麵廣受歡迎。成為家喻戶曉的札幌味噌拉麵創始店。

札幌市中央區南1西3 大丸藤井Central大樓4樓
☎011-231-0377 營11:00～18:30左右
休週一、第2週週二
交從地鐵大通站步行3分鐘 🚗無

大通公園周邊 ▶MAP P.31 D-1

還有副菜

燒賣1個60日圓
自製燒賣。沾醬吃也很美味！

札幌拉麵

帶動札幌味噌風潮的名店
Sumire札幌總店

1964年（昭和39年）創業。曾是日式料理廚師的第2代老闆製作的味噌拉麵大受歡迎。咬勁十足的麵條吸飽濃郁的味噌湯頭，是濃厚味噌愛好者必吃的絕品。

札幌市豐平區中の島2-4-7-28
☎011-824-5655
營 11:00～15:00、16:00～21:00（週六、日、假日11:00～21:00。11～3月～20:00））休 全年無休 交 從地鐵中之島站步行8分鐘 🚗20台
札幌郊外 ▶MAP P.26 C-3

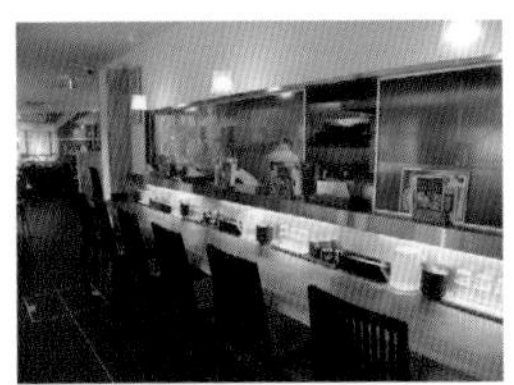

在薄野也有分店。

札幌拉麵

值得排隊的絕品拉麵
彩未麵屋

位於郊外卻是排隊名店。以2種味噌加上山椒調和後大火翻炒成的味噌醬為基底，香濃間帶有甜味。

札幌市豐平區美園10-5-3-12
☎011-820-6511
營 11:00～15:15（週四～日 17:00～19:30也營業）
休 週一、每月2次不固定公休
交 從地鐵美園站步行3分鐘
🚗12台
札幌郊外 ▶MAP P.27 D-2

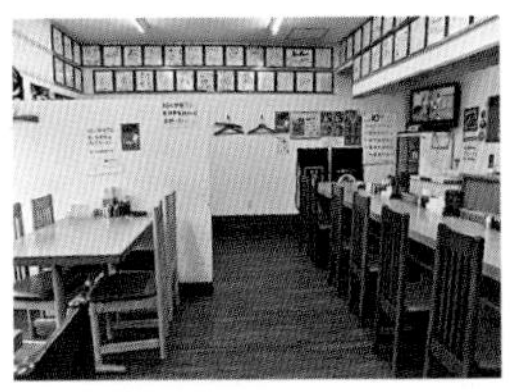

10個吧台座位，3張桌位。

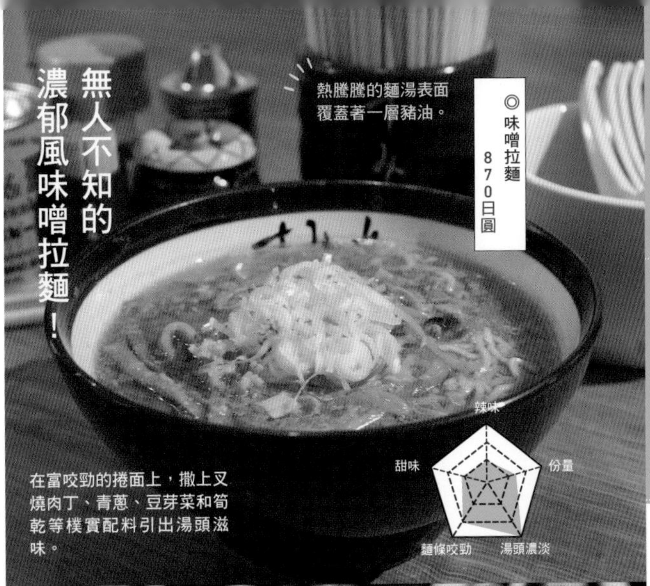
辣味
份量
湯頭濃淡
麵條咬勁
甜味

無人不知的濃郁風味味噌拉麵！

◎味噌拉麵 870日圓

熱騰騰的麵湯表面覆蓋著一層豬油。

在富咬勁的捲面上，撒上叉燒肉丁、青蔥、豆芽菜和筍乾等樸實配料引出湯頭滋味。

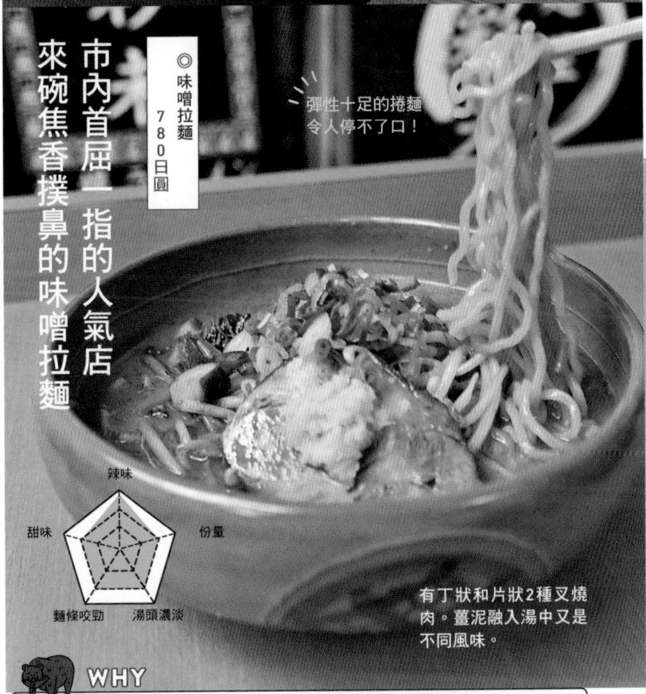
辣味
份量
湯頭濃淡
麵條咬勁
甜味

市內首屈一指的人氣店來碗焦香撲鼻的味噌拉麵

◎味噌拉麵 780日圓

彈性十足的捲麵令人停不了口！

有丁狀和片狀2種叉燒肉。薑泥融入湯中又是不同風味。

WHY

味噌拉麵誕生祕辛

鑽研出味噌拉麵的是味之三平的第一代老闆大宮守人先生。主張「味噌有益健康」，製作出味噌湯頭的拉麵。放上大量蔬菜，只吃一碗拉麵也能攝取到均衡營養。

拉麵配飯也是我家想出來的！

薄野有條名為「元祖札幌拉麵橫丁」的街道，聚集17家各具特色的拉麵店。

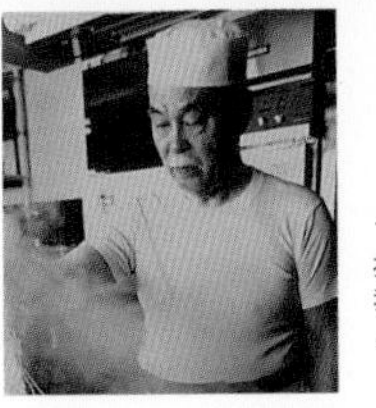

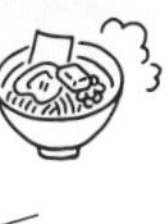

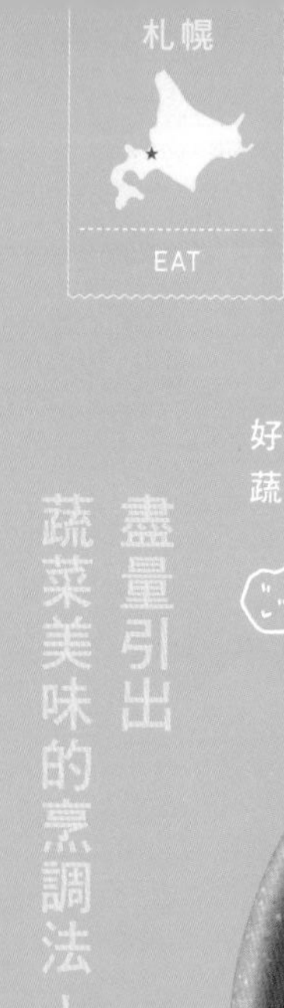

大塊食材超滿足

一飽口福的湯咖哩

札幌是湯咖哩的發源地。清爽的咖哩湯內放了大量蔬菜及豐富配料，份量十足。香辛料的香氣絕對讓人食指大動！

盡量引出蔬菜美味的烹調法！

好多五顏六色的蔬菜

營業中

配料
超大根的炸牛蒡，味道香濃溫和。

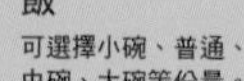

飯
可選擇小碗、普通、中碗、大碗等份量。

湯頭
雞骨加上香味蔬菜和水果融合而成。

當季蔬菜咖哩
1250日圓

奢侈放入15～20種色彩豐富的蔬菜。

吃得到大量時令蔬菜！

SOUL STORE

先選雞肉或蔬菜等咖哩種類，再從4種湯頭中挑選口味。立體式的擺盤令人食指大動。

札幌市中央區南3西7-3-2 F-DRESS 7 BLD 2F ☎011-213-1771
[營]11:30～15:00LO、17:30～20:30LO
㊡週一
㊡從地鐵薄野站步行7分鐘 無

大通公園周邊 ▶MAP P.30 B-1

◎ 加點配菜！
＋100日圓
牛蒡棒（1根）、南瓜、綠花椰菜等
＋150日圓
青山寄豆腐、起司絲等

HOW TO

湯咖哩的吃法

原則上是以一口湯一口飯的速度來享用。最好再點1～2道配菜！

先喝一口湯。品嘗辛香料的風味。

→

用湯匙舀飯，泡一下咖哩湯比較好入口。

→

用刀叉將配菜切成一口大小。

→

湯汁變少後，也可以把剩下的飯都倒進去！

雞肉
蔬菜咖哩
1200日圓

最受歡迎的菜色。配菜是雞腿肉和色彩鮮豔的黃綠色蔬菜。

濃縮食材鮮美滋味的絕品湯頭

飯
北海道米「Kirara 397」加雜糧混合成的十五穀米。

湯頭
加入海鮮高湯調和成別具風味的特製湯頭。

配菜
蔬菜下放了大塊雞腿肉。

◎加點配菜！
＋100日圓 納豆、溫泉蛋、炸卡門貝爾乳酪等
＋200日圓 山藥泥、牛蒡雞肉丸子等

用高壓鍋細心熬煮湯頭

YELLOW湯咖哩

把豬骨、雞骨和香味蔬菜等食材放入高壓鍋長時間燉煮，以熬出食材鮮美味的高湯做湯頭。提供11種辣度做選擇。

札幌市中央區南3西1Elm大樓1樓 ☎011-242-7333
營11:30～20:30LO
休 全年無休 交 從地鐵薄野站步行5分鐘 🚗無

薄野 ▶MAP P.31 E-2

3種特色湯頭

TREASURE湯咖哩

湯咖哩名店GARAKU的姊妹店。湯頭選項有「原創」、＋120日圓「海鮮」、＋100日圓「山產」3種。

札幌市中央區南2西2-10 富樫大樓B1F ☎011-252-7690
營 11:30～21:00（午餐15:00LO，晚餐20:30LO） 休 不固定 交 從地鐵大通站步行2分鐘 🚗 特約停車場

大通公園周邊 ▶MAP P.31 D-1

配料多到滿出來！以蔬菜為主的單品

飯
白飯加五穀米的薑黃飯。

湯頭
用雞、豬、蔬菜等約30種食材熬煮出的「原創湯頭」。

配菜
除了黃綠色蔬菜外還有菇類等，堆滿18種配菜！

1天份
滿滿的蔬菜
1180日圓

蔬菜1天的攝取標準量350g就在這一盤。使用1/2個番茄。

◎加點配菜！
＋100日圓 炙燒起司、納豆、炸馬鈴薯丸子等
＋150日圓 辣肉醬、香濃起司醬等

各店配菜極富特色。有些店推出自製漢堡或雞肉丸子，有些則是豆腐或納豆等多樣日式小菜。

當地才吃得到的美味肉品！！

大啖成吉思汗烤肉

北海道人特別愛吃成吉思汗烤肉。
大口咬下金黃色烤羊肉，美味的肉汁在口中擴散開來！
以下介紹3家不同類型的名店。

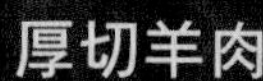

厚切羊肉
×
拉麵收尾

放在凹槽烤盤上迅速燒烤後食用。

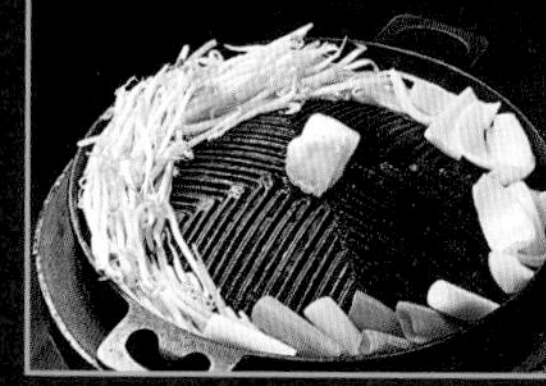
店家端出的鐵盤中間放了豬油，周圍擺滿蔬菜。

鐵盤變熱，豬油融化後再放上肉片。肉片四周變色後翻面。

翻面烤10秒左右就可以吃了。依喜好沾取醬汁或鹽。

Yamaka的特色吃法是把剩下的醬汁加高湯稀釋來喝，最後再點200日圓拉麵做結尾。

綜合拼盤　1500日圓
羔羊肉、羔羊肩排、羊肩排的拼盤。附蔬菜。

店內有吧台座位區和座椅區。

品嘗炭烤新鮮肉品

Yamaka炭烤成吉思汗

進貨半隻羊，再依部位切片。除了羔羊肉820日圓外，還有數量有限的骰子羊肉980日圓。沾醬有醬油或胡椒鹽。

札幌市中央區南6西4-1 Plaza6•4大樓背面薄野花小路1F　☎011-561-3577　營 17:00～22:30LO　休 第一週週日(時有臨時休息或營業)　交 從地鐵薄野站步行5分鐘　停 無

薄野 ▶MAP P.31 D-2

WHAT IS

成吉思汗烤肉

把飼養來取毛用的綿羊，當成美味肉品推廣開來。是北海道人的靈魂食物。

【羊肉的種類】

・成年羊肉
出生2年以上的羊。有明顯的羊肉味。

・羔羊肉
出生未滿一年的小羊。肉質軟嫩較無騷味。

【羊肉的部位】 通常是脂肪少的腿肉及脂肪分布均勻的肩肉。里肌數量稀少。

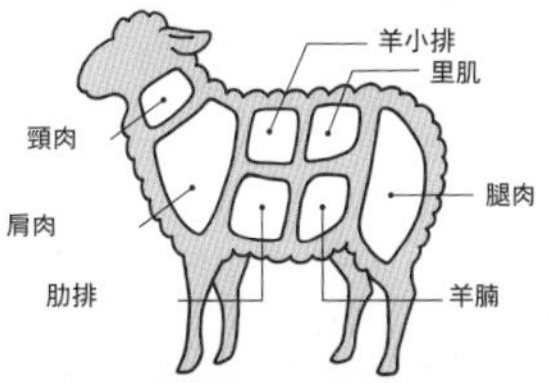

有2種吃法

常見的食用方法是肉烤好後沾醬食用的「後沾」法，或肉先用醬料醃過再烤的「調味」法。

各式「烤」法

通常是放在有凹槽的成吉思汗烤盤上烤，但有些店會用烤網或平盤來烤。

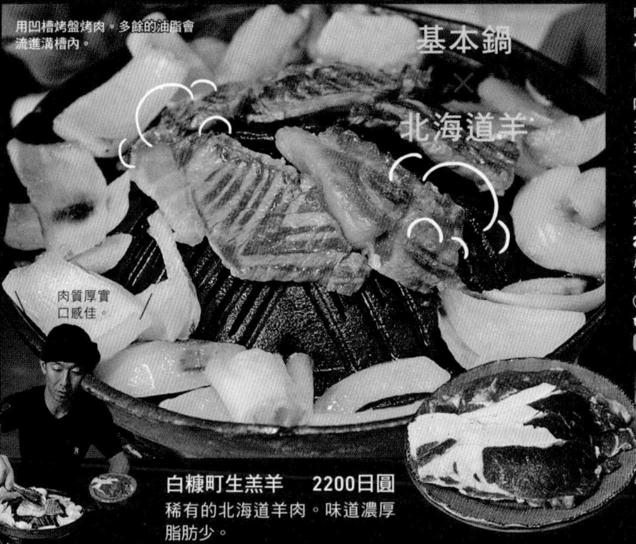

用凹槽烤盤烤肉。多餘的油脂會流進溝槽內。

白糠町生羔羊　2200日圓
稀有的北海道羊肉。味道濃厚脂肪少。

吃得到優質的北海道羊肉

札幌成吉思汗 白熊札幌總店

吃得到優質北海道羊肉的店。主要進貨來源是白糠的茶路綿羊牧場，1盤2200日圓～。也有冰島羊肉1250日圓。

⌂ 札幌市中央區南6西3 Joyfull 札幌Jasmac1號館1樓
☎ 011-552-4690 [營] 18:00～凌晨1:00LO（週四～六～凌晨1:30LO） [休] 週日、假日
[交] 從地鐵薄野站步行3分鐘
🚗 無
[薄野] ▶MAP P.31 D-2

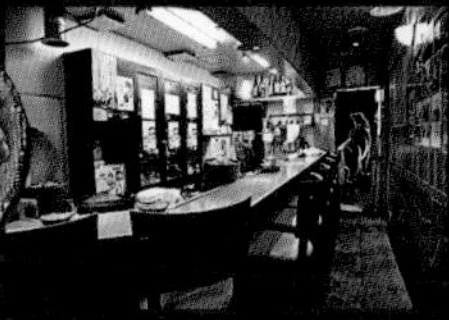

店內只有22個吧台座位。

在啤酒館熱鬧用餐

札幌啤酒園

和札幌啤酒博物館相鄰。吃得到工廠直送的啤酒和成吉思汗烤肉。有吃到飽套餐和單點菜色供選擇。

⌂ 札幌市東區北7東9-2-10
☎ 0120-150-550（訂位專線）
[營] 11:30～21:30LO
[休] 全年無休　[交] 從地鐵東區役所前站步行10分鐘　🚗 180台
[札幌郊外] ▶MAP P.26 C-2

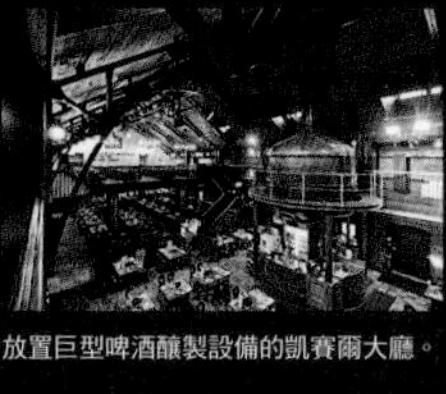

放置巨型啤酒釀製設備的凱賽爾大廳。

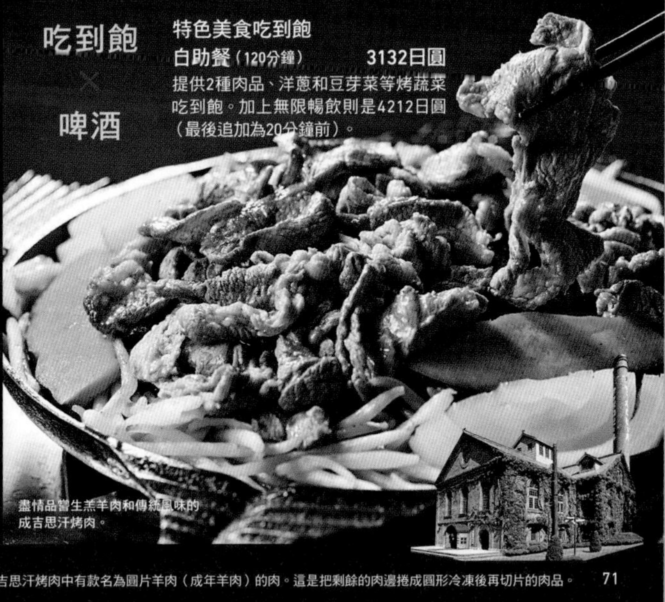

特色美食吃到飽

白助餐（120分鐘）　**3132日圓**
提供2種肉品、洋蔥和豆芽菜等烤蔬菜吃到飽。加上無限暢飲則是4212日圓（最後追加為20分鐘前）。

盡情品嘗生羔羊肉和傳統風味的成吉思汗烤肉。

成吉思汗烤肉中有款名為圓片羊肉（成年羊肉）的肉。這是把剩餘的肉邊捲成圓形冷凍後再切片的肉品。

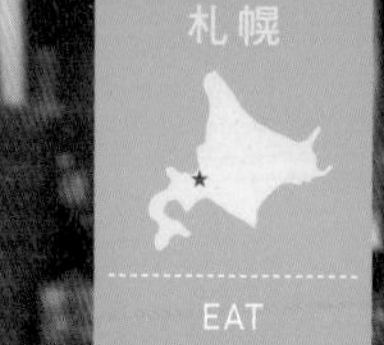

以海鮮佐酒

上北海道居酒屋乾杯！

北海道居酒屋的生魚片和烤魚都很新鮮。必點擺盤美麗的生魚片拼盤或本店招牌菜。就想用食物為一天畫下句點！

以驚人價格吃到 北海道產地直送的海鮮！

生蠔　1個100日圓

選用在厚岸或仙鳳趾捕獲，肉質結實的生蠔。

現榨的碳酸飲料檸檬沙瓦380日圓，飲品價格也很實在。

提供顧客漁會直送才有的價格！

10種生魚片拼盤　1980日圓

時不知鮭魚、鰤魚、章魚和松葉蟹等高高地堆在盤子上。

高CP值的大眾居酒屋

Kurobee大眾酒場

居酒屋的賣點是來自北海道各地漁會直送的海鮮。招牌菜是大鍋燉煮的煮魚雜或滷下水（每天不同）。大眾生魚片拼盤100%選用北海道海鮮。

札幌市中央區北1西7 Oowada大樓B1F
011-206-0823　營 11:30～14:00LO、17:00～23:00LO（週六只有晚上營業）
休 週日、假日　交 從地鐵大通站步行5分鐘
停 無

大通公園周邊 ▶MAP P.28 B-3

有11個吧台座位和10張桌位。懸掛裸露的燈泡洋溢著昭和氛圍。

招牌菜在這！

滷下水（中）　680日圓

煮得咕嚕作響的滷下水頗受常客歡迎。

WHAT IS

北海道酒

北海道擁有得天獨厚的自然和水質，釀酒業發達。道內有11間清酒釀酒廠。以下介紹最具代表性的日本酒。

【國士無雙】
高沙酒廠（旭川）
掀起風味清淡酒感銳利的浪潮。口感清麗香氣柔和。

不甜

【千歲鶴】
日本清酒（札幌）
使用100%的北海道米和豐平川底流水釀製。味道平衡適宜。

微甜

【男山】
男山株式會社（旭川）
使用來自大雪山萬年雪水的底流水。特別純米男山為北海道限定商品。

微甜

6種生魚片拼盤　3560日圓（4人份）
黑鮪魚、鮭魚、甜蝦和章魚等6種海鮮拼盤。

烤羅臼遠東多線魚
2800日圓～
用炭火烤成金黃色，肉身厚實的遠東多線魚。肉質肥美。

除了國稀或北之勝等在地清酒外，北海道燒酒的種類也很豐富。

沒吃到招牌菜鮭魚卵飯不能回家！

充滿漁民活力的居酒屋

海味Hachiko 別亭OYAJI

店內掛著漁旗和救生圈就像船艙值班室。吃得到用北海道各地新鮮海產製成的豪邁料理。

札幌市中央區南3西3TM24大樓1F
011-241-0841　營17:00～24:00
休不固定　交從地鐵薄野站步行3分鐘
無
薄野 ▶MAP P.31 D-2

一邊嘿咻！嘿咻！吆喝一邊裝鮭魚卵。

招牌菜在這！

還有總店、Ofukuro分店、Anego分店共4家店面。

鮭魚卵飯（中）2490日圓
一邊「嘿咻」地吆喝著，一邊把自製醬油鮭魚卵舀到飯上。提供3種份量。

積丹出身的主廚採購鮮度爆表的海產！

大啖新鮮海產

積丹濱料理 第八 太洋丸

以佛心價提供曾是漁夫的主廚精心採購的海鮮。只有6～8月才吃得到的積丹海膽（時價）堪稱絕品。

札幌市中央區南4西3 第2綠色大樓6樓
011-561-3451　營17:00～23:00
休週日、假日　交從地鐵薄野站步行1分鐘
無
薄野 ▶MAP P.31 D-2

有圍繞著店長的吧台座位和榻榻米座位。

鮭魚卵飯糰　1080日圓
在飯糰大小的白飯上撒滿醬油漬鮭魚卵。

烤單鰭多線魚1404日圓和烤大助鮭魚1404日圓等燒烤菜色都很受歡迎。

五種生魚片拼盤　1944日圓
依季節更換菜色。上圖中有扇貝、章魚和大助鮭魚等。

招牌菜在這！

海膽鮪魚捲　1728日圓
用生鮪魚片捲起放上海膽的醋飯。6～8月是1296日圓。1天限定5份，須預訂。

【北之一星】
田中酒廠（小樽）
100%使用北海道米「彗星」製成的純米吟釀酒。完美融合果香及白米甜味。
不甜

【丸田】
小林酒廠
引出白米甜味的特製純米酒丸田。酒味強勁。
微甜

【大雪乃藏 渦雪】
合同酒精（旭川）
以低溫下料的純米吟釀大雪乃藏 渦雪。口感宛如絲絹般滑順。
不甜

【吟風國稀】
國稀酒廠（增毛）
純米吟風國稀100%使用北海道米「吟風」釀製而成。尾韻清新。
微甜

北海道除了日本酒，還有各種當地才有的酒款。最有趣的是燒酒，居然有馬鈴薯燒酒和昆布燒酒。

在札幌人常去的咖啡館
度過咖啡時光

走在札幌街上，咖啡館比比皆是。有懷舊咖啡廳、主打時尚空間的店家和道地咖啡專賣店。從眾多咖啡館中選出一家喜歡的進去瞧瞧吧。

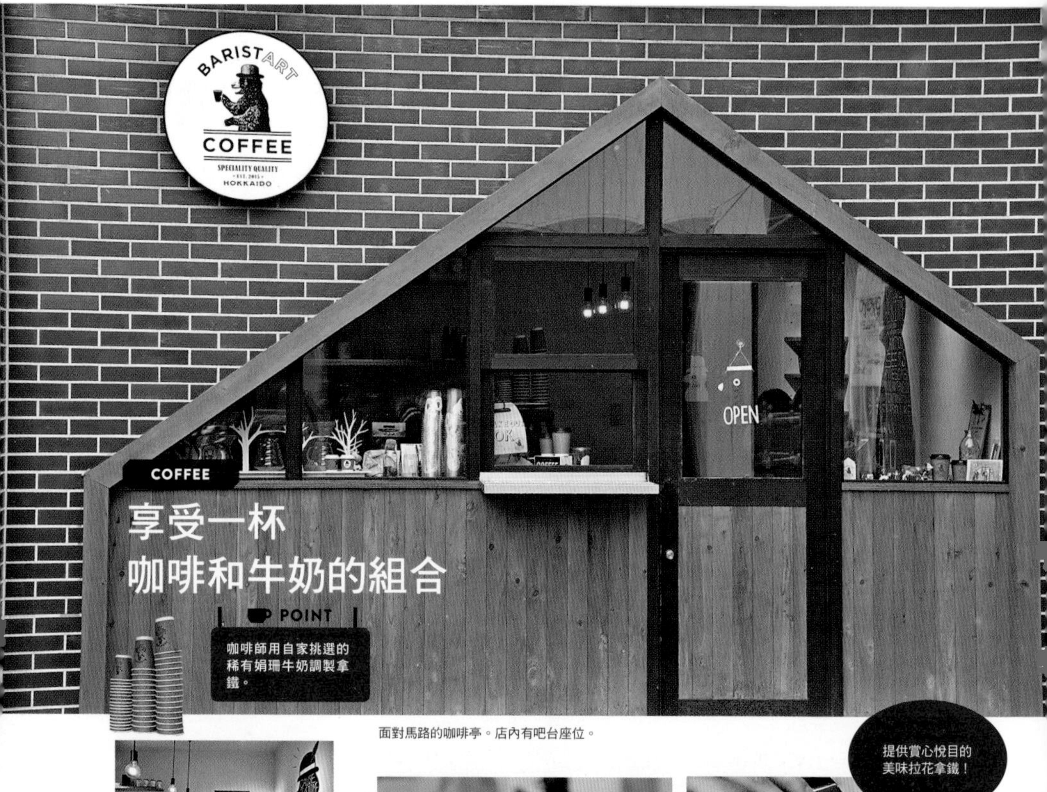

COFFEE

享受一杯咖啡和牛奶的組合

POINT

咖啡師用自家挑選的稀有娟珊牛奶調製拿鐵。

面對馬路的咖啡亭。店內有吧台座位。

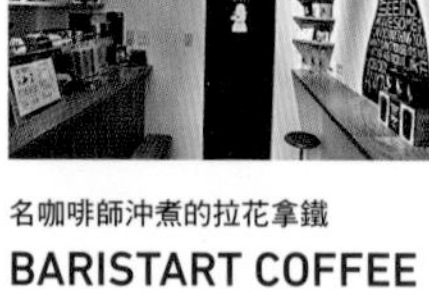

名咖啡師沖煮的拉花拿鐵

BARISTART COFFEE

店內最受歡迎的BARISTART拿鐵，用跟北海道各地畜牧業者採購的牧場直送鮮奶，搭配顧客自選的咖啡豆調製而成。喝得到牛奶的原始風味。

札幌市中央區南1西4-8 NKC1-4第二大樓1F
☎011-215-1775
營10:00～17:00 休全年無休
交從地鐵大通站步行3分鐘
🚗無

大通公園周邊 ▶MAP P.30 C-1

BARISTART拿鐵
500日圓～
備有數種自家烘焙的單品咖啡豆。依季節推出特選咖啡豆。

印上小熊圖案的原創咖啡杯。

WHAT IS

拉花（拿鐵藝術）

在濃縮咖啡中倒入熱奶泡，然後在咖啡表面描繪愛心或葉子圖案的技術。

在裝了濃縮咖啡的杯子中，用拉花杯慢慢地注入牛奶。

左右移動拉花杯用牛奶一點一點地拉出線條。

最後把拉花杯往面前直拉收尾，完成咖啡拉花！

POINT
咖啡豆現點現磨，喝得到新鮮咖啡風味。

8:00～10:00的晨間套餐頗受歡迎。咖啡加上餡料豐富的三明治788日圓。

COFFEE

札幌的代表性咖啡品牌2號店

釋放咖啡豆風味的法蘭絨濾布式

ATELIER Morihiko

總店位於圓山的MORIHICO. 2號店。咖啡豆現點現磨，用法蘭絨濾布手沖的咖啡香氣格外豐潤。店內的常備蛋糕約有5種。

札幌市中央區南1西12-4-182 AS大樓1F
☎011-231-4883
營8:00～21:30LO
休全年無休
交從地鐵西11丁目站步行3分鐘
🚗4台
大通公園周邊 ▶MAP P.30 A-1

席布斯特　518日圓
小火熬煮的焦糖蘋果搭配卡士達奶油餡。

MORIHICO.綜合咖啡（杯）　626日圓
固定提供淺焙和深焙2種綜合咖啡。＋220日圓可換成壺裝。

咖啡粉充分膨脹，證明豆子很新鮮。

甜點套餐　980日圓
巧克力千層蛋糕搭配香氣馥郁的圓山綜合咖啡。可選650日圓以內的飲料。

POINT
店內1樓自家烘焙的咖啡豆除了自售外，也會賣給北海道內外的商店。

COFFEE

品味自家烘焙咖啡的隱藏咖啡館

禮品選項豐富的咖啡專賣店

RITARU COFFEE

網羅世界各地的嚴選咖啡豆在自家烘焙出售。即便是綜合咖啡也有10種可選，一定找得到喜歡的口味。餐點選項豐富，除了甜點外還有義大利麵等。

札幌市中央區北3西26-3-8
☎011-676-8190
營8:30～20:30　休不固定
交從地鐵西28丁目站步行3分鐘
🚗8台
圓山公園周邊 ▶MAP P.26 B-2

以北海道木頭燻製咖啡豆而成的煙燻咖啡。1袋180日圓，7袋裝1270日圓。

單杯包裝的濾掛式咖啡是伴手禮的最佳選項。簡單卻能喝到道地風味。

冰體和配料都很講究

令人感動的高質感巴菲冰！

使用大量草莓、覆盆子和藍莓製作。是最受歡迎的冰品。

OTHER MENU

- 布丁巴菲冰　842日圓
- 七色水果巴菲冰　842日圓

位於北大附近的蛋糕店。經常有學生過來。

附設咖啡館的蛋糕店

Cherry Merry

在大大的玻璃杯裡擠滿霜淇淋和鮮奶油。巴菲冰不但外觀華麗，也極具份量。還有多種烘焙點心和蛋糕可選。

札幌市北區北17西3-2-21　☎011-716-6495
[營]11:00～19:00（咖啡館～18:00LO）　㊡週三、週四
㊋從地鐵北18条站步行1分鐘　🚗無

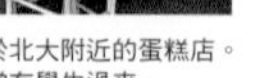
北海道大學周邊 ▶MAP P.26 C-1

冰淇淋都是用北海道鮮奶油做的自製品。添加大量水果，餘味清爽。

OTHER MENU

- 水果滿滿巴菲冰　1500日圓
- 茶香巴菲冰　1500日圓

以特色燈具打造沉穩空間。

新手也能放心入內的酒吧

Bar plus Sweets Two Rings（停業）

酒保吉田先生曾在飯店的點心部門工作，擅長製作重視食材和口感的精緻巴菲冰。每月口味不同的巴菲冰必吃。

札幌市中央區南3西4-17-3 J-BOX大樓2F
☎011-211-5180　[營]18:00～凌晨2:00
㊡週一　㊋從地鐵薄野站步行1分鐘　🚗無
※代客泊車700日圓

薄野 ▶MAP P.30 C-1

畜牧王國札幌的巴菲冰文化炙手可熱。不僅街上的蛋糕店有賣，最近還掀起宵夜巴菲冰風潮。找出中意的巴菲冰吧！

WHAT IS

宵夜巴菲冰

最近在札幌「宵夜巴菲冰」爆紅，在薄野喝完酒後習慣來份巴菲冰，因此店家紛紛推出巴菲冰。2015年還籌組了札幌巴菲冰推廣委員會。

以當季水果製作的微醺巴菲冰

◆巴菲冰內容◆
- 海鹽牛奶義式冰淇淋
- 麝香葡萄
- 莫希托酒凍
- 鳳梨丁
- 鳳梨蘭姆酒慕斯

SUMER～AUTUMN
麝香葡萄
蘭姆莫希托巴菲冰
1500日圓

水果搭配調酒和甜點的絕佳組合。

OTHER MENU
- 開心果巧克力巴菲冰 1250日圓
- 白雪公主～蘋果和酪梨～ 1650日圓

有吧台座位區，1個人也能輕鬆入內。

陸續推出巴菲冰新品

Parfaiteria PaL 夜間巴菲冰專賣店

常備6種季節水果搭配義式冰淇淋及酒凍組合成的巴菲冰。內容依採買的水果而異，隨時都有新驚喜。

札幌市中央區南4西2-10-1 南4西2大樓6F
☎011-200-0559 ㊎18:00～凌晨1:30LO
㊡全年無休 ㊌從地鐵豐水薄野站步行1分鐘 🚗無
薄野 ▶MAP P.31 D-2

2層巴菲冰 樂趣&美味的雙層享受

◆巴菲冰內容◆
- 蘭姆葡萄義式冰淇淋
- 紅酒藍莓醬
- 安茹白乳酪蛋糕
- 酒粕義式冰淇淋
- 巧克力蛋糕
- 柑橘義式冰沙

ALL SEASON
蘭姆酒漬葡萄
1404日圓

敲開冰蓋食用的雙層巴菲冰。頂端的葡萄和迷你馬卡龍配料也很漂亮。

OTHER MENU
- 黑色咖啡館 1404日圓
- 弗雷瑞斯 1815日圓

除了座椅區外還有舒適的沙發區。

宛如藝術品的創意巴菲冰

INITIAL

品嘗打破甜點框架的藝術巴菲冰。除了基本口味外，還有季節性巴菲冰、盤飾巴菲冰等各種類型商品。

札幌市中央區南3西5-36-1 F.DRESS五號街大樓2F
☎011-211-0490 ㊎14:00～24:00（週日、假日14:00～23:00） ㊡不固定
㊌從地鐵薄野站步行3分鐘 🚗無
薄野 ▶MAP P.30 C-1

札幌市內目前有超過20家店提供宵夜巴菲冰。不少店搭配酒推出套餐選項。

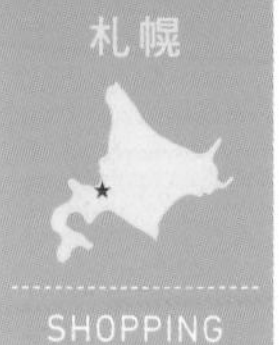

代表北海道的知名點心

到北菓樓&六花亭品嘗甜點

北海道的點心工廠陸續開設咖啡館。在美麗的裝潢空間品嘗絕品甜點，
在這還能買到點心伴手禮！先來了解必吃&必買品項吧。

2樓咖啡館也會舉辦音樂會。

附設商店和內用區的咖啡館

北菓樓 札幌本館

翻修1926年（大正15年）興建，前身是北海道廳立圖書館的建築物。咖啡館餐點和內用品項都很豐富。

札幌市中央區北1西5-1-2
☎0800-500-0318
營10:00～18:00
10:00～18:00（咖啡館～16:30 LO） 休全年無休 交從地鐵大通站步行4分鐘 🚗無
札幌站周邊 ▶MAP P.28 C-3

1樓是店面和內用區。

KITAKARO SWEETS 招牌甜點是泡芙。還有各項這裡才買得到的札幌本館限定商品！

限定

夢句路輪讚 180日圓
這款泡芙的內餡是卡士達奶油，外皮是焦糖可頌。

咖啡館

蛋糕套餐 900日圓
挑選1款喜歡的蛋糕搭配戚風蛋糕、迷你霜淇淋和飲品的套餐。

限定

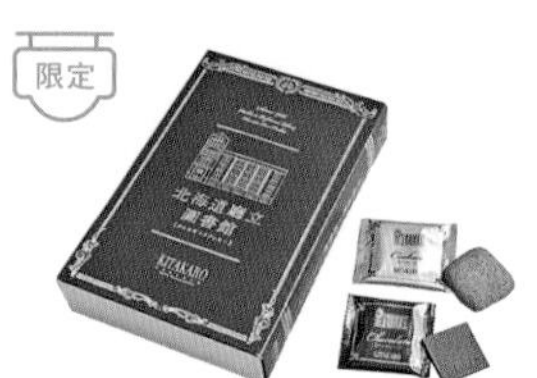

北海道廳立圖書館 1080日圓
裡面是小包裝的焦糖夾心巧克力片和貓舌餅。可以分開吃，也可以夾著吃。

限定

夢重 972日圓
質地濕潤的巧克力蛋糕夾著杏桃果醬。

北海道開拓米果 440日圓
有野付灣的北海斑蝦（期間限定口味）、枝幸扇貝口味等共8種口味。

人氣

夢不思議 1個180日圓
酥脆的派皮內包著鮮奶油加卡士達醬調和成的北菓樓特製奶油。

北菓樓

總店位於砂川市的人氣糕餅店。只有總店和札幌本館附設咖啡館。除了泡芙外，年輪蛋糕也頗受歡迎。

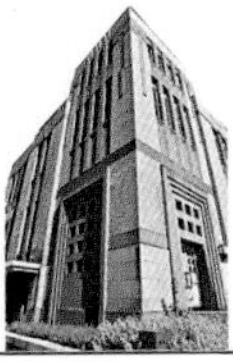

六花亭

前身是札幌千秋庵成立的帶廣千秋庵分店。熱賣品是紀念改名為六花亭而發售的葡萄奶油夾心餅乾。

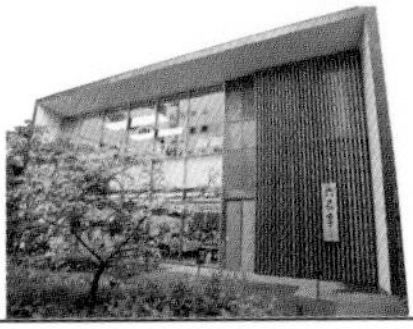

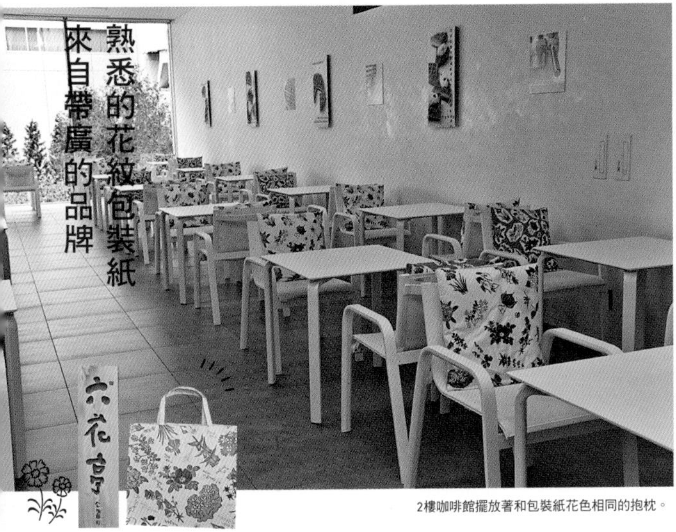
熟悉的花紋包裝紙
來自帶廣的品牌

2樓咖啡館擺放著和包裝紙花色相同的抱枕。

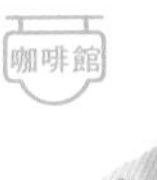

多種充滿季節感的日式西式糕餅

六花亭 札幌總店

店內規畫成1樓賣場、2樓咖啡館、5樓藝廊和6樓音樂廳。販售以招牌商品葡萄奶油夾心餅乾為首的日式西式糕餅。

⌂札幌市中央區北4西6-3-3
☎ 0120-12-6666 [營] 10:00～17:30（咖啡館11:00～16:30，依季節調整） [休] 全年無休（咖啡館週三休） [交] 從JR札幌站步行3分鐘
🚗 無

[札幌站周邊] ▶MAP P.28 B-2

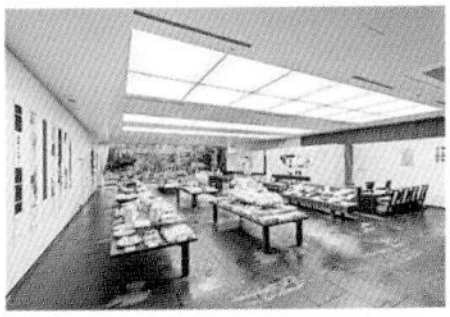

商品種類廣泛，不限日式或西式。

ROKKATEI SWEETS 新商品陸續登場！包裝復古可愛的葡萄乾奶油系列頗受好評。

[咖啡館]

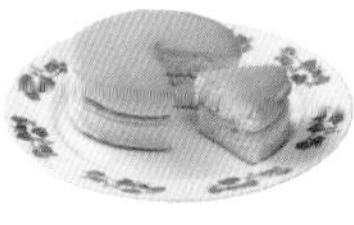

鬆餅 550日圓
口感鬆軟的鬆餅。淋上大量奶油和楓糖品嘗。

[限定]

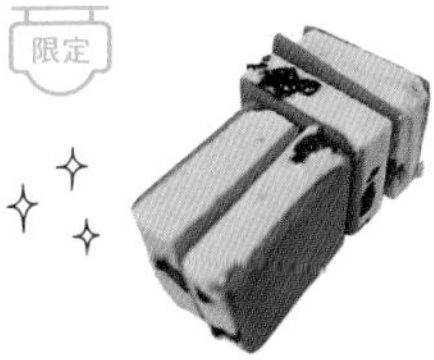

葡萄乾冰淇淋三明治 220日圓
餅乾夾葡萄乾冰淇淋。僅在限定商店販售。

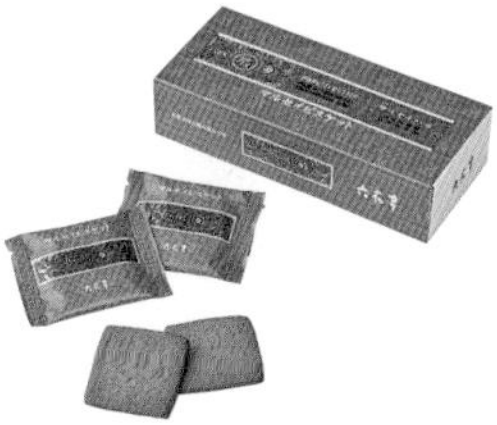

葡萄奶油夾心餅的餅乾體 12片裝 640日圓
造福不吃葡萄奶油夾心的餅乾體愛好者。

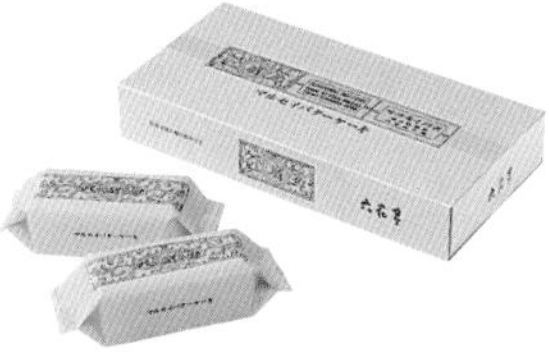

奶油巧克力夾心蛋糕 5個裝 670日圓
散發奶油香的海綿蛋糕夾著巧克力甘納許。

[內用]

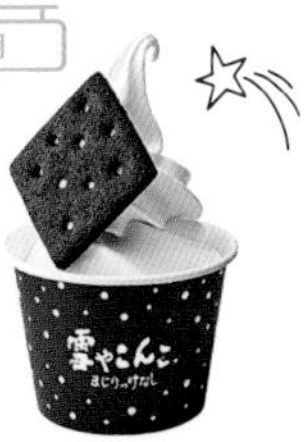
雪やこんこ

雪降濃醇冰淇淋 320日圓
巧克力餅乾放在特製霜淇淋上。

[必買]

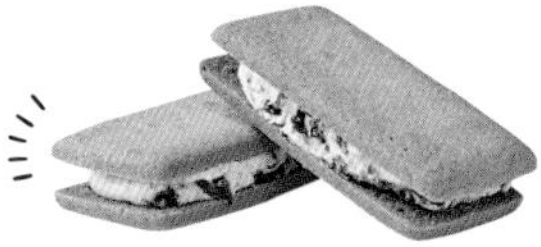

葡萄奶油夾心餅乾 5個裝 650日圓
白巧克力加葡萄乾、奶油調製成的奶油餡夾心餅乾。

因為乳製品、麵粉等原物料幾乎都產自北海道，蛋糕的價格實惠。有不少商品的單價低於300日圓。

在札幌就買得到世界各地的用品！

到選品店尋找中意的商品

說到札幌購物，容易給人只買得到美食和甜點的印象，這裡其實也有幾家販售北歐用品或進口古董的商店。來去尋找獨一無二的用品吧！

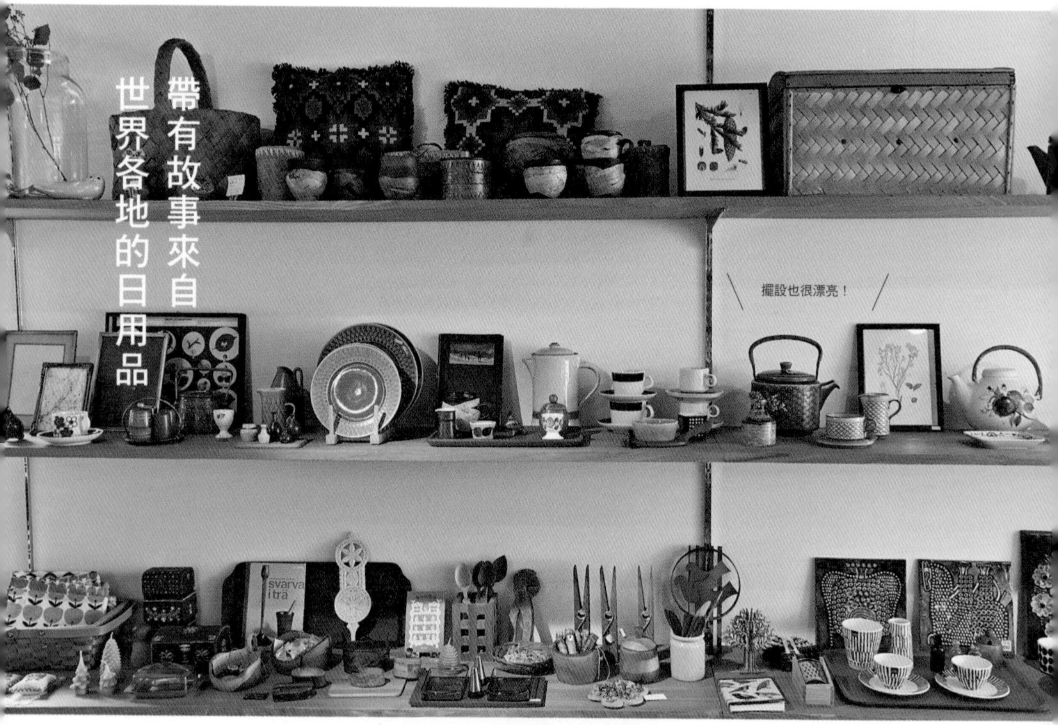

帶有故事來自世界各地的日用品

擺設也很漂亮！

從廚房用品、手工藝品到布製品，品項豐富齊全。

尋找獨一無二的北歐用品

presse

經營理念是「為日常生活增添故事」。在充滿木質暖意的店內，陳列著自世界各國如瑞典、芬蘭或立陶宛等地購入的日用品。

札幌市中央區南3西26-2-24
冷杉木SO 2F ☎011-215-7981
營12:00～17:00（週日～16:00）
休 週一 交 從地鐵圓山公園站步行5分鐘 🚗 無

圓山公園周邊 ▶MAP P.26 B-2

毛線部分，老闆只挑選自己看中意會拿來編織的商品。

PRODUCT

以針葉林為圖案的Find Little Day/GRAN的托特包。

丹麥廠商Isager和Holst Garn的毛線。

白樺木罐（小）。越用越有韻味。

購物點

如果要找札幌＆北海道製造的商品，建議到以下店家！

品項齊全的札幌商品

札幌Style Shop（停業）

販售通過「札幌Style」認證的商品。以雪花或動物為題的用品頗受歡迎。

¥1404～

蓬鬆的小綿羊。

札幌市中央區北5西2-5 JR東塔6F觀景台入口 ☎011-209-5501 營10:00～20:30 休全年無休 交JR札幌站出站直達 🚗有特約停車場

札幌站周邊 ▶MAP P.29 D-2

開在大樓房間的店鋪

SPACE1-15

以舊大廈的房間當作各種文創商店。極具特色的作家作品齊聚一堂。

1600～日圓

手工錢包（yurarika）。

札幌市中央區南1西15-1-319 Shatorurebu ☎營休依店家而異 交從地鐵西18丁目站步行5分鐘 🚗無

札幌郊外 ▶MAP P.26 B-2

透過日用品傳達北歐生活

piccolina

除了瑞典或丹麥雜貨外，還有歐洲各地進口的商品。透過日用品或服飾傳達各國文化，並定期舉辦活動。

札幌市中央區南1西1-2 大澤大樓4F
☎011-212-1766
營11:00～19:00
休週二、週三、時有不定期公休
交從地鐵大通站步行2分鐘 🚗無

大通公園周邊 ▶MAP P.31 E-1

自大門向內延伸的歐洲家飾空間

住商混合大樓的某一戶翻修而成。展示用家具為英法古董家具。

模仿瑞典Rosendal花園的擺飾架。

PRODUCT

3200日圓

2500日圓

瑞典陶藝家Helena Hättestrand的單色花瓶。

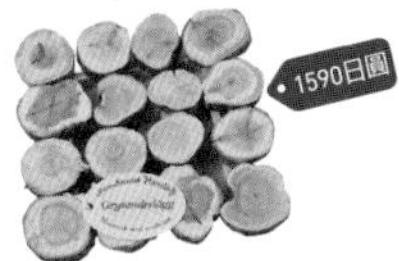

1590日圓

歐刺柏木製鍋墊。瑞典製品，擁有美麗的年輪紋和怡人木香。

SPACE1-15目前約有30家店鋪。每家店都規模不大，宛如藝廊，光是參觀就樂趣無窮。

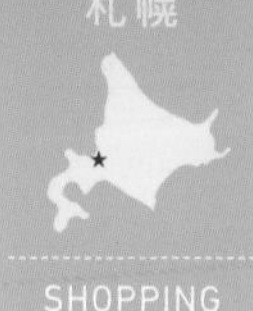

北海道內嚴選商品
帶回美味伴手禮

美食之都北海道。每一樣伴手禮食品都是優質商品！
以下列出送禮自用兩相宜的品項。

＼ 不容錯過！ ／

01 甜點

從古早味到特色商品，甜點的接受度最高！

因GLAY團員TERU推薦而一舉成名！

381日圓

DON de MACARONI 砂糖奶油口味

FROM函館

乾燥的筆管麵放進專用壓力鍋烹調成脆硬口感。也有昆布口味。A

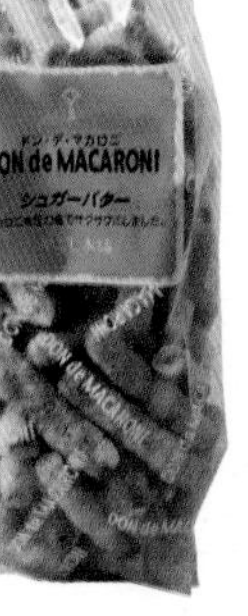

北海道才有的必買伴手禮！

864日圓

北海道骰子牛奶糖10顆×5條

FROM函館

骰子牛奶糖問世90周年的紀念版包裝。A

399日圓

鐵、鋅含量豐富

南瓜塔3個裝

FROM和寒

將和寒町的名產夏南瓜煮成泥擠在塔皮上，再點綴上幾顆南瓜子。A

加雞蛋和牛奶拌勻即可。

411日圓

北海道鬆餅粉

FROM岩見澤

使用北海道麵粉製成。烤好的鬆餅鬆軟Q彈。B

＼ 喜歡下廚的人… ／

02 食材&調味料

活躍在餐桌上的配料。在家也能做出北海道美食。

當調味料使用，或直接倒入熱水做成昆布茶。

紅蘿蔔、牛蒡、南瓜3種口味。

540日圓

648日圓

鄂霍次克海鹽 鹽昆布

FROM紋別

煮乾鄂霍次克海的海水取出海鹽加入日高昆布。A B

SU-DORE 南瓜

FROM旭川

含有30%森町產的南瓜，屬於濃稠厚實的沙拉醬。也可以加牛奶稀釋做成南瓜湯。B

用香辛料調整辣度

各258日圓

我家的湯咖哩 FROM札幌

2人份的濃縮湯包。左起分別是清爽番茄口味、濃郁鮮蝦味、日式昆布高湯風味。A B

綠色的加了菠菜。

各292～日圓

義大利麵 FROM岩見澤

使用岩見澤生產的Kitanokaori麵粉製作。寬6.5mm的寬扁麵。A B

＼ 配酒喝！ ／

03 下酒菜＆起司

種類多樣，有蔬菜、起司或海鮮製品等。

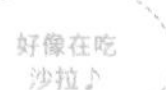

綜合醃菜

FROM岩見澤

使用白蘿蔔、小黃瓜等4種北海道蔬菜製成的條狀醃菜。B

加了辛辣的青南蠻味噌！

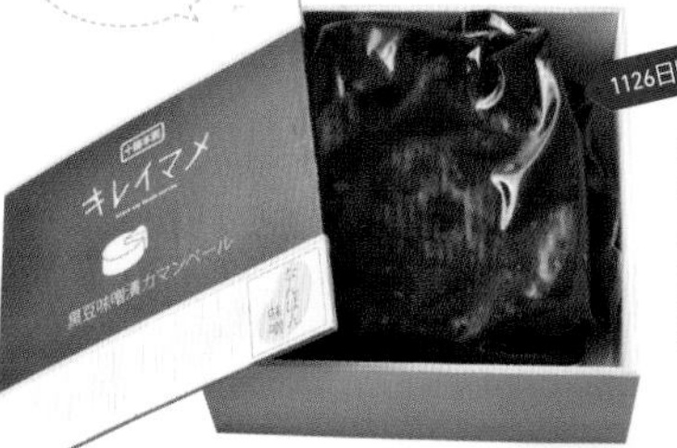

黑豆味噌卡門貝爾起司（南蠻味噌）

FROM十勝

加了特製的黑豆味噌呈現獨特風味。也有鹹甜的田樂味噌口味。A

使用少許鮭魚醬油提味。

鮭魚乾（加了起司）

FROM襟裳

北海道鮭魚加起司製成魚乾條。A B

共4種口味。

月亮起司 鮮奶油起司 藍靛果＆蜂蜜 FROM瀧上

藍靛果泥加瀧上町生產的蜂蜜調和而成。配葡萄酒或紅茶都很對味。A B

在這裡買

回程順路到車站

A 北海道 Dosanko Plaza

位於車站內，最適合回程時採買伴手禮。擺滿來自北海道各地約2000樣產品。隨時推出新商品。

札幌市北區北6西4
JR札幌站西通北口
☎011-213-5053
營 8:30～20:00
休 全年無休
交 JR札幌站出站直達 🚗 無

札幌站周邊 ▶MAP P.28C-1

網羅北海道各地美食

B KITA KITCHEN 極光城分店

基於產地直銷的理念，匯集北海道各地的口味，有甜點、乳製品或海鮮加工品等眾多品項。

札幌市中央區大通西2
札幌地下街極光城內
☎011-205-2145
營 10:00～20:00
休 不固定（比照地下街）
交 地鐵大通站出站直達 🚗 有

大通公園周邊 ▶MAP P.29D-3

HOW TO

採購伴手禮

在有限的停留時間內，提前規畫好何時採買伴手禮、該買哪些，便能萬無一失。

建議事先準備保冷袋。

・何時購買冷凍、冷藏品？

盡可能在最後一天要到機場前再買。機場內也有商店。

・可以選擇宅配

都在同1家店買齊，直接宅配到家最輕鬆。也可以從飯店寄回家。

即便在北海道，稍有疏忽，冷藏品也容易變質。尤其要特別注意起司和海鮮。還是用低溫宅配最放心。

走遠一點也想去的地區

從札幌開車2小時

湖泊加上溫泉的地質公園

洞爺湖

周長42km的火山口湖，中央有4座島組成中島。因火山地形入選為世界地質公園。

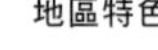

地區特色

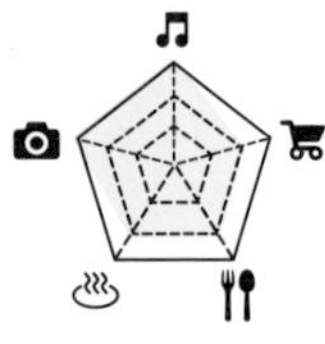

受惠於豐富的自然資源，有多種戶外活動可玩。湖邊有溫泉。

到洞爺湖的交通方式

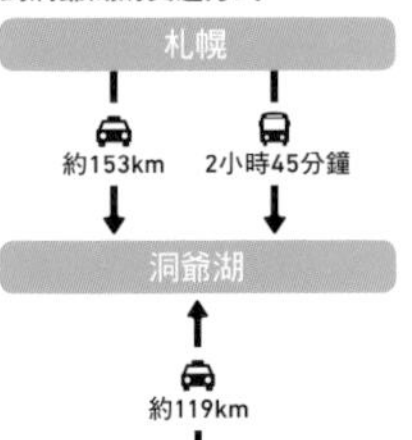

乘船繞行洞爺湖

一邊眺望羊蹄山和有珠山，一邊優閒遊湖的行程。登上自然景觀豐富的中島也很好玩！

載客量700人的ESPOIR號。

開往中島的遊船

洞爺湖汽船

一邊從洞爺湖溫泉欣賞羊蹄山風光，一邊環遊湖內中島的遊船。夏天可以登上中島散步。

洞爺湖町洞爺湖溫泉29
☎0142-75-2137 [營]夏季8:30～16:30(每30分鐘一班。冬季9:00～每小時一班))
[料]船資1500日圓 ㊡全年無休 ㊋從洞爺湖溫泉BT步行5分鐘 🚗150台

▶MAP P.23 F-2

入住奢華的洞爺湖溫莎飯店

洞爺湖的代表性知名度假飯店。享受飯店外的美景和優質服務，度過愉快的住宿時光。

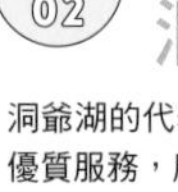

從大廳的玻璃窗眺望洞爺湖。

位於高地上的高級飯店

洞爺湖溫莎SPA度假飯店

位於海拔625m高的山頂，從客房可將洞爺湖及內浦灣的美景一覽無遺。飯店內也有榮獲米其林星級肯定的餐廳。

洞爺湖町清水336
☎0142-73-1111
㊋從洞爺湖溫泉BT開車15分鐘 ㊮休閒房型5萬4000日圓～ 🚗有
IN 15:00 OUT 12:00

▶MAP P.23 F-2

品嘗洞爺湖當地甜點！

外觀超像地瓜的北海道知名甜點若狹芋。在原產地洞爺湖品嘗當地甜點吧。

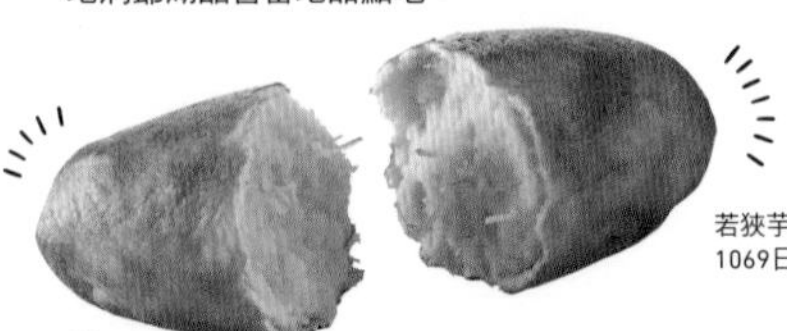

若狹芋 9個裝 1069日圓

說到洞爺湖就是這個

若狹芋本舖 洞爺湖總店

使用北海道生產的白腰豆製成白餡，再加入昆布絲，做成烤番薯造型的糕餅「若狹芋」的總店。店面附設內用區。

洞爺湖町洞爺湖溫泉144
☎0142-75-4111 ㊥9:00～19:00
㊡全年無休 ㊋從洞爺湖溫泉BT步行1分鐘
🚗100台 ▶MAP P.23 F-2

該區距離札幌雖是當天來回的路程，卻充滿北海道特有的自然風光。
盡情享受戶外活動、名產美食和溫泉吧！

從札幌開車1小時15分鐘

以好水質名冠日本

支笏湖

火山爆發形成的火口湖。是日本最北的不凍湖，水質良好的湖裡有紅鮭棲息。

地區特色

湖邊有視野良好的溫泉旅館和餐廳。

到支笏湖的交通方式

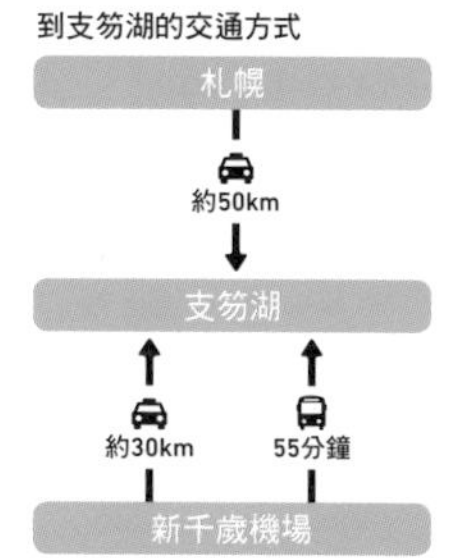

shikotuko 01

從水面上感受清澈的湖水

支笏湖連續11年登上日本最佳水質寶座。搭觀光船或划獨木舟暢遊清澈的湖泊。

2艘航行於湖面上的水中觀光船。

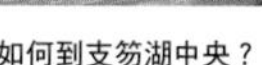
如何到支笏湖中央？

支笏湖觀光船

船底設有透明窗，可觀察支笏湖湖底景觀的水中觀光船。看得到湖底樣貌、柱狀節理岸壁、紅鮭和珠星三塊魚游泳的姿態。

千歲市支笏湖溫泉　☎0123-25-2031
[營] 4月中旬～11月上旬的8:40～17:10（30分鐘一班。依季節調整航班）　[費] 船資1620日圓
㊡ 營運期間無休　㊖ 從支笏湖站牌步行3分鐘
付費停車
▶MAP P.12 B-1

好像浮在空中。

划著透明船底的獨木舟在湖面前進

支笏湖透明獨木舟之旅

坐在底部透明的透明獨木舟上巡遊支笏湖。可以看到清澈的湖底，好像和湖泊融為一體。也有潛水或浮潛方案。

千歲市支笏湖溫泉番外地
☎0123-25-4133（Ocean Days）
㊢8:00～20:00
㊫8000日圓（需時2小時）
㊡全年無休
㊖從支笏湖站牌步行1分鐘
付費停車
▶MAP P.12 B-1

shikotuko 02

品嘗支笏湖的特色小吃

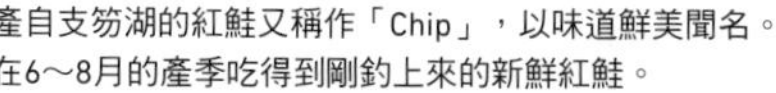
產自支笏湖的紅鮭又稱作「Chip」，以味道鮮美聞名。
在6～8月的產季吃得到剛釣上來的新鮮紅鮭。

邊眺望湖泊邊吃紅鮭

Poropinai食堂

位於湖畔的食堂，吃得到特產紅鮭。也推薦咖哩放上炸紅鮭的紅鮭咖哩飯1180日圓。

千歲市幌美內　☎0123-25-2041（支笏湖觀光中心）
[營]4月上旬～11月上旬的10:00～17:30
㊡營業期間無公休　㊖從支笏湖站牌開車15分鐘
80台
▶MAP P.12 B-1

Poropinai套餐1180日圓。有鹽烤紅鮭和炸紅鮭。

支笏湖周邊也有數家溫泉設施。即便是旅館的溫泉也可以付約1000日圓的泡湯費入內使用，散步途中順便過去泡湯也不錯。

從札幌開車1小時25分鐘

湧泉量豐沛的溫泉鄉

登別溫泉

泉源地地獄谷1天湧出的溫泉量高達1萬噸，當中包含數種泉質。多家溫泉旅館林立，是北海道首屈一指的知名溫泉地。

地區特色

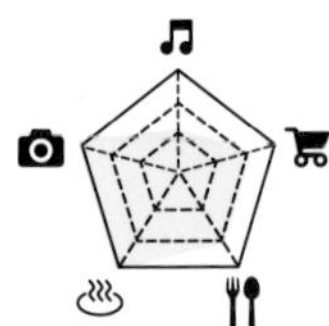

主街道極樂通兩旁的餐廳和伴手禮店櫛比鱗次。

到登別溫泉的交通方式

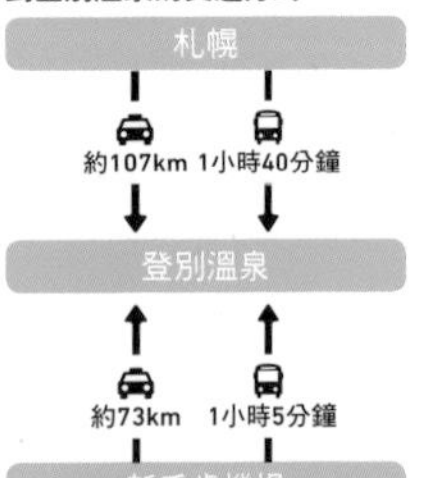

去看溫泉區才有的風景名勝

白色蒸汽從山谷噴氣孔裊裊上升，簡直就是「惡鬼地獄」般的景象！

地獄般的湧泉地

地獄谷

因火山噴發形成直徑約450m的爆裂火山口，是登別溫泉的源頭。設有步道，繞一圈約20分鐘，可以近距離觀察噴氣孔及間歇泉。

登別市登別溫泉町 ☎0143-84-3311（登別國際觀光會展協會） 營自由參觀 交從登別溫泉BT步行15分鐘 🚗160台（收費）

▶MAP P.12 A-2

位於步道前方的鐵泉池（間歇噴泉）氣勢驚人。

在大自然裡溫暖泡腳

河水溫度約40℃。可以把腳放進流動的河流間泡腳。放鬆心情享受森林浴。

在天然的泡腳池療癒身心。

整條河流都是溫泉！

大湯沼川天然足湯

從大湯沼流出的溫泉形成大湯沼川野溪溫泉，是天然的泡腳池。坐在木凳上享受泡腳樂趣。

登別市登別溫泉町
☎登別國際觀光會展協會
營日落為止 費免費
交從登別溫泉BT步行20分鐘
🚗30台(收費)

▶MAP P.12 A-2

近距離觀賞棕熊

罕見的棕熊動物園，裡面放養了100多頭棕熊。去看個性十足的棕熊吧。

透過玻璃被棕熊看的「人籠」。

每年都有可愛的小棕熊誕生。

可以看到可愛的棕熊

登別棕熊牧場

搭纜車來到海拔550m的山頂上，有座棕熊飼養園區。除了餵棕熊的體驗活動外，還有棕熊專門博物館。

登別市登別溫泉町224
☎0143-84-2225
營8:30～16:30(依季節調整)
費門票2800日圓(含纜車費)
休 全年無休(2023年4月17日～4月26日因纜車檢修停駛)
交從JR登別站開車15分鐘
🚗150台(收費)

▶MAP P.12 A-2

從札幌開車40分鐘

有札幌後院之稱的溫泉地

定山溪溫泉

修行僧侶美泉定山在1866年（慶應2年）開鑿的溫泉。有免費使用的泡手池和泡腳池，還可以在附近散步欣賞美麗溪谷。

地區特色

多家旅館提供純泡湯方案。也可以從札幌當天來回。

到定山溪溫泉的交通方式

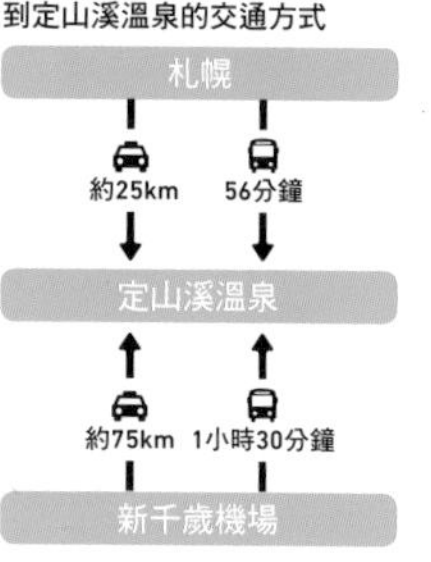

利用當日來回的泡湯方案美化身心

不光是泡湯，附午餐或美體美容的包套方案頗受歡迎。讓自己由內而外容光煥發吧。

大廳有巨木造型的暖爐。

在玩心十足的空間放鬆身心

定山溪鶴雅休閒度假溫泉SPA飯店 森之謌

綠意盎然的休閒設施。以綠洲般的浴場和餐點色彩豐富的「森林自助餐」博得好評。

札幌市南區定山溪溫泉東3-192 ☎011-598-2671
[營]11:15～15:00（泡湯11:30～） [費]泡湯含午餐方案請參考官網 ㊡全年無休 ㊋從定山溪溫泉東2丁目站牌步行2分鐘 🚗50台 ▶MAP P.12 A-1

牆上畫著野花圖案的源泉溫泉日式澡堂。

以溫泉和餐點為賣點的度假飯店

定山溪萬世閣飯店 Milione

在眺望定山溪群山的露天浴池或寬敞的大浴場盡情泡湯。自助餐廳提供80種以北海道食材為主的餐點。

札幌市南區定山溪溫泉東3 ☎011-598-3500
[營]12:00～21:00（最晚入場20:00） [費]含午餐的當天來回泡湯方案請參考官網 ㊡全年無休 ㊋從定山溪站牌步行1分鐘 🚗公共停車場 ▶MAP P.12 A-1

享受豐平川周邊的溪谷美景

豐平川流經定山溪溫泉街。林木環繞的溪谷兩岸是知名賞楓景點。

美麗的紅橋和紅葉

二見吊橋

懸掛在溪谷上的紅色吊橋。從橋上欣賞河童傳說的發源地「河童淵」，一邊聽著潺潺水聲一邊享受森林浴。

札幌市南區定山溪溫泉西4 ☎011-598-2012（定山溪觀光協會） [營]自由參觀（冬季禁止通行） ㊋從定山溪湯之町站牌步行5分鐘
🚗公共停車場
▶MAP P.12 A-1

楓紅時的溪谷景致最漂亮

說到定山溪溫泉的特產，當屬「大黑屋商店」的溫泉饅頭。皮薄餡多，塞滿黑糖紅豆餡，1個65日圓。

以這裡為觀光據點！

入住札幌市區飯店

豪華

客房窗外的札幌街景視野開闊。

交通便捷的豪華飯店

札幌JR Tower日航飯店

從高樓層客房或餐廳看出去札幌街景一覽無遺。在22樓的水療中心可以一邊眺望夜景，一邊泡天然溫泉。

價格 單床房2萬5920日圓、雙床房4萬3740日圓～

札幌市中央區北5西2-5
☎011-251-2222
IN 15:00 OUT 11:00
JR札幌站出站直達 500台
札幌站周邊 ▶MAP P.29 D-2

早餐豐富

自助餐品項齊全，日式西式餐點都有。

有益身體的健康自助餐

世紀皇家飯店

擁有大片落地窗的時尚客房。自助式早餐選用大量的四季食材入菜，在日本備受歡迎，品項齊全份量十足。

價格 1晚附早餐 1萬2000日圓～

札幌市中央區北5西5
☎011-221-2121
IN 14:00 OUT 11:00
從JR札幌站出站直達 30台
札幌站周邊 ▶MAP P.28 C-2

老飯店才有的親切款待

札幌格蘭大飯店

1934（昭和9）年開業，是北海道第一家純西式飯店。客房裝潢沉穩能放鬆休息。自助式早餐共90道菜色頗受好評。

價格 單床房2萬3166日圓～ 雙床房2萬6730日圓～

札幌市中央區北1西4
☎011-261-3311
IN 15:00 OUT 11:00
從JR札幌站步行10分鐘
180台
札幌站周邊 ▶MAP P.28 C-3

55道日西式餐點大飽口福的自助式早餐

札幌格拉斯麗飯店

早餐推出北海道特色餐點，如自己加料的「自助式丼飯」。客房採用粉彩色調呈現明亮氣氛。

價格 單床房1萬1880日圓～、雙床房2萬1600日圓

札幌市中央區北4西4-1-8
☎011-251-3211
IN 14:00 OUT 11:00
從JR札幌站步行1分鐘
88台
札幌站周邊 ▶MAP P.28 C-2

注重隱私的休憩空間

札幌三井花園飯店

追求舒適感的時尚客房。設有可眺望貴賓酒吧和中庭的花園浴池。早餐也供應成吉思汗烤肉。

價格 雙床房3萬6000日圓～

札幌市中央區北5西6-18-3
☎011-280-1131
IN 15:00 OUT 11:00
從JR札幌站步行4分鐘
28台
札幌站周邊 ▶MAP P.28 C-2

必吃蔬菜專業主廚的早餐

札幌克羅斯飯店

時髦嶄新的設計飯店。頂樓是房客專用的大浴場。自助式早餐提供蔬菜專業主廚精心烹調的餐點。

價格 單床房9000日圓～、雙床房1萬4000日圓～

札幌市中央區北2西2-23
☎011-272-0010
IN 15:00 OUT 11:00
從JR札幌站步行5分鐘
38台
札幌站周邊 ▶MAP P.29 D-3

在北海道的觀光重地札幌有許多住宿設施。從高級度假飯店到新質感民宿，種類廣泛。
挑選適合自己的住宿型態吧。

高CP值

設計沉穩的客房全都超過30m2，相當寬敞。

到健身房恢復活力

札幌宜必思尚品飯店

薄野區和中島公園都在步行範圍內，便於觀光用餐。房客可以免費使用24小時開放的健身房。

價格 單床房6000日圓～、雙床房8000日圓～

札幌市中央區南8条西3-10-10
☎011-530-4055
IN 14:00 OUT 11:00
從地鐵中島公園站步行2分鐘
60台（收費）
中島公園 ▶MAP P.31 D-3

民宿

客廳是自由使用的公共空間。

推薦給民宿新手

雪結

2層樓的民宿。多人房內每張床都用簾子隔開，住起來頗舒適。

價格 多人宿舍房（男女分開）3000日圓～

札幌市中央區南3東4-3-13
☎011-522-7660
IN 16:00 OUT 11:00
從地鐵巴士總站前站步行5分鐘
無
創成川東 ▶MAP P.31 F-1

設備齊全的市區度假村

札幌 - Premier Hotel-TSUBAKI

可搭機場巴士直達飯店，交通方便。客房面積36～160m2，相當寬敞。館內掛著知名畫家的作品，宛如置身在歐洲美術館。

札幌市豐平區豐平4-1-1
☎011-821-1111
IN 15:00 OUT 11:00
從地鐵薄野站步行15分鐘
200台
札幌郊外 ▶MAP P.31 F-2

價格 雙床房7000日圓～

自行翻修的新質感旅社

UNTAPPED HOSTEL

Ryoichi Kawajiri

鰻魚餐館改建成的旅社。分成別館和本館（左圖是別館）。1樓附設日式料理咖啡館「HARUYA飯館」。

札幌市北區北18西4-1-8
☎011-700-4579
IN 15:30 OUT 11:00
從地鐵北18条站步行1分鐘
無
札幌郊外 ▶MAP P.26 C-1

價格 多人宿舍房（男女混住）3200日圓～單人入住大床房4500日圓～

在安靜的空間度過愉快的住宿時光

札幌美居飯店

法國設計師設計的品味客房。館內餐廳提供選用北海道食材烹調的法國菜。

札幌市中央區南4西2-2-4
☎011-513-1100
IN 14:00 OUT 11:00
從地鐵薄野站步行3分鐘
100台（收費）
薄野 ▶MAP P.31 D-2

價格 單人入住大床房1萬500日圓～雙床房1萬1500日圓～

WHAT IS

民宿

以單床為單位，主客源是背包客的住宿設施。雖然私人空間變小，卻能壓低住宿費。

廁所和淋浴間大多要共用。

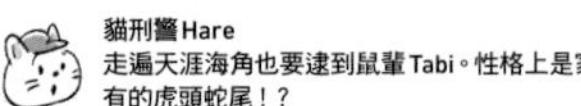

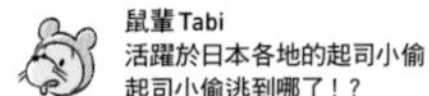

❶ 八幡坂是函館的代表景點。爬上斜坡很累，但從上方俯瞰函館灣的景致十分漂亮。 ❷ 函館早市有很多吃得到新鮮烏賊的商店。釣烏賊池也頗受歡迎，老闆會在現場幫忙處理釣上來的烏賊。

保留運河的老街

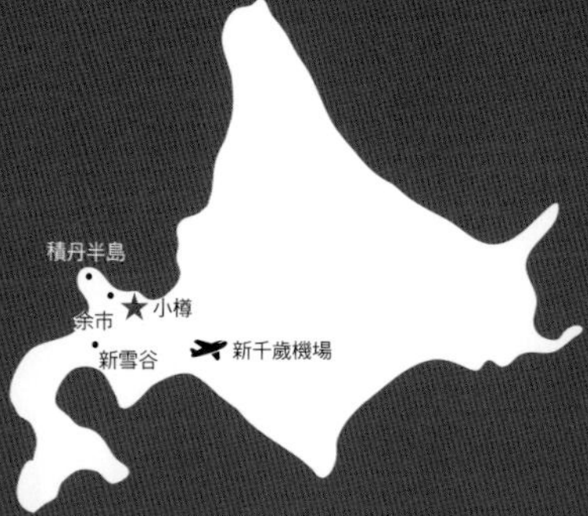

小樽
OTARU

最佳季節

● 5～10月

從雪融到降下初雪這段期間適合逛街，以初夏7月為佳。也可以在舉辦小樽雪燈之路等冬季活動時去旅遊。

最佳停留期間

● 半天

半天的話可以安排運河遊船、街頭漫步、美食購物等一般觀光行程。建議從札幌當天來回。

交通方式

觀光移動方式？

景點集中在小樽運河周邊和堺町通兩旁，步行就能參觀，不過，搭「小樽散步巴士」等路線巴士比較節省時間。還有繞行小樽運河周邊的觀光人力車2人4000日圓。春～秋騎出租單車巡遊也很舒服。

到其他地區

熱門觀光景點有可眺望美麗海景的積丹半島或設有威士忌蒸餾廠及葡萄酒廠的余市。到積丹半島可搭小樽發車的定期觀光巴士。如果想玩泛舟等戶外活動可以到新雪谷。

運河和玻璃的懷舊古城

認識小樽！

小樽從明治到大正時期是北海道的商業中心，也是繁榮的港都。除了觀光，還能品嘗海鮮美食、LeTAO甜點及購買小樽玻璃。

在小樽必做的3件事

1 小樽運河遊船

→ P.94

小樽運河是小樽的代表性風景。繞行運河一圈的運河遊船是小樽觀光的賣點。

2 必吃LeTAO甜點

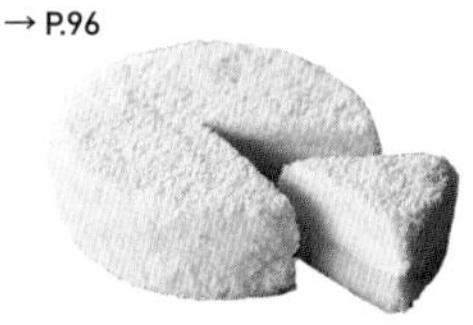
→ P.96

以「雙層乳酪蛋糕」而聞名的LeTAO，總店就位於小樽。限定甜點也是必吃目標。

3 購買小樽玻璃

→ P.98

除了老字號招牌北一硝子外，也有其他玻璃店。還有玻璃主題美術館。

小樽街區散步經典路線

以JR小樽站為起點。朝著堺町通直走，從JR南小樽站出發也OK。

START

JR小樽站
↓ 步行2分鐘
① 三角市場
→ P.101
↓ 步行10分鐘
② 小樽運河
→ P.94
↓ 步行6分鐘
③ 堺町通
→ P.96
↓ 步行2分鐘
④ 老屋咖啡館
→ P.102
↓ 步行15分鐘
JR小樽站

好多新鮮海產！ ①

②

沿著小樽運河散步。

逛玻璃用品店！

③

④

在懷舊空間休息片刻。

小樽MAP

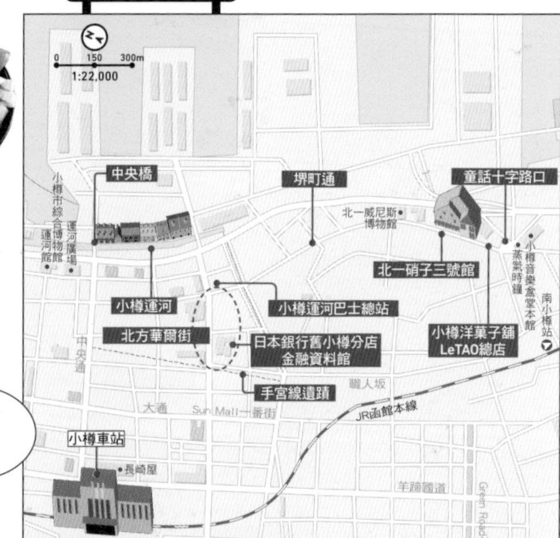

小樽活動

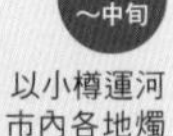

小樽雪燈之路

在2月嚴冬時節舉辦。以小樽運河和手宮線遺址為首，市內各地燭燈搖曳。

☎ 0134-32-4111（小樽雪燈之路執行委員會事務局）

小樽事件簿

小樽的觀光景點集中。雖說可以安排1整天悠哉地閒逛，但還是先來了解省時&高效率的觀光方式吧！

FILE 1

連續幾天逛下來腳都沒力了…有沒有能輕鬆觀光的交通工具呢？

雖然想去各地吃美食和逛街，但一到車站就覺得好累喔…
如果不走路就能到小樽運河或堺町通該有多好！

解決！

「小樽散步巴士」超方便。

繞行市內主要觀光景點，共有3條路線。除了周遊堺町通的小樽散步巴士外，還有小樽水族館線、天狗山纜車線。

從站前巴士總站4號站牌出發。

小樽散步巴士主要停靠站

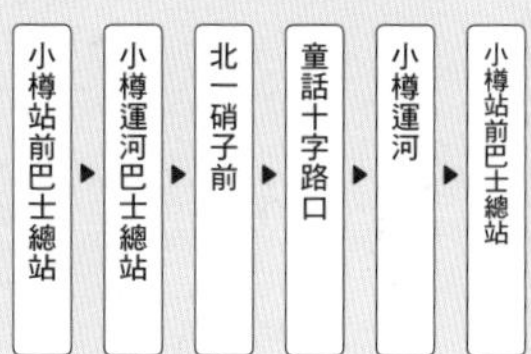

小樽站前巴士總站 ▶ 小樽運河巴士總站 ▶ 北一硝子前 ▶ 童話十字路口 ▶ 小樽運河 ▶ 小樽站前巴士總站

☎0134-25-3333（中央巴士小樽巴士總站）
㊡小樽站前巴士總站首班車9:40～末班車18:15
㊝單趟220日圓、1日乘車券750日圓
㊡全年無休

FILE 2

到車站後發現忘記買伴手禮了！

搭了小樽運河遊船，也吃了海鮮，無比滿足，誰知一到車站才發現忘記買伴手禮。沒有時間回堺町通了，該怎麼辦？

解決！

快去車站商店吧。

JR小樽車站內有TARCHÉ（下述）和販售經典伴手禮的北海道四季彩館（㊤6:45～22:00）。利用等電車的時間也能買伴手禮！

附設嫩炸半雞的名店「小樽Naruto屋」和「伊勢鮨」的立食櫃台。

用途廣泛的法式沙拉醬，白醬756日圓。

用余市生產的水果製成的果鹽390日圓。

果凍飲各356日圓。有蘋果、番茄等口味，使用郊區採收的蔬果製造。

車站超市TARCHÉ

主要販售包含小樽在內的後志綜合振興局轄下地區的當地食品。以時令蔬菜為首，有甜點、酒、水產加工食品等豐富品項。

☎0134-31-1111
㊤9:00～19:00 ㊡全年無休
㊋JR小樽站出站直達 🚗無
小樽車站 ▶MAP P.20 A-2

還有期間限定的銷售展喔～

在JR小樽站的4號月台，放有和石原裕次郎一樣大的看板，又稱「裕次郎月台」。

保存至今的古運河風光

小樽運河遊船

需時 約1小時

全長約1.1km的小樽運河，是小樽的代表地標。從散步道看出去的景致優美，不過，從運河上能看到截然不同的水岸風光。搭乘遊船繞運河一圈吧。

搭船遊運河同時學習港都小樽的歷史

倉庫群
立於河邊的石造倉庫群保留原始風貌。當中有餐廳等店家進駐。

目前共有5艘可載10～40名乘客的遊船。

從船上眺望運河

小樽運河遊船

從淺草橋航行到北運河區間，一邊坐船一邊聽導覽員講解運河歷史。穿過數座橋繞運河一圈。

小樽市港町5-4　☎0134-31-1733
營 1天發船11～21班（每40分鐘1班，航行時間、班次依季節而異。如果當天有空位可以臨時上船，但最好先打電話預約）※下雨照常開船
費 日間航班1800日圓、夜間航班2000日圓　休 全年無休
交 從小樽站步行15分鐘　無
小樽運河 ▶MAP P.20 B-2

WHAT IS

小樽運河

▶MAP P.20 B-1～2

建於1923年（大正12年），是相當活躍的水路貨運。1986年填平部分運河區段，整頓成現在看到的散步道。列為小樽歷史景觀區。

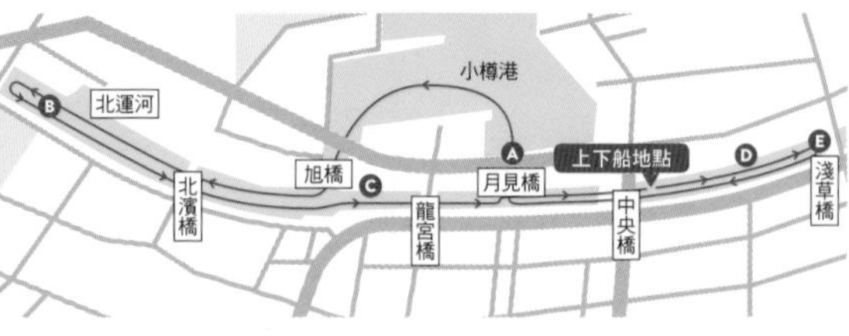

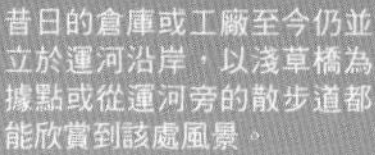

昔日的倉庫或工廠至今仍並立於運河沿岸，以淺草橋為據點或從運河旁的散步道都能欣賞到該處風景。

淺草橋
跨越小樽運河的4座橋之一。旅客服務中心就位於橋的北岸。

散步道
填平興建的步道，又稱「友愛散步道」。

也有天黑才出發的夜間航班！

晚上坐船遊運河可以看到街燈亮起的浪漫景致。班次有限，請盡早預約。

小樽運河遊船日間航班

入夜前出發的班次。繞完運河景點約40分鐘。

START

出發前15分鐘在中央橋集合

出發前15分鐘到中央橋售票處買船票。從這裡上船。

A 穿過月見橋前往小樽港

一通過月見橋就是港區遼闊、有大型船隻停泊的小樽港。

B 往北運河區

穿過旭橋，前往保有舊駁船的北運河。

C 留意舊北海製罐工廠！

舊北海製罐小樽工廠第3倉庫設有如螺旋梯般造型特殊的搬運裝置。

D 欣賞著倉庫群前進

一邊聽導覽一邊看石造倉庫群，向北運河前進。

E 在淺草橋前迴轉

低頭通過中央橋，在抵達淺草橋前迴轉。

GOAL

轉向終點站中央橋

在觀光客眾多的淺草橋前迴轉返回中央橋。

船內坐椅整理得很乾淨，穿涼鞋或裙子等輕便服裝上船也沒問題。安全起見，坐船時不能撐雨傘或洋傘。

小樽最熱鬧的街道

到堺町通尋找甜點

堺町通是小樽的主街道。除了5家以「雙層乳酪蛋糕」而聞名的LeTAO店家外，還有櫛比鱗次的小樽名產店。來去尋找小樽才有的滋味吧！

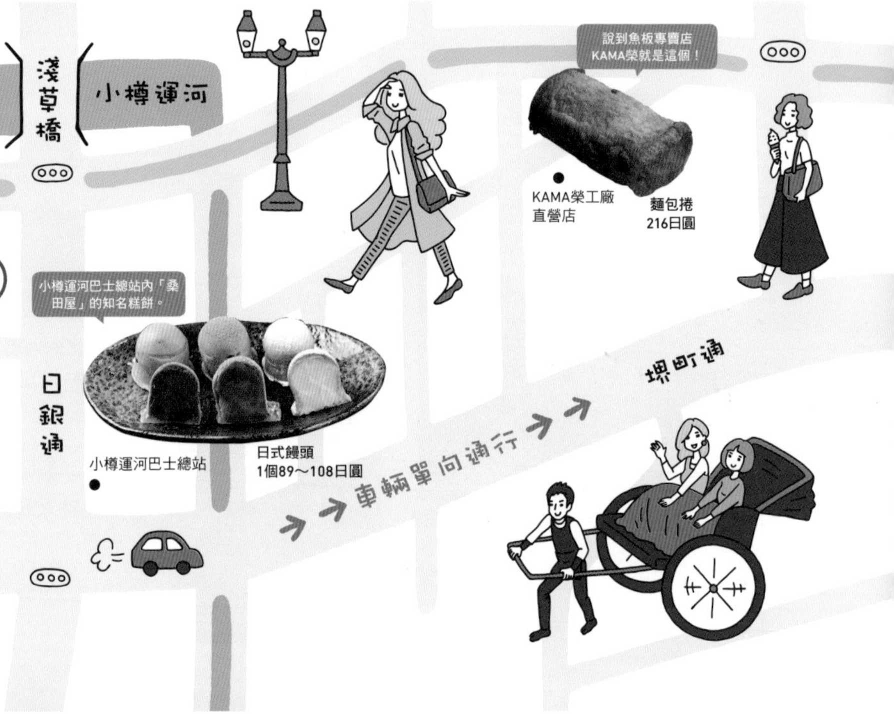

淺草橋
小樽運河
說到魚板專賣店KAMA榮就是這個！
KAMA榮工廠直營店
麵包捲
216日圓
小樽運河巴士總站內「桑田屋」的知名糕餅。
日銀通
小樽運河巴士總站
日式饅頭
1個89～108日圓
車輛單向通行
堺町通

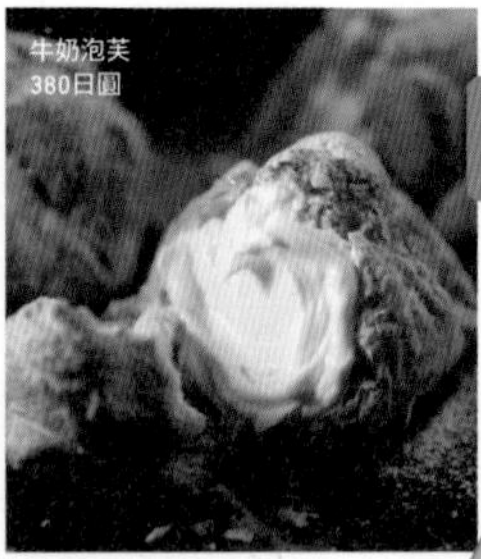

瞄準總店限定甜點！

小樽洋果子鋪 LeTAO總店

1998年開幕以來，雙層乳酪蛋糕熱賣，在日本享有高知名度。總店有超過50種選用北海道牛奶製作的常備甜點，在2樓咖啡館吃得到限定款甜點。

牛奶泡芙
380日圓

總店限定販售的泡芙。
派皮裡塞滿卡士達鮮奶油。

加了奶油乳酪的濃郁霜淇淋！

霜淇淋（乳酪）
390日圓

小樽市堺町7-16　0134-40-5480　9:00～18:00（依季節調整）
全年無休　從JR南小樽站步行7分鐘　特約停車場

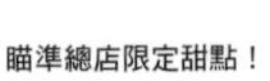
堺町通 ▶MAP P.20 C-3

販售LeTAO的全項商品

LeTAO PATHOS

LeTAO規模最大的分店。1樓是擺滿LeTAO商品的店面，2樓是提供原創甜點和PATHOS限定餐點的咖啡館。

小樽市堺町5-22
0134-31-4500　9:00～18:00（依季節調整，咖啡館10:00～18:00）
全年無休　從JR南小樽站步行10分鐘
特約停車場
堺町通 ▶MAP P.20 C-3

WHAT IS

堺町通

1983年（昭和58年），北一硝子在堺町通成立「北一硝子三號館」。之後甜點店和玻璃店紛紛在此開幕，形成堺町通商店街，整年遊客絡繹不絕。

道路兩旁商店林立。

霜淇淋加乳酪的好味道！

C

乳酪巴菲冰～覆盆子～
680日圓

一次吃到3種人氣甜點

B

雙層乳酪蛋糕拼盤附飲料
1404日圓

雙層巧克力乳酪蛋糕和加泰羅尼亞奶油布丁

巧克力誘惑套餐
1404日圓

A 童話廣場

童話十字路口

D

巧克力棒。共6種

SANTE LIEN
各540日圓

丹麥酥的內餡是香濃乳酪奶油。

E

乳酪丹麥酥
1個297日圓

多樣散步甜點

LeTAO PLUS

除了LeTAO的經典商品外，還有加了雙層乳酪蛋糕的巴菲冰及季節限定甜點。天氣晴朗時可以坐在露天座位區享用。

小樽市堺町5-22
☎ 0134-31-6800 ㊣ 9:00～18:00（依季節調整） ㊡全年無休
㊂從JR南小樽站步行10分鐘
特約停車場
堺町通 ▶MAP P.20 C-3

2019年1月改裝開幕

Nouvelle Vague LeTAO Chocolatier小樽總店

販售多種LeTAO限定巧克力商品的巧克力甜點店。最受歡迎的是使用3層巧克力慕斯製成的巧克力蛋糕Adèle 2160日圓。

小樽市堺町4-19 ☎0134-31-4511
㊣9:00～18:00（依季節調整）
㊡全年無休 ㊂從JR南小樽站步行10分鐘 特約停車場
堺町通 ▶MAP P.20 C-3

乳酪丹麥酥專賣店

Fromage Danish DANI LeTAO

乳酪丹麥酥是用丹麥酥皮包住兩層香濃的奶油乳酪烘烤而成。可以在店裡內用區品嘗剛出爐的丹麥酥。

小樽市堺町6-13 ☎0134-31-5580
㊣10:00～18:00（依季節調整）
㊡全年無休
㊂從JR南小樽站步行7分鐘
特約停車場
堺町通 ▶MAP P.20 C-3

位於堺町通南端的童話十字路口設有蒸汽時鐘和常夜燈，是人氣拍照景點。

從餐具到飾品應有盡有！

一見鍾情的小樽玻璃

小樽曾是繁榮的玻璃城鎮。除了北一硝子、大正硝子2大品牌外，隨處可見販售華麗玻璃工藝品的商店。找出喜歡的單品帶回去吧！

人氣

增添倒水樂趣
以賞花的心情再來一杯

4300日圓

也有雪花結晶
或櫻花圖案。

小樽切子玻璃杯
美麗的切子玻璃工藝。一倒水，杯底圖案就會浮現出來。A

4320日圓
3780日圓

雪人隨身杯（左）酒杯（右）
造型圓潤的雪人杯。大小尺寸都想收集。B

各1620日圓

黑貓項鍊
墜子是黑貓玻璃。C

彩虹調色盤高腳杯
色澤柔和、握感舒適的實用杯款。B

各3780日圓

2100日圓

首飾盒
色彩搭配豐富的首飾盒。A

經典

玻璃形成的
獨特質感

1600日圓

首飾盒
以富士山為圖的設計。如掌心般的尺寸大小適中。A

2484日圓

氣泡玻璃杯
美麗的紅、黃、藍漸層色調。閃亮的氣泡藏身其間。B

A

小樽最具代表性的老字號玻璃店

北一硝子三號館

以明治時期興建的石造倉庫為店面的專賣店。店內分成日式、西式、鄉村3區，販售數萬件玻璃製品。

小樽市堺町7-26　☎0134-33-1993　營8:45～18:00
休全年無休　交從JR南小樽站步行8分鐘　特約停車場
堺町通 ▶MAP P.20 C-3

B

眾多可愛實用的商品

大正硝子館總店

當店鋪的石造倉庫建於1906年（明治39年）。以玻璃製品為首，精選市內玻璃藝術家的作品販售。在小樽內設有多家不同主題的分店。

小樽市色內1-1-8　☎0134-32-5101　營9:00～17:00
休全年無休　交從JR小樽站步行13分鐘　3台
堺町通 ▶MAP P.20 B-2

WHAT IS

小樽玻璃

前身是1901年（明治34年）創業的淺野硝子，主要製造煤油燈和補鯡魚用的玻璃浮標。

價格多少？
筷架或小碟子數百日圓～，玻璃用品2000日圓～。

在哪裡買？
店面集中於堺町通。每家店的商品主題不同，可以多比較幾間再買。

長銷品

色彩造型豐富！找到喜歡的品項

檯燈
以山茱萸為圖案。尺寸適中，適合擺在家中裝飾。Ⓐ
26000日圓

置物盒
以花朵為造型的彩色玻璃置物盒。Ⓐ
4850日圓

呆萌貓頭鷹玻璃杯
除了玻璃杯外當擺飾也很可愛。Ⓑ
3672日圓

平價小物

玻璃珠耳環
配色淡雅的小耳環。Ⓒ
1080日圓

玻璃珠吊飾
使用各種不同顏色形狀的玻璃珠製作。Ⓒ
各864日圓

Ⓒ
製作專屬玻璃珠
彩屋小樽玻璃燈

利用明治時期興建的石造倉庫為店面。1樓商店區販售玻璃項鍊、耳環等首飾配件。2樓則有玻璃珠製作體驗區500日圓～。

小樽市堺町1-18　☎0134-61-1100　營 11:00～16:00
休 不固定　交 從JR南小樽站步行15分鐘　🚗 無
堺町通 ▶MAP P.20 C-2

還有玻璃藝術品！

只有玻璃鄉鎮小樽才看得到的珍貴歐洲花窗玻璃及玻璃工藝品。購物順道欣賞藝術品。

學習歐美花窗玻璃相關知識的美術館
小樽藝術村

利用4棟歷史建築打造的藝術空間。在玻璃花窗美術館、似鳥美術館可以看到珍貴藝術品。

小樽市色內1-3-1　☎0134-31-1033
營 9:30～17:00（11～4月10:00～16:00。最晚入館時間為30分鐘前）　休 5～10月第4個週三，11～4月每週三公休，如遇假日則順延到隔天　費 4館聯票2900日圓　交 從JR小樽站步行10分鐘　🚗 特約停車場
堺町通 ▶MAP P.20 B-2

重新利用4棟歷史建築打造美術館。

在英國製作的教會作品。

展示玻璃作品和威尼斯文化
北一威尼斯美術館

在重現貴族宮殿風貌的美術館中，展出3000件威尼斯玻璃品。穿著義大利製禮服拍紀念照的照相區和可以休息片刻的咖啡館都很受歡迎。

小樽市堺町5-27　☎0134-33-1717
營 9:00～17:00（最後入館～17:00）　休 全年無休　費 門票700日圓　交 從JR南小樽站步行10分鐘　🚗 特約停車場（消費2000日圓以上免費停車2小時）
堺町通 ▶MAP P.20 C-3

模仿義大利皇宮的建築物。

已故英國黛安娜王妃坐過的貢多拉船。

大正玻璃除了總館外，還有髮簪屋、器皿屋、七彩玻璃屋、販售品酒玻璃杯的酒器倉庫和展示販售市內藝術家作品的藝廊倉庫等。

港都才有！

用新鮮海產製作壽司&丼飯

說到小樽必吃的美食，非海鮮莫屬！到壽司老店品嘗道地握壽司，或是上當地市場吃海鮮丼飯都很讚。盡情享受海鮮美味吧。

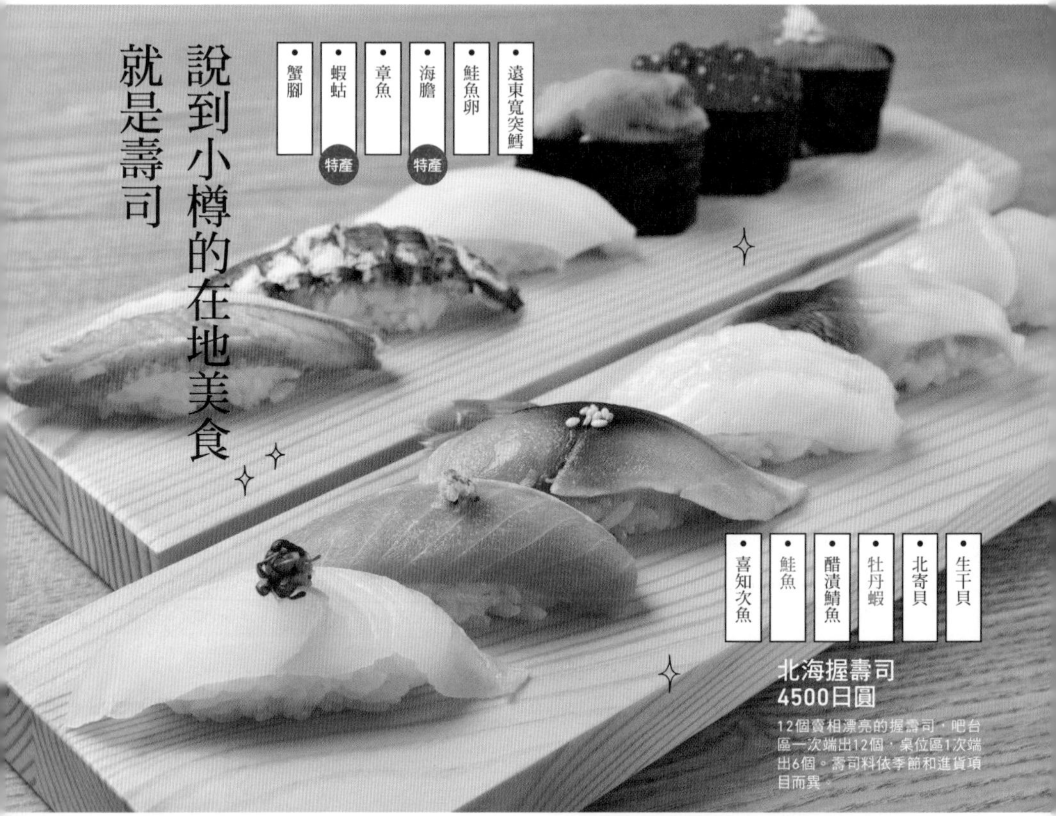

說到小樽的在地美食 就是壽司

- 蟹腳
- 蝦蛄 特產
- 章魚
- 海膽 特產
- 鮭魚卵
- 遠東寬突鱈

- 喜知次魚
- 鮭魚
- 醋漬鯖魚
- 牡丹蝦
- 北寄貝
- 生干貝

北海握壽司 4500日圓

12個賣相漂亮的握壽司，吧台區一次端出12個，桌位區1次端出6個。壽司料依季節和進貨項目而異。

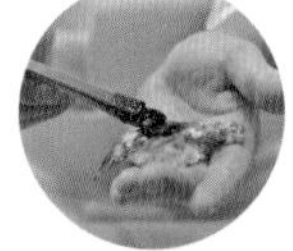

為了提出海鮮滋味稍微沾點醬料！

有2個吧台區和桌位區。

小樽的代表性壽司名店

伊勢壽司

創業52年的老店。為了帶出食材滋味費心捏製的握壽司，請直接品嘗不要沾醬油。提供3種握壽司套餐，4500～6800日圓。

小樽市稻穗3-15-3　☎ 0134-23-1425　營 11:30～14:30LO、17:00～21:00LO　休 週三及第1、2週週二
交 從JR小樽站步行8分鐘　車 8台

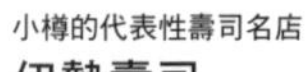

▶MAP P.20 A-1

HOW TO

如果想吃海鮮以外的美食

當地人愛吃的美食特產也很多樣，如外觀驚人的嫩炸半雞或燴炒麵等！

若雞時代Naruto

嫩炸半雞 980日圓

小樽市稻穗3-16-13
0134-32-3280 營 11:00～20:30LO
休 不固定 交 從JR小樽站步行5分鐘
13台 小樽車站周邊 ▶MAP P.20 A-2

桂苑中華食堂

燴炒麵 800日圓

小樽市稻穗2-16-14
0134-23-8155 營 11:00～20:00
休 週四 交 從JR小樽站步行5分鐘 無
小樽車站周邊 ▶MAP P.20 A-2

三角市場的名產 豪華海鮮丼飯

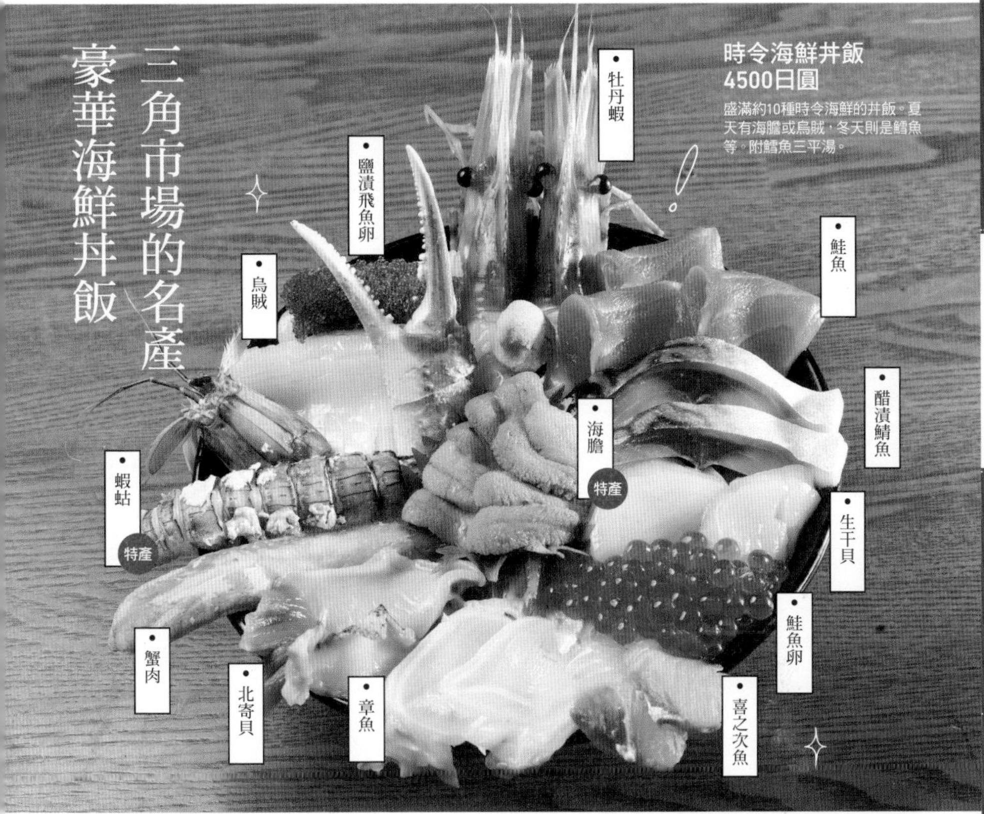

時令海鮮丼飯 4500日圓

盛滿約10種時令海鮮的丼飯。夏天有海膽或烏賊，冬天則是鱈魚等。附鱈魚三平湯。

牡丹蝦　鹽漬飛魚卵　烏賊　鮭魚　醋漬鯖魚　海膽 特產　蝦蛄 特產　生干貝　鮭魚卵　蟹肉　北寄貝　章魚　喜之次魚

午餐時間絕對客滿。

要不要買螃蟹當伴手禮？

豪邁享用市場直送的海鮮

味處Takeda（武田）食堂

在三角市場內設有3家店面。平價供應市場新鮮魚貨的人氣商店。丼飯選項超過20種，如鮭魚丼飯1300日圓～等。

三角市場內 0134-22-9652
營 7:00～16:00 休 全年無休（元旦休息）
交 從JR小樽站步行2分鐘 30台（收費）
小樽車站周邊 ▶MAP P.20 A-2

在這裡吃！

因土地形狀是三角形，故以此為名。

位於車站附近的人氣市場

三角市場

市場緊鄰JR小樽車站。在平緩的斜坡上有鮮魚店，販售近郊海域捕獲的新鮮海產，還有6家餐館。

小樽市稻穗3-10-16
0134-23-2446
營 休 依店鋪而異
交 從JR小樽站步行1分鐘
30台（收費）
小樽車站周邊 ▶MAP P.20 A-2

除了嫩炸半雞和燴炒麵外，在蕎麥麵上放紅燒鯡魚的鯡魚蕎麥麵也是知名當地美食。

小樽

EAT

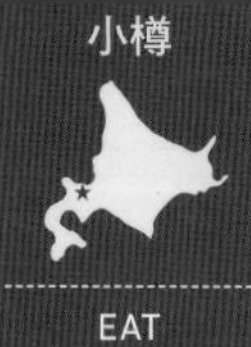

沉澱心情的懷舊空間

到老屋咖啡館休息片刻

小樽街上留下許多具有歷史的倉庫和建築物。到處都有用歷史建築翻修成的咖啡館。務必到此感受店內的懷舊情懷！

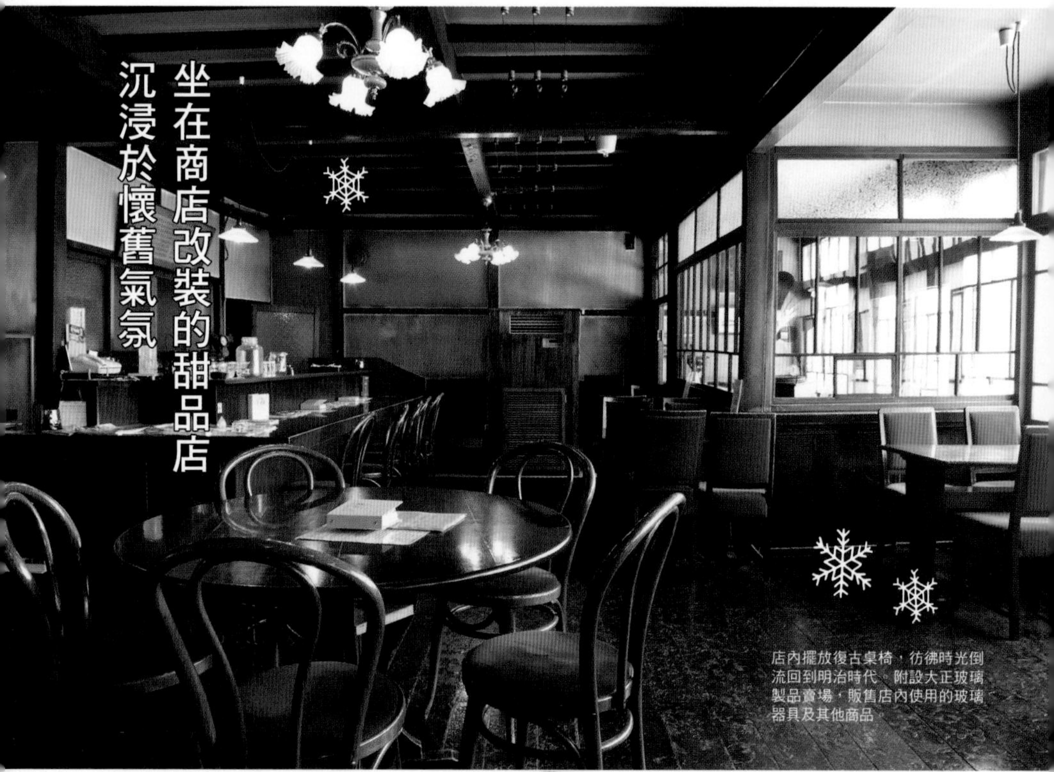

坐在商店改裝的甜品店 沉浸於懷舊氣氛

店內擺放復古桌椅，彷彿時光倒流回到明治時代。附設大正玻璃製品賣場，販售店內使用的玻璃器具及其他商品。

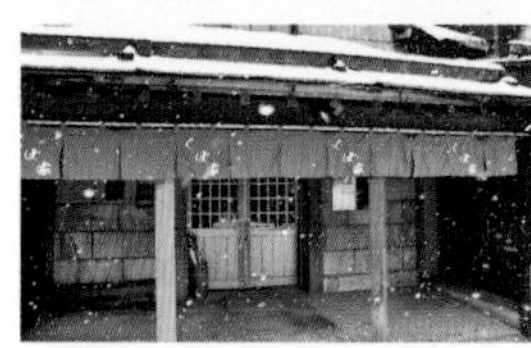

屋齡超過100年的歷史建築改裝成咖啡館

大正玻璃kubo家

以大正硝子館的玻璃器皿盛放日西式甜點的咖啡館。在kubo家之前是經營約30年的甜品店「sakai家」。店內沿用sakai家時期的家具。

小樽市堺町4-4 ☎0134-31-1132
㊝10:00～19:00 ㊡週一
㊋從南小樽站步行13分鐘 無

堺町通 ▶MAP P.20 C-2

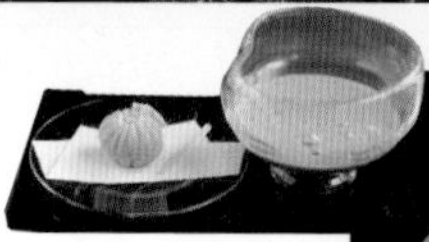

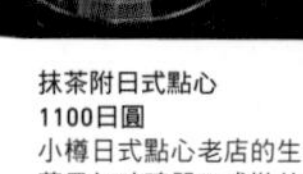

抹茶附日式點心
1100日圓
小樽日式點心老店的生菓子加玻璃器皿盛裝的抹茶套餐。

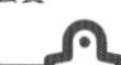

History

翻修1907年（明治40年）興建，百貨用品批發零售商久保商店的建築物。店內家具以保險業時代使用的金庫為首，頗具歷史。

請挑選喜歡的飲料。

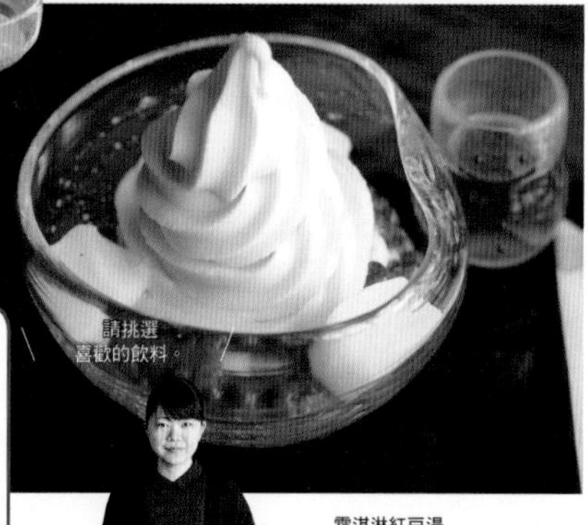

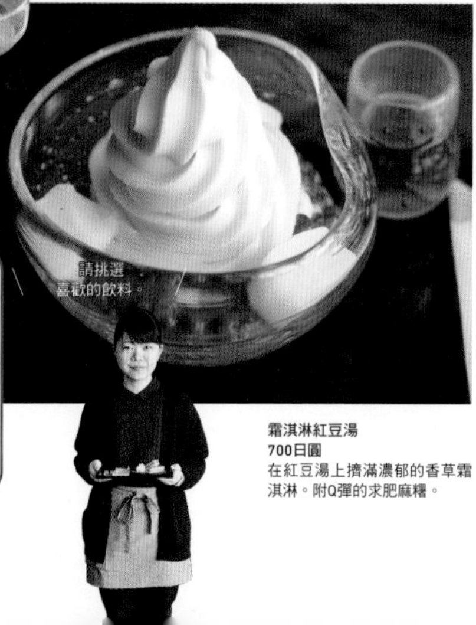

霜淇淋紅豆湯
700日圓
在紅豆湯上擠滿濃郁的香草霜淇淋。附Q彈的求肥麻糬。

WHAT IS

小樽市指定歷史建築

在繁榮的商業城市時代興建的銀行或公司等歷史建築物。目前有79棟小樽市指定歷史建築。
※截至2019年4月

主要歷史建築
百十三銀行小樽分行（現：小樽浪漫館）▶MAP P.20 B-2
北海道銀行總行（現：小樽Bine）▶MAP P.20 B-2
三菱銀行小樽分行（現：小樽運河巴士總站）▶MAP P.20 B-2
浪華倉庫（現：小樽運河食堂）▶MAP P.20 C-2

感受煤油燈的溫暖

北一Hall

位於北一硝子三號館一隅的咖啡館。店內採用167個煤油燈當照明，洋溢夢幻氣氛。除了巴菲冰或蛋糕外，餐點選項也很豐富。

小樽市堺町7-26　0134-33-1993
營 9:00～17:30　休 全年無休
交 從JR南小樽站步行10分鐘
特約停車場
堺町通 ▶MAP P.20 C-3

History

1891年（明治24年）興建的石造倉庫。店內牆上展示成排歷代北一硝子的玻璃藝品。

在營業時間內可以看到店員點亮一盞盞的油燈。

紅茶戚風蛋糕套餐
720日圓
飄散紅茶香的戚風蛋糕和特製奶茶的組合。

其他古早味甜點！

以下是當地人熟悉的老字號咖啡館。尋找味道始終如一的古早味甜點！

霜淇淋紅豆湯（S）
450日圓
在自製紅豆餡和求肥麻糬上擠上香甜的霜淇淋。

布丁巴菲冰
750日圓
哈密瓜醬加現打冰淇淋再放上布丁。布丁1天限量33個。

蒙布朗蛋糕
360日圓
巧克力海綿蛋糕夾鮮奶油。說到小樽的蒙布朗基本上都是這款蛋糕。

小樽市民喜愛的古早味

Amato總店

創業90年的老店。長銷品是堅持手工製作的霜淇淋紅豆湯。

小樽市稻穗2-16-18　0134-22-3942　營 10:00～19:00（咖啡館因疫情暫時關閉）　休 週四　交 從JR小樽站步行5分鐘　8台
小樽車站周邊 ▶MAP P.20 A·B-2

傳承大正浪漫的滋味

美園冰果店

北海道首家製造販售冰淇淋的店鋪。也有當季水果選項。

小樽市稻穗2-12-15　0134-22-9043　營 11:00～18:00（冬季～19:00）　休 週二、週三
交 從JR小樽站步行4分鐘　2台（只有夏天開放）
小樽車站周邊 ▶MAP P.20 A-2

小樽第一家西點店

米華堂（停業）

人氣商品是開業至今從未變過的大塊蛋糕。店內設有咖啡座。

小樽市花園1-1-8　0134-22-8866　營 10:00～21:30（週日～20:30）　休 週一　交 從JR小樽站步行10分鐘　無
花園商店街 ▶MAP P.20 B-2

北一Hall在假日以外的週一～五，每天有3場鋼琴現場演奏，時間是14:00、15:00、16:00。

走遠一點也想去的地區

從小樽開車1小時30分鐘

特產是絕美海景和海膽

積丹半島

位於小樽西邊的半島。指定為海岸國家公園，以清澈碧海為首的海岸沿線風光十分漂亮。

地區特色

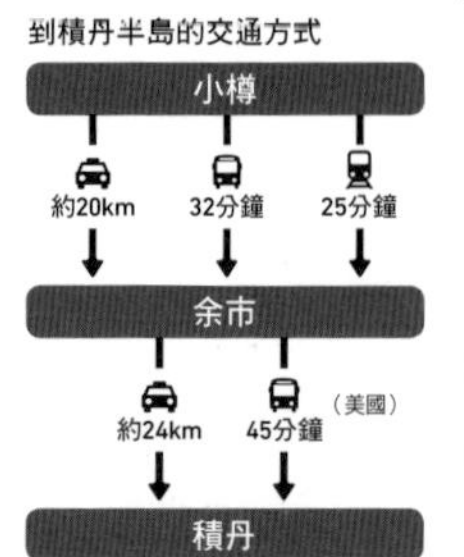

主要景點是神威岬和島武意海岸。餐飲店多位於美國町。

到積丹半島的交通方式

小樽
約20km　32分鐘　25分鐘
余市
約24km　45分鐘（美國）
積丹

01 去看積丹藍美景

積丹周邊的海洋呈現名為積丹藍的寶藍色。走在步道上欣賞美景吧。

延伸到海岬前端的步道

神威岬

位於積丹半島前端的海岬。從女人禁地的入口走上770m的步道，美麗的積丹藍海洋就展現在眼前。可從尖端眺望奇石神威岩。

🏠積丹町大字神岬町　☎0135-44-3715（積丹觀光協會）　營 開放通行8:00～19:00（依季節天候調整）　休 全年無休（冬季封閉）　費 免費參觀　交 從JR余市站開車1小時　🚗300台

▶MAP P.21 D-2

島上設有步道，前端附近有燈塔。

積丹藍霜淇淋350日圓。

02 到絕景溫泉放鬆一下

邊泡溫泉邊眺望神威岬或積丹岬的景色。日落時還看得到沉入日本海的夕陽！

現場有賣毛巾，無須自備。

眺望神威岬的絕景溫泉

積丹岬之湯

以露天溫泉而自豪的當日來回泡湯設施。泉水是無色透明，可讓肌膚光滑的碳酸氫鹽泉，頗受好評。附設三溫暖、冷水池。

🏠積丹町野塚町212-1　☎0135-47-2050　營 11:00～20:00（11～3月11:00～20:30。最後進場時間為30分鐘前）　休 週三（如遇假日則營業。11～3月週三、四公休。7～8月無公休）　費 門票900日圓　交 從JR余市站開車1小時　🚗170台

▶MAP P.21 D-2

03品嘗6～8月的當季海膽！

在積丹可以生吃海膽的季節是海膽漁期解禁的6～8月。濃郁的新鮮海膽堪稱絕品！

紅白海膽丼飯 5400～（時價）放滿高級的紅海膽。紫海膽丼飯4100日圓～

覆滿海膽的丼飯令人感動！

純之店

除了海膽丼飯外，還有海膽、鮭魚卵和甜蝦的三濱丼飯3500日圓，也吃得到滿滿的海膽。紅白海膽丼飯需預約。10～12月務必試試蓋滿鮑魚的鮑魚丼飯2900日圓。

🏠積丹町美國町船潤42-20　☎0135-44-3229　營 10:30～20:30　休 週一（如遇假日順延到隔天）　交 從JR余市站開車30分鐘　🚗6台

▶MAP P.21 D-2

以下是以小樽為據點的一日遊地區。吃得到剛捕獲的海膽，或是來趟美景巡禮。
參觀威士忌及葡萄酒廠、參加大自然戶外活動也很好玩。

從小樽開車36分鐘

日本首屈一指的威士忌&葡萄酒產地

余市

除了是葡萄和蘋果等知名水果產地外，境內也有多家威士忌酒廠。和竹鶴政孝頗有淵源的日果威士忌余市釀酒廠也在這裡。

地區特色

位於積丹半島下方。擁有海鮮、水果和酒類等多項特產。

到余市的交通方式

小樽

約20km　32分鐘　25分鐘

余市

yoichi 01

盡情享用余市葡萄酒和美食

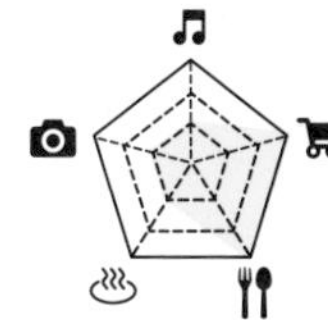

葡萄產量號稱北海道第一，葡萄酒釀造業興盛。還有多家酒莊附設餐廳。

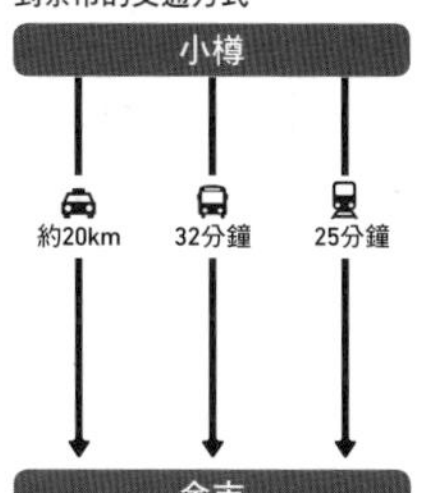

余市葡萄酒主題樂園

余市酒莊

除了余市葡萄酒廠外，還有商店及藝廊等附加設施。酒莊餐廳以披薩和義大利麵最受歡迎。

余市町黒川町1318　☎0135-21-6161（商店）　營 10:00～16:30（葡萄酒廠參觀～16:30）、餐廳11:30～16:00（午餐14:30LO）　休 全年無休（11～6月週二、1～4月週三公休）　費 免費參觀　交 從JR余市站開車5分鐘　🚗 10台

▶MAP P.21 E-3

單點菜色 1600日圓～

葡萄園包圍下的酒莊

OcciGabi Winery & Restaurant

酒莊選用自家葡萄園生產的15種葡萄釀製出獨一無二的葡萄酒。除了在試喝櫃台品酒外（付費），還能用美景佐法國菜。

余市町山田町635　☎0135-48-6163　營 11:00～17:00（餐廳11:00～14:00LO、17:00～18:00LO。須訂位）　休 12/31～1/1　費 免費參觀　交 從JR余市站開車13分鐘　🚗 100台

▶MAP P.21 E-3

放在酒桶內熟成6個月的卡本內特釀葡萄酒4320日圓（紅）。

yoichi 02

啜飲余市自製威士忌

和日本威士忌之父竹鶴政孝關係密切的地方。到日果威士忌的起源地參觀酒廠並試喝。

來自余市的道地威士忌

日果威士忌余市釀酒廠

1934年創業。參觀建築物的同時，學習威士忌釀造製程和日果的歷史。附設商店和餐廳。

余市町黒川町7-6　☎0135-23-3131　營 9:00～17:00（團體導覽每30分鐘一團，需時1小時30分鐘。12:30休息，末班梯次15:30，須預約）　休 全年無休　費 免費參觀　交 從JR余市站步行3分鐘　🚗 40台

▶MAP P.21 E-3

上：充滿特色的紅屋頂窯塔是蒸餾所的象徵。
左：可以各試喝一杯以余市單一麥芽威士忌為首的3種酒款。

日果威士忌的標誌，King of Blenders。

不開車很難到積丹半島觀光。大眾運輸的話，搭北海道中央巴士從札幌、小樽發車的定期觀光巴士「絕景積丹岬路線」，就很方便。

從小樽開車2小時

羊蹄山腳下的遼闊原野

新雪谷

新雪谷町、俱知安町和蘭越町的總稱。全年都有戶外活動可玩，吸引日本國內外觀光客到訪。

地區特色

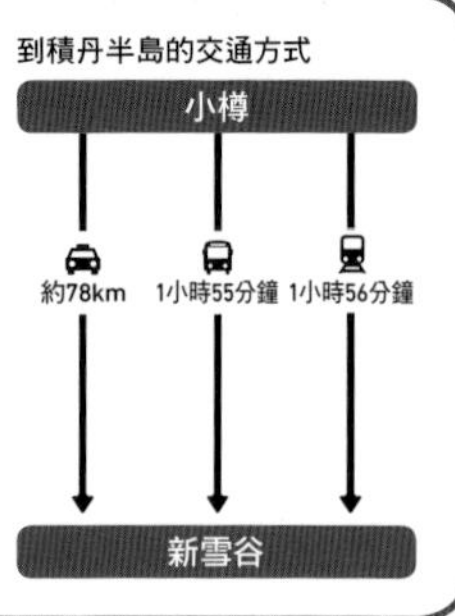

主要觀光項目是戶外活動。也有溫泉設施。

冬季則是滑雪場登山纜車。

搭乘纜車 體驗超廣角視野！

新雪谷擁有得天獨厚的自然景觀。先搭纜車欣賞群山連綿的雄偉風光吧。

欣賞羊蹄山絕景

新雪谷格蘭比羅夫滑雪場夏季纜車

（Niseko Grand Hirafu Summer Gondola）

從海拔320m的山腳站連接到位於新雪谷安努普利山腰，海拔820m山頂站的纜車。雄偉的自然景觀盡在眼前。

🏠 俱知安町山田204　☎ 0136-22-0109　[營] 7月中旬～9月下旬的9:00～16:00（依季節調整）　㊡ 營業期間無公休　[費] 來回1100日圓　[交] 從JR俱知安站開車15分鐘　🚗 100台

▶MAP P.22 A-1

享用牧場 鮮奶製成的甜點

用現擠的牛奶製成霜淇淋和泡芙等絕品美食！一邊欣賞羊蹄山的景致一邊品嘗吧。

用100%米麵粉製成的蛋糕捲1條1000日圓，新雪谷起司塔1個220日圓。

優質泡芙1個180日圓。

牧場現擠鮮奶甜點

新雪谷高橋牧場牛奶工房

用高橋牧場鮮奶製成香甜溫醇的甜點，頗受歡迎。境內也有咖啡館和餐廳。

🏠 新雪谷町曾我888-1　☎ 0136-44-3734　[營] 商店9:30～18:00（冬季～17:30。依設施而異）　㊡ 全年無休　[交] 從JR新雪谷站開車12分鐘　🚗 230台

▶MAP P.22 A-2

挑戰戶外活動！

夏天的新雪谷有多項戶外活動可玩。參加泛舟或健行，體驗大自然風情吧。

挑戰驚險刺激的遊河行程

NAC新雪谷探險中心

以最受歡迎的泛舟為首，有跳進深潭的峽谷漂流、站在滑板上划行於水面的立槳衝浪或獨步舟等豐富活動。

🏠 俱知安町山田179-53　☎ 0136-23-2093　[營] 泛舟4月上旬～11月上旬每天2梯　㊡ 全年無休　[費] 泛舟夏季5800日圓、春季6800日圓　[交] 從JR俱知安站開車10分鐘　🚗 12台

▶MAP P.22 B-1

水流湍急處驚險刺激！

觀光美食都輕鬆！

入住小樽市飯店

住在小樽車站或小樽運河周邊的飯店對旅人很方便。從市區飯店到溫泉飯店，選項豐富。找出適合自己旅程的飯店吧。

飯店賣點是溫泉和早餐

小樽Dormy Inn Premium 天然溫泉燈之湯

備有5種浴池的天然溫泉大浴場「燈之湯」頗受好評。在日西式自助餐廳，可以挑選愛吃的料做成海鮮丼飯。

價格 單床房7490日圓～、雙床房每間1萬1990日圓～

小樽市稻穗3-9-1
☎0134-21-5489
IN 15:00 OUT 11:00
交 從JR小樽站步行3分鐘
🚗 80台
小樽車站周邊 ▶MAP P.20 A-2

小樽運河近在眼前

小樽Nord飯店

歐式建築外觀，內裝是木頭和花窗打造的溫暖空間。頂樓是可眺望小樽港的酒吧。

價格 單床房8000日圓～、雙床房1萬2000日圓

小樽市色內1-4-16
☎0134-24-0500
IN 15:00 OUT 11:00
交 從JR小樽站步行7分鐘
🚗 46台
小樽運河 ▶MAP P.20 B-2

放鬆身心的天然溫泉

運河之宿 小樽谷川旅館

模仿明治時代商店呈現復古風情的旅館。除了玄關旁的泡腳池外，還有露天溫泉和魁蒿藥湯溫泉等多項溫泉設施。

價格 1晚附2餐單床房1萬4450日圓～、運河雙床房1萬8450日圓～

小樽市色內1-2-15
☎0134-29-2345
IN 15:00 OUT 12:00
交 從JR小樽站步行13分鐘
🚗 31台（每晚500日圓）
小樽運河 ▶MAP P.20 B-2

設備齊全服務親切

小樽歐森飯店

客房裝潢簡潔時尚。飯店內附設麵包坊、酒吧等。早餐提供以北海道食材為主的菜色。

價格 1晚附早餐單床房7800日圓～、雙床房1萬5200日圓～

小樽市稻穗2-15-1
☎0134-27-8100
IN 14:00 OUT 11:00
交 從JR小樽站步行5分鐘
🚗 90台
小樽車站周邊 ▶MAP P.20 B-2

前往享譽盛名的美人湯
朝里川溫泉

有小樽後花園之稱，周圍綠意環繞的溫泉鄉。也是頗受歡迎的美人湯，冬天則是冬季活動的據點，有眾多遊客到訪。

享受當季山珍海味的旅館

武藏亭飯店

寬敞的純日式客房。使用時令野菜和當地海域捕獲的新鮮海產製作的日式宴會料理，是飯店引以為傲的賣點。也有岩盤浴設施（房客300日圓）。

小樽市朝里川溫泉2-686-4
☎0134-54-8000
價格 1晚附2餐10榻榻米大的和室1萬3950日圓～
IN 15:00 OUT 10:00
交 從小樽站開車約20分鐘
🚗 100台
▶MAP P.21 F-3

當天來回泡湯DATA
營 9:00～22:00
最後入場時間為1小時前
費 600日圓
毛巾組150日圓

水療&健身設施齊全

小樽朝里Classe飯店

朝里川溫泉的大型度假飯店。除了大浴場和餐廳外，健身房、泳池等運動設施也很齊全。

小樽市朝里川溫泉2-676
☎0134-52-3800
價格 雙床房1萬2030日圓～
IN 15:00 OUT 11:00
交 從JR小樽站開車20分鐘
🚗 150台
▶MAP P.21 F-3

當天來回泡湯DATA
營 11:00～21:00
週六、日、假日～16:00。
最後入場時間為1小時前
費 800日圓
週六、日、假日為1000日圓

新雪谷地區的住宿型態大多是小木屋，或吃得到嚴選料理的餐廳兼旅館Auberge。

北海道 海鮮圖鑑

春夏秋冬的美味時令海鮮

在日本海、鄂霍次克海、太平洋包圍下的北海道，是日本最大的水產供給基地。相較於20世紀初的鯡魚產業，北海道漁業發生了相當大的變化。日本海沿岸的江差、小樽、增毛等地，因鯡漁業興盛蓋了許多家名為鯡魚御殿的豪宅。另外，靠近鄂霍次克海的函館，是捕撈鮭魚、鱒魚、阿拉斯加鱈魚等北洋漁業的重要據點。雖然當地因此而致富，卻也因為專屬經濟海域（200海浬之內）的規定而面臨轉換期。

北海道的海鮮漁獲量高居日本第一，有鮭魚、阿拉斯加鱈魚、遠東多線魚、扇貝、烏賊和秋刀魚等。除了海產以外，也是知名的昆布產地，活躍於江戶時代至明治時期的北前船，載著北海道生產的昆布到本州卸貨，將昆布文化推廣到全日本。

北海道各地都有海鮮特產。如羽幌的甜蝦、枝幸的毛蟹、苫小牧的北寄貝、羅臼的遠東多線魚、宇登呂的鮭魚、白糠的柳葉魚、積丹的海膽等多到數不清。總之，在旅程各地吃著美味海鮮料理，正是北海道的旅行魅力。

一定要記住這些！北海道的代表海鮮

鮭魚

產季 4～7月、9～12月
烹調法 鹽烤、鏘鏘燒等

白鮭是最常吃到的種類。春天捕撈的時不知鮭和秋天抓到的鮭兒，油脂豐厚更加美味。

喜知次魚

產季 全年
烹調法 紅燒、曬乾等

特色是大眼睛和朱紅色魚身。在道東暱稱為「menme」。因產量少被視為高級魚種。

遠東多線魚

產季 全年
烹調法 剖開曬乾、紅燒、油炸等

不易保鮮，大多處理成魚乾。有叉線六線魚、白斑六線魚、單鰭多線魚3種。

鯡魚

產季 全年
烹調法 生吃、鹽烤、切片曬乾等

新鮮鯡魚的吃法有生魚片或鹽烤，但大多製成加工品。鯡魚卵可做成鯡魚卵夾昆布或鹽漬鯡魚卵。

北魷

產季 6～12月
烹調法 生吃、醃漬、曬乾等

北海道各地皆能捕獲，但以津輕海峽和羅臼外海的最具代表性。在北海道稱為「真魷」（maika）。

海膽

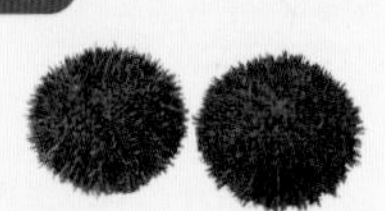

產季 12～9月
烹調法 生吃、蒸海膽等

北海道最常吃到的是稱作紅海膽的蝦夷馬糞海膽，和稱為白海膽的紫海膽2種。

毛蟹

產季 全年
烹調法 生吃、水煮等

全身覆滿硬毛的螃蟹。肉身香甜，品質新鮮者可以生吃。蟹膏也很美味。

充滿異國風情的港都

函館
HAKODATE

最佳季節

● 7～9月

夏天是散步遊覽歷史建築物的最佳季節。特產烏賊的產季也在夏天。

最佳停留期間

● 1～2天

因為景區比較集中，只逛必去景點1天就夠了。時間充裕的話，也可以到其他地方觀光或是享受美食及購物。

交通方式

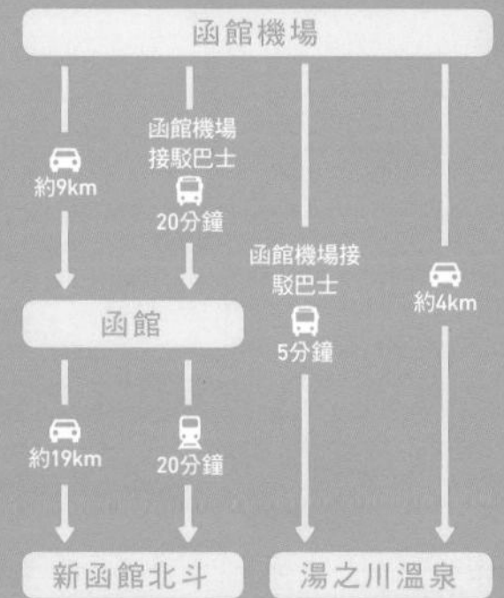

觀光移動方式？

從函館站前可搭路面電車到主要觀光景點或湯之川溫泉，既方便又輕鬆。想提高觀光效率也可以坐計程車。從元町到灣區都在步行範圍內。

到其他地區

一日遊可到大沼。在國家公園美麗的自然環境中，享受健行、騎單車及划獨木舟的樂趣。可搭JR來回，或是開車更能掌握時間。要到松前或江差一日遊的話，建議搭計程車。

身為道南據點的洋風港都

認識函館！

函館曾是幕府末期的舞台。以美麗夜景著稱，盡情享受充滿異國風情的歷史巡禮及豐富的海鮮美食。

在函館必做的3件事

1 從函館山俯瞰夜景

→ P.112

從函館山欣賞有百萬夜景之稱的美景。可搭巴士或纜車前往。

2 元町漫步

→ P.114

教會和歷史建築林立，洋溢異國風情的地區。悠哉地享受散步樂趣。

3 品嘗烏賊料理

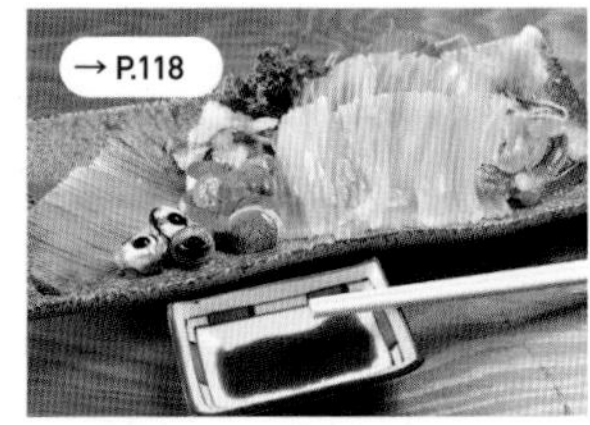
→ P.118

烏賊是函館的特產。從水槽現抓出來的烏賊切成活烏賊生魚片，堪稱絕品！

函館街區散步經典路線

需時 6小時

建議搭路面電車（市電）和巴士往來函館車站周邊、灣區和五稜郭等各區之間。

START

JR函館車站

↓ 巴士15分鐘，步行1分鐘

① 五稜郭公園 → P.116

從五稜郭塔俯瞰五稜郭公園。

↓ 步行9分鐘、市電21分鐘、步行5分鐘

② 灣區

→ P.124

函館最棒的購物區，紅磚倉庫群。

↓ 步行10分鐘

③ 元町漫步

→ P.114

屋頂極具特色的東正教教堂。

↓ 步行5分鐘、纜車3分鐘

④ 函館山

→ P.112

最好在日落前30分鐘抵達。

↓ 纜車3分鐘、巴士10分鐘

JR函館車站

函館MAP

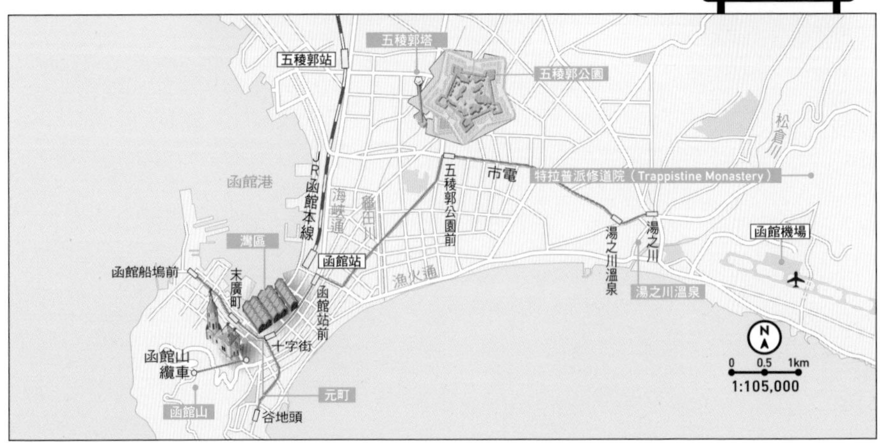

HAKODATE

函館事件簿

函館的必訪景點是上函館山賞夜景。事先查清交通方式在最佳時刻前往！連市電搭法都熟悉的話就更完美了。

FILE 1

打算租車自駕到函館山看夜景卻禁止通行。這是怎麼一回事？

在函館租車自駕。原本以為能輕鬆開上函館山～卻禁止通行。計程車好像不受限制，為什麼！？

解決！

登山車道依季節&時段設有通行管制。事先調查清楚就能避開！

每年11月中旬～4月下旬因積雪全面封閉。即便在開放通行期間，17:00～22:00登山車道採取管制措施，禁止一般車輛通行。另外，以下是3種前往函館山最常見的交通方式。

〔上函館山的其他交通方式〕

❶ 纜車 需時：山麓站～山頂站 單程3分鐘

㊥來回1500日圓（單程1000日圓）㊥10:00～22:00（10月16日～4月24日～21:00）上行末班車於營業結束前10分鐘發車 ㊡全年無休（10中旬起有2週因設備檢修暫停營業，天候不佳時停駛）㊋從市電十字街站步行10分鐘到纜車山麓站 ☎0138-23-3105（綜合諮詢）

❷ 定期觀光巴士 需時：從JR函館站前巴士總站來回約1小時30分鐘

「Mt.函館夜景浪漫路線」在不同季節推出全程巴士遊、纜車遊、巴士&纜車雙遊3種路線。
㊥巴士1000日圓、巴士&纜車1300日圓、纜車1600日圓 ㊥詳細的時刻表請上官網查詢 hokuto-hk.jp ㊡全年無休 ☎0138-57-4000（北都交通 函館分店暫停營業）

❸ 函館山登山巴士 需時：單程約30分鐘

從JR函館站前巴士總站發車後，繞行市內數站後前往函館山山頂的路線。
㊥單程500日圓 ㊥4月中旬～11月上旬（預計）㊡營運期間無公休（天候不佳時停駛）☎0138-22-8111（函館巴士）

FILE 2

搭市電前往末廣町，中途卻開往不同方向！

本來想從函館站前搭市電到末廣町，一回神卻發現到「谷地頭」站了。是不小心坐過站了嗎？

箱館Haikara號 4～10月營運。

解決！

在十字街站分成往谷地頭和函館船塢前兩條路線。

市電有2條路線，一條是往函館船塢前的⑤號系統，一條是往谷地頭的②號系統。要去元町地區的話，請搭往函館船塢前的⑤號系統。

〈市電路線圖〉→ MAP P.40

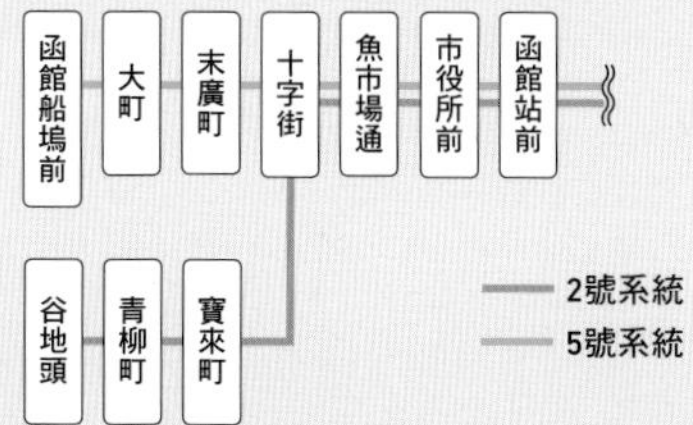

HAKODATE

從北海道新幹線停靠的「新函館北斗站」到函館要轉乘15分鐘的電車。也有開往周邊地區的路線巴士。

享受浪漫夜晚☆

令人讚嘆的函館山夜景

來到函館絕對不能錯過享譽全球的函館山美麗夜景。在不同季節還能看到霧夜景或雪夜景等罕見景致。坐上纜車前往山頂觀景台吧！

五稜郭塔 ▶P.117

JR函館車站

函館港

灣區 ▶P.124

以美麗的夜景獲選為米其林3星景點

函館山山頂觀景台

觀景台位於海拔334m高的函館山山頂。可眺望函館港和津輕海峽之間的函館市區、駒岳及橫津岳群山。

🏠函館市元町 ☎0138-23-3105（綜合諮詢）
㊐10:00～22:00（10月16日～4月24日～21:00）
㊡ 因為設備檢修，纜車在10月中旬起暫停營業2週左右 [費]纜車來回1500日圓（單程1000日圓）
[交]函館山纜車山頂站內（山麓站～山頂山單程3分鐘） 🚗40台（山頂停車場）

函館山 ▶MAP P.34 B-3

日落時刻表

1月	16:10左右	7月	19:10左右
2月	16:50左右	8月	19:00左右
3月	17:30左右	9月	18:10左右
4月	18:10左右	10月	17:10左右
5月	18:30左右	11月	16:30左右
6月	19:00左右	12月	16:00左右

※以每月1日為參考標準

搭纜車前往山頂！

1 在售票機買票。到山頂站大約3分鐘。

2 不要錯過從纜車看出去的函館市景。

3 在山頂站下纜車，抵達觀景台。

4 在日落前上山搶占好視野吧。

最佳觀賞時機是日落的10～30分鐘後。隨著日落時分遊客蜂擁而至，觀景台一下子就擠滿人，因此最好在日落前30分鐘抵達山頂。

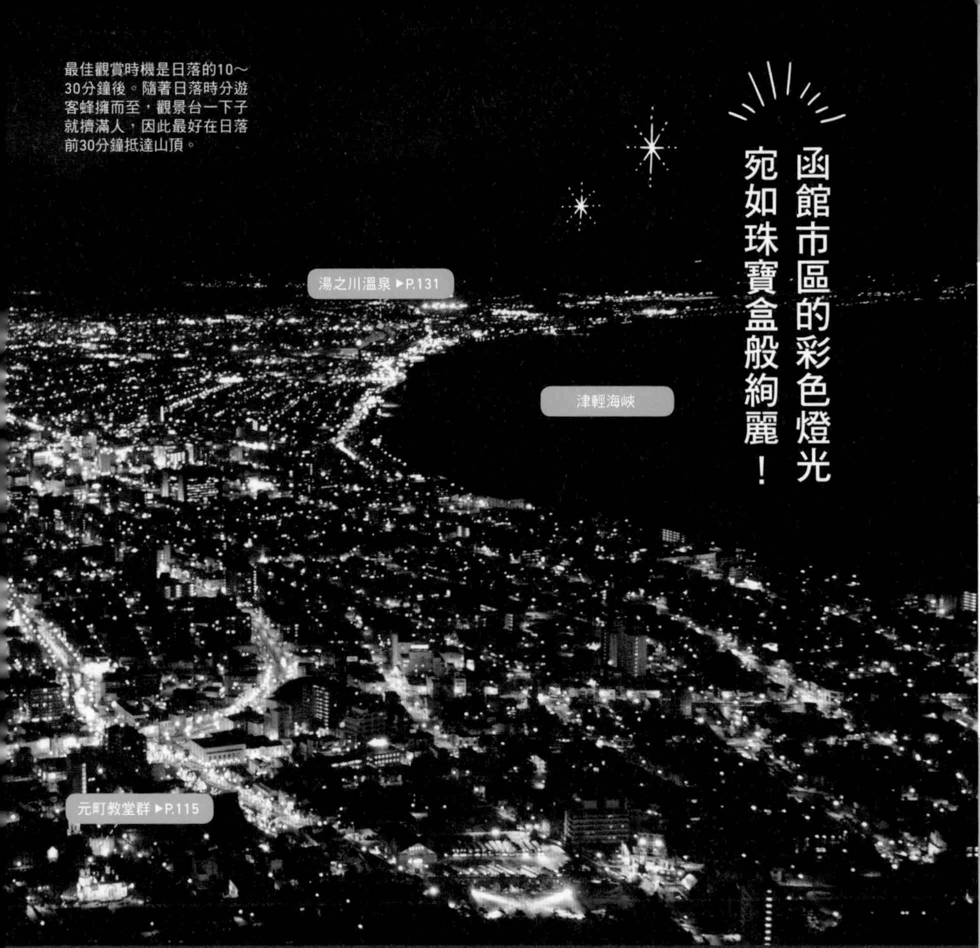

函館市區的彩色燈光宛如珠寶盒般絢麗！

湯之川溫泉 ▶P.131

津輕海峽

元町教堂群 ▶P.115

欣賞風情各異的夜景！

從函館山俯瞰的夜景依季節轉換面貌。結合霧氣或積雪等自然現象或烏賊漁船亮起的燈火，形成不同美景。

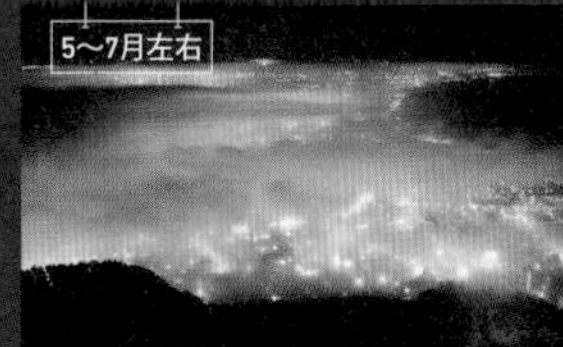

霧夜景

在容易起霧的春～初夏時節，經常可看到朦朧夜景。

烏賊漁火

烏賊漁船點起的燈火在夜晚形成的景致。欣賞浮在海面上的夢幻燈景。

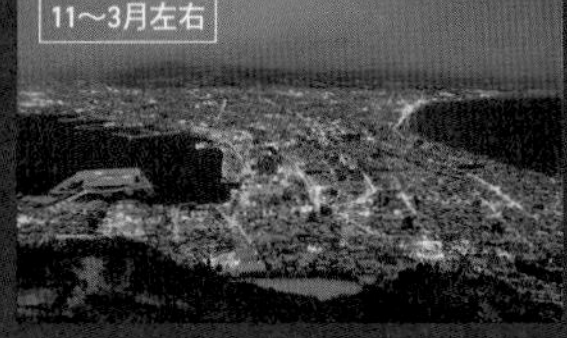

雪夜景

冬季積雪反射光線而成。據說比夏季更美。

享受夜景晚餐。

Genova餐廳

位於觀景台2樓的餐廳。有12桌看得到夜景的靠窗座位區。要預訂該區只能點一天限定3組的套餐。含纜車車票7000日圓～。

☎0138-27-3127
營 11:00～21:30（10月中旬～4月下旬～20:00，依天氣調整）
休 全年無休

凝視著夜景，就會浮現「HEART」和「スキ」（喜歡）文字。據說看到的話會很幸福，找找看吧。

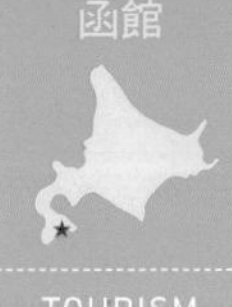

穿梭歷史建築間

充滿異國風情的元町漫步

元町地區保留許多教堂和西式建築。在遠眺函館灣的斜坡上有多條石板坡道，從坡道看出去的風景相當迷人。帶著相機尋找打卡景點吧。

美麗的石板路和行道樹 函館的代表性坡道

摩周丸

曾是青函聯絡船的渡輪。現在成為紀念館，開放參觀保留當時原貌的艦橋等設施。

函館灣

從斜坡頂端到函館灣約270m。石板路筆直地延伸出去，中間沒有任何遮蔽物。

八幡坂是人氣拍照景點，可從斜坡上一覽函館港。以前斜坡上有座函館八幡宮，便以此為名。

散步路線

從市電十字街站出發，走訪元町主要景點，需時約3小時的經典路線。
到了晚上街燈亮起，又是截然不同的景致。

START

市電十字街站

步行10分鐘

令人印象深刻的鐘聲

函館東正教教堂

列為國家重要文化財產，教堂的白色牆壁和屋頂上的洋蔥尖塔，充滿特色。

函館市元町3-13 ☎ 0138-23-7387 營 10:00～17:00（週六～16:00、週日13:00～16:00）休 全年無休（12月下旬～3月中旬不定期公休） 費 參觀善款200日圓 交 從市電十字街站步行10分鐘 🚗 無

元町 ▶MAP P.34 C-3

步行1分鐘

步行3分鐘

視野絕佳

八幡坂

朝著海洋筆直延伸的坡道。石板路加上綠意盎然的行道樹相當漂亮。

函館市元町 ☎ 0138-27-3333（函館市元町遊客中心） 營 自由參觀 交 從市電末廣町站步行3分鐘 🚗 無

元町 ▶MAP P.34 C-2

醒目的八角塔

天主教元町教堂

建於大三坂上，是日本最古老的教堂之一。

函館市元町15-30 ☎ 0138-22-6877 營 10:00～16:00（週日12:00～，禮拜時間除外） 休 全年無休（聖堂使用期間休館） 費 免費參觀 交 從市電十字街站步行10分鐘 🚗 無

元町 ▶MAP P.34 C-2

步行3分鐘

美麗玫瑰盛開的西式庭園

函館市舊英國領事館（開港紀念館）

利用舊領事館規畫成的開港紀念館。可以學到函館開港的歷史。

函館市元町33-14 ☎ 0138-27-8159 營 9:00～19:00（11～3月～17:00） 休 12/31～1/1 費 紀念館門票300日圓 交 從市電末廣町站步行5分鐘 🚗 無

元町 ▶MAP P.34 C-2

步行17分鐘

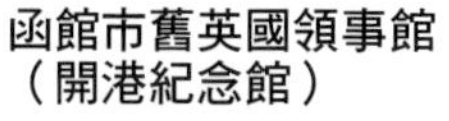

眺望函館灣的十字架

外國人墓地

最初是美國海軍將領培里（Matthew Calbraith Perry）來航時，在這裡埋葬過世的水手。

函館市船見町23 ☎ 0138-27-3333（函館市元町遊客中心） 營 自由參觀 交 從市電函館船塢前站步行15分鐘 🚗 無

元町 ▶MAP P.34 A-2

維多利亞玫瑰茶館

設於領事館內的咖啡館。下午茶套餐1500日圓頗受歡迎。

套餐搭配剛烤好的司康或蛋糕。

步行15分鐘

GOAL

市電函館船塢前站

1854年（安政元年），美國海軍將領培里抵達箱館港。之後這裡發展成國際都市。

幕末歷史的遺跡
漫遊五稜郭公園

五稜郭公園是昔日箱館戰爭的舞台。逛完園內後，登上五稜郭塔俯瞰星形公園。在此遙想幕末歷史。

漫遊五稜郭公園

松林
箱館奉行所
軍糧庫
武田斐三郎之碑

也是知名的賞櫻景點。4月下旬～5月上旬是1600株櫻花的最佳觀賞期。

欣賞四季更迭之美

五稜郭公園

星形西洋式城堡。在1868年（明治元年）爆發的箱館戰爭中，此處是舊幕府逃兵的根據地。目前則是對外開放的公園。

函館市五稜郭町44 ☎ 0138-40-3605（函館市住宅都市設施公用事業公司） [營] 城郭內5:00～19:00（11～3月～18:00） ㊡ 全年無休 [費] 免費入園參觀 [交] 從市電五稜郭公園前站步行15分鐘 🚗 利用周邊停車場（付費）

五稜郭公園 ▶MAP P.33 D-1

WHAT IS

箱館戰爭

以五稜郭為舞台，新政府軍隊和舊幕府軍隊在戊辰戰爭中的最後一役。新選組副長土方歲三死於這場戰爭。

A 一之橋

位於五稜郭公園的南側入口。穿過這座橋就是半月堡和二之橋。

B 半月堡

為了防禦敵人攻擊和入侵建造的三角形土壘。

C 石牆

上方向外凸出的「武者退返」，是阻擋敵人往上爬的設計。

D 大砲

據推測是箱館戰爭中舊幕府逃兵實際使用過的大砲。

參觀箱館奉行所

重建奉行所

箱館奉行所

德川幕府設置的機構，目前復原1/3的範圍。內部用展示板和放映室隔成4區，供民眾參觀。

五稜郭公園內 ☎0138-51-2864 營9:00～18:00（11～3月～17:00、最後入館為15分鐘前） 休全年無休（時有臨時休館日） 費門票500日圓

五稜郭公園 ▶MAP P.33 D-1

箱館奉行所於明治維新後解體。以濃淡不均的色澤如實重現當時的磚瓦。

重現區

重現高規格大廳。從一之間到四之間，4個房間共72個榻榻米大。

歷史發現區

用展示板講解五稜郭、箱館奉行所的歷史及相關人物。

放映室

此區曾是警察值勤室。用影片介紹木工重建箱館奉行所的情景。

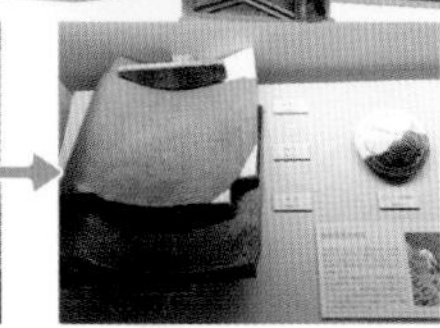

建築復原區

在原是警察值勤室的房間內，展示復原工程用到的資料及歷史文物。

登五稜郭塔眺望

高107m

2F觀景區 高90m

1F觀景區 高86m

塔台&中庭

從107m高的塔頂飽覽函館市區及函館山美景。附設商店和餐廳。

2F觀景區

在「五稜郭歷史迴廊」，透過立體模型和展示板等學習歷史。土方歲三的青銅像也設於此處。

1F觀景區

務必到強化玻璃製成的透明地板俯瞰下方景色。附設禮品部和咖啡館。

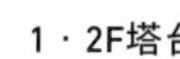

1．2F塔台

1樓是售票處和商店，2樓有餐廳和義式冰淇淋店。

從上方俯瞰星形五稜郭公園

五稜郭塔

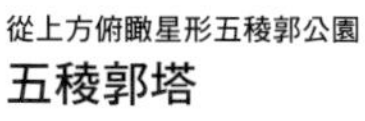

矗立於五稜郭公園旁的函館地標高塔。從2樓觀景區俯瞰五稜郭，欣賞360度的視野。

函館市五稜郭町43-9 ☎0138-51-4785 營9:00～18:00 休全年無休 費門票900日圓（1.2樓免費） 利用周邊停車場（收費）

五稜郭公園 ▶MAP P.32 C-1

函館千秋庵的蜂蜜蛋糕饅頭。函館散步5個裝600日圓。

MILKISSIMO的三層義式冰淇淋760日圓。

五稜郭塔內有2座土方歲三的雕像，是2樓觀景區坐在椅子上的座像和站在1樓中庭的立像。

到處都是烏賊！

吃遍函館的特色烏賊料理

在津輕海峽捕獲的函館特產烏賊，擁有別處吃不到的鮮度，可做成活烏賊丼飯、活烏賊生魚片等各種菜色。嘗試各種烏賊吃法吧。

活烏賊丼飯

活跳跳烏賊丼飯
1890日圓
吃得到一整隻烏賊的身體、腳和內臟。冬季使用長槍烏賊。

食用時會幫忙切成適口大小。

在丼飯上跳動的烏賊！

一花亭Tabiji

招牌菜是活跳跳烏賊丼飯。在撒上自製鮭魚卵的丼飯正中間，透明烏賊腳動來動去的畫面極具衝擊感。除了海鮮丼飯外，也有活蟹等豐富菜色。

函館早市內　☎0138-27-6171
營 5:00～13:00（10月下旬～4月下旬6:00～14:00）　休 全年無休

烏賊麵線

生烏賊定食
1100日圓
米飯、味噌湯和烏賊內臟、紅燒烏賊腳等8道小菜組成的套餐。

以超薄切片帶出鮮味

早市味處茶夢

烏賊身體切成1mm細絲的極細烏賊生魚片，充分發揮烏賊本身的鮮度，頗受歡迎。米飯使用北海道米Fukkurinnko。

函館早市內　☎0138-27-1749
營7:00～15:00　休 不固定

WHAT IS

函館早市

剛開始是戰後黑市，1956年（昭和31年）遷至現址。聚集了超過250家販售海產和農產品的店鋪，也有內用餐館。

函館市若松町9-19　☎0138-22-7981（函館早市合作社聯合會）　營 5:00～14:00左右（依店鋪而異）　休 依店鋪而異　交 從JR函館站步行1分鐘　🚗 300台（包含周邊停車場。在聯合會推薦店鋪消費2100日圓以上免費停車1小時）

函館車站周邊 ▶MAP P.35 E-1

在早市挑戰釣烏賊！

元祖活烏賊釣場

位於站二市場內的釣烏賊場。釣到的活烏賊可在現場處理成生魚片，享受釣烏賊和美食的雙重樂趣。

函館早市內　☎0138-22-5330（函館站二商業合作社）　營 7:00～13:30（依季節調整）　休 1～6月、10、11月的第3週週三　費 1隻600日圓～（時價）

現場可幫忙處理釣到的烏賊。

WHY

為什麼烏賊是函館的特產？

在津輕海峽的風浪襲擊下長大的烏賊，肉質特別甜美。在函館有「夏吃真烏賊，冬吃長槍烏賊」的說法，每個季節抓到的烏賊品種不同。

長槍烏賊

1～5月抓到的長槍烏賊比真烏賊小，觸腕也比較短。肉身薄卻鮮甜十足。

真烏賊

產季在6～12月。肉身厚實內臟較大，適合各種烹調方式，生吃油炸皆可。

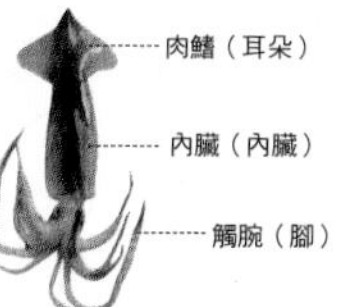

品嘗整隻新鮮烏賊

魚Sanko

店內提供平價的新鮮海產。手寫菜單上列有一長串的本日生魚片。點活烏賊的話，從水槽現撈烏賊給顧客看過後再處理。

⌂ 函館市若松町19-3 ☎ 0138-22-0008 營16:30～1:00 休不固定 交從JR函館站步行3分鐘 🚗無

函館車站周邊 ▶MAP P.35 F-1

務必嘗試函館的招牌菜活烏賊！

活烏賊生魚片

活烏賊生魚片！
1000～1980日圓（時價）
活烏賊生魚片的肉身透明新鮮。每個部位都吃得到。

烏賊義大利麵

函館黑烏賊拿坡里麵
1080日圓
午間套餐附沙拉、飲料和冰淇淋。提供3種麵條做選擇。

函館新名產！黑色拿坡里麵

Caldo Calcio

以口感彈牙的生義大利麵博得好評的義大利餐廳。黑烏賊拿波里麵的番茄醬汁和濃郁的烏賊墨汁十分對味。提供超過30種口味的義大利麵。

⌂ 北斗市七重濱4-38-9
☎ 0138-85-8213
營11:30～22:30 休週一 交從新函館北斗站開車20分鐘 🚗有

花園町 ▶MAP P.33 E-1

放了滿滿的烏賊肉！

招牌菜是特製烏賊飯

函館海鮮居酒屋 魚Masa五稜郭總店

在日式挖洞座位包廂細細品嘗用當地食材製成的餐點，如活烏賊生魚片（須預訂）和自製遠東多線魚一夜干等。

⌂ 函館市本町4-7 ☎ 0138-53-1146
營 17:00～22:00LO（週五、六、假日前一天～23:00LO） 休全年無休
交從市電五稜郭公園前站步行3分鐘
🚗無

五稜郭周邊 ▶MAP P.32 C-2

冷凍烏賊內臟
490日圓
新鮮的烏賊內臟和芥末用青紫蘇葉包起來放入醬油醃漬，再塞回烏賊體內冷凍的珍饈。

烏賊飯

魚Masa黑米烏賊飯
910日圓
使用道南福島町的黑米，費時燉煮入味的烏賊飯。

北海道的家常菜「RUIBE」，冷凍海鮮切成薄片，沾芥末醬油食用。

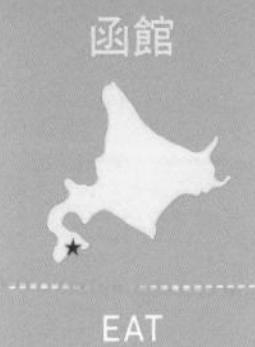

敲定函館午餐！

享用當地美食

說到函館的代表美食就是鹽味拉麵。此外還有很多深受函館人喜愛的靈魂美食！記住必吃美食以免錯過。

開業80多年的函館代表鹽味拉麵

位於函館車站2樓！

味彩鹽拉麵　750日圓
以昆布熬煮的清澈湯頭加上天然岩鹽，風味宜人清爽。

在車站內品嘗名店美味

味彩麵廚房JR函館車站分店

函館的代表鹽味拉麵「味彩」的分店，總店位於五稜郭公園前。以豬骨、雞骨加昆布熬煮的高湯搭配細麵超對味。

函館市若松町12-13 JR函館車站2F　☎0138-84-6377　營10:00～19:30LO　休全年無休　交從JR函館車站出站直達　🚗有（收費）

函館車站周邊 ▶MAP P.35 E-1

WHAT IS

函館拉麵

湯頭
清爽的鹹味透明湯頭。

麵條
微卷柔軟的中粗麵條。

配料
簡單。有些店會放烤麩。

這就是傳統的鹽味拉麵

Enraku函館鹽拉麵專賣店

店主重現之前吃過的古早味鹽拉麵。堅持選用北海道食材製作的湯頭，以豬骨和雞骨為基底，也會添加干貝等海鮮。推薦加了烏賊墨的函館Black 870日圓。

函館市末廣町24-6西波止場內　☎0138-24-8320　營11:00～18:00（2月～17:00、7～9月～19:00）　休全年無休　交從市電末廣町站步行3分鐘　🚗50台（收費。利用海鮮市場總店的停車場。消費1000日圓以上免費停車1小時）

灣區 ▶MAP P.35 D-2

W湯頭的關鍵是祕製鹽醬。

一邊眺望函館港一邊享用懷舊的鹽拉麵

函館鹽拉麵　700日圓
選用北海道豬製作函館鹽拉麵的必備配料叉燒肉。

還有這些！

靈魂美食

函館擁有好幾項享譽全日本的靈魂美食。以下是各店引以為傲的招牌菜！

將「牛排飯」（Stepi）推向全日本的餐廳

軟嫩的牛肉放在奶油抓飯上。再淋上獨家祕製醬汁。

元祖牛排飯 1382日圓

結合抓飯和牛排

Jolly Jellyfish

「Stepi」是牛排抓飯的意思。除了牛肉外，也有雞肉、豬肉可選。提供胡椒鹽或獨家祕製醬汁自行調味。

函館市東山2-6-1 ☎0138-86-9908 營11:00～21:00LO 休全年無休 交從JR函館站步行20分鐘 🚗38台

東山 ▶MAP P.33 D-1

無人不知的Cali Baby「舊金山飯」

法蘭克福香腸放在奶油炒飯上，再淋上大量肉醬。

舊金山飯（Cisco Rice）820日圓

屹立40年以上的西餐廳

California Baby

1976年（昭和51年）開業時就有的舊金山飯，源自遊艇內的伙食。奶油炒飯和肉醬很對味。

函館市末廣町23-15 ☎0138-22-0643 營11:00～21:00 休週四 交從市電十字街站步行10分鐘 🚗無

灣區 ▶MAP P.34 C-2

函館速食「幸運小丑的炸雞堡」

人氣No.1漢堡，裡面是加了甜鹹醬的大塊炸雞。

中式炸雞堡 378日圓

函館在地的漢堡名店

幸運小丑 Marina末廣店

函館市民都知道的「幸運小丑」，是以函館為中心開設17家分店的漢堡連鎖店。販售以中式炸雞為首的多種特色漢堡。

函館市末廣町14-17 ☎0138-27-5000 營9:30～23:00 休全年無休 交從市電末廣町站步行3分鐘 🚗無

灣區 ▶MAP P.35 D-2

男女老少都愛的Hasesuto「烤肉串便當」

烤肉串便當 小 490日圓

有烤肉醬、鹽味、鹽味烤肉醬、辣味、味噌5種口味，份量有大、中、小3種可選。

其實是豬肉！函館版烤雞串

長谷川商店灣區分店

這道函館名產是把烤豬肉串放在鋪了海苔的米飯上。分量、口味、蔬菜配料等選項豐富。也可以坐在店內享用現烤肉串。

函館市末廣町23-5 ☎0138-24-0024 營7:00～21:45LO 休全年無休 交從市電十字街站步行3分鐘 🚗4台

灣區 ▶MAP P.34 C-2

幸運小丑每家分店的裝潢都不同。其中以灣區總店的鞦韆椅最具特色。

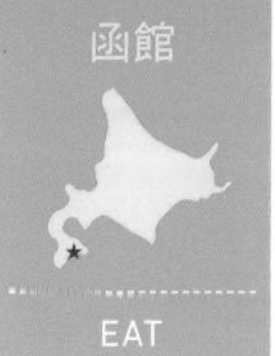

老建築才有的沉靜空間

時光倒流的復古咖啡館

函館是保留多棟歷史建築的城市。由倉庫或店家改建成的咖啡館，不僅是觀光客，連函館人都很愛去。一邊品嘗甜點，一邊感受懷舊氣氛。

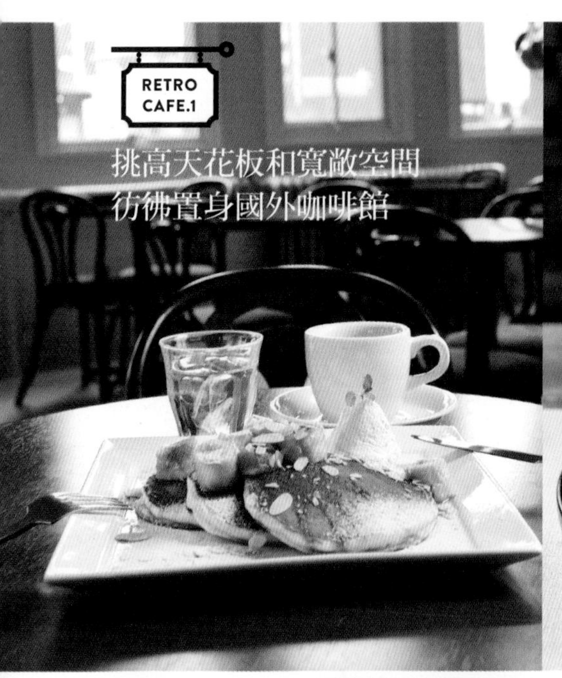

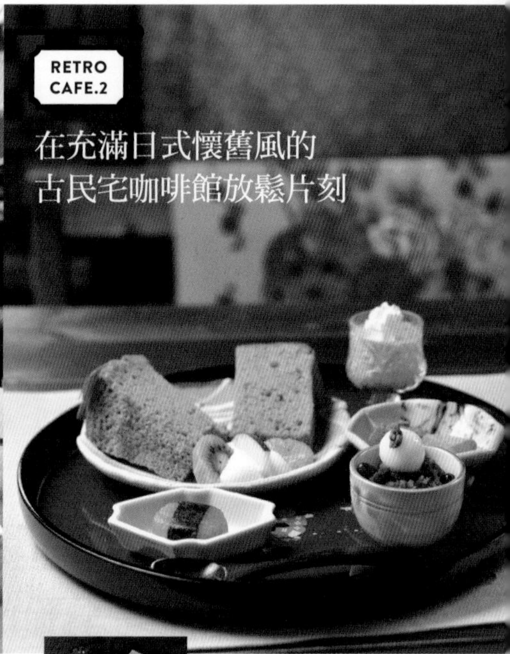

焦糖香蕉鬆餅
886日圓
加了瑞可達起司，口感濕潤的鬆餅配上焦糖香蕉。

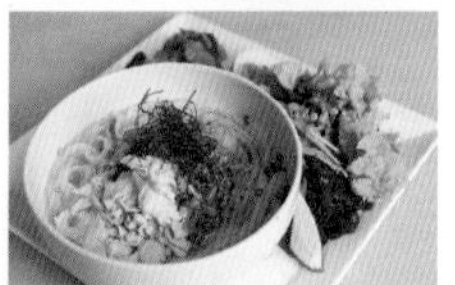

雞肉河粉
1188日圓
使用北海道米製成彈牙河粉。附沙拉或飲料的午間套餐。

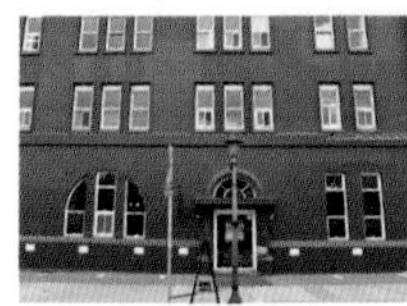

店內也裝潢得很漂亮

Cafe & Deli MARUSEN

外觀沉穩，店內以挑高天花板打造寬敞空間。除了法式煎餅和河粉外，還有法國土司和鬆餅等多樣甜點。也提供剛出爐的麵包。

⌂函館市大手町5-10 Nichiro大樓1F ☎0138-85-8545 [營]午餐11:00～15:00LO／咖啡11:00～17:00LO ㊡週二 ㊋從市電魚市場通站步行5分鐘 🚗7台

函館車站周邊 ▶MAP P.35 E-2

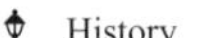

History

利用1932年蓋的辦公大樓

舊日魯漁業的公司大樓。必看保留原貌的天花板和牆壁拱窗。

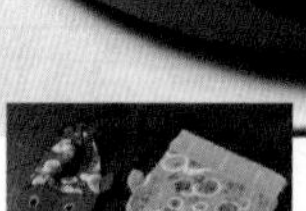

羽衣套餐
750日圓
自製抹茶戚風蛋糕附小碗紅豆湯、蕨餅、馬鈴薯餅等。

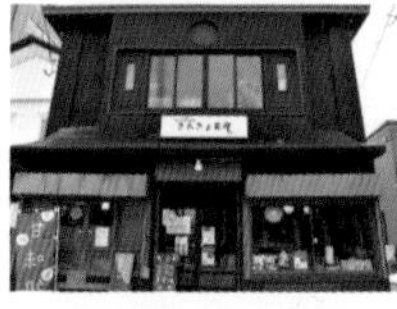

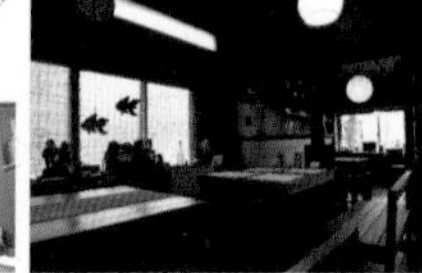

周邊全是金魚商品和古董品

金魚茶屋

外牆和天花板塗成黑色，裝潢擺飾也走懷舊風。以嚴選日式餐具盛裝日式甜點。以金魚為名的菜單名稱相當特別。

⌂函館市末廣町20-18 ☎0138-24-5500 [營]5月～10月10:00～17:00，11月～4月～16:30 ㊡週三，第2、4週週日 ㊋從市電末廣町站步行1分鐘 🚗1台

元町 ▶MAP P.34 C-2

History

利用屋齡100年以上的商店

昭和初期曾是香菸店。土間、天花板梁柱和門扉都保留當時原貌。

WHAT IS

老屋咖啡館

利用老舊建築物，尤其是富意義價值的傳統建築改建成的咖啡館。灣區和元町被指定為傳統建築物保存地區。

函館市教育委員會標記。

RETRO CAFE.4

在高雅的洋樓咖啡館感受浪漫氣息

蛋糕套餐
800日圓

奶油烤布蕾加紅茶的套餐。使用義大利Burleigh餐具。

優雅的午茶時光

大手町house函館cafe centenaire

厚實的石造建築令人印象深刻。店內天花板挑高，窗戶或梁柱也施以細部加工。店名centenaire是法語百年以上的意思。

函館市大手町5-1　☎ 0138-83-1331　營 4月～10月10:30～18:00，11月～3月11:00～17:00　休 4月～10月週二，11月～3月週一、週二　交 從市電市役所前站步行3分鐘　🚘7台

函館車站周邊 ▶MAP P.35 E-2

History

修復1918年興建的營業所

曾是淺野水泥的函館營業所和北海道漁業公社事務所。2004年修復完成。

RETRO CAFE.3

木地板建築的時髦設計空間

巴菲禮品
800日圓

在加了果凍、雪酪和巧克力棒的義式冰淇淋上，放上蒙布朗口味的生起司蛋糕。

拿鐵咖啡
500日圓

滿滿的鬆軟奶泡。呈現美麗的三色漸層。

醒目的粉嫩色調

ROMANTiCO TOMANTiCA

店內以生活用品和擺設做裝飾，懷舊有型。蛋糕櫃內每天備有5～6種手工蛋糕，也有餅乾2片100日圓～。

函館市弁天町15-12佐藤商會1F
☎0138-23-6266　營11:00～19:00　休 週二、週三　交 從市電大町站步行3分鐘　🚘6台

灣區 ▶MAP P.34 B-1

History

翻修1916年興建的工廠

清爽的藍色木造3層樓建築，前身是Maruha Nichiro罐頭工廠。

制定傳統建築保存地區的目的是保存歷史街區。截至2019年4月，北海道境內只有函館被指定。

函館

SHOPPING

紅磚倉庫有好多雜貨用品！

到灣區物色伴手禮

紅磚倉庫群是函館首屈一指的購物天堂。從日用品到甜點應有盡有，便於物色伴手禮。出門逛街尋找喜歡的物品吧！

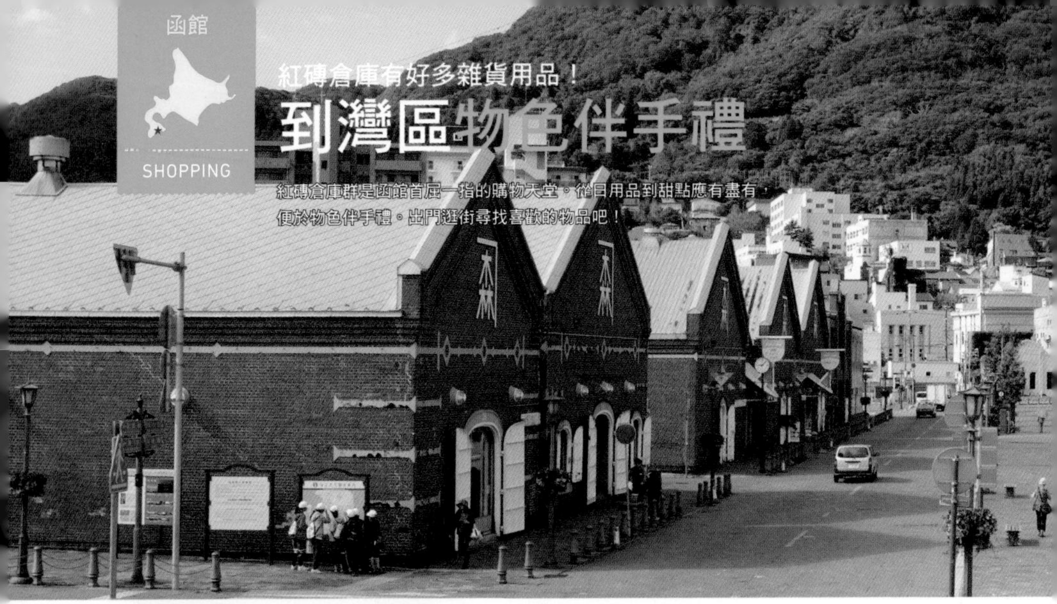

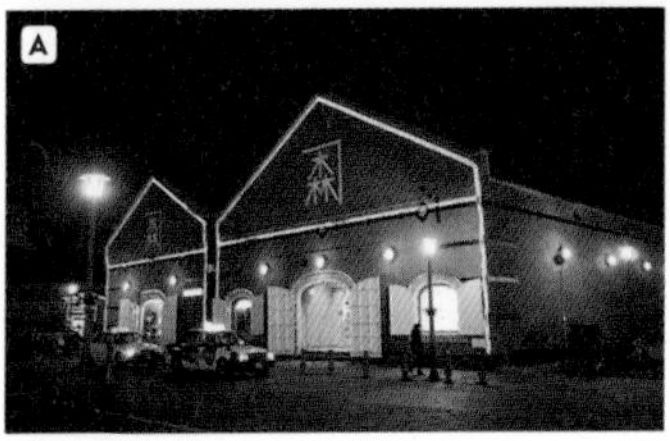

[A]

灣區地標

金森洋物館

金森洋物館是面向海港的5棟紅磚建築。館內有商店販售舶來品、生活用品和首飾等。到了晚上外牆會打燈，十分浪漫。

🏠函館市末廣町13-9 ☎0138-27-5530
[營]9:30～19:00 [休]全年無休 [交]從市電十字街站步行5分鐘 🚗76台（消費1000日圓以上免費停車2小時）

[灣區]▶MAP P.35 D-2

CAFE TIME

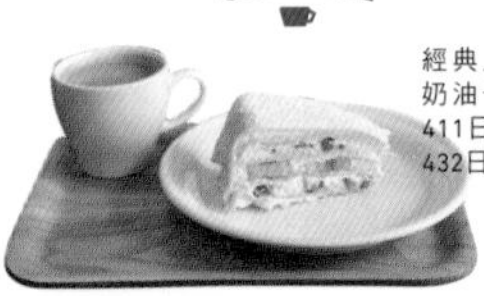

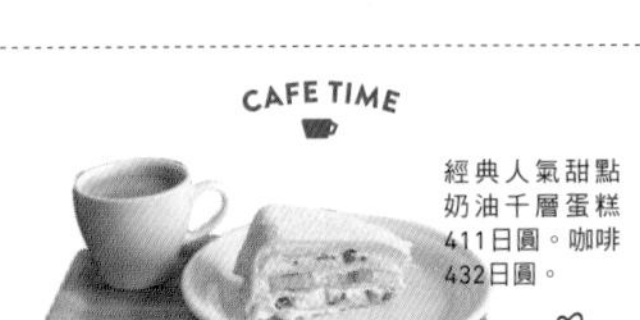

經典人氣甜點奶油千層蛋糕411日圓。咖啡432日圓。

輕鬆品嘗著名的起司歐姆蕾

函館西點Snaffle's

來自函館的西點店。招牌商品起司蛋糕加小杯咖啡200日圓。

☎0138-27-1240

在金森洋物館物色雜貨用品！

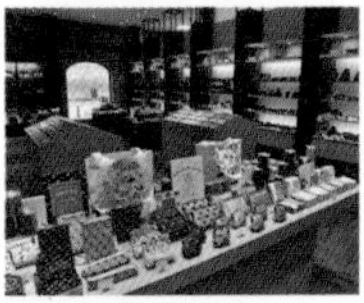

好多函館特色小物

日本CHACHACHA函館商店

人氣商品是用圖案鮮豔的緹花布料做成的小配件或繡花手帕等。

☎0138-23-2822

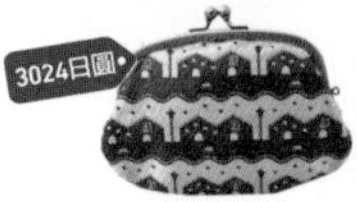

3024日圓

紅磚倉庫圖案口金包

以海港和紅磚為圖案，是函館伴手禮最佳選項。

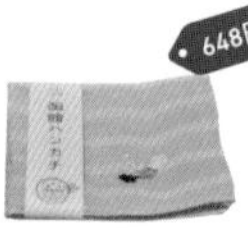

648日圓

函館手帕

繡上函館名產烏賊的手帕。普普風設計很可愛。

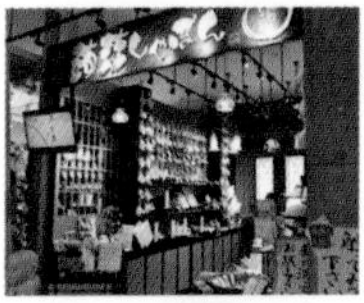

與眾不同的蒟蒻香皂

函館蒟蒻香皂

店內商品除了函館生產的褐藻昆布，還有用大豆或水果製成的蒟蒻香皂。

☎0120-808-469

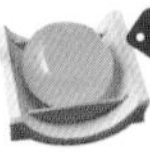

1550日圓

褐藻昆布金

內摻金粉的褐藻昆布金。

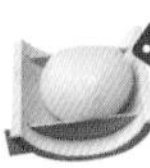

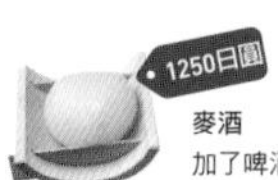

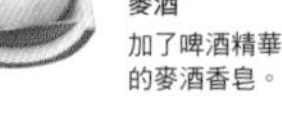

1250日圓

麥酒

加了啤酒精華的麥酒香皂。

也有函館限定商品。

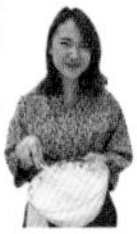

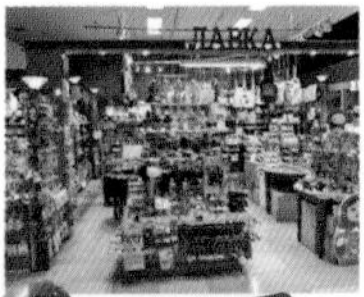

各種俄羅斯商品

Import Rabuka（停業）

這家用品店主要販售從俄羅斯進口的俄羅斯娃娃和相關圖案商品。

☎0138-27-8323

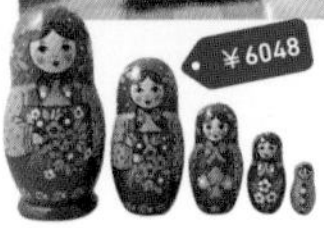

¥6048

俄羅斯娃娃5件組

由不同顏色組成，配色很漂亮。

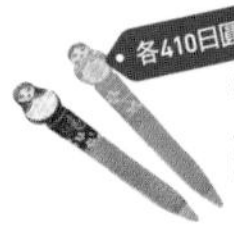

各410日圓

指甲銼刀

以俄羅斯娃娃為圖案的商品。

在倉庫群的另一面可以看到函館山。倉庫上裝設傳統的厚鐵門。

WHAT IS

紅磚倉庫群

由金森洋物館、BAY函館、函館明治館、函館歷史廣場等建築物組成的購物&活動地點。這些建築是1909年（明治40年）以耐火磚塊製成的營業用倉庫。

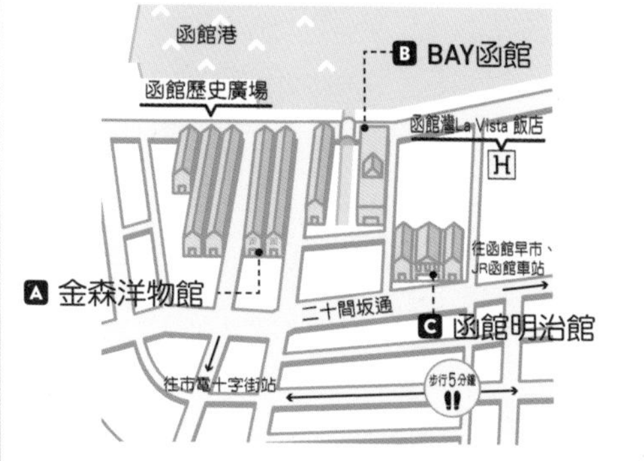

面對運河的長形建築物

BAY函館

位於運河沿岸，有餐廳、咖啡館、首飾店、日用品店等16家特色店鋪進駐。還有幸福之鐘和樓梯超大的禮拜堂。

函館市豐川町11-5
☎0138-27-5530
營9:30～19:00
休全年無休　交🚗同金森洋物館
灣區 ▶MAP P.35 D-2

3500日圓
帆布托特包（小）
所有包包都是函館工匠手工製造。

2600日圓
斜背包（小）
採用日式圖案，以厚實堅固的布料縫製。

函館名產章魚做成生活用品

singlar's

販售各種烏賊墨染原創商品。

☎0138-27-5555

CAFE TIME

2塊起司蛋糕加飲品600日圓。

招牌起司蛋糕

Pâtisserie Petite Merveille

工廠位於末廣町的西點店。起司蛋糕是頗受歡迎的伴手禮。

☎0138-84-5677

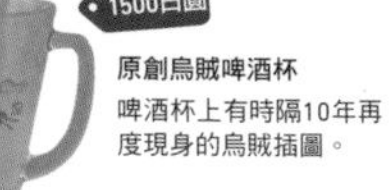
1500日圓
原創烏賊啤酒杯
啤酒杯上有時隔10年再度現身的烏賊插圖。

攀滿爬牆虎的舊郵局

函館明治館

1911年（明治44年）建造的紅磚建築，原本作為郵局使用。進駐的商店有函館硝子明治館、音樂盒明治館、泰迪熊商店等。

函館市豐川町11-17　☎0138-27-7070
營 9:30～18:00（週六、日、假日9:00～。依季節調整）　休週三
交 從市電十字街站步行3分鐘　🚗 40台（消費1000日圓以上免費停車1小時）
灣區 ▶MAP P.35 D-2

噴砂體驗工坊

細沙噴在玻璃上加工的噴砂玻璃體驗1600日圓。

☎0138-27-6060

12月1～25日（暫定）舉辦函館聖誕夢幻節。活動期間，聖誕樹會浮現在海面上。

走遠一點也想去的地區

從函館開車35分鐘

眺望駒岳的自然景點

大沼

駒岳山下的原野度假地，是知名的賞楓景點。有大沼、小沼、蓴菜沼三個湖泊，超過120座大小島嶼漂浮其間。

地區特色

指定為大沼國家公園，可在生態豐富的大自然怡然自得地散步。

到大沼的交通方式

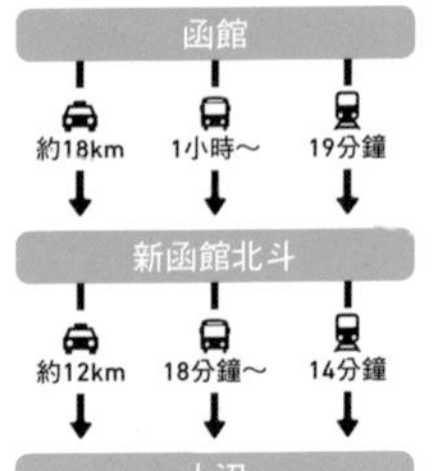

oonuma 01 漫步、搭船，盡享大沼小沼的自然風光

遊覽大沼、小沼的方式有很多種。無論是從陸地或湖面都能欣賞美麗風景！

從步道或觀光船上都可看到大沼和駒岳。

邊賞景邊散步

大沼・小沼湖畔步道

在大沼和小沼的湖畔，設有4條需時15～50分鐘的步道，可以走覽橋梁連接的7座島嶼。

七飯町大沼町 ☎0138-67-2170（大沼國際交流廣場） 營 自由散步 休 從JR大沼站步行5分鐘 🚗260台

▶MAP P.24 A-1

眺望駒岳的遊船

大沼遊船

繞大沼小沼周邊湖泊一圈的行程，一邊聽導覽講解，一邊享受悠哉的遊湖樂趣。

七飯町大沼町1023-1 ☎0138-67-2229 營 4月～12月上旬8:20～16:20（7.8月～7:00。約40分鐘一班） 休 營業期間無公休（天候不佳時另洽） 料船票1320日圓（繞島一圈） 交從JR大沼站步行5分鐘 🚗160台（收費）

▶MAP P.24 A-1

oonuma 02 來份大沼名產填飽肚子

大沼牛牛排、大沼特產古早味糰子等必吃美食就在這裡！

多汁的大沼牛牛排頗受好評

Lumber House

品嘗用當地小澤牧場的大沼牛製作的牛排。脂肪含量少，肉質鮮甜軟嫩。

七飯町軍川19-32 ☎0138-67-3873 營11:00～14:30、17:00～19:30 休 週一 交 從JR持田園站步行1分鐘 🚗10台

▶MAP P.24 B-1

肋眼牛排（特級肋眼300g）套餐3750日圓。

大沼糰子（醬油和豆沙&醬油和胡麻）每盒各390日圓。

浮島形狀的糰子。

創業114年的大沼名產糰子店

沼之家

以糯米做成一口大小的糰子，保留創業時期的滋味。只有這裡有賣醬油和芝麻口味。

七飯町大沼町145 ☎0138-67-2104 營 8:30～18:00（售完為止） 休 全年無休 交 從JR大沼站步行1分鐘 🚗6台

▶MAP P.24 A-1

被指定為國家公園綠意盎然的大沼，和保有懷舊江戶風情的松前、江差。
都是交通方便，從函館可當天來回的地區。看看有哪些特色景點吧。

從函館開車2小時

擁有美麗櫻花的城下町

松前

繁榮一時的松前藩城下町，至今仍保有小京都般的街景。境內有北海道唯一的城池福山城，種植250種共1萬株櫻花，是知名的賞櫻景點。

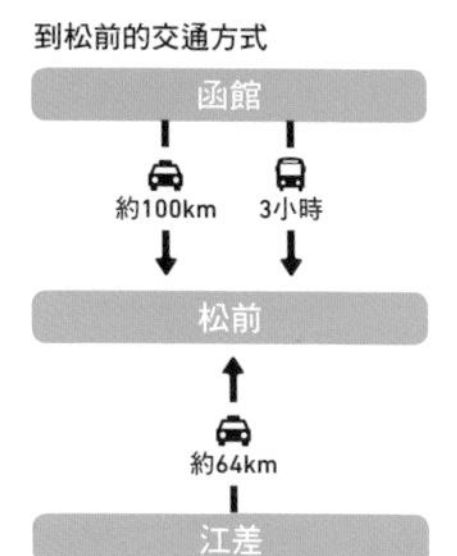

福山城北側有殘留的寺町，保有昔日風情的寺廟佇立於此。

松前藩歷史景點巡禮

以松前的地標福山城（松前城）為中心，有幾處遺留著松前藩風貌的景點。到日本最北端的城下町漫步閒逛吧。

就像時光倒流回到昔日的城下町。

重現江戶時代的街景

松前藩屋敷

重現幕府末期松前藩繁華街景的主題樂園。有奉行所和運輸船行等14棟建築林立。

松前町西館68 ☎0139-43-2439 營4月上旬～10月下旬的9:00～17:00（最後入園16:30） 休營業期間無公休 費門票360日圓 交從巴士松城站步行20分鐘 🚗500台

▶MAP P.24 B-3

春天可看到美麗櫻花及福山城的風景。

曾是戊辰戰爭的舞台

福山城（松前城）

身為日本最北的藩國鎮守北方的松前藩城池。1854年（安政元年）建立，目前是資料館。

松前町松城144 ☎0139-42-2216 營4月10日～12月10日9:00～17:00（最後入館～16:30） 休營業期間無公休 費門票360日圓（公園免費參觀） 交從巴士松城站步行8分鐘 🚗無

▶MAP P.24 B-3

松前黑鮪魚漬辣根丼飯1700日圓。

品嘗松前名產黑鮪魚

說到松前名產雖是鮑魚和松前醬菜，但還有一樣必吃美食，選用津輕海峽捕撈到的黑鮪魚製成的奢侈餐點！

溫泉旅館矢野旅館內的餐廳。

品嘗松前的當季食材

矢野餐廳

招牌菜是使用當地生產的鮑魚或海膽等烹調成的海鮮料理。能一次享受多種松前黑鮪魚滋味的餐點頗受歡迎。

松前町福山123 ☎0139-42-2525 營11:00～20:30（10月～3月14:00～17:00休息） 休10月～3月每週四、12月31日 交從巴士松城站步行5分鐘 🚗16台

▶MAP P.24 B-3

福山城周邊一帶是北海道首屈一指的賞櫻景點。往年的賞花期是4月下旬～5月下旬。並配合櫻花綻放舉辦「松前櫻花祭」。

從函館開車1小時32分鐘

吟唱江差追分的港都

江差

江差曾是鯡魚捕撈業興盛，北前船進出頻繁的小鎮，這裡還保有鯡魚批發商和店家。傳統藝術發達，8月會舉辦姥神大神宮渡御祭。

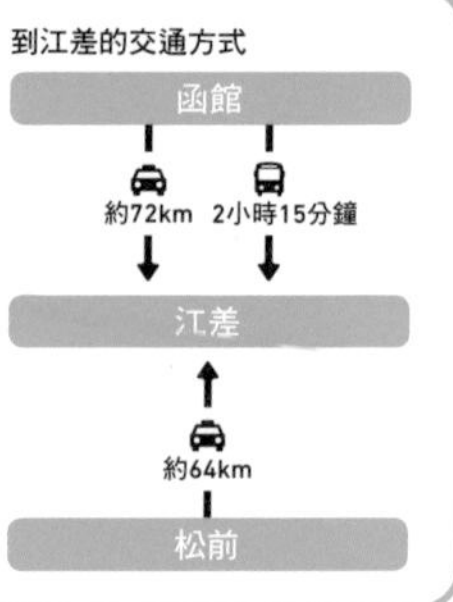

舊國道「INISIE街道」兩旁歷史建築林立。

01 體驗傳統文化和幕末歷史

前去欣賞江差流傳至今的傳統文化及民謠祭典，並學習幕末時期的小鎮歷史吧。

北海道最古老的祭典，姥神大神宮渡御祭中使用的山車。

在館內大廳欣賞江差追分的現場表演。

傳唱民謠・江差追分

江差追分會館・江差山車會館

展示江差追分的相關資料與現場表演。山車會館中展出姥神大神宮渡御祭時登場的物件。

江差町中歌町193-3 ☎0139-52-0920 [營]9:00～17:00 ㊡11～3月週一，如遇假日順延至隔天 ㊫門票500日圓 ㊜從巴士中歌町站步行1分鐘 🚗20台

▶MAP P.24 A-2

船內有開陽丸的歷史等展示品。

復原舊幕府軍使用的軍艦

幕末軍艦 開陽丸紀念館

1868年（明治元年），因暴風雪在加差海域沉沒的舊幕府軍艦開陽丸，依等比例大小復原後作為展示區。可以看到海底打撈上來的大砲或其他遺物等。

江差町姥神町1-10 ☎0139-52-5522 [營]4～10月的9:00～17:00 ㊡營業期間無公休（11～3月的週一公休、如遇假日順延至隔天） ㊫門票500日圓 ㊜從巴士姥神町渡輪前站步行7分鐘 🚗130台

▶MAP P.24 A-2

02 品嘗江差名產鯡魚蕎麥麵

在鯡魚業興盛一時的江差，當地名產是放了鯡魚甘露煮的蕎麥麵。到連蕎麥麵粉都很講究的人氣餐館嘗鮮吧。

店面是明治中期的建築改裝成的倉庫。

江差當地美食

藏YAMAGEN蕎麥麵店（停業）

選用江差生產的蕎麥以石臼磨成粉製成二八蕎麥麵提供給客人享用。鯡魚蕎麥麵放了煮得鹹甜入味的鯡魚，是店內最受歡迎的餐點。

江差町中歌町70-1 ☎0139-52-0357 [營]11:00～15:00（售完為止） ㊡週三、第3週週二 ㊜從巴士中歌町站步行2分鐘 🚗3台

▶MAP P.24 B-2

江差名產鯡魚蕎麥麵930日圓。

這裡也不能錯過！
函館順遊SPOT

從充滿散步樂趣的攤販街到歷史悠久的修道院。以下介紹市區&近郊值得一遊的景點。

SPOT 1

到特色小吃攤來場美食接力

樂於和當地人交流的攤販街
函館光之屋台 大門橫丁

這裡的攤販街聚集了26家種類各異的小吃攤，像選用函館海鮮的居酒屋或酒吧等。

函館市若松7-5
☎0138-24-0033（函館TMO）
營休 依店鋪而異　交 從JR函館站步行5分鐘　🚗 無
函館車站周邊 ▶MAP P.35 F-1

以烏賊生魚片下酒
大謀 爐端

招牌菜是南茅部綱元直營店供應的新鮮烏賊和海鮮。店內總是充斥著女服務生和常客爽朗的交談聲。

☎0138-22-3313
營 17:00～23:00　休 全年無休

以鹽味拉麵做散步美食的收尾
龍鳳新函館拉麵

清爽透明的湯頭和雞蛋麵超對味。必買送禮用的黃金鹽味拉麵外帶包1050日圓（3包裝）

☎090-8372-8495
營 10:30～凌晨0:30　休 全年無休

用亞洲啤酒乾杯
Asian Kitchen Chaze

提供針對日本人口味做改良的緬甸菜、泰國菜和越南菜，搭配全球各地約30種啤酒乾杯吧！

☎080-5483-4072
營 17:30～凌晨1:00　休 週四

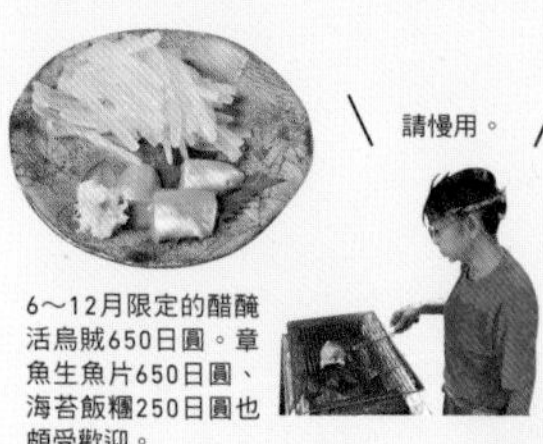

請慢用。

6～12月限定的醋醃活烏賊650日圓。章魚生魚片650日圓、海苔飯糰250日圓也頗受歡迎。

清澈的湯頭超美味！

黃金鹽味拉麵750日圓。

清蒸豬肉拌青辣椒醬720日圓。

大家一起乾杯！

SPOT 2

日本最早的2座修道院

在前院溫柔張開雙臂的聖母馬利亞。

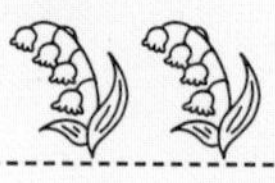

餅乾10個裝600日圓（原味）。口感酥脆的手工餅乾。

位於高台上的女子修道院
天使聖母Trappistine修道院

1898年（明治31年）創辦，是日本最早的女子靜思修道院。境內立有多座聖像，還有介紹修道院歷史的資料館和禮品店。

函館市上湯川町346
☎0138-57-3331
營 9:00～16:30
休 全年無休　費 免費
交 從JR函館站開車30分鐘
🚗 利用周邊停車場（收費）
函館郊外 ▶MAP P.33 F-2

使用修道院製作的奶油。Trappist餅乾（36袋裝）2041日圓。

道南酪農發源地
Trappist修道院

日本最早的男子修道院。1903年（明治36年）開始飼養從荷蘭帶來的牛隻，以此為契機成為北海道的酪農發源地。

北斗市Mitsuishi 392　☎0138-75-2108
營 商店8:30～16:30（4月1日～10月15日9:00～17:00）。週二院內參拜，僅限一組男性，須使用回郵明信片事先申請
休 商店1～3月的週日　費 免費
交 從JR函館站開車40分鐘　🚗 30台
北斗 ▶MAP P.25 D-2

附Trappist餅乾的特治霜淇淋350日圓。

江差每年8月9～11日舉辦江差・姥神大神宮渡御祭，會出動13台山車在鎮上遊行。

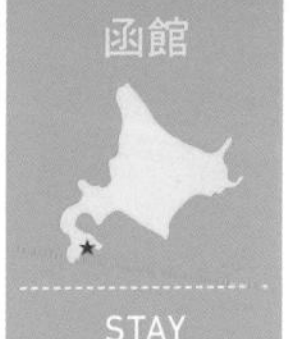

四通八達遊函館！

入住觀光方便的飯店

函館是座景點集中的城市。希望旅途動線順暢的話，可住在車站附近的飯店。
也建議入住路途較遠的湯之川溫泉。

早餐備受青睞的復古時尚飯店

函館灣La Vista 飯店

位於灣區擁有335間客房的大型度假飯店。頂樓有6種浴池組成的「海峽之湯 天然溫泉」，海港和函館山盡收眼底。自助式早餐種類豐富連海鮮丼飯都有。

價格

單床房附早餐1萬4000日圓～、標準雙床房附早餐2萬8000日圓～

函館市豊川町12-6
☎0138-23-6111
IN 15:00 OUT 11:00
從市電十字街站步行5分鐘
171台（每晚500日圓）
灣區 ▶MAP P.35 D-2

彷彿別墅般的休閒空間

Villa Concordia Resort & Spa

客房家具統一走北歐風格，全都是套房類型相當寬敞。整層2樓都是水療中心，擁有日本少見的淋浴床，設備齊全。餐廳提供用函館捕獲的海鮮和當地食材烹調的菜色。

價格

豪華大床房附早餐1萬6700日圓～、豪華雙床房附早餐1萬8700日圓～

函館市末廣町3-5
☎0138-24-5300
IN 15:00 OUT 11:00
從市電十字街站步行5分鐘
5台
元町 ▶MAP P.35 D-2 3

設備齊全的舒適旅館

函館RESOL飯店

位於函館早市對面。館內大廳以函館的象徵海洋和船隻為設計主題。頂樓酒吧提供約100種酒飲，可以一邊欣賞夜景一邊啜飲，還有壁球等運動設施也很齊全。

價格

單床房6000日圓～、雙床房1萬2000日圓～

函館市若松町6-3
☎0138-23-9269
IN 15:00 OUT 11:00
從JR函館站步行3分鐘
64台
函館車站周邊 ▶MAP P.35 E-1

函館的代表飯店

函館福朋喜來登飯店

飯店擁有199間客房和套房，重視舒適性、設計簡約時尚，可眺望函館港和函館山。在餐廳吃得到用新鮮海產等當地食材烹調成的主廚特製菜色。

價格

單床房8500日圓、雙床房1萬3500日圓～

函館市若松町14-10
☎0138-22-0111
IN 14:00 OUT 11:00
從JR函館站步行1分鐘
110台（每晚1000日圓）
函館車站周邊 ▶MAP P.35 E-1

函館灣夜景客房最受歡迎

Winning Hotel

客房裝潢清爽簡單。面海房間可看到灣區夜景。餐廳提供北海道米fukkurinko及市場採購的海鮮等當地食材製成的餐點。

價格

單床房7500日圓～、雙床房1萬6200日圓～

函館市末廣町22-11
☎0138-26-1111
IN 15:00 OUT 10:00
從市電末廣町站步行1分鐘
40台
灣區 ▶MAP P.34 C-2

2018年12月重新開幕！

函館國際飯店

從天然溫泉景觀大浴場的落地窗看出去，函館港的夜景一覽無遺。有西餐、鐵板燒餐廳、景觀酒吧、販售飯店自製麵包的商店等餐飲設施相當齊全。

價格

本館／高級雙床房附早餐1萬6050日圓、東館／標準雙床房附早餐1萬4050日圓～、西館／豪華雙床房附早餐1萬5050日圓

函館市大手町5-10
☎0138-23-5151
IN 15:00 OUT 11:00
從JR函館站步行8分鐘
284台
函館車站周邊 ▶MAP P.35 E-2

面對津輕海峽的名湯

湯之川溫泉

始於1653年（承應2年），歷史悠久的溫泉地。加上往來函館機場或函館市區間的交通便捷，還有多家海景旅館，是函館觀光的熱門住宿地點。

在日式空間療癒身心

竹葉 新葉亭

湯之川溫泉的代表性老旅館。有眺望日式庭園的「萬葉之湯」和在沙沙作響的竹林中享受泡湯樂趣的「竹林之湯」2座溫泉浴池。大量使用當地食材製成的宴會料理也頗受歡迎。

價格
1晚附2餐2萬3910日圓～

函館市湯川町2-6-22
☎0138-57-5171
IN 15:00 OUT 11:00
從市電湯之川站步行7分鐘
25台
▶MAP P.33 E-2

眺望夜景的奢侈露天浴池

函館望樓NOGUCHI

在客房和館內的摩登時尚空間融入日式元素，呈現優雅高尚的建築。頂樓是景觀露天浴池。在餐廳可品嘗到時令宴會料理。

價格
1晚附2餐樓中樓套房4萬2800日圓～、1晚附2餐日式客房3萬3800日圓～

函館市湯川町1-17-22
☎0570-026573
IN 14:00 OUT 12:00
從市電湯之溫泉站步行3分鐘
50台
▶MAP P.33 E-2

庭園綠意盎然且設施齊全

湯元啄木亭

旅館的庭院能欣賞到四季更迭之美。頂樓是大浴場，從30m寬的玻璃板看出去就是函館街景，還有海景露天浴池。使用道南食材烹調的餐點頗受好評。

價格
1晚附2餐和室1萬2030日圓～

函館市湯川町1-18-15
☎0570-026573
IN 14:00 OUT 10:00
從市電湯之川溫泉站步行3分鐘
100台
▶MAP P.33 E-2

一覽津輕海峽的旅館

渚亭 湯之川王子大飯店

備有115間附露天浴池的客房，當中以附設泡腳池的客房最受歡迎。從大浴場的露天浴池可遠眺津輕海峽和漁火夜景。

價格
1晚附2餐帶露天浴池的客房1萬8360日圓～

函館市湯川町1-2-25
☎0138-57-3911
IN 15:00 OUT 11:00
從JR函館站搭往函館機場的巴士約17分鐘，在渚亭湯之川王子大飯店前站下車，步行1分鐘
60台
▶MAP P.33 E-2

開業90年以上的老旅館

若松 割烹旅館

1922年（大正11年）開業的老字號旅館。共22間客房，也有附景觀浴池的樓中樓房型。溫泉屬於自家源泉掛流式。

價格
1晚附2餐3萬2400日圓～

函館市湯川町1-2-27
☎0130-59-2171
IN 15:00 OUT 11:00
從JR函館站搭往函館機場的巴士約17分鐘，在湯之川溫泉站下車，步行2分鐘
30台
▶MAP P.33 E-2

也想去這裡

特產！泡湯獼猴

函館式熱帶植物園

在大型溫室中展示約300種3000株熱帶植物。園內飼養了約80頭日本獼猴，從12月起到GW左右，可以看到獼猴泡湯，是最吸睛的風景。還可以買飼料（100日圓）餵獼猴。

函館市湯川町3-1-15 ☎0138-57-7833 營9:30～18:00（11～3月～16:30） 休全年無休 費門票300日圓 從市電湯之川站步行15分鐘 124台
▶MAP P.33 E-2

在湯之川溫泉，於室町時代發現溫泉的地方建了湯倉神社。務必試試「釣烏賊神簽」300日圓。

貓刑警Hare
走遍天涯海角也要逮到鼠輩Tabi。性格上是家貓特有的虎頭蛇尾！？

鼠輩Tabi
活躍於日本各地的起司小偷。起司小偷逃到哪了！？

❶ 美瑛中心部以西的地區名為「拼布之路」、以東則是「超廣角之路」。風景秀麗，周圍沒有明顯的建築物，很容易迷路。看著地圖移動吧。 ❷ 7月的薰衣草盛開期，以富田農場周邊為首，各地都擠滿遊客。請多留點交通時間。

一望無際的丘陵風光和花田

富良野・美瑛

FURANO BIEI

最佳季節

● 7～8月

富良野、美瑛最值得一看的是花田與自然風光。花季在7～8月，但6月或9月也很漂亮，稍微錯開時間也沒關係。

最佳停留期間

● 1～2天

欣賞完美瑛的丘陵風光再走訪富良野花田，雖然可以這樣安排，但兩地面積都很遼闊。行程最好再規畫得寬鬆些。

觀光移動方式？

JR和連接旭川～美瑛～富良野的國道237號平行，大眾運輸工具可選國道客運或JR。坐JR的話也可轉搭車站發車的觀光巴士。如果是租車自駕，就能自由地走訪喜歡的花園，相當方便。

交通方式

到其他地區

以札幌為據點可規畫美瑛、富良野一日遊，也有旅行團或定期觀光巴士。但是時間過於緊湊。建議租車自駕，邊逛花園，邊走富良野穿過十勝方向的路線。

如畫般的花田和丘陵風光

認識富良野・美瑛！

位於北海道中央。大片花田分布其間的富良野，和以丘陵風光及青池吸引遊客的美瑛，都是風光明媚的觀光勝地。

在富良野・美瑛必做的3件事

1 富田農場漫步遊

→ P.136

富田農場是知名的薰衣草景點。園內有12座花園，欣賞得到四季花卉。

2 觀賞青池美景

→ P.142

穿過白樺街道前往青池。天氣晴朗時可看到如明信片般美麗的藍色。

3 到最受歡迎的旭山ZOO！

→ P.34

前往以「行動展示」而聞名的旭山動物園，看朝氣蓬勃的動物們。

需時6小時 富良野・美瑛自駕經典路線

從旭川機場出發遊覽經典名勝。並到富良野車站周邊品嘗當地美食。

START

旭川機場

↓ 開車25分鐘

① 旭川市旭山動物園

→ P.34

↓ 開車1小時

② 白金青池

→ P.142

↓ 開車25分鐘

③ 四季彩之丘

→ P.142

↓ 開車25分鐘

④ 富田農場

→ P.136

↓ 開車20分鐘

JR富良野車站

鈷藍色青池。

還有豐富的薰衣草商品。

富良野・美瑛事件簿

從春天到秋天，有許多日本國內外的旅客前來觀賞美麗花海。事先了解順暢的交通方式以免塞車！

FILE 1

不敢開車騎單車也很累…好想輕鬆地悠遊各景點間

第一次到富良野．美瑛觀光。自駕的話路上少有醒目標誌很容易迷路，想騎單車斜坡卻很陡，超累！
有沒有能輕鬆遊覽景點的交通方式？

解決！

搭乘車站前發車的定期觀光巴士就OK！

利用美瑛車站前的四季情報館遊客中心發車的「美遊巴士」，或富良野車站發車的觀光周遊巴士，就能有效率地遊覽遠離車站的景點。發車日依路線而異。

四季情報館發車
「美遊巴士」

A. 白金・花田路線
需時約2小時45分鐘　費2500日圓

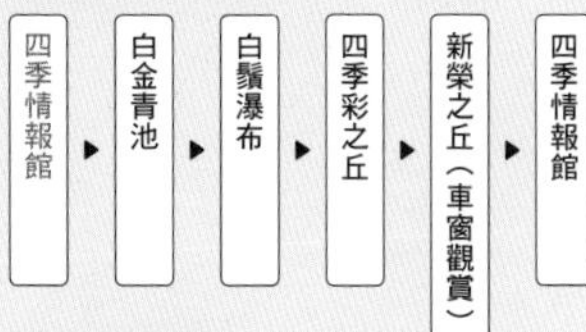

B. 拼布之路路線
需時約1小時35分鐘　費1500日圓

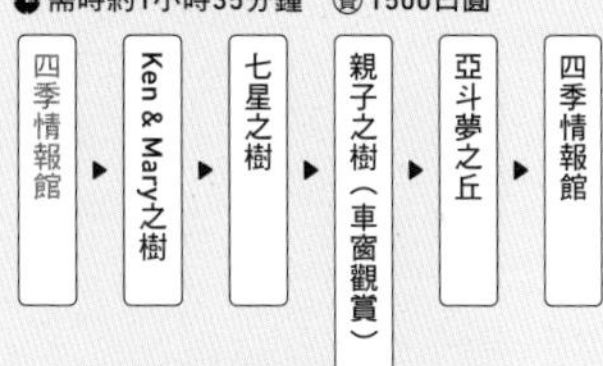

☎0166-92-4378美瑛町觀光協會
※ 營運日依路線內容而異。可以前一天或當天到四季情報館購買車票（如有空位）。

FILE 2

旺季時來到富良野・美瑛，因為塞車動彈不得！

在薰衣草季節前來卻遇到難以想像的塞車窘境。終於到了目的地卻沒地方停車，依然進不去！

解決！

前1晚就住在附近一大早出發或是搭乘觀光列車。

7月的週六日，尤其是包括海之日的3連假，要有大塞車的心理準備。若想避開，除了盡早到，建議利用可從車窗欣賞風景的觀光列車。

> 薰衣草季節增設的臨時車站
> 薰衣草花田站是在「富良野 美瑛慢車Norokko號」限定營運期間增設的臨時車站。位於中富良野車站和西中車站間，走路到富田農場只要7分鐘。

〔富良野・美瑛慢車號〕

營6～9月（暫定）
費 旭川站～富良野站1070日圓、富良野站～美瑛站640日圓
可來回美瑛～富良野及抵達旭川
☎011-222-7111
（JR北海道電話服務中心）

看準最佳季節前往！

令人陶醉的薰衣草花海

富田農場是富良野的代表花田。除了紫色的薰衣草田和彩虹花田，還有春秋兩季盛開的花田。去看連綿不絕的花卉地毯吧！

需時

約2小時30分鐘

高低起伏的七彩花海

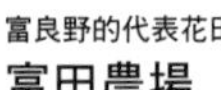

彩色花田

BEST SEASON
7月中旬～下旬

斜坡上開滿無數薰衣草、滿天星和罌粟花等色彩鮮豔的花朵，是園內最受歡迎的花田。

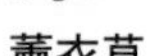

薰衣草

產於地中海沿岸的小灌木。香氣具舒緩效果，也用於芳香療法。以下介紹4種代表品種。

丘紫
屬於晚開種，是富良野最常見的薰衣草。

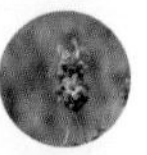
濃紫早開
盛開時的花色比其他薰衣草還深。

花藻岩
屬於晚開種，相較於其他品種花色偏淡紫色。

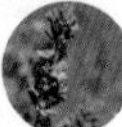
羊蹄
特色是花朵呈微紅的淡紫色。

富良野的代表花田

富田農場

知名的富良野薰衣草農場。廣大的丘陵地上分布著12座花田，種植以薰衣草為主，超過100種的花卉。還有多家販售薰衣草商品和薰衣草甜點的商店。

🏠中富良野町基線北15號 ☎0167-39-3939
[營]自由參觀。各設施開放時間8:30～18:00（依設施、季節調整） ㊡營業期間無公休（依設施而異） [費]免費入園 [交]從JR中富良野站開車5分鐘（薰衣草花季期間從JR薰衣草花田站步行7分鐘） 🚗500台

中富良野 ▶MAP P.36 B-2

薰衣草霜淇淋
300日圓。

走在紫色薰衣草花毯間

GARDEN.2

傳統薰衣草花田

BEST SEASON
7月上旬～中旬

3種薰衣草點綴在斜坡上，是富田農場最具歷史意義的薰衣草花田。從花田上可遠眺十勝岳連峰。

只有7月才開放的期間限定花田

GARDEN.3

薰衣草東部

BEST SEASON
7月上旬～中旬

位於富田農場往東4km處，種植香料用薰衣草。規模號稱日本最大，只有7月的花期才對外開放。

上富良野町東6線北16號
0167-39-3939（富田農場）
營 7月的9:00～16:30　休 營業期間無公休　費 免費入園
交 從JR上富良野站開車10分鐘（薰衣草花季期間從JR薰衣草花田站開車5分鐘））　70台
上富良野 ▶MAP P.36 B-2

帶回薰衣草商品！

富田農場原創的薰衣草香氛用品或生活用品是很討喜的伴手禮逸品。園內商店就買得到。

1058日圓
薰衣草擴香棒
從擴香棒散發出薰衣草香氣。

712日圓
自然系列薰衣草香皂
添加薰衣草精油和碎花瓣，是最受歡迎的商品。

賞花期在7月以外的花田

雖然薰衣草花季只在7月，但園內還有其他季節也能暢遊的花田&設施。

春之彩色花田　6月上旬～中旬

冰島罌粟和東方罌粟等色彩鮮豔的多年生草本植物於融雪季節綻放。

秋之彩色花田　7月上旬～9月下旬

園內花季最長，從6月上旬開到10月上旬的一串紅和萬壽菊等帶狀花田。

溫室　全年

在溫室內可看到開花季以外的薰衣草。也有西番蓮和天竺葵等觀葉植物。

在園內設施「香水之舍」，可以參觀原創香皂和精油等商品的製作過程。

這些花田也不容錯過！

花人街道237的花園巡禮

7月上旬～8月下旬是國道237號沿線花園的賞花期。
以藍天和十勝岳連峰為背景的花海是富良野才有的景色。沿著花人街道巡遊花田吧！

BEST SEASON
6月下旬～8月中旬
覆蓋在平緩丘陵上的花卉。還可坐沙灘車或高爾夫球車遊園。

約有3000株花朵妝點丘陵

A 亞斗夢之丘

以薰衣草和向日葵為首的花卉將園內點綴得色彩繽紛。從景觀台上可眺望Ken & Mary之樹（→P.143）與丘陵風光。

美瑛町大三　☎0166-92-3160
營4月中旬～10月中旬的8:30～17:00
休營業期間不固定公休　費免費入園
交從JR美瑛站開車8分鐘　🚗100台
美瑛 ▶MAP P.36 B-1

BEST SEASON
7月中旬～8月下旬
種植薰衣草、金魚草和一串紅等20幾種花卉。

沿著國道擴展的美麗花園

B 菅野農場

從種子培育而成的薰衣草既美麗也頗受好評。花園同時栽種並直銷農作物，栽培的品種超過100種。還能在園內吃到白玉米。

上富良野町西12線北36號美馬牛峠
☎0167-45-9528　營6月上旬～10月中旬的9:00～18:00　休營業期間無公休
費免費入園　交從JR美馬牛站步行10分鐘　🚗50台
上富良野 ▶MAP P.36 B-1

5棵樹
看得到在電視廣告中爆紅的樹木。

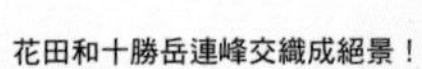

BEST SEASON
7月中旬～8月下旬
園內幅員遼闊，建議搭拖拉機巴士遊園。

花田和十勝岳連峰交織成絕景！

C Flower Land上富良野

富良野規模最大的花田，欣賞得到各色花卉。附設農產品直銷中心和商店，還有多種賞花外的玩樂項目，如在體驗工坊製作薰衣草用品等。

上富良野町西5線北27號　☎0167-45-9480　營9:00～18:00（依季節調整）　休12～2月　費免費入園　交從上富良野站開車5分鐘　🚗200台
上富良野 ▶MAP P.36 B-2

拖拉機巴士
6～9月運行車資每人500日圓。

花人街道237

從旭川行經美瑛、富良野穿過占冠村的國道237號線的暱稱。遼闊的花田分布在沿線，最適合自駕兜風。

BEST SEASON
7月上旬～8月上旬
看得到薰衣草、向日葵和魯冰花等約20幾種花卉。

視野絕佳的丘陵薰衣草園

D 日之出公園

從丘陵上的景觀台可俯瞰薰衣草花田和十勝岳連峰的360度超廣角景色。到景觀台的上坡路段有旺季才行駛的巴士。

🏠 上富良野町東1線北27號 ☎ 0167-39-4200（上富良野町日之出公園汽車露營場） ㊎ 免費入園 ㊋ 從JR上富良野站步行15分鐘 🚗 70台

上富良野 ▶MAP P.36 B-2

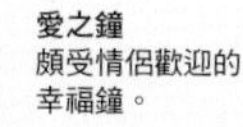
愛之鐘
頗受情侶歡迎的幸福鐘。

BEST SEASON
7月中旬～下旬
除了4種薰衣草外，還有萬壽菊、一串紅等花朵盛開。

從登山吊椅俯瞰花田

E 中富良野町營薰衣草園

蔓延在北星山斜坡的花田。可以望著花卉坐吊椅（來回400日圓）登上山頂遠望花田和十勝岳連峰。

🏠 中富良野町宮町1-41 ☎ 0167-44-2123（中富良野町產業建設課。有關登山吊椅請洽詢中富良野觀光協會）☎ 0167-39-3033） ㊇ 6月中旬～8月下旬的9:00～17:00 ㊡ 營業期間無公休 ㊎ 免費入園 ㊋ 從JR中富良野站步行15分鐘 🚗 100台

中富良野 ▶MAP P.36 A-2

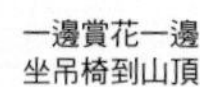
一邊賞花一邊坐吊椅到山頂！

BEST SEASON
7月中旬～下旬
園內商店販售薰衣草霜淇淋和薰衣草苗。

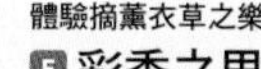
體驗摘薰衣草之樂！

F 彩香之里

以8種早開型和晚開型薰衣草為首，魯冰花、萬壽菊等各色花朵爭奇鬥豔。自摘薰衣草的體驗也頗受歡迎。

🏠 中富良野町丘町 ☎ 080-1973-2754 ㊇ 6～9月的8:00～17:00 ㊡ 營業期間無公休 ㊎ 免費入園 ㊋ 從JR中富良野站開車5分鐘 🚗 80台

中富良野 ▶MAP P.36 A-2

摘花體驗
享受採摘薰衣草之樂，1袋1000日圓。

在Flower Land上富良野，可以品嘗早上現摘的蘆筍或玉米。體驗期間、費用需洽詢商家。

巡訪倉本聰3部作品的拍攝地點

以富良野為舞台 描繪人生的戲劇

《從北國來》是1981年10月播放到隔年3月的電視連續劇。原著劇本出自日本的代表性編劇、劇作家及導演倉本聰先生。之後在19年內播出8集特別篇，從《83冬》到《2002遺言》。從黑板五郎（田中邦衛飾）帶著兒子黑板純（吉岡秀隆飾）、女兒螢（中嶋棚子飾）一家搬到富良野開始，描述在大自然發生的精采人生故事。

連同之後的電視連續劇《溫柔時光》、《風之花園》，是倉本聰以富良野為舞台的3部曲。目前《從北國來》的劇中建築物開放參觀，《溫柔時光》中的「森林時鐘咖啡館」也還在營業。另外。做為《風之花園》舞台的花園，每年都能欣賞到美麗花朵。

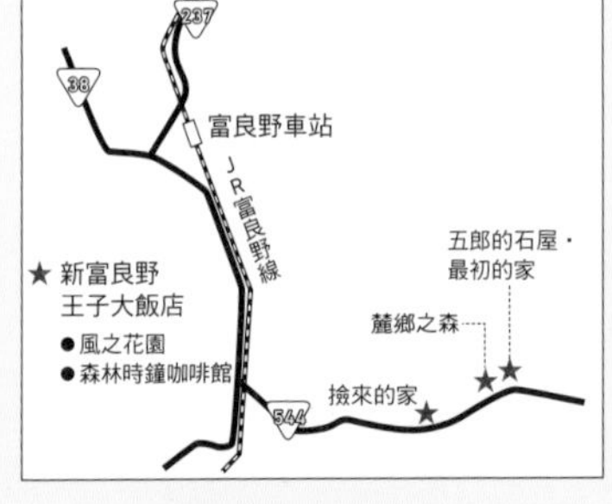

重返名作場景

從北國來

1981～1982年 連續劇
1983～2002 特別篇單元劇

描述因妻子外遇，黑板五郎帶著子女（純和螢）回到故鄉富良野的生活情景。連續劇播完後接著開拍續集，直到《2002遺言》才畫下句點。

《從北國來 2002遺言》
發行商：富士電視台影像企畫部
販售商：波麗佳音
價格：DVD￥7,980（本體）+稅、Blu-ray￥11,600（本體）+稅

此景曾在身穿白無垢禮服的螢和家人合照時的畫面中出現

用田裡的石頭蓋房子

五郎的石屋・最初的家

在《89歸鄉》中，五郎用火山岩堆疊建造的家。屋內擺著寫遺書的矮餐桌。

🏠 富良野市東麓鄉1 ☎ 0167-23-3388（富良野觀光協會） [營] 4月中旬～11月上旬的9:30～18:00（依季節調整） [休] 營業期間無公休 [費] 門票500日圓 [交] 從JR富良野站開車30分鐘 🚗 100台

[富良野] ▶MAP P.36 C-3

用廢棄物蓋房子

撿來的家- YAGATE町

在《2002遺言》中五郎和同伴收集廢棄物蓋的4間房子。

🏠 富良野市東麓鄉市街地 ☎ 0167-23-3388（富良野觀光協會） [營] 9:30～18:00（依季節調整） [休] 全年無休 [費] 門票500日圓 [交] 從JR富良野站開車25分鐘 🚗 140台

[富良野] ▶MAP P.36 C-3

樹木圍繞下充滿回憶的家

麓鄉之森

劇中黑板一家蓋的小木屋和第3間房子。

🏠 富良野市東麓鄉1 ☎ 0167-29-2323 [營] 9:30～最後入場17:00（冬季時有更動，需另洽） [休] 全年無休（冬季關閉） [費] 門票500日圓 [交] 從JR富良野站開車30分鐘 🚗 150台

[富良野] ▶MAP P.36 C-3

以花園為主題的連續劇

風之花園

2008年秋

名醫白鳥貞美因自己外遇導致妻子自殺。不過，他在癌症末期從東京回到兒女居住的富良野，並修復和家人間的關係。

《風之花園》
發行商：富士電視台影像企畫部
販售商：波麗佳音
價格：DVD￥22,800（本體）+稅
©2009富士電視台

家庭重生的故事

溫柔時光

2005年冬

在貿易公司上班的涌井勇吉，妻子因兒子造成的交通事故而過世。他便辭掉工作，搬到妻子的故鄉富良野居住。和在美瑛陶窯廠工作的兒子拉近彼此距離。

《溫柔時光》
發行商：富士電視台影像企畫部
販售商：波麗佳音
價格：DVD￥22,800（本體）+稅
©2005富士電視台

約2萬株花朵盛開的花園

花園內建有在劇中登場的溫室。

風之花園

上野農場（→P.151）的上野先生設計的花園。劇中由貞美的父親和孩子一起打理，在貞美遠遠地偷看女兒琉衣、兒子岳的畫面中出現。

♠富良野市中御料 ☎0167-22-1111（新富良野王子大飯店） [營]4月27日～10月14日的8:00～17:00（最後入場16:30。依季節調整） ㊡營業期間無公休 [費]門票1000日圓 [交]從JR富良野站開車10分鐘（從新富良野王子大飯店前的櫃台搭接駁車4分鐘） 🚗390台

富良野 ▶MAP P.36 A-3

晨間花園
6月15日～8月31日的6:30～18:00（最後入場17:30）舉辦的活動。在花朵最朝氣蓬勃的清晨時段悠哉地散步。

在劇中世界喝咖啡

屢次出現在勇吉和妻子對話的場景中。

森林時鐘咖啡館

劇中勇吉經營的咖啡館。坐在吧檯區可以和劇中知名畫面一樣，喝到親自磨豆的手沖咖啡，也吃得到原創蛋糕。咖啡&蛋糕套餐1460日圓，有3種蛋糕可選。

♠新富良野王子大飯店內 ☎新富良野王子大飯店
㊝12:00～20:00（飲料19:00LO）
㊡全年無休（11月維修期間暫停營業）
[交]從新富良野王子大飯店步行5分鐘

富良野 ▶MAP P.36 A-3

店內配置大面窗。可以感受到森林樹木四季的變化。

HOW TO

巡訪《從北國來》的外景地

五郎的石屋距離最近的巴士站也要走40分鐘，最好自駕巡遊。

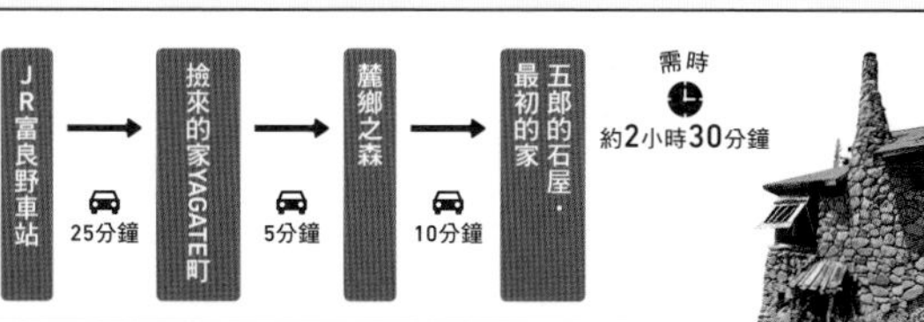

如明信片般的風景

青池&丘陵美景自駕遊

要逛美瑛的代表名勝青池和丘陵風景，以自駕為佳。
沿路欣賞眼前豐富的自然景觀，享受美瑛特有的景致。敲定必去景點後就開車出發吧！

自然孕育出的夢幻藍

白金青池

為防止十勝岳火山噴發帶來災害，在美瑛川興建攔河堤時蓄水積成的池塘。藍色水池倒映著落葉松枯木。從池畔步道開始參觀吧。

美瑛町白金 ☎0166-94-3355（美瑛休息站「白金Biruke」） 營自由參觀 交從JR美瑛站開車20分鐘（或是搭往白金溫泉的巴士20分鐘，在白金青池入口下車） 🚘270台

美瑛 ▶MAP P.36 C-2

🚘 20分鐘（15.4km）

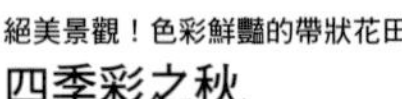

🚘 6分鐘（3.9km）

絕美景觀！色彩鮮豔的帶狀花田

四季彩之秋

約30種色彩繽紛的花朵覆蓋在高低起伏的丘陵上。可搭拖拉機巴士500日圓遊園，附設商家和餐廳。

美瑛町新星第3 ☎0166-95-2758
營8:30～18:00（依季節調整）
休全年無休 費10～6月免費入園，7～9月500日圓
交從JR美馬牛站開車5分鐘
🚘100台

美瑛 ▶MAP P.36 B-2

🚘 10分鐘（6.5km）

紅頂屋和美瑛的丘陵風光

新榮之丘展望公園

雄偉的丘陵風光和十勝岳連峰盡收眼底的人氣公園。是北海道內首屈一指的夕陽觀景勝地，麥稈娃娃在入口迎接遊客。

美瑛町美馬牛新
☎0166-92-4378（美瑛町觀光協會）
營自由參觀 休全年無休 費免費入園 交從JR美瑛站開車8分鐘
🚘30台

美瑛 ▶MAP P.36 B-1

花朵點綴的三角屋頂景觀台

北西之丘展望公園

金字塔狀的觀景台相當醒目。在占地5公頃的花園內有薰衣草等時令花卉增添色彩。營業期間遊客服務中心會開放。

美瑛町大久保協生
☎0166-92-4445
營5～10月的9:00～17:00
休營業期間無公休 費免費入園
交從JR美瑛站開車5分鐘 🚘30台

美瑛 ▶MAP P.36 B-1

WHY

為什麼呈現藍色？

水質含鋁的「白鬚瀑布」湧泉流入美瑛川，形成膠體粒子。因粒子折射陽光形成藍色。

白鬚瀑布是青池水色的源頭。

加上藍天映照，呈現神祕的鈷藍色

依天氣、風力及觀賞角度不同，顏色會有細微差異。冬季限定的點燈景致也很漂亮。

尋訪名樹

☎0166-92-4378（美瑛町觀光協會）

散布在美瑛丘陵景致上的打卡樹群。因為農田屬於私有地禁止進入。當個乖乖賞景的旅客吧。

Ken & Mary之樹

1972年在汽車廣告中登場的白楊樹，之後便冠上廣告人物的名字。是醒目的自駕指標。

♠美瑛町大久保協生　㊋從JR美瑛站開車5分鐘　🚘35台

美瑛 ▶MAP P.36 B-1

七星之樹

用於同名香菸盒上的圖片。原名北瑛一本木。

♠美瑛町北瑛
㊋從JR美瑛站開車10分鐘
🚘20台

美瑛
▶MAP P.36 B-1

親子之樹

正中央的樹木依偎在兩側樹旁成為命名由來。

♠美瑛町美田夕張
㊋從JR美瑛站開車10分鐘

美瑛
▶MAP P.36 B-1

11～2月是青池的點燈季。時間是17:00～21:00（預計），詳情請洽美瑛町觀光協會。

装滿大地恩賜的豐饒物產！

吃遍富良野美食

富良野的自產自銷美食豐富多元。有洋蔥、馬鈴薯和胡蘿蔔煮的咖哩、漢堡和富良野哈密瓜製成的絕品甜點。盡情享受大地的恩賜吧！

CURRY

富良野咖哩

堅持選用富良野生產的稻米和蔬菜等在地食材烹調的地方咖哩。

提供15種咖哩喔！

富良野蔬菜
自製香腸
自製季節時蔬福神醬菜
富良野生產的雞蛋
使用富良野稻米煮的薑黃飯
洋蔥炒製熬煮3天的自製咖哩

A 歐姆蛋＋香腸咖哩
1510日圓
加了起司的鬆軟歐姆蛋和咖哩超對味。香腸也是店內自製品。

OMELET CURRY

富良野歐姆蛋咖哩

遵守富良野歐姆蛋咖哩規則的咖哩。食材全來自富良野。也有搭配富良野牛奶（或胡蘿蔔汁）的套餐。

富良野蔬菜
自制福神醬菜
富良野生產的櫻花蛋
季節配菜

B 富良野歐姆蛋咖哩
1080日圓
用牛高湯熬煮咖哩醬。附新鮮沙拉。

HAMBURGER

富良野漢堡

用麵包或肉排等多種富良野生產的食材製成的全手工漢堡。

FB FURANO BURGER

用富良野麵粉製作的手工麵包
附近農家種植的富良野蔬菜
100%當地豬肉製成的肉排
富良野生產的男爵炸薯塊
用當地豬肉自製的培根
用當地豬肉自製的香腸

C 富良野漢堡盤
1200日圓～
堅持使用當地食材，連麵包都是手工自製品。

絕對讓你填飽肚子。

WHAT IS

富良野歐姆蛋咖哩的6條規則

富良野歐姆蛋咖哩促進協議會制定6條規則，只有遵守規定的歐姆蛋咖哩，才可以冠上該名號。

1. 使用富良野生產的稻米，精心烹煮成米飯。
2. 使用富良野生產的雞蛋，並在歐姆蛋咖哩中間插上旗子。
3. 使用富良野生產的「起司（奶油）」或「葡萄酒」。
4. 只用富良野或北海道生產的蔬菜、肉品或福神醬菜等。
5. 富良野嚴選食材烹調成的餐點附上「富良野牛奶」或「胡蘿蔔汁」。
6. 價格在1000日圓（未稅）以內。

傳統的富良野咖哩店

唯我獨尊

使用大量富良野洋蔥為基底，添加胡蘿蔔、水果及30種香辛料製作。吃得到香辣濃郁平衡得宜的絕妙咖哩滋味，是頗受歡迎的店家。

富良野市日の出町11-8 ☎0167-23-4784 營11:00～20:30LO 休 週一、7～8月不固定公休 交 從JR富良野站步行5分鐘 🚗10台

富良野 ▶MAP P.36 A-3

嚴選富良野生產的新當地美食

Natural Dining

位於飯店1樓氣氛明亮的餐廳。主廚用心烹調的富良野歐姆蛋咖哩是人氣餐點。也有義大利麵或咖啡輕食。

富良野市朝日町1-35（富良野Natulux飯店內）
☎0167-22-1777 營11:00～14:30LO、17:30～20:30LO
休 週四 交 從JR富良野站步行1分鐘 🚗30台

富良野 ▶MAP P.36 A-3

不使用化學調味調、防腐劑。

富良野牧場製作的道地漢堡

富良野漢堡

富良野牧場內的漢堡店，使用上富良野生產的豬肉製作培根和香腸。也能購買標榜安心、安全的店家自製品。

富良野市東鳥沼1 ☎0167-23-1418 營4月下旬～10月的11:00～17:30LO 休 營業期間無公休 交 從JR富良野站開車10分鐘 🚗30台

富良野 ▶MAP P.36 B-3

甜點就吃哈密瓜甜品！

富良野哈密瓜的特色是多汁的橘色果肉。以下是用哈密瓜製成的奢侈甜點。

聖誕老人的鬍子（大）
1400日圓～
令人震撼地端出半顆哈密瓜！霜淇淋可選香草、哈密瓜和綜合口味。

夢幻哈密瓜霜淇淋

Popura Farm中富良野總店

口味清爽的霜淇淋擠在哈密瓜上的知名甜點。放上2支霜淇淋的雙份霜淇淋聖誕老人2000日圓～。

中富良野町東1線北18號富良野LA TERRE內
☎0167-44-2033 營4月中旬～10月下旬的9:00～17:00LO 休 營業期間無公休 交 從JR中富良野站開車5分鐘 🚗100台

中富良野 ▶MAP P.36 B-2

特製果昔
650日圓
使用新鮮哈密瓜果肉打成果昔，再放上富良野牛奶霜淇淋和哈密瓜果肉。

哈密瓜農家的奢侈甜點

富田哈密瓜工房

不僅是哈密瓜直銷中心，也是吃得到各式哈密瓜甜點的哈密瓜主題樂園。甜滋滋的哈密瓜切片300日圓～很受歡迎。

中富良野町宮町3-32 ☎0167-39-3333
營6月中旬～9月的9:00～17:00（依季節調整）
休 營業期間無公休 交 從JR中富良野站開車5分鐘 🚗200台

中富良野 ▶MAP P.36 B-2

溫室栽培的哈密瓜整年都買得到，露天種植的產季則在5～9月。「Rupiah Red」和「King Melty」都是常見品種。

看著美瑛的丘陵風光

中午就吃剛出爐的麵包

美瑛是知名的小麥產地。最近有越來越多家餐廳&麵包店提供當地小麥製成的美瑛麵包。看著丘陵美景吃著剛出爐的麵包吧。♪

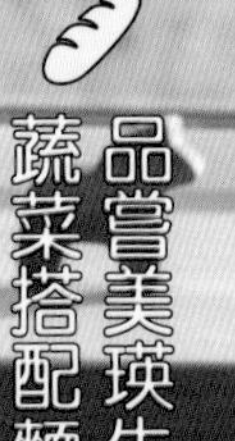

品嘗美瑛生產的蔬菜搭配麵包

貝果法式土司套餐745日圓
用貝果製作的法式土司以鐵鍋端上桌。附冰淇淋和果醬。

從面對窗戶的吧台區飽覽美瑛平緩的丘陵景色。

位於美瑛山丘綠意盎然的麵包店

LIKKALOKKA麵包小店

使用美瑛生產的小麥加天然酵母經過低溫發酵烘焙成的麵包，吃得到小麥的原始風味。店內配置木製家具，可以坐下來享用買來的麵包或三明治。

🏠美瑛町美馬牛南1-5-50 ☎0166-73-4865
㊎13:00～16:00（或售完為止） ㊡週日、一、二 ㊋從JR美馬牛站步行1分鐘 🚗55台
美瑛 ▶MAP P.36 B-2

單人份的迷你紅豆土司1個248日圓。

數量有限的法式土司加飲品套餐。

單點湯品410日圓。當日湯品是義大利蔬菜湯。

嘗嘗美瑛小麥的滋味吧！

主打商品是貝果，現場陳列約10種口味。

WHAT IS

美瑛小麥

日夜溫差大的美瑛適合種植小麥，境內也有大片麥田。主要品種是「Kitahonami」和「春戀」等。

有4～5月播種的春種小麥和9月的秋種小麥。

在佇立於麥田上的餐廳享用法國菜

藝術午餐佐丘陵風光

Restaurant bi.blé

舊北瑛小學改建成的設施，劃分為餐廳、飯店和麵包工坊。餐廳提供當地蔬菜烹調的法國菜和用美瑛小麥烘焙的麵包。麵包對外販售。

♠ 美瑛町北瑛第2北瑛小麥之丘 ☎0166-92-8100 營4～10月11:00～14:30LO、17:30～19:30LO 休 週二 交 從JR美瑛站開車7分鐘 🚗 30台

美瑛 ▶MAP P.36 B-1

午間套餐
2600日圓
由前菜「丘之plateau」、湯品、沙拉、肉類主食、甜點和窯烤麵包組成的套餐。

擺盤精緻的「丘之plateau」內含冷肉和普羅旺斯燉蔬菜等，賞心悅目。

吃得到當季蔬菜喔。

用心設計讓法式套餐的麵包保持溫熱。

欣賞田園風景的同時享用天然酵母麵包的午餐

手揉天然酵母麵包
1個180日圓～
每天提供5～6種口味不同的麵包。數量有限。

舊式櫥窗內擺著天然酵母麵包。

也有加了核桃和葡萄乾的麵包。

田園風景中的可愛獨棟餐廳

Aruu no Pain

這家麵包店的主力商品是用北海道小麥加天然酵母烘焙的手工麵包。附設的咖啡館提供用麵包當容器的起司火鍋套餐、份量滿點的火腿起司三明治套餐1500日圓。

♠ 美瑛町大村村山 ☎0166-92-3229 營5月～10月的11:00～17:00（售完為止） 休 營業期間的週四、五 交 從JR美瑛站開車7分鐘 🚗 10台

美瑛 ▶MAP P.36 B-1

起司火鍋套餐
1500日圓。

使用美瑛小麥「香麥」製作的「美瑛咖哩烏龍麵」是備受矚目的當地新興美食。

在富良野、美瑛的特產直營店

一次網羅當地伴手禮

在推銷富良野、美瑛品牌的特產直營店，一次購足伴手禮！
可以親自觀察挑選後再購買，令人放心。帶回大地的恩賜吧。

FURANO 富良野

琳瑯滿目的當季蔬果

農產品直營店擺滿哈密瓜、洋蔥、馬鈴薯等新鮮的富良野蔬果。

富良野的農產品直營店
HOGAR
位於富良野市集1店內的農夫超市。也有蔬菜製成的加工品。

說不定有從未見過的蔬菜。

富良野哈密瓜（7～9月）
現場排滿富良野當地種植的超甜哈密瓜。

洋蔥（9月中旬～11月）
秋季代表蔬菜。右圖是加熱後更能釋出甜味，名為「Kitamomiji」的品種。

小番茄（7月下旬～10月上旬）
現採小番茄如水果般水嫩多汁。

南瓜（9月～10月中旬）
南瓜的代表品種，黑皮栗子南瓜。

富良野名產製成的餐桌良伴

用富良野食材製成的果醬、沙拉醬或葡萄酒等。包裝精美適合當伴手禮。

各756日圓

富良野葡萄酒（360ml）
左起紅酒、粉紅酒、白酒。玻璃酒瓶帶有薰衣草香氣。

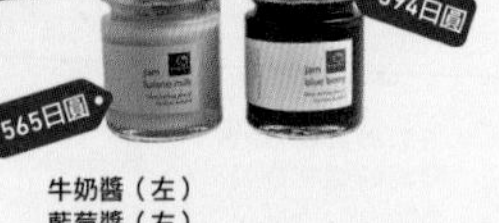

565日圓
594日圓

牛奶醬（左）
藍莓醬（右）
用富良野牛奶製作的牛奶醬，和富良野成熟藍莓製成的果醬。

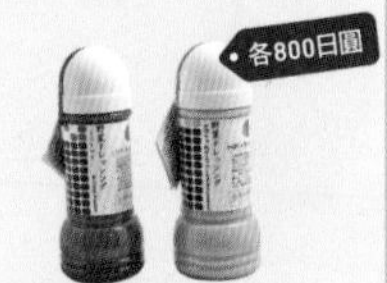

各800日圓

蔬菜沙拉醬（200ml）
左邊是小番茄「Carolpssion」，右邊是南瓜「愛上栗子」的沙拉醬。

位於道路兩旁的2棟建築物

富良野市集1店&富良野市集2店

富良野品牌的蔬菜、加工品和甜點等齊聚一堂的市集。分成2棟，富良野市集2店有內用區。

🏠 富良野市幸町13-1　☎ 0167-22-1001
營 9:00～19:00（依季節縮短時間）
休 11月中、下旬約5天設施維護期、12/31～1/1
交 從JR富良野站步行7分鐘
🚗 131台
富良野 ▶MAP P.36 A-3

限定美食&可內用！

草莓冰500日圓
富良野牛奶製成的義大利冰淇淋搭配富良野生產的草莓。
🏠 富良野義大利冰淇淋店

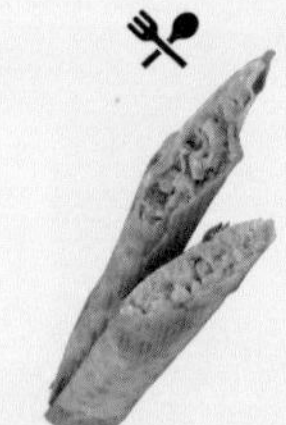

namara棒（玉米奶油口味）320日圓
現點現炸，長達33cm的長條煎餃。
🏠 Yukitohana海鮮湯頭拉麵店

馬鈴薯甜甜圈 3個380日圓
有原味、番茄醬口味、甜味。
🏠 orchard garden furano kina

WHY

為什麼富良野、美瑛的蔬菜這麼好吃？

富良野、美瑛地處日夜溫差大的內陸性氣候區。據說蔬菜為了適應溫度變化會蓄積養分，變得更香甜。

BIEI
美瑛

產地直送的現摘蔬菜

除了鮮度爆表的當地蔬菜外，還有美瑛稻米。美瑛代表蔬菜馬鈴薯的種類也很豐富。

馬鈴薯
8月上旬～10月下旬

南瓜（9月～10月中旬）
掌心大小的小南瓜。燉煮燒烤都美味。

北明
別名栗子馬鈴薯。加熱後更能釋出甜味。

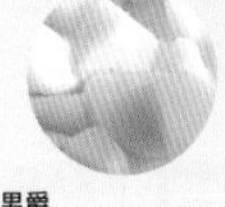
男爵
日本境內栽種最多的品種。

北方紅寶石
和五月皇后很像，外皮及果肉呈粉紅色。

影子皇后
外皮是咖啡色，果肉呈鮮豔的紫色。

也可以宅配喔

輕鬆帶回美瑛伴手禮

多種用美瑛食材製成的零食、果醬、果乾等產品。

350日圓
牛奶小方酥
牛奶冷凍乾燥食品。可以直接吃或放入咖啡享用。

775日圓
美瑛麵包乾 一盒12個
小麥工房用美瑛小麥麵包製成的麵包乾。

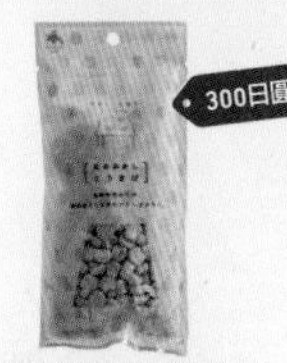
300日圓
丘陵零食 乾燥玉米粒
美瑛玉米的乾燥製品。也可用於烹調。

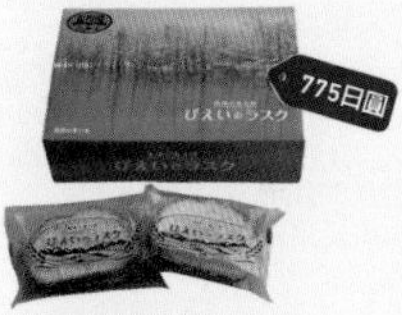

美瑛農會直營店

美瑛選果（美瑛本店）

以販售美瑛產地直送蔬果或加工食品等的選果市場為主，再加上小麥工房、選果工房組成的美瑛特產直營店。

🏠 美瑛町大町2 ☎ 0166-92-4400 [營] 選果市場9:00～17:00（依季節、設施而異） ㊡ 依季節、設施而異 ⊗ 從JR美瑛站步行10分鐘 🚗 66台

美瑛 ▶MAP P.36 B-1

限定美食&可內用

朱鞠紅豆霜淇淋
360日圓
淋上美瑛朱鞠紅豆製成的紅豆餡。

蜜漬番茄
1個310日圓
在加了糖漿的透明番茄汁中放入甘甜小番茄。

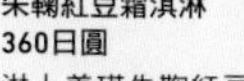
美瑛黑豆麵包
230日圓
麵包內夾了蜜黑豆和奶油。上面再放上大量黑豆。

美瑛選果在新千歲機場內也有店面。機場限定商品「美瑛豆類麵包」和「美瑛玉米麵包」也很受歡迎。

走遠一點也想去的地區

在旭川，可以享受到和富良野、美瑛截然不同的美食與景點。建議安排美瑛出發的一日遊行程。

從美瑛開車30分鐘

富良野・美瑛觀光的玄關口

旭川

旭川是北海道第二大都市。有旭山動物園、雪之美術館和美麗花園等豐富景點。更不要錯過旭川的代表美食旭川拉麵！

地區特色

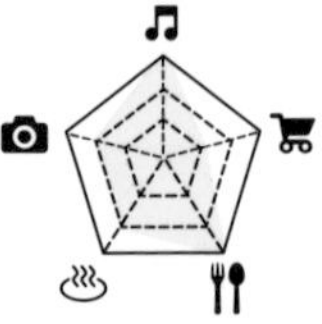

旭山動物園的觀光據點。車站前有多家餐飲店提供豐富美食。

到旭川的交通方式

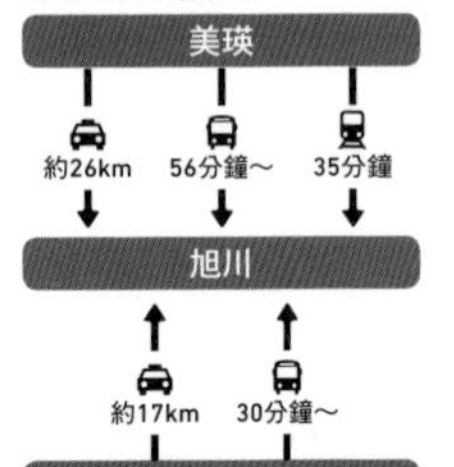

01 享用知名旭川拉麵！

旭川拉麵是捲麵加上豬骨海鮮雙重湯頭及醬油調和成的拉麵。
到無人不知的旭川拉麵總店品嘗道地口味！

代表旭川的老店

梅光軒 總店

使用容易吸附湯汁的特製捲麵。口感濃郁滋味清爽的「甘醇」湯頭頗受歡迎。

旭川市2条通8 Piaza大樓B1F ☎0166-24-4575 ㊫11:00～15:30、17:00～20:30LO（週日、假日20:00LO） ㊡週一 ㊯從JR旭川站步行3分鐘 🚗無

▶MAP P.37 D-2

醬油拉麵
760日圓。

以焦香豬油提味

蜂屋 五条創始店

1947年（昭和22年）創業。豬骨和竹莢魚乾熬煮的湯頭內，加入焦香豬油，成為風味獨特的賣點。

旭川市五条通7-6
☎0166-22-3343
[營]10:30～19:50LO ㊡週四
㊯從JR旭川站步行13分鐘
🚗5台

▶MAP P.37 D-2

醬油拉麵
750日圓。

02 浪漫的雪景主題景點

大雪地區旭川特有，以雪景為主題的美術館。
踏入美麗的雪世界一探究竟吧。

經常用來舉行結婚典禮。

展示美麗雪花結晶圖案的冰晶博物館。

化身公主拍紀念照

雪之美術館（停業）

建築內到處都有雪花結晶的圖案。附設藝廊空間、音樂廳和咖啡館等設施。

旭川市南が丘3-1-1
☎0166-73-7017 [營]9:00～17:00（咖啡館10:00～16:30） [費]門票700日圓 ㊡全年無休 ㊯從JR旭川站開車15分鐘 🚗100台

▶MAP P.15 E-1

也想去這裡

集結人氣拉麵店

旭川拉麵村

集結8家旭川人氣拉麵店的地點。還有拉麵村神社！

旭川市永山11-4（Powers內） ☎0166-48-2153 ㊫11:00～20:00（依店鋪而異） ㊡依店鋪而異 ㊯從JR南永山站步行20分鐘 🚗2000台

▶MAP P.15 F-1

這裡也不能錯過

旭川順遊SPOT

以旭川為據點可安排去以下2座花園。每處都值得一看，務必列入行程。

前往「北海道花園街道」的2座花園

北海道花園街道 → P.157

花朵隨著季節更替的花園

上野農場

花園經營者是因「風之花園」的造景設計而聲名大噪的上野砂由紀女士。必看種植超過300種花草的妖精庭院。

🏠 旭川市永山町16-186　☎0166-47-8741
營 每年4月下旬～10月中旬的10:00～17:00
休 營業期間無公休　費 門票1000日圓
交 從JR永山站開車10分鐘　🚗 80台
旭川 ▶MAP P.15 F-1

色彩繽紛的花朵將初夏的妖精庭院妝點得多采多姿。

一到春天白樺小道上開滿鬱金香和水仙花。

花草栽種左右對稱的帶狀花圃鏡框花園。

園內附設咖啡館。

季節水果茶580日圓～

十勝紅豆霜淇淋400日圓。

約有800種花草盛開的美麗森林花園。

與自然融為一體的廣闊花園

大雪 森林花園

由5座主題區串起的森林花園、高山野草茂密的森林迎賓館、設有交流體驗棟的新區域的遊樂森林所組成。附設餐廳、咖啡館和住宿設施。

🏠 上川町字菊水841-8　☎01658-2-4655
營 4月下旬～10月中的9:00～17:00（最後入園16:00）　休 營業期間無公休　費 門票800日圓（2023年4月29日～5月19日免費）
交 從JR上川站開車15分鐘　🚗 110台
上川 ▶MAP P.8 A-1

咖啡館提供義式冰淇淋350日圓～等餐點。

附設餐廳和酒吧的森林迎賓館。

白色花朵同時綻放的吉林延齡草。

冷涼地區才看得到的藍罌粟。

可舉辦研討會等活動的交流體驗棟。

遼闊的十勝岳連峰絕景

優閒的溫泉旅館

富良野、美瑛周邊也有溫泉地帶。當中以可以當天來回又能眺望十勝岳連峰的十勝岳溫泉最受歡迎。泡著溫泉欣賞雄偉風光，度過片刻奢侈時光吧。

從露天浴池欣賞四季更迭之美。

當天來回泡湯DATA
營 8:00～20:00
費 800日圓（冬季600日圓）
租借浴巾300日圓

名稱取自「凌駕白雲的旅館」

十勝岳溫泉 湯元 凌雲閣

北海道位置最高的溫泉旅館。可在擁有巨石的室內浴池，或視野遼闊的露天浴池盡情泡湯。從客房看出去的風景也很漂亮。

上富良野町十勝岳溫泉
0167-39-4111
價格 1晚附2餐6榻榻米大的和室客房9180日圓～（不附衛浴）
IN 15:00 OUT 10:00
IN 15:00 OUT 10:00
從JR上富良野站開車35分鐘
14台

十勝岳溫泉 ▶MAP P.36 C-2

可眺望十勝岳連峰的寬敞露天浴池。

當天來回泡湯DATA
營 10:00～22:00
最後進場時間為1個小時前
費 980日圓
含租借毛巾組

從天然溫泉一覽十勝岳連峰

富良野LA TERRE Spa & Hotel Resort

以露天浴池為首，包括洞窟浴池、陶缸浴池在內，共有15種21個浴池。從露天浴池看出去的風景開闊無比。

中富良野町東1線北18
0167-39-3100
價格 1晚附2餐1萬2000日圓～
IN 15:00 OUT 10:00
從JR西中站步行5分鐘
200台

中富良野 ▶MAP P.36 B-2

希望交通方便就選擇旭川的商務飯店

直通JR旭川車站的商務飯店

JR INN旭川

擁有大浴池和房客專用酒吧等豐富設施。提供席夢思床墊和房客自選枕頭，可以舒服地睡個好覺。

旭川市宮下通7-2-5
0166-24-8888
價格 單床房5500日圓、小型雙人床房單人使用6500日圓～
IN 15:00 OUT 10:00
JR旭川站出站直達 900台

旭川 ▶MAP P.37 D-2

在頂樓的露天浴池放鬆身心

天然溫泉 神威之湯 Dormy Inn旭川

頂樓的露天浴池使用天然溫泉。免費的蕎麥麵宵夜頗受好評。

旭川市五条通6-964-1
0166-27-5489
價格 單人入住大床房6490日圓～雙床房1萬990日圓～
IN 15:00 OUT 10:00
從JR旭川站步行10分鐘
76台

旭川 ▶MAP P.37 D-2

星野度假村旗下的都市飯店

星野度假村 OMO7旭川

2018年4月重新改名開幕。配合旅行目的提供多樣化客房。名為「OMO base」的大廳設有咖啡館和閱覽室相當方便。

旭川市六条通9 0166-29-2666
價格 純住宿5000日圓～
IN 15:00 OUT 11:00
從JR旭川站步行13分鐘
26台（付費）

旭川 ▶MAP P.37 D-2

北海道內數一數二的酪農地區

十勝・帶廣
TOKACHI OBIHIRO

最佳季節

● 7～9月

擁有花園街道的十勝地區，必看景點當屬美麗花田。賞花季依花種或花園而異，但以夏天開得最燦爛。

最佳停留期間

● 2～3天

因為景點分散各地，範圍又廣，花在交通上的時間比較長。想盡情逛花園，最好安排2天。也可以住在十勝岳溫泉。

交通方式

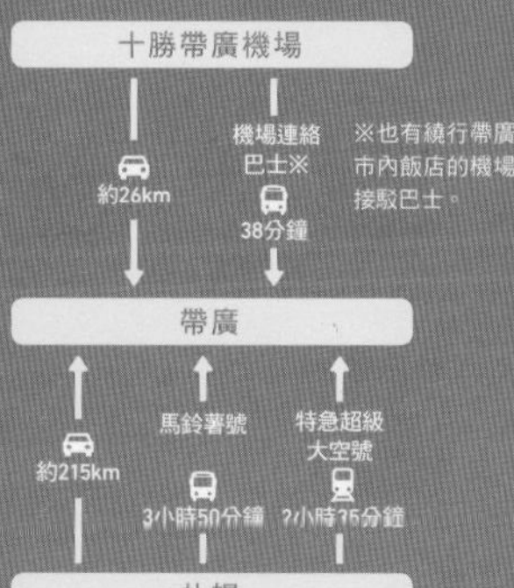

觀光移動方式？

從十勝帶廣機場租車自駕最方便，行動範圍也廣大。除了帶廣車站或機場發車的路線巴士外，也有定期觀光巴士行駛，如欲搭乘請事先查明班次規畫好行程後訂票。

到其他地區

開車單趟2小時以內的有星野度假村所在地TOMAMU，或襟裳岬、然別湖、糠平湖地區。也有電車或長途巴士往來札幌、富良野、釧路間，能順暢地遊走各地。

閑靜的田園風光和連綿花園

認識十勝・帶廣！

農田廣闊綿延的十勝平原，可說是北海道的代表景致。遊走花園，到農家餐廳用餐吃甜點吧！

到十勝・帶廣必做的3件事

1 花園巡禮

→P.156

十勝境內有5座充滿特色的花園。賞花期是6～8月。

2 品嘗十勝生產的食材

→P.158

現摘蔬菜和自家牧場的牛隻等高規格食材！在街上的餐館也吃得到。

3 前往十勝川溫泉

→P.166

十勝川溫泉區有十勝川溫泉花園水療館等多家泡得到植物性泥炭溫泉的旅館。

2天1夜 十勝・帶廣自駕經典路線

因為景點分散，最好開車移動。想盡情逛花園，至少要安排2天。

START

十勝帶廣機場

↓ 開車40分鐘

① 十勝Hills

→P.156

↓ 開車45分鐘

② 輓曳十勝

→P.168

↓ 開車10分鐘

③帶廣美食

↓ →P.160

【帶廣市內住1晚】

④ Naitai高原牧場

→P.165

↓ 開車1小時

⑤ 牧場美食

→P.159

↓ 開車45分鐘

十勝帶廣機場

日本規模最大的公有牧場。

十勝・帶廣事件簿

這區的主要景點是花園和牧場。景點間的距離較遠，最好事先安排交通工具。

FILE 1

想去郊區景點卻不會開車…只能用走的！？

想去離帶廣市區比較遠的花園或牧場，卻不會開車。搭計程車又超出預算！該怎麼辦才好。

解決！

活用定期觀光巴士。

十勝巴士在限定季節營運的定期觀光巴士相當方便。從帶廣車站巴士總站出發，行經郊區景點和商店。其他路線巴士也有行駛。

〈十勝定期觀光巴士〉

7:50	8:30	8:40						17:30	17:35	18:05
十勝川溫泉	帶廣車站巴士總站	北海道飯店	十勝女子農場、慈愛農場	六花亭 六'cafe	柳月Sweetpia Garden	Naitai高原牧場觀景台	Pia 21休息站	帶廣車站巴士總站	北海道飯店	十勝川溫泉

☎0155-23-5171（帶廣車站巴士總站）
㊤6～9月每天行駛
㊪7000日圓（含體驗費、午餐費、巴士導遊隨行）
※ 也有半日遊行程。詳情請上官網查詢

FILE 2

來到這裡才發現花園的賞花季結束了……秋～冬期間能玩什麼？

原本看好淡季再來十勝，卻發現過了花季，花園一片冷清，花謝人散。有沒有花季結束還能玩的觀光景點？

解決！

有當地美食、甜點和溫泉！

帶廣車站周邊的豬肉丼飯專賣店或北之夜市全年營業。不僅有散步美食，還能買甜點，到當日來回的溫泉泡湯，其實有很多花園以外的觀光景點。

TOKACHI OBIHIRO

也有帶廣站發車的路線巴士結合觀光景點門票的一日遊路線巴士優惠套票。

十勝・帶廣

TOURISM

分散各地的廣闊花園！

十勝花園巡禮

十勝境內有5座充滿特色的花園。能欣賞到不同的花卉，設施也很多樣化。在十勝的觀光旺季，遊走各處賞花。

以眺望十勝平原的花園景觀為賣點

GARDEN DATA

最佳季節 7～8月

面積 23公頃

花卉種類 紫錐花、風鈴草、天竺葵等

園內設施

餐廳、咖啡館、商店、Hills農場、日式餐廳等

13個大小丘陵起伏的Earth Garden／大地庭園。

GARDEN DATA 最佳季節 7～8月

面積 400公頃

花卉種類 大姥百合、鼠尾草、白根葵等

園內設施 咖啡館、商店、起司店、遊客中心

以花園呈現大自然靈感

② 十勝千年之森

需時 1小時30分鐘

被花園王國英國譽為「21世紀花園最佳典範」，世界最美麗的庭園。

清水町羽帶南10線　☎0156-63-3000

營 4月下旬～10月中旬的9:30～17:00（依季節調整）

費 門票1000日圓　休 營業期間無公休　交 從JR十勝清水站開車15分鐘　🚗 180台

清水 ▶MAP P.10 A-1

在無數花朵包圍下的涼亭。

GARDEN DATA 最佳季節 6～8月

面積 6公頃

花卉種類 鬱金香、風信子、玫瑰、鐵線蓮等

園內設施 餐廳、商店、香草庭園等

22座主題花園相迎

③ 紫竹花園

需時 約2小時

廣大的花園境內開滿紫竹昭葉女士種植的花草。四季共有2500種花朵盛開。

帶廣市美栄町西4線107　☎0155-60-2377

營 4月下旬～10月下旬的8:00～17:00　費 門票1000日圓

休 營業期間無公休　交 從JR帶廣站開車40分鐘　🚗 50台

帶廣 ▶MAP P.10 B-1

滿足美食購物需求的花園

① 十勝Hills

需時
約1小時

十勝的代表花園，占地23公頃相當寬廣。也有種植蔬菜和香草的農田，可在餐廳享用現摘的美味。

幕別町日新13-5　☎0155-56-1111
[營]4月中下旬～10月中下旬的9:00～18:00
㊡營業期間無公休　㊢門票1000日圓
㊡從JR帶廣站開車15分鐘　🚗150台

幕別 ▶MAP P.10 C-1

一棵樹加上鼠尾草帶狀花田，搭配藍天和遼闊的十勝平原，構成十勝Hills最具代表性的景色。花卉春夏輪種2次。

可從8個設施中任選4個參觀的優惠票2200日圓。

WHAT IS

花園街道

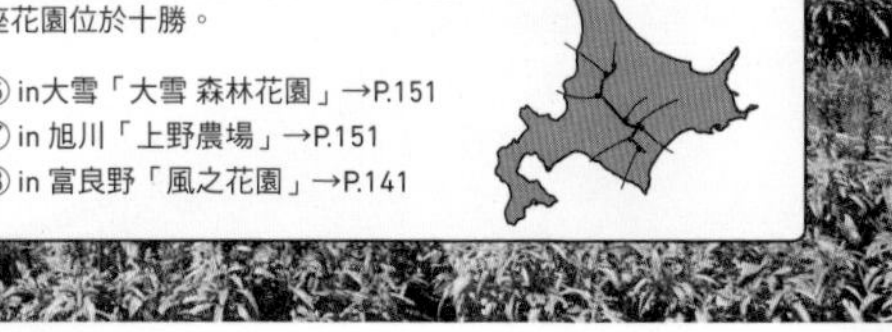

串聯起大雪經富良野往十勝全長約250km路上的8座花園總稱。當中有5座花園位於十勝。

⑥ in大雪「大雪 森林花園」→P.151
⑦ in 旭川「上野農場」→P.151
⑧ in 富良野「風之花園」→P.141

十勝Hill的3處必逛景點

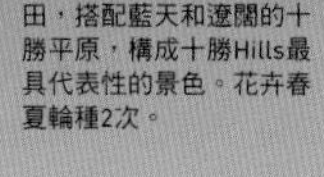

以下介紹園內必逛景點！

Viz · Potager
種植十勝的豆類、蔬菜和香草等。採收的蔬菜送到園內餐廳烹調。

玫瑰花園
約有960株英國玫瑰盛開，香氣縈繞的花園。

藍靛果忍冬和豆類製成的果醬 各700日圓。

Hills Shop
販售十勝Hills的自有品牌商品。用豆類或蔬菜製成的沙拉醬或果醬很適合當伴手禮。
[營]9:00～17:00
㊡全年無休

園內小溪流淌，周圍花草叢生。

GARDEN DATA　最佳季節 6～8月

面積 10公頃　花卉種類 蝦夷龍膽、玫瑰、鈴蘭、豬牙花等　園內設施 休息處&商店、Sairo 50周年紀念館、花紋包裝紙館等

匯集花卉和藝術的六花亭花園

④ 六花之森

需時
約2小時

北海道知名點心「六花亭」的花園，十勝六花的玫瑰或蝦夷龍膽等在不同季節綻放。

中札內村常磐西3線249-6　☎　0155-63-1000　[營]4月下旬～10月中旬的10:00～16:00（6～8月9:00～、9月下旬～10月中旬～16:00）　㊢門票1000日圓　㊡營業期間無公休
㊡從JR帶廣站開車45分鐘　🚗80台

中札內 ▶MAP P.10 B-2

模仿奧地利提洛爾民宅的紅屋頂建築。

GARDEN DATA　最佳季節 6～8月

面積 8公頃　花卉種類 杜鵑花、繡球花、胡枝子、玫瑰、齒葉溲疏等
園內設施 咖啡館、園藝中心、觀景台、松鼠教堂等

在針葉林裡散步

⑤ 真鍋庭園

需時
約2小時

1966年（昭和41年）開始對外開放，是日本第一座針葉林庭園。也有北方針葉樹的展覽室。

帶廣市稻田町東2線6　☎0155-48-2120
[營]4月20日～12月1日的8:30～17:30（10、11月會提早閉園）　㊢門票1000日圓　㊡營業期間無公休　㊡從JR帶廣站開車15分鐘　🚗50台

帶廣 ▶MAP P.10 C-1

十勝地區這5間花園有販售聯票。要逛多座花園，買聯票比較划算。

盡情享受大地的恩賜！

到農家餐廳吃中餐

帶廣是北海道最大的酪農畜產地區。使用現摘新鮮蔬菜和放養的牛豬肉烹調成令人感動的美味餐點！選用十勝小麥製成的麵包也值得一嘗。

以自家農園蔬菜為主食的健康午餐盤

餐廳自行碾製Yumepirika糙米。

主食是甜味明顯的馬鈴薯。

雖然以生菜為主，但有時會附涼拌菜或燉菜。

每週餐盤
1000日圓

裝滿蔬菜的配菜盤搭配米飯、味噌湯和飲料的套餐。

店內是天花板挑高的開放式空間。

以新鮮蔬菜為餐點主角

野島家農家餐廳

餐廳以自家農場採收的蔬菜或當地食材製作的家常菜頗受好評。11:00～14:00提供數量有限，每週更換菜色的午餐盤。

中札内村新生東1線199-4
☎0155-67-2880　營11:00～17:00
休 週四、不固定
交 從JR帶廣站開車40分鐘　🚘10台
中札内 ▶MAP P.10 B-2

餐廳前面就是廣闊的農地。

WHAT IS

北海道的蔬菜產季

雖然整年都吃得到各種蔬菜，但還是當季蔬菜最美味！話雖如此，像馬鈴薯等以過冬的甜度比較高，所以全年都好吃。

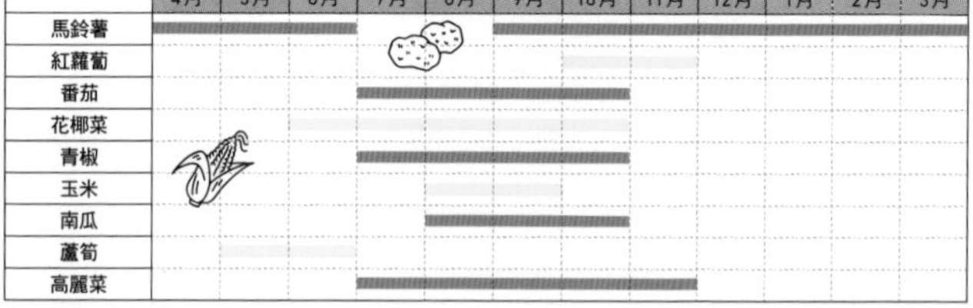

	4月	5月	6月	7月	8月	9月	10月	11月	12月	1月	2月	3月
馬鈴薯	■	■	■			■	■	■	■	■	■	■
紅蘿蔔							■	■				
番茄				■	■	■	■					
花椰菜			■	■	■	■	■					
青椒				■	■	■	■					
玉米					■	■						
南瓜					■	■	■					
蘆筍		■	■									
高麗菜				■	■	■	■	■				

在視野絕佳的咖啡館品嘗自家牧場的牛肉

致力生產安心安全的牛肉

OONO FARM COWCOW Cafe

大野農場對餵牛的飼料和整土都有所堅持。提供在農場健康成長，肉質鮮美的牛肉。

芽室町祥栄北8-23　☎0155-62-4159
營 午餐11:00～14:00、咖啡館14:00～16:00LO
休 週一（如遇假日順延至隔天），亦有臨時公休　交 從JR帶廣站開車30分鐘　🚘30台
芽室 ▶MAP P.10 B-1

可從落地窗眺望室外遼闊的田園風光。

對飼料的安全性嚴格把關，以一貫化養殖作業飼養牛隻。充分感受油脂清爽的紅肉滋味。

切成一口大小的牛排搭配麵包、牛肉湯和沙拉的套餐。菲力2700日圓。

牛肉盤餐（里肌）2000日圓

以珍貴的長期熟成牛肉做成絕品蔥花牛肉丼飯

使用自家生產的黑毛和牛「夢大樹牛」長期熟成的牛肉。熟成的肉質別具風味。

加工過的冷凍腿肉和五花肉放在白飯上。享受在口中融化的新口感。

蔥花牛肉丼飯 1458日圓

提供十勝生產的肉類和蔬菜

充滿夢想的牧場

吃得到長期熟成的「夢大樹黑毛和牛」。蔥花牛肉丼飯最熱賣，但也推薦漢堡定食1782日圓。

大樹町萌和182　☎01558-6-3295
營 10:00～16:00（17:00以後須訂位）
休 週一、六（1～3月休息）
交 從JR帶廣站開車45分鐘　🚘30台
大樹 ▶MAP P.10 C-2

佇立於廣闊平原上的店。

BREAD

還有十勝小麥麵包！

日本國內生產的小麥有4分之1來自十勝。品嘗發揮當地小麥特色的「十勝麵包」吧。

法國麵包280日圓、十勝南瓜麵包（半份）259日圓、紅豆奶油麵包238日圓、特製起司麵包356日圓。全部都是秋季商品。

品嘗小麥原有的豐富滋味

Harukoma麵包坊

使用100%北海道小麥製成饒富滋味的麵包頗受好評。每天出爐100種以上的麵包，餡料也是十勝食材。

帶廣市西19条南5-43-11　☎0155-38-5311
營 10:00～19:00　休週日、一　交 從JR帶廣站開車10分鐘　🚘10台　帶廣 ▶MAP P.10 B-1

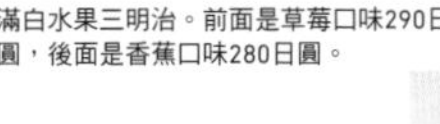
滿白水果三明治。前面是草莓口味290日圓，後面是香蕉口味280日圓。

香濃起司麵包250日圓。

十勝牛咖哩麵包194日圓。

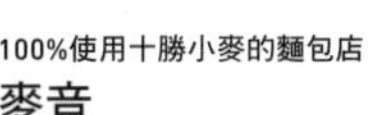

100%使用十勝小麥的麵包店

麥音

十勝老字號麵包店．滿壽屋商店的頂級旗艦店。可在麵包業界最大的庭園享用剛出爐的產品。

帶廣市稻田町南8線西16-43　☎0155-67-4659
營 6:55～18:00　休 僅年終年初休　交 從JR帶廣站開車15分鐘　🚘120台　帶廣 ▶MAP P.10 C-1

滿壽屋創業於1950年。招牌商品是夾著美乃滋義大利麵的「白義大利麵三明治」。

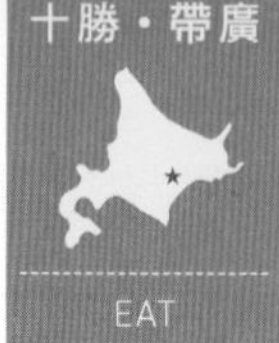

勾動食欲的醬汁香
十勝名產豬肉丼飯的試吃評比

說到十勝的當地美食就是豬肉丼飯。還有多家口味獨特的專賣店深具吸引力。吃遍各家人氣餐館評比一下該店口味吧。

嚴選北海道五花豬肉和低溫熟成的特製醬汁

里肌肉和五花肉各半的人氣丼飯。
上面點綴著山葵和毛豆。

半五花豬肉丼飯（中份）
1200日圓

[肉] … 肥瘦比例恰到好處的北海道五花肉

[醬汁] … 添加大量日本酒和蜂蜜

以山葵提味的豬肉丼飯

Hanatokachi

週末必排隊的人氣餐廳。有里肌肉和五花肉各半的半五花豬肉丼飯，以及只放里肌肉的豬肉丼飯2種。+80日圓即可外帶。

🏠 帶廣市大通南12-4 佳大樓1F
☎ 0155-21-3680
[營] 11:00～19:00（中間會休息）
[休] 週二（如遇假日改週四公休）
[交] 從JR帶廣站步行5分鐘 🚗 5台
[帶廣] ▶MAP P.11 F-3

吃得用珍貴腰內肉製作的十勝豬肉丼飯

肉類可選十勝生產的五花肉、腰內肉和里肌肉。
也有綜合里肌五花肉和洋蔥配菜。

五花豬肉丼飯（肉、飯都加量）
1100日圓

[肉] … 每片都是人工切片去筋

[醬汁] … 代代祖傳的嚴選特製醬汁

高人氣排隊名店

Tonta豬肉丼飯

使用特製烤爐從上方加熱，不會冒煙能鎖住豬肉自身風味。店內販售1瓶540日圓的特製醬汁，是熱門伴手禮。

🏠 帶廣市東10南17-2
☎ 0155-24-4358
[營] 11:00～18:00（售完為止）
[休] 週日 [交] 從JR帶廣站開車10分鐘
🚗 21台
[帶廣] ▶MAP P.11 F-3

豬肉丼飯

源自「Pancho」第一代老闆的想法，提供「平民也吃得起的豬肉餐點」。

Pancho豬肉丼飯

帶廣市西1条南11 ☎0155-22-1974
㊎11:00～19:00 ㊡週一、第1、3週週二（如遇假日順延至正常上班日公休） ㊡從JR帶廣站步行2分鐘 無 帶廣 ▶MAP P.11 F-3

【肉】主要提供里肌肉、肩里肌肉、五花肉3種。餐廳多使用北海道生產的豬肉。

【烤法】大部分是放在烤網上反覆刷著醬汁烤的網烤派。極少數是放在平底鍋上煎烤。

【醬汁】以醬油為基底的鹹甜味，不過各店的口味在甜鹹度和濃淡度上有微妙差異。

富彈性的 豬里肌厚片×甜鹹醬汁

豬里肌肉放在烤網上
邊烤邊重複塗抹特製醬汁。

豬肉丼飯 950日圓

肉…以遠紅外線烤十勝生產的優質豬里肌肉

醬汁…超下飯的甜鹹醬汁

附醬菜。
免費的哈密瓜汽水也是這裡的特產。

備受市民喜愛的老字號餐廳

藤森宴會餐廳

創業120年的老店。提供壽司蕎麥麵套餐1458日圓等豐富餐點，當中以保有傳統風味的豬肉丼飯最受歡迎。祕製醬汁和豬里肌肉的油脂十分對味。

帶廣市西2条南11-8
☎0155-26-2226
㊎11:00～20:45LO
㊡週二（如遇假日另洽）
㊡從JR帶廣站步行3分鐘 20台
帶廣 ▶MAP P.11 F-3

遠火慢烤油花豐富的豬肉

由技術純熟的師傅一片片細心燒烤。
提供里肌肉和五花肉2種選擇。

特級豬肉丼飯（豬五花）930日圓

+70元就能外帶喔。

肉…使用十勝頂級肥瘦交織的Kamikomi豬肉。五花肉油脂含量豐富

醬汁…濃稠卻不死鹹的溫醇風味

附味噌湯和醬菜。也可依喜好撒上山椒粉或一味辣椒粉。

想吃肥美的豬肉

豬肉丼處 豚屋

僅使用嚴選十勝豬肉。每日限量發售的特級豬肉丼飯，吃得到肉質軟嫩的Kamikomi豬肉。還有里肌肉丼飯、五花肉丼飯各750日圓。

帶廣市西23条南1-21
☎0155-37-3130
㊎11:00～19:30
㊡週一（如遇假日照常營業）
㊡從JR西帶廣站步行1分鐘
15台
西帶廣 ▶MAP P.10 B-1

各家特製豬肉丼飯醬汁也是很棒的伴手禮選項。除了直接到餐館購買外，市區的伴手禮店均有販售。

各工房嚴格把關的自信品！

帶回絕品起司

十勝是北海道首屈一指的酪農區，境內起司產業興盛。除了多家小規模的起司工房外，也能到帶廣市區的商店選購。從眾多起司中找出自己喜歡的商品吧。

鹿追起司工房

位於自然景觀豐富的鹿追町。招牌商品是經過15～25個月熟成的長期熟成起司。

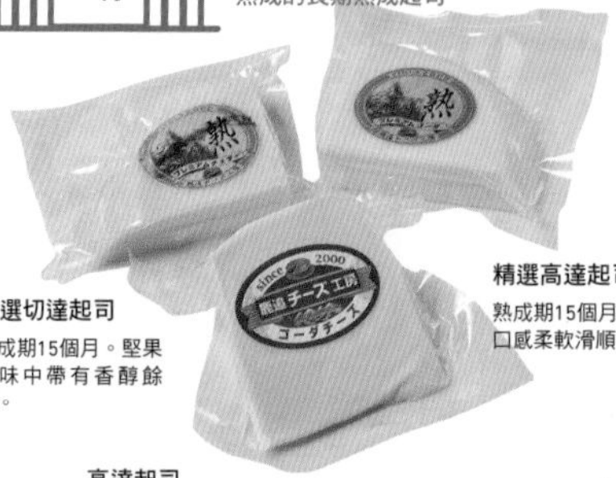

精選切達起司
熟成期15個月。堅果風味中帶有香醇餘韻。

精選高達起司
熟成期15個月。口感柔軟滑順。

高達起司
熟成期4個月。味道柔和無異味。可以直接吃或加熱食用。

香林農園

在日高山腳下的拓成森林飼養牛和山羊。春～秋之際製作山羊奶起司。

Eshi坊
山羊奶和牛奶混合製成的起司。風味清淡。

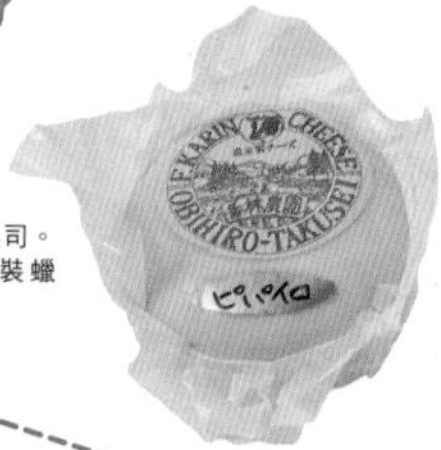

Pipairo
熟成期短的半軟起司。食用時撕掉外包裝蠟紙。

NEEDS

幕別町的起司工房。使用隔壁新田牧場生產的新鮮牛奶製作。

馬背起司
葫蘆形起司。加熱後風味倍增。

真空莫札瑞拉起司
直接品嘗得到優質牛奶的滋味。建議做成番茄莫扎瑞拉起司冷盤享用。

原味莫札瑞拉起司條
在製作過程中拉長起司纖維，產生獨特口感。

SHOP LIST 這裡買得到！

位於JR帶廣車站2樓，遊客服務中心旁邊。

十勝食品齊聚一堂

十勝物產中心

販售十勝境內19個市町村的特產。以工房直送的起司或豬肉丼飯醬汁等十勝特有商品最受歡迎。

帶廣市西2条南12 ESTA東館2F
☎0155-22-7666 營9:00～18:00
休全年無休 交JR帶廣站出站直達
租約停車場
帶廣 ▶MAP P.11 F-3

排滿農家寄賣的新鮮蔬菜。

販售當地小農蔬菜

十勝村產地直銷市場

位於輓曳十勝（→P.168）入口的室內市場。除了食品外也販售輓曳賽馬的原創商品。

帶廣市西13条南8-1 輓曳十勝內
☎0155-66-6830 營平日10:00～18:00，週六～19:00（11月～3月11:00～16:00） 休週三 交從JR帶廣站開車7分鐘 750台
帶廣 ▶MAP P.11 E-2

還販售生活用品和天然美妝品。

想找十勝生產的有機食材

Natural COCO帶廣總店

十從十勝生產的有機農產品到日本各地的天然食品都有販售。附設有機咖啡館。

帶廣市西10条南1-10-3
☎0155-38-3833 營10:00～18:45
休週日、年終 交從JR帶廣站開車7分鐘
20台
帶廣 ▶MAP P.11 E-2

高達起司

熟成期1個月。味道圓潤，適合搭配各種料理。

Asyoro 起司工房

JA Asyoro經營的工房。以硬質起司為主，製作約10種起司。

熟成莫札瑞拉起司塊

拉成長條狀的莫札瑞拉起司切成塊。熟成2週左右味道濃郁。

真

熟成期3個月的洛克福類型起司。融解後食用更美味。

共働學舍 新得農場

位於牛乳山腳下，從養牛到製作起司進行一貫化作業的農場。

牛乳山奶油起司

讓自然分離後的奶油充分發酵、脫水。口感清爽滋味濃郁。

白黴起司・笹yuki

工房的原創起司。使用山白竹鹽呈現清爽風味。

WHAT IS 天然起司

生乳發酵凝固成的物體。因為乳酸菌的作用，依熟成期長短產生不同的風味及味道。並依製法和原料形成多樣種類。

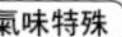

新鮮起司

生乳凝固後去除水分的新鮮起司。有莫札瑞拉起司等。

硬質起司

熟成期嘗風味濃厚。依含水量的多寡分成硬質和半硬質起司。

白黴起司

表面有白黴繁殖的起司。外皮口感軟彈裡面濃稠。

藍黴起司

在起司內植入青黴菌熟成。味道強烈且偏鹹。以古岡左拉起司最有名。

洗皮起司

用鹽水或酒類擦洗起司表面熟成。外皮氣味濃烈裡面圓潤。

羊奶起司

以山羊奶為原料。為了降低特殊氣味會在表面上撒炭灰。

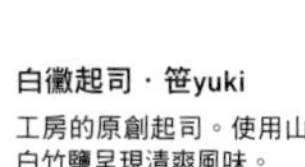

MILK SWEETS 想吃奶製品甜點！

還有多種以十勝牛奶為原料的甜點！逛花園&牧場時順便品嘗一下。

使用3種起司製成一口大小的起司蛋糕。

舒芙蕾質地和重乳酪蛋糕的雙重組合。中間夾了木莓果醬。

善用十勝恩澤的季節性蛋糕

十勝Toteppo工房

常備20多種生蛋糕，還有種類豐富的烘焙點心和十勝起司。附設可坐下來歇息片刻的咖啡館。

帶廣市西6条南17-3-1 ☎0155-21-0101
營10:00～18:00 休不固定 交從JR帶廣站步行10分鐘
18台 帶廣 ▶MAP P.11 E-3

有各種季節性口味。屬於口感綿密的義式冰淇淋。

品項齊全的乳製品

十勝野Fromage

起司工廠附設的直營店。除了販售工房原創起司，還有用起司製成的甜點、奶油等。

中札内村西2条南7-2 ☎0155-63-5070
營10:00～17:00 休全年無休（11～6月週三休息，如遇假日正常營業） 交從JR帶廣站開車30分鐘
20台 中札内 ▶MAP P.10 B-2

新鮮類起司容易腐壞，不適合帶回家。建議一次買齊以低溫宅配運送。

追尋磅薄美景

在星野度假村欣賞雲海

觀賞自然現象帶來的雲海景致。從星野度假村Tomamu的雲海平台可看到奔騰遼闊的壯觀雲海。前往雲海絕景近在眼前的度假飯店。

自然現象帶來的壯闊大戲

夏

呈現在眼前的遼闊雲海超感動！

雲海平台

雲海平台位於海拔1088m高的Tomamu山上，搭纜車前往約需13分鐘。在氣候條件適宜的情況下，可以看到一望無際的雲海。

㊫ 2023年5月11日～10月16日的5:00～7:00（末班上行纜車。依季節調整） ㊫纜車來回票1900日圓
㊡ 營業期間無公休（天候不佳時停駛）

到Cloud Pool感受在雲端午睡的氣氛。

搭纜車上平台。

活動豐富的度假村

星野Tomamu度假村

度假村中心是住宿設施The Tower和Risonare Tomamu，還有餐廳及泳池。

占冠村中Tomamu ☎0167-58-1111
IN 15:00 OUT 11:00
[費] The Tower1晚含早餐1萬1000日圓～
㊫ 從JR Tomamu站搭免費接駁車5分鐘
🚗 1500台
トマム ▶MAP P.15 F-3

位於Tomamu山腳下的度假村。冬天也有雪上運動。

冬

寒冬孕育出的美景

霧冰平台

雲海平台在冬天化身為欣賞霧冰的霧冰平台。可盡情感受零下低溫打造出的白色絕美景致。

㊫ 2022年12月1日～2023年3月31日的9:00～15:00（依季節調整） ㊫纜車來回票2200日圓
㊡ 營業期間無公休（天候不佳時停駛）

空氣中的水蒸氣附著在樹上等處的現象。

WHAT IS

雲海 從高處俯視低處時，看到如海洋般漫無邊際的雲霧景象。經常在山區出現，必須在風速、溫差及濕度等各項條件配合的情況下才看得到。

・觀賞時機？

春～秋的清晨。

・出現條件？

在Tomamu可以看到3種雲海，形成條件各不相同。最具代表性的太平洋雲海是來自南方的暖空氣形成海霧後，被東南風吹過來越過日高山脈抵達Tomamu產生的現象。

這裡也不能錯過！

十勝・帶廣順遊SPOT

除了帶廣市區外，還有許多郊區必去的景點。把它們排入行程吧。

SPOT 1

到北之屋台
享散步美食

各式小吃店櫛比鱗次

北之屋台

在約50m長的巷子內，有20家店比鄰而立的小吃街。每家都以十勝食材為主，提供當季美味。

帶廣市西1南10 ikinuki通
☎0155-23-8194 營 休依店鋪而異
交 從JR帶廣站步行5分鐘 🚗 無

帶廣 ▶MAP P.11 F-3

每家店空間狹窄約4、5人就坐滿，氣氛卻很舒適。

串燒店
串之Yassan

身為獵人的安田先生經營的串燒店。菜單內連熊肉鹿肉都有。

☎090-8634-1033
營17:30～24:00 休週日

綜合串燒6根1200日圓、熊肉串燒（右圖右）700日圓、鹿肉串燒（右圖左）400日圓。

必看手寫的推薦菜單。

Kokoro

木村夫婦經營的Kokoro，主推用十勝海鮮和蔬菜烹調的菜色。夫婦兩人一搭一唱的對話也很有趣。

☎090-8270-5967
營17:00～24:00 休週日

SPOT 2

去見住在
森林裡的棕熊

近距離觀察棕熊

Sahoro Resort Bear Mountain

從步道或棕熊觀光巴士尋找住在近似大自然森林中的棕熊吧。運氣好的話還能和棕熊擊掌喔！

新得町狩勝高原 ☎0156-64-7007 營4月下旬～10月下旬的9:00～最後入園15:20 費門票步道行程2200日圓、巴士行程3300日圓 休5～6月、10月的週二 交從JR新得站開車15分鐘 🚗600台

新得 ▶MAP P.8 A-3

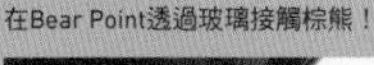

在Bear Point透過玻璃接觸棕熊！

SPOT 3

去看壯闊絕景

5～10月間約有2000頭牛在此放牧。

面積等於358個東京巨蛋

Naitai高原牧場

牧場面積廣達1700公頃。放牧時期，可以看到以十勝平原為背景，牛群點綴其間的牧場風光。

上士幌町上音更128-5
☎01564-7-7272（上士幌町觀光協会） 營6～9月的7:00～19:00；5月、10月的7:00～18:00
費免費參觀 休開放期間無公休
交從JR帶廣站開車1小時30分鐘
🚗83台

上士幌 ▶MAP P.8 C-3

因昭和30年興建水庫而沉沒。

跟著季節隱身的夢幻橋

Taushubetsu川大橋

分布在國道273號沿線舊國鐵士幌線的拱橋群之一。隨著糠平湖的水位上升，在9～12月沉入湖底。

上士幌町糠平源泉鄉 ☎01564-7-7272（上士幌觀光協會） 營自由參觀 交從糠平源泉鄉開車10分鐘 🚗約10台（對岸Taushubetsu觀景台）

上士幌 ▶MAP P.8 C-2

襟裳岬有港海豹棲息於此。

感受吹向海岬的強風

襟裳岬「風之館」（整修中）

立於日本首屈一指的強風地帶襟裳岬，以風為主題的觀光設施。還有風速25m/s的體驗區。

襟裳町東洋366-3 ☎01466-3-1133 營3～11月的9:00～17:00（5～8月～18:00） 費門票300日圓 休營業期間無公休 交從JR樣似站搭巴士1小時，在襟裳岬站下車步行3分鐘 🚗200台

襟裳岬 ▶MAP P.11 F-2

距離帶廣開車約1小時30分鐘的然別湖、糠平湖都是風景名勝地。

由內而外一掃旅途疲憊

入住附天然溫泉的旅館

十勝是北海道屈指可數的溫泉地。在豐富的自然景觀和天然植物性有機溫泉放鬆身心。在享有私人空間，附露天浴池的客房，或寬敞的大浴池悠哉泡湯吧。

多項水療護膚設施

十勝川溫泉第一飯店 豐洲亭

盡情享受植物性有機溫泉

可遠眺日高山脈和十勝川的溫泉度假飯店。大浴場「湯樂」設備完善，有庭園露天浴池、蒸氣室和檜木浴池等。

音更町十勝川溫泉南12
☎0155-46-2231
IN 15:00 OUT 11:00
㊫豪華房1萬4190日圓～
㊯從JR帶廣站開車20分鐘 🚗120台
十勝川溫泉 ▶MAP P.10 C-1

所有客房皆附天然露天浴池。輕鬆享受植物性溫泉。

WHAT IS

十勝川溫泉

位於十勝川附近的溫泉。泉水富含植物性保濕成分，為罕見的濕原（moor）溫泉，也是知名的美人湯。被指定為北海道遺產。

還有享用十勝黑毛和牛的午餐方案。

所有豪華客房都位於河岸旁。

當天來回泡湯DATA
[營]13:00～21:00
[費]1500日圓
含毛巾浴巾的租借費。

在綠意環繞的飯店放鬆休息

大平原飯店

可貼身感受十勝大自然的旅館

飯店建築高6層樓，周圍綠意盎然。境內附設農場，在餐廳就能吃到現摘蔬菜製作的餐點。

音更町十勝川溫泉南15-1
☎0155-46-2121
IN 15:00 OUT 10:00
[費]1晚附2餐1萬2030日圓～
㊯從JR帶廣站開車20分鐘
🚗400台
十勝川溫泉 ▶MAP P.10 C-1

大浴場設有源泉掛流的露天浴池、按摩池等。

以附溫泉池的日西式特級客房為首，還有結合民間工藝的西式客房等，客房類型豐富。

當天來回泡湯DATA
㊖15:00～21:00
（週六、日、假日13:00～）
㊫1000日圓
租借毛巾組200日圓

除了美膚外，據說還有恢復疲勞、改善手腳冰冷的功效

帶廣車站周邊附溫泉的飯店

觀光&美食都方便的飯店

十勝花園飯店

以白色為基調的風格客房。餐廳提供大量使用十勝食材烹調的嚴選早餐。

帶廣市西2南11-16
0155-26-5555
IN 14:00 OUT 11:00
從JR帶廣站步行1分鐘
70台

價格 單床房5900日圓～、雙床房1萬1000日圓～

帶廣 ▶MAP P.11 F-3

寬敞的大浴場頗受好評

Premier Hotel-CABIN-帶廣

位於車站前卻擁有令人驚喜的大浴場，可以充分享受植物性有機溫泉。還有夜景酒吧等多樣設施全。

帶廣市西1南11
0155-66-4205
IN 15:00 OUT 11:00
從JR帶廣站步行3分鐘
315台

價格 單床房5000日圓～

帶廣 ▶MAP P.11 F-3

寬敞放鬆的空間

森林水療度假村 北海道飯店

提供閒適的自然環境與用心款待的飯店。在這裡享受得到植物性有機溫泉和以十勝當地食材為主的餐點。

帶廣市西7条南19-1
0155-21-0003
IN 15:00 OUT 11:00
從JR帶廣站開車5分鐘
180台

價格 單床房9800日圓～、雙床房1萬8000日圓～

帶廣 ▶MAP P.11 E-3

車站前罕見的掛流溫泉

帶廣天然溫泉福井飯店

不僅地點方便還享受得到源泉掛流的天然植物性溫泉。寬敞的客房和4選1的早餐定食頗受歡迎。

帶廣市西1条南11-19
0155-25-1717
IN 15:00 OUT 10:00
從JR帶廣站步行2分鐘
55台

價格 單床房4000日圓～、雙床房8000日圓～

帶廣 ▶MAP P.11 F-3

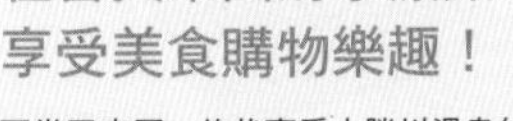

在當天來回的水療館享受美食購物樂趣！

可當天來回，悠哉享受十勝川溫泉的設施。除了水療外還有商店和手作工坊，可玩上一整天！

如泳池般的植物性有機溫泉

十勝川溫泉花園水療館

位於十勝川溫泉區中心的當天來回溫泉設施。水療池是男女混浴池，需穿泳衣或泡湯毛巾衣，適合全家或情侶共享植物性有機溫泉。

音更町十勝川溫泉北14-1
0155-46-2447 營 9:00～21:00（週一～四～19:00、週四有特別活動時會變動。最後入場時間為1小時前） 費 水療券1500日圓 休 5～10月第2週週二，8月為第3週週二，11～4月每週週二，如遇假日順延至隔天 交 從JR帶廣站搭巴士20分鐘，在十勝川溫泉花園水療館站下車，步行1分鐘 90台

十勝川溫泉 ▶MAP P.10 C-1

還有預約制的熱瑜珈、夜間水療。

SHOP

溫泉噴霧水1296日圓（右）、溫泉護手霜1080日圓（上）。

SPA

可以免費租借浴巾和泡湯毛巾衣（只有大人款。兒童請自備泳衣）。

GOURMET

館內有咖啡館&酒吧&麵包店等3家餐飲店。

「柳月」、「六花亭（→P.79）」是來自帶廣的品牌，市區設有多家分店。要不要買份價格適中、攜帶方便的帶廣名點當伴手禮？

震撼十足的比賽 輓曳賽馬

近距離觀看輓馬矯健奔跑

輓曳賽馬的歷史可追溯到北海道開拓時期，在祭典時舉辦農耕馬競賽。起初是馬匹間的角力，以2匹馬互相拔河為主流，到了明治末期才改成拉著鐵橇賽跑。最後成為固定賽事。

1946年（昭和21年），頒布地方賽馬法拖行規則第8條，成為公營賽馬。除了帶廣賽馬場外，還在北見、岩見澤、旭川共4處地方舉辦賽事，但因績效不彰而廢止。雖然帶廣賽馬場也曾面臨存廢危機，幸好有民間樂捐與企業贊助而留存下來。

輓曳賽馬和平地賽馬的相異處，不光是比速度，負重高達1噸的續航力才是勝負關鍵。此外，與耐力及騎師的技巧也密切相關。有機會的話，務必前往觀賞讓人緊張到手心冒汗的輓曳賽馬。

輓馬

體重在800～1200kg間。主要是來自法國的佩爾什倫馬（Percheron）、布雷頓馬（Breton）和比利時馬的混血種。身體魁梧，四肢粗壯。

輓曳賽馬的賽道

賽道全長200m，分成10道，中間有2處障礙斜坡。

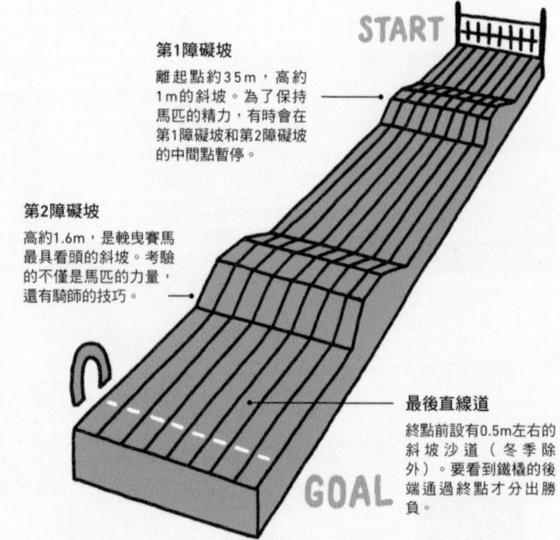

馬券種類

- [單勝] 只預測第1名。
- [連複] 預測第1名和第2名的編組號碼。
- [複勝] 預測前3名（或是前2名）。
- [馬複] 預測第1名和第2名馬匹身上的號碼組合。和名次無關。

除此之外，還有馬單（馬號連勝單式）、wide（擴大馬號連勝複式）、三連複（三連勝複式）、三連單（三連勝單式）共8種。

賽程表

週六～一和正月時比賽。第1場比賽在14:40開跑，第11場比賽在20:45開跑（夜間競賽時的最末場）。4月下旬～11月下旬開放夜間競賽。最新賽程表請上官網查詢。
www.banei-keiba.or.jp

輓曳十勝 （到這裡看）

世界唯一進行拖曳馬競賽的賽馬場。附設動物親密接觸區、產銷市場及馬匹資料館，除了賽馬外還能滿足觀光購物需求。

🏠帶廣市西13条南9 ☎0155-34-0825
[營]週六～一（賽程時間另洽）
[休]週二～五 [費]門票100日圓 [交]從JR帶廣站開車7分鐘 🚗750台
[帶廣] ▶MAP P.11 E-2

世界遺產觀光據點

知床・網走

SHIRETOKO ABASHIRI

最佳季節

● 7～9月、1～2月

夏天和流冰季節是觀光旺季。夏天可到知床五湖健行或坐鄂霍次克海觀光船，冬天可到宇登呂、網走或羅臼搭流冰船。

最佳停留期間

● 2～3天

從最近的女滿別機場到知床預估要2小時以上的車程。在知床任何一項戶外活動皆需半天左右。

觀光移動方式？

因為景點分散各地，建議租車自駕。雖然路上車少，但行駛時要留意闖入車道的動物。從宇登呂到知床五湖，在觀光旺季有時搭接駁巴士反而方便。

交通方式

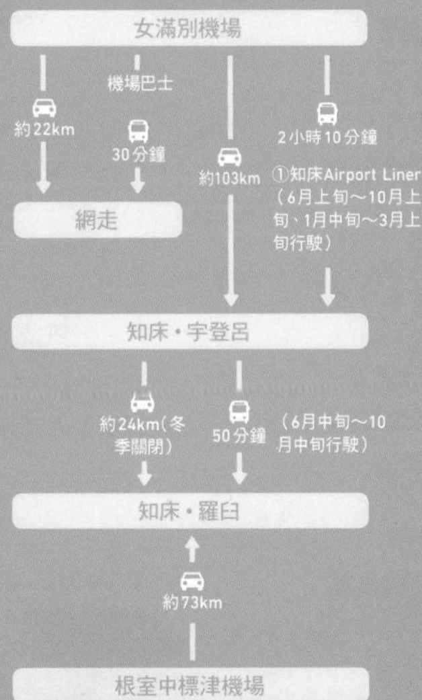

到其他地區

建議安排知床、網走、阿寒、摩周湖的道東巡禮計畫。在釧路機場租車，到女滿別機場還車的話（或是相反路線），就能走遍道東的自然景點。

在世界遺產的土地上接觸大自然

認識知床・網走！

道東地區的觀光亮點是世界遺產知床半島。在網走．紋別絕對要去體驗冬季的流冰。還有豐富的海鮮美食！

在知床・網走必做的3件事

1 知床五湖健行

橫亙在知床連峰山腳下的五座湖泊。可從3條步道中挑選適合自己體力的路線。

2 知床半島觀光船

搭半島絕景路線從鄂霍次克海眺望氣勢驚人的懸崖。也有動物觀察路線

3 流冰體驗

去看嚴冬時期才出現的流冰。航行於流冰海上的觀光船魄力十足！

3天2夜 知床・網走自駕經典路線

以女滿別機場為據點，經網走在知床半島停留2天的路線。

START

女滿別機場

↓ 開車30分鐘

① 網走監獄博物館

↓ →P.181 開車10分鐘

② 鄂霍次克流冰館

↓ →P.180 開車1小時30分鐘

【在宇登呂住1晚】

③ 知床五湖

↓ →P.172 開車30分鐘

④ 知床半島觀光船

↓ →P.174 開車50分鐘

【在羅臼住1晚】

⑤ 動物觀察船

↓ →P.175 開車2小時30分鐘

女滿別機場

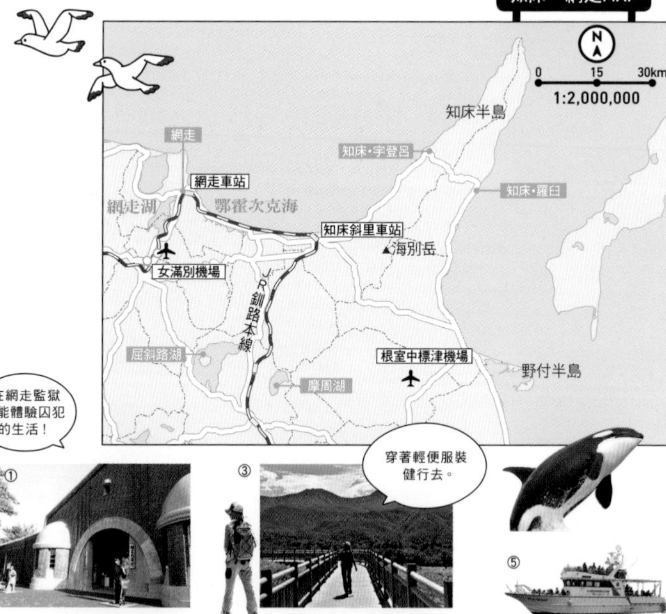

②

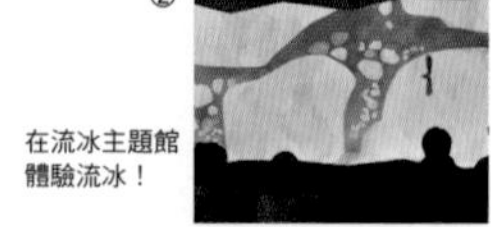

在流冰主題館體驗流冰！

知床・網走事件簿

在知床・網走的交通工具以開車為主。因為時常發生動物誤入車道的交通事故，開車時務必小心謹慎。

FILE 1

明明什麼都沒有，前面的車子卻停下來，差點就撞上去了！

開車經網走前往知床。突然，有台車停在空曠的路面上。幸好提早發現，但差點就撞上去了！

解決！

知床是野生動物的寶庫。但要遵守交通規則停車。

一開到知床 附近，就會遇見蝦夷鹿或北狐。雖然想停車觀看，但停在停車場以外的地方會影響到車輛通行。請依交通規則停車。

FILE 2

往知床五湖的路上居然大塞車！有其他交通方式嗎？

中午前就離開飯店前往知床五湖，居然大塞車！而且，停車場都沒空位了…是不是換其他交通工具前往比較好？

解決！

搭接駁車就能暢行無阻！也有定期觀光巴士。

在中元節或連假期間知床五湖的停車場有可能一位難求。這時搭接駁車，就能順利進到知床五湖停車場。搭定期觀光巴士也很方便。

☎0152-23-0766
（斜里巴士）

〈接駁車〉

宇登呂溫泉巴士總站 ▶ 知床自然中心 ▶ 知床五湖 ▶ 神之水溫泉瀑布

營 8月1～25日
費 宇登呂溫泉巴士總站～神之水溫泉瀑布，來回1980日圓
※可到宇登呂溫泉巴士總站或知床自然中心購票

〈定期觀光巴士・知床浪漫之旅號 B路線〉

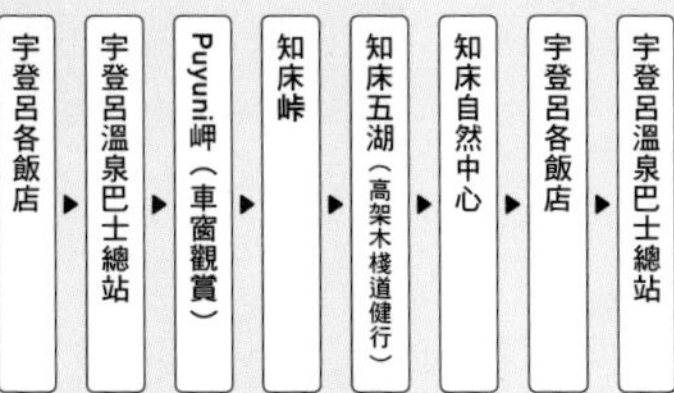

宇登呂各飯店 ▶ 宇登呂溫泉巴士總站 ▶ Puyuni岬（車窗觀賞）▶ 知床峠 ▶ 知床五湖（高架木棧道健行）▶ 知床自然中心 ▶ 宇登呂各飯店 ▶ 宇登呂溫泉巴士總站

營 4月28日～10月31日
費 3200日圓（需預訂）

夏天會對從知床五湖出去的一般車輛進行交通管制。另外，冬季時知床橫斷道路禁止通行。打算租車自駕的話，請事先確認清楚。

前往世界自然遺產

繞行知床五湖一圈

須時 約2小時

知床五湖是分布在知床原生林中的5座湖泊。為著名的野生動物棲息寶庫。
走在2條步道上，親身感受知床的自然環境吧。

走在地面步道和高架木棧道上

享受自然風光

WHY

世界遺產

這裡是稀有動物的棲息地，也因海陸相連食物鏈特殊等原因備受好評，2005年列入日本第3個世界自然遺產。範圍包括知床半島及沿岸地區。

從高架木棧道眺望海拔1661m高的羅臼岳為首，知床連峰的雄偉風光。

感受世界自然遺產

知床五湖

分布於知床半島鄂霍次克海沿岸，從一湖到五湖的5座湖泊。可以一邊散步一邊欣賞知床的自然景觀和知床連峰的風景。從步道上還能看到蝦夷鹿的蹤影。

斜里町岩宇別549 ☎ 0152-24-3323（知床五湖FIELDHOUSE） 營 4月下旬～11月上旬的8:00～18:00（依季節調整） 休 開放期間無公休 交 從宇登呂溫泉巴士總站開車20分鐘

100台（收費）

知床 ▶MAP P.7 E-1

大圈路線

一圈3km
約1小時30分鐘

小圈路線

一圈1.6km
約40分鐘

高架木棧板

來回1.6km
約40分鐘

從地面步道的大圈路線走上高架木棧道

挑戰需時1小時30分鐘的大圈路線！
中途走上高架木棧道，從觀景台欣賞秀麗的風光。

知床五湖FIELDHOUSE

↓ 步行約10分鐘

周長400m，是五座湖泊中面積最小的湖。靜靜地橫躺在森林中。

↓ 步行約4分鐘

周長700m，充滿神祕氣息的湖泊。可從湖畔遠望知床連峰。

↓ 步行約8分鐘

周長900m，是五湖中的第二大湖。湖上浮島令人印象深刻。

↓ 步行約15分鐘

周長1.5km，是五湖中最大的湖泊。看得到知床連峰的全貌及湖面倒影。

↓ 步行約12分鐘

地面步道終點。可從湖畔眺望知床連峰和高架木棧道。

↓ 步行約5分鐘

單向通行

高架木棧道入口
穿過旋轉門進入高架木棧道。

↓

高架木棧道

湖畔觀景台

雙向通行

高架木棧道終點。一湖和知床連峰的風光盡收眼底。

↓↑ 步行約7分鐘

鄂霍次克海觀景台

蜿蜒的高架木棧道和知床連峰風景。

↓↑ 步行約8分鐘

連山觀景台

眺望知床連峰和鄂霍次克海兩邊的風光。

↓↑ 步行約5分鐘

GOAL

知床五湖公園服務中心

HOW TO

地面步道健行

地面步道為了保護植被和棕熊，從公園開放到晚秋棕熊冬眠的這段期間，只接受參加講座或導覽團的遊客入內。

植被保護期

開園～5月9日、8月1日～10月20日

講座
費 250日圓　時 10分鐘

↙ 大圈路線　↘ 小圈路線

※大圈路線在開園～5月9日期間，時有因積雪而禁止通行（或關閉）。

棕熊活動期

5月10日～7月31日

導覽團

大圈路線	小圈路線
費 5000日圓（依旅行社而異）時 約3小時	費 2500日圓 時 約1小時30分鐘

※大圈路線每10～20分鐘一團，須預約。小圈路線1天4團，依當天先後順序報名，不可預約。

自由參觀期

10月21日～閉園

無須辦理手續自由參觀

↙ 大圈路線　↘ 小圈路線

講座報名方法

在知床五湖Wildhouse的售票機購票，填好申請表後交給櫃台人員。

一起來學遇到棕熊要如何對應吧。

參加導覽團的方法

導覽團須事先預約。一團10人，每10分鐘一團。請上官網預約團體行程、查詢已註冊的導覽團。
URL www.goko.go.jp

請穿硬底鞋行走地面步道。記得帶小背包裝水、雨具和毛巾。

半島絕景和動物

搭遊船享受自然風光！

以下介紹從海上眺望世界遺產的2大觀光船行程。
欣賞斷崖美景的知床半島觀光船和遇見海洋生物的動物觀察船。請先確認活動時間再出發吧！

從鄂霍次克海遠眺磅薄斷崖

神之水瀑布

溫泉河水流洩而下的神之水瀑布。海面被硫磺物質染色。

【宇登呂出發】

需時1小時10分鐘～

知床半島觀光船

從宇登呂港沿著知床半島航行的路線。有開到半島前端知床岬的路線和中途折返的路線。

知床岬路線的亮點

知床五湖的湖水形成地下水從岩縫間流下。

No.1景點。溫泉流入河川上游形成神之水溫泉瀑布。

觀賞亮點是在Rusha川河口捕捉鮭魚的棕熊畫面。

知床半島唯一直線入海的瀑布。

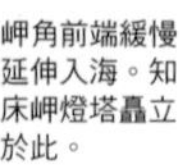

岬角前端緩慢延伸入海。知床岬燈塔矗立於此。

觀光船Information

小型船

載客數30～80人左右的觀光船。可以近距離仰望瀑布和奇石，看見棕熊的機率也很高。

近距離欣賞震撼美景

哥吉拉岩觀光（宇登呂）

斜里町宇登呂東51 ☎0152-24-3060 營6/1～10/31（1天2班） 費知床岬路線9000日圓 交從宇登呂溫泉巴士總站步行3分鐘 🚗40台

宇登呂 ►MAP P.37 D-1

大型船

最大載客數400人的船。可以悠哉地從船內各處欣賞風景。

在寬敞的船上舒適航行

知床觀光船極光號・極光2號

斜里町宇登呂東107 ☎0152-24-2146（道東觀光開發） 營4月下旬～10月下旬（1天4～5班） 休營業期間無公休 費神之水溫泉瀑布路線3500日圓 交從宇登呂溫泉巴士總站步行8分鐘 🚗町營停車場100台（1天400日圓）

宇登呂 ►MAP P.37 D-1

※上述為路線選項之一

【羅臼】

動物觀察船

🕒 約2小時30分鐘

從羅臼港出發在根室海峽上追尋動物芳蹤的觀光船。也能眺望知床半島和國後島。冬季則是流冰船。

體型巨大的虎鯨或鯨魚！海洋生物的寶庫

[7〜9月]

抹香鯨

體型最大的齒鯨，雄鯨可長到18m。小鬚鯨和貝氏喙鯨也棲息於此。

各動物出沒的季節

[2月〜3月上旬]

海豹

和流冰一起過來的海豹。運氣好的話還能看到躺在流冰上的海豹。

[5〜7月]

虎鯨

巨大的黑白色身軀穿梭在海面上的畫面頗具震撼力。一到春天就在根室海峽成群出沒，6月時看到的機率相當高。

[1月下旬〜3月上旬]

虎頭海鵰&白尾海鵰

飛來過冬的候鳥，張開雙翅約有2m長的大型猛禽。

觀光船Information

有隨船講解員

知床Nature Cruise

⌂ 羅臼町本町27-1
☎ 0153-87-4001 [休] 營業期間無公休 [交] 從阿寒巴士羅臼營業所步行15分鐘 🚗 10台
[羅臼] ▶MAP P.37 E-1

夏季

鯨魚、海豚、賞鳥之旅

從羅臼港出發，繞行根室海峽一圈。即便是夏季也要做好保暖措施。
[營] 4月下旬〜9月1天2班
🕒 約2小時30分鐘 [費] 8800日圓

冬季

流冰&賞鳥之旅 A・B

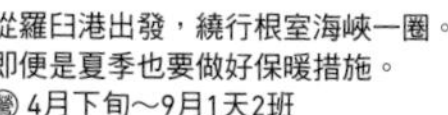

破冰前行的觀光船。有A和B 2條航線。
[營] 2〜3月上旬（1天3班）
🕒 A路線約1小時，B路線約2小時30分鐘 [費] A 4400日圓、B 8800日圓

參加冬季的觀光船行程務必做好防寒措施。必須戴手套、帽子。最好是保暖效果佳的冬季防風羽絨外套。

在北方大地繁衍的野生動物和鳥類

自然環境原始的北海道是動物們的寶庫。開車時經常會遇見蝦夷鹿或北狐。為什麼北海道有這麼多本州沒有的特有種生物。因為本州和北海道間隔著津輕海峽。津輕海峽水深，即便在冰河期也不會凍結，隔著這條界線發展出不同的生物群。後來便以發現這條線的英國動物學家之名，將該線命名為布萊基斯頓線（Blakiston Line）。

北海道境內沒有本州的亞洲黑熊、日本獼猴和長鬃山羊等，和本州相同的貓頭鷹或狸貓等則是北海道的特有亞種。另外，北海道的動物體型龐大，符合地區越冷個體越大的柏格曼法則（Bergmann's rule）。

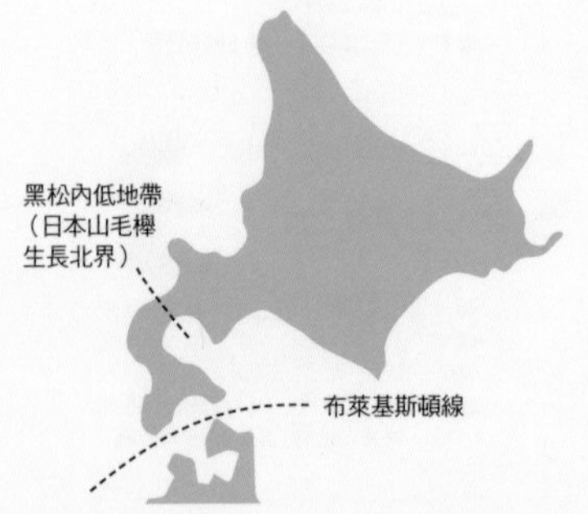

蝦夷鹿

多棲息於道東地區，有時會出現在馬路旁。只有公鹿才會長角，並在每年春天時脫落。為了減少對農作物造成的破壞，當地推廣食用鹿肉。

北狐

特色是四肢腳踝呈黑色，尾端為白色。會親近拿著飼料的人類，但因為北狐體內帶有名為「棘球蚴」的寄生蟲，請不要接觸牠。

棕熊

日本境內體型最大的陸地哺乳類動物。以棲息在知床的棕熊密度最高，有時坐在觀光船上就能看到。11～4月左右是冬眠及繁殖期。

攝影／進 螢志郎（丹頂鶴除外）

丹頂鶴

特色是白色羽毛、黑色尾巴及紅色頭部，為日本最大的鶴類。曾經瀕臨絕種，但最近復育超過1000隻。冬季聚集在釧路溼原附近的餵食場。

發現率	☆☆☆☆☆
全長	100～150cm
翼長	最大240cm
棲息地	道東濕原周邊

蝦夷小鼯鼠

四肢間有皮膜相連，可在林木間滑行，圓滾滾的大眼睛令人印象深刻。在樹上築巢居住。主要以植物為食的雜食性動物。

發現率	☆☆☆☆☆
全長	15cm左右
體重	100g左右
棲息地	北海道全區森林

蝦夷松鼠

擁有白色胸部、毛茸茸的尾巴，冬天耳朵會長毛的大型可愛松鼠。棲息在都市公園或神社等地。不須冬眠，整年照常活動。

發現率	☆☆☆☆☆
全長	22～27cm
體重	330～470g
棲息地	北海道全區森林

蝦夷貓頭鷹

擁有可愛的心型臉，棲息在北海道的貓頭鷹。是夜行性動物，以小鳥或野鼠為食。初夏時節有機會看到小貓頭鷹。

發現率	☆☆☆☆☆
全長	50cm左右
翼長	最大100cm
棲息地	北海道全區森林

白鼬

夏季胸部以外呈咖啡色，但一到冬季就會換毛變成純白色。是晚上出沒的雜食性動物。曾因濫捕被指定為瀕危物種。

發現率	☆☆☆☆☆
全長	20cm左右
體重	200g左右
棲息地	北海道山區

毛腿魚鴞

體重可達4kg，是世界上最大的貓頭鷹，但也是瀕臨絕種的生物。特色是如耳朵般的角羽。棲息在河川或小沼附近的樹林裡，以魚為主食。

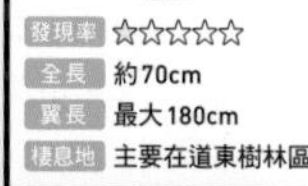

發現率	☆☆☆☆☆
全長	約70cm
翼長	最大180cm
棲息地	主要在道東樹林區

為了保護野生動物，絕對不要餵食牠們。人類自私的行為可能導致動物死亡。

在世界遺產小鎮．宇登呂和羅臼

盡情享用鮭魚&鮭魚卵

宇登呂港、羅臼港是北海道屈指可數的漁獲地。
在豐富的海產中以鄂霍次克海的鮭魚&鮭魚卵最美味且備受好評。請來品嘗世界遺產美食！

UTORO

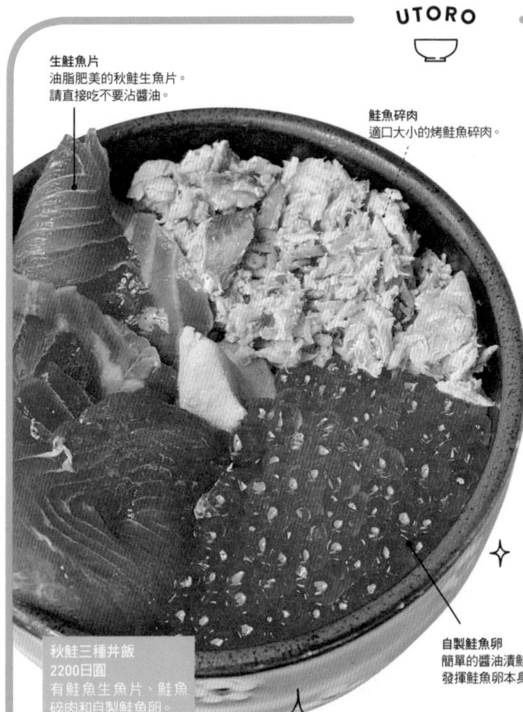

生鮭魚片
油脂肥美的秋鮭生魚片。請直接吃不要沾醬油。

鮭魚碎肉
適口大小的烤鮭魚碎肉。

自製鮭魚卵
簡單的醬油漬鮭魚卵，充分發揮鮭魚卵本身的風味。

秋鮭三種丼飯
2200日圓
有鮭魚生魚片、鮭魚碎肉和自製鮭魚卵。

用日本第一的鮭魚和鮭魚卵做成豪邁丼飯！

充滿女服務員愛心的海鮮料理

宇登呂漁會婦女餐廳

面對港口，漁會婦女部經營的餐廳。吃得到號稱北海道第一的海產，宇登呂鮭魚製作的丼飯和定食，及自製鮭魚卵。遠東多線魚定食1500日圓、夏季也有海膽丼飯（時價）。

斜里町ウトロ東117　☎0152-24-3191
營 4月下旬～10月的8:30～14:30LO
休 不固定　交 從宇登呂溫泉巴士總站步行10分鐘　🚗 4台
宇登呂 ▶MAP P.37 D-1

還有海鮮丼飯！

夏天有時會有宇登呂產的海膽。

用宇登呂的海鮮做成各式料理

熊之家荒磯料理

可盡情品嘗知床之味的餐館。推薦用當地蛾螺、扇貝、海膽及螃蟹等7～9種綜合海鮮製作的知床濱拼盤2850日圓。

斜里町ウトロ西187-11　☎0152-24-2917
營 11:00～14:30LO、17:00～19:30LO
休 不固定　交 從宇登呂溫泉巴士總站步行6分鐘
🚗 5台
宇登呂 ▶MAP P.37 D-1

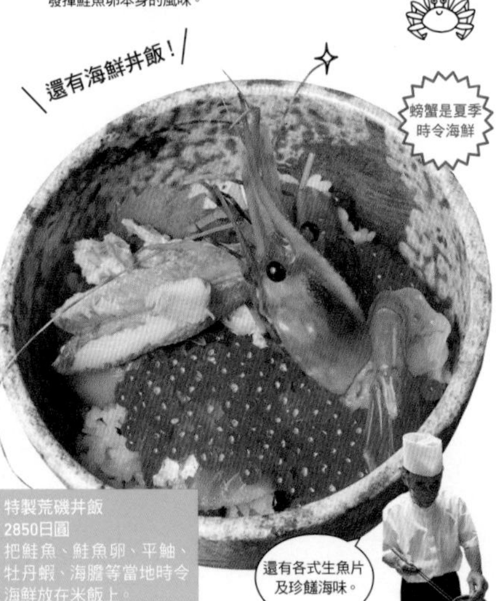

螃蟹是夏季時令海鮮

特製荒磯丼飯
2850日圓
把鮭魚、鮭魚卵、平鮋、牡丹蝦、海膽等當地時令海鮮放在米飯上。

還有各式生魚片及珍饈海味。

知床鮭魚

在日本最常吃的鮭魚是白鮭。機會難得，也試試鮭魚漁場知床才有的珍稀鮭魚美味吧！

秋鮭
別名秋味，就是白鮭。宇登呂港的捕獲量為日本第一。

時鮭
又名時不知鮭，春～夏季捕獲的鮭魚。

帝王鮭
鮭魚之王King Salmon。又名大助。大多是4～6月在太平洋沿岸捕撈。

鮭兒
發育未成熟的鮭魚，在1萬隻秋鮭中僅能捕到數條。脂肪豐厚，是知名的鮭魚極品。

RAUSU

大啖羅臼昆布產地海域的名魚

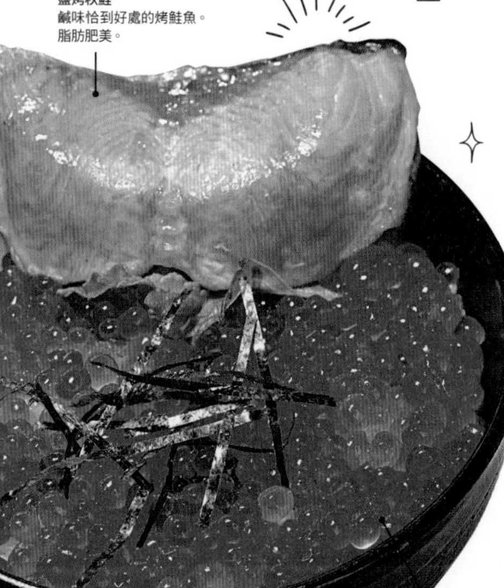

鹽烤秋鮭
鹹味恰到好處的烤鮭魚。脂肪肥美。

自製鮭魚卵
撒滿大顆鮭魚卵的高CP值餐點！

鮭魚卵親子丼飯
1800日圓
在自製鮭魚卵丼飯上放上厚厚的烤鮭魚，份量十足。

品嘗菜色種類豐富的羅臼美味

羅臼海味 知床食堂

位於知床羅臼休息站的深層館，是漁民經營的餐館。提供用羅臼當季海鮮製作的丼飯和烤魚。寫在板子上的當日菜色必看。放上醬烤合鰓鰻的烤鰻魚丼飯1100日圓也很受歡迎。

羅臼町本町361-1（知床羅臼休息站內）
☎0153-87-4460 營4月下旬～11月中旬7:00～20:00，11月下旬～4月中旬8:00～17:00 休4～11月無休（12～3月不固定公休） 交從阿寒巴士流臼營業所步行13分鐘
休息站25台
羅臼 ▶MAP P.37 E-1

以漁民直送才有的新鮮度和價格為賣點

羅臼丸魚濱田商店

水產加工公司賣場附設的餐館。吃得到魚缸現撈的蒸螃蟹（時價），還有每日更換種類的海鮮丼飯3000日圓等各式丼飯。

羅臼町礼文町365-1 ☎0153-87-3311
營10:30～15:30（餐館只在2～10月營業）
休不固定 交從阿寒巴士羅臼營業所開車5分鐘
10台
羅臼 ▶MAP P.7 F-2

＼也有海膽丼飯！／

2～6月限定

海膽丼飯
3500日圓
丼飯上豪邁地放滿在產地羅臼現捕的蝦夷馬糞海膽。

說到知床美食就是海鮮，但近年來蝦夷鹿肉也頗受矚目。有鹿肉製成的漢堡、罐頭和肉乾等。

從觀光船到火車、美食!?

在極寒地網走體驗流冰

需時 約1小時

流冰是北海道冬季的代表景致。一進入寒冬時期，鄂霍次克海就會從北方開始慢慢地結凍，海面逐漸變成如白銀般的流冰冰原。來場有趣的破冰船之旅或流冰饗宴吧！

流冰觀光船

1月20日～4月上旬（預計）

2艘在流冰海上前進的破冰船。從1樓的露天甲板近距離觀賞氣勢驚人的流冰。

WHERE

流冰從哪裡來？

流冰在俄羅斯尚塔爾群島生成，隨著低溫擴大範圍，一邊漂流一邊增厚。來到北海道附近約有50cm厚！

流冰列車

2月上旬～3月上旬

以行駛在流冰海上為主題的彩繪列車。

欣賞無邊際的流冰

流冰物語號

從釧路本線的網走車站～知床斜里車站，沿著鄂霍次克海奔馳的觀光列車。車身畫有海若螺和流冰的圖案。由1、2號2個車廂組成，1號車廂有部分指定席，其餘皆為自由座。

☎011-222-7111（JR北海道電話服務中心） [營]營業期間內1天來回2班（暫定） ㊝970日圓（單趟車資）

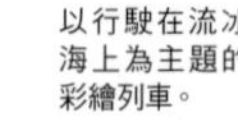

網走 ▶MAP P.7 F-3

體驗零下15℃

全年

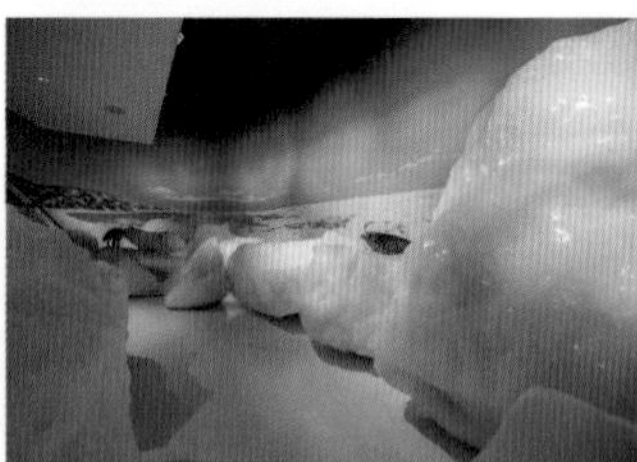

在零下15℃的流冰體感室可觸摸到真實流冰。

宛如在飛的海若螺。

觀察流冰的流冰主題館

鄂霍次克流冰館

展示流冰和鄂霍次克海生物的設施。除了可體驗零下15℃世界的流冰體感室、欣賞夢幻流冰的光雕劇場外，還有觀景台。

♠網走市天都山244-3 ☎0152-43-5951 [營]8:30～18:00（11～4月9:00～16:30。最後入館時間為30分鐘前） [休]全年無休 [費]票770日圓 ㊋從JR網走站搭往天都山方向的網走巴士約15分鐘，在天都山流冰館前下車，步行1分鐘 🚗200台

網走 ▶MAP P.7 E-3

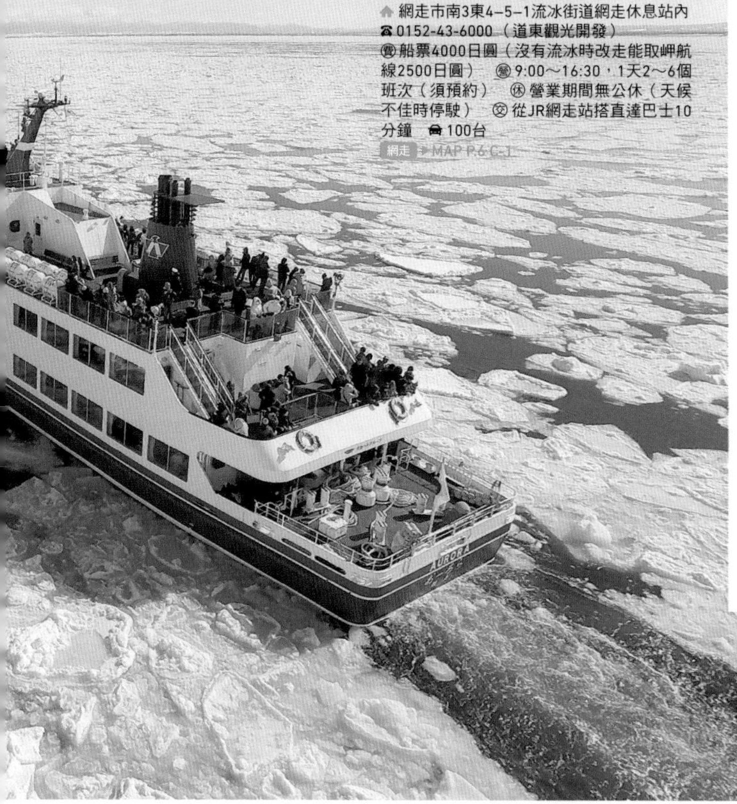

利用厚實船底破冰前進！

網走流冰觀光碎冰船 極光號・極光2號

從網走港開往流冰海的觀光船。船內設有1樓和2樓座位區，透過窗戶可看到流冰。從1樓露天甲板或觀景台欣賞破冰前進的震撼畫面。

⌂ 網走市南3東4–5–1流冰街道網走休息站內 ☎ 0152-43-6000（道東觀光開發） [費] 船票4000日圓（沒有流冰時改走能取岬航線2500日圓） [營] 9:00～16:30，1天2～6個班次（須預約） [休] 營業期間無公休（天候不佳時停駛） [交] 從JR網走站搭直達巴士10分鐘 🚗 100台

[網走] ▶MAP P.6 C-1

來搭船吧！

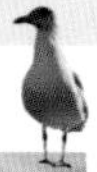

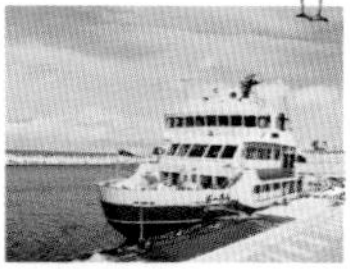

搭極光號！
從網走車站有直達巴士開往乘船處。

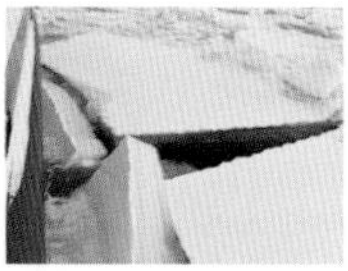

在流冰海上破冰前進！
必看利用船身重量劃破厚重流冰的畫面。

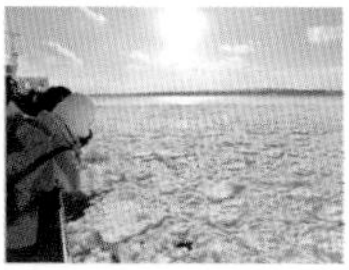

前往網走海
覆蓋流冰的海洋就在眼前。說不定會遇見海豹。

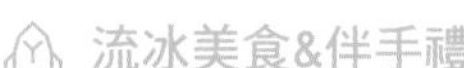

流冰美食&伴手禮

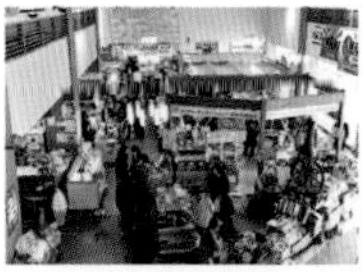

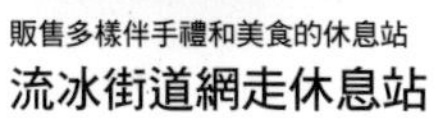

販售多樣伴手禮和美食的休息站

流冰街道網走休息站

休息站在冬季是極光號・極光2號流冰船的乘船處。1樓是賣場，2樓是美食區。

⌂ 網走市南3東4-5-1 ☎ 0152-67-5007 [營] 9:00～18:30（11～3月～18:00。外帶區10:00～17:30、餐廳11:00～16:30） [休] 12/31～1/1 [交] 從JR網走站搭網走巴士10分鐘，在極光號乘船處下車，步行1分鐘 🚗 126台（夏季）

[網走] ▶MAP P.6 C-1

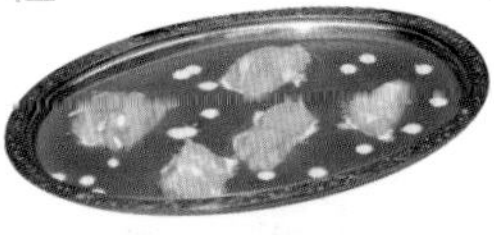

流冰咖哩1200日圓
雖然外觀呈藍色，吃起來卻是咖哩的味道。2樓美食區Kinema館販售的餐點。

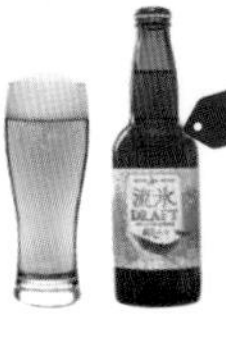

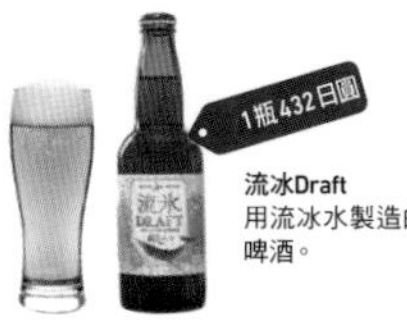

1瓶432日圓

流冰Draft
用流冰水製造的啤酒。

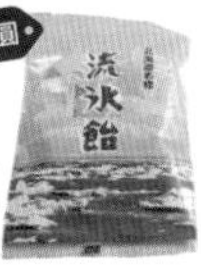

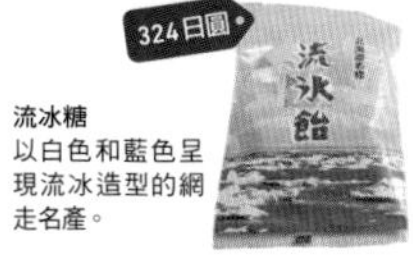

324日圓

流冰糖
以白色和藍色呈現流冰造型的網走名產。

還有這裡

到了網走一定要來～

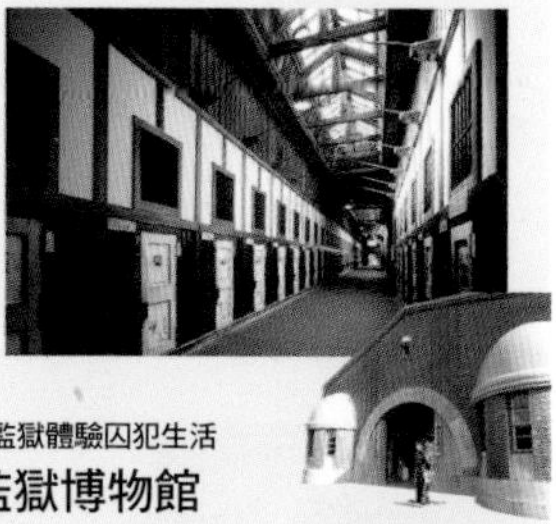

在舊網走監獄體驗囚犯生活

網走監獄博物館

遷移明治時代興建的網走監獄建築並改建成野外歷史博物館。8棟建築列為國家重要文化財產，其中6棟更被指定為登錄有形文化財產。監獄歷史館內設有體感劇場。

⌂ 網走市呼人1-1 ☎ 0152-45-2411 [營] 9:00～17:00 [休] 全年無休 [費] 門票1500日圓 [交] 從JR網走站搭網走市內觀光設施周遊巴士7分鐘，在網走監獄博物館站下車，步行1分鐘（依季節行駛） 🚗 400台

[網走] ▶MAP P.7 E-3

在網走監獄博物館可以吃到重現舊網走監獄牢飯的「監獄體驗餐」。有A 720日圓（秋刀魚）、B 820日圓（多線魚）2種。

走遠一點也想去的地區

紋別和網走一樣，是知名的流冰觀賞地區。並有該地特有的體驗設施，務必移步一遊。

從網走開車2小時

另一處流冰景點

紋別

位於網走以西，面對鄂霍次克海的小鎮。除了流冰觀光設施外，還有多處公園高爾夫球場。也吃得到扇貝或螃蟹等海鮮美食。

地區特色

餐飲店和觀光設施集中在鄂霍次克紋別休息站附近。

到紋別的交通方式

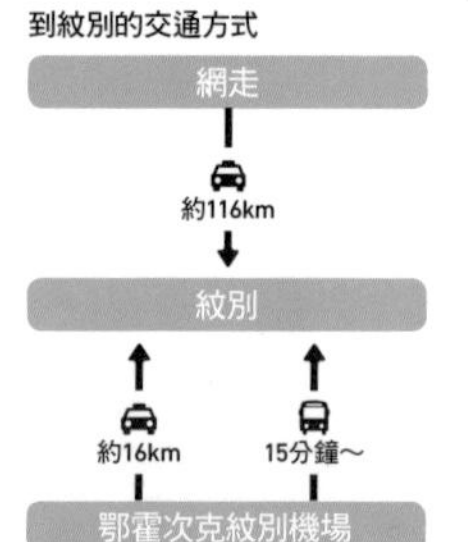

01 破冰船流冰之旅

這裡的Garingo II號是和網走流冰船齊名的破冰船。在鄂霍次克海隨心所欲地衝鋒前進吧！

在2月，還有日出、日落航班。

2根威力十足的螺旋鑽頭劃破流冰前進！

流冰破冰船Garingo Ⅲ號

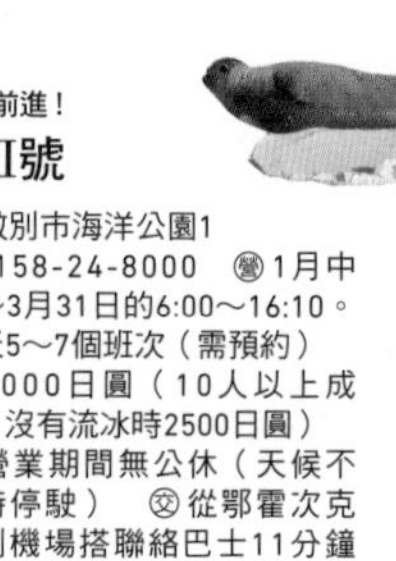

利用裝在船隻前端的阿基米德螺旋鑽頭劃破流冰。還能看到乘著流冰而來的動物。

紋別市海洋公園1 ☎0158-24-8000 營1月中旬～3月31日的6:00～16:10。一天5～7個班次（需預約） 費4000日圓（10人以上成行。沒有流冰時2500日圓） 休營業期間無公休（天候不佳時停駛） 交從鄂霍次克紋別機場搭聯絡巴士11分鐘（僅冬季行駛） 🚗400台

▶MAP P.6 B-2

02 觀察流冰&和海豹互動

有餵食秀可看喔！

除了流冰相關景點外，還有和海豹互動的獨家活動！體驗只有這裡才有的樂趣。

同時也是海洋觀測站。並展示海若螺的模型。

看得到海底流冰！

冰海觀景塔鄂霍次克塔

距離岸邊1km高於海平面38.5m的觀景塔。從位於海平面下7.5m，地下1樓的Aqua Gate大廳可透過玻璃窗欣賞海底風光。

紋別市海洋公園1 ☎0158-24-8000 營10:00～16:00（8～9月的週六、日、假日～20:00） 費門票800日圓 休12月下旬、天候不佳時 交從鄂霍次克紋別機場開車10分鐘 🚗400台

▶MAP P.6 B-2

聆聽有關海豹生態的解說吧。

近距離觀看可愛的海豹！

鄂霍次克海豹中心

擁有4座戶外池和10座室內池，可從水中行動觀察室觀賞海豹的泳姿。1天5次的餵食秀時段也能近距離觀看海豹。

紋別市海洋公園2 ☎0158-24-7563 營10:00～16:00 費門票200日圓（飼料費） 休全年無休 交從鄂霍次克紋別機場開車10分鐘 🚗400台

▶MAP P.6 B-2

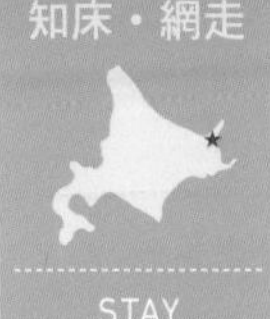

世界遺產觀光據點

在知床溫泉旅館放鬆休息

知床旅館得天獨厚。多家優質溫泉旅館設有視野優美的天然溫泉大浴場。
還能享用當地食材製成的晚餐&早餐。

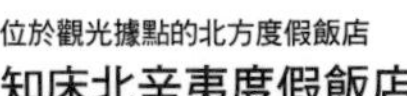

位於觀光據點的北方度假飯店

知床北辛夷度假飯店

價格 1晚附2餐1萬3110日圓～

1960年開業的大型度假飯店。分成別館、本館和西館，房型有靠海的景觀房和附露天浴池的客房。自助餐提供用斜里鮭魚為首的當地食材烹調，備受好評。

斜里町Utoro東172
☎0152-24-2021
IN 15:00 OUT 10:00
從宇登呂溫泉巴士總站步行5分鐘
150台
宇登呂 ▶MAP P.37 D-1

以無敵海景為賣點的旅館

知床第一飯店

價格 1晚附2餐9500日圓

分成東館、西館和至然館3棟建築，房型選項豐富，有日式、西式和日西合併式。設有2處大浴場。從自助式早餐餐廳可眺望鄂霍次克海。

斜里町Utoro香川306 ☎0152-24-2334
IN 15:00 OUT 10:00
從宇登呂溫泉巴士總站開車5分鐘
120台
宇登呂 ▶MAP P.37 D-1

四周綠意環繞的度假飯店

KIKI知床自然度假村

價格 9500日圓～

飯店位於知床丘陵上。可在綠意下享受片刻寧靜時光。大浴場設有庭院露天浴池、岩盤浴（女性專用）和三溫暖等多種入浴設施。

斜里町Utoro香川192 ☎0152-24-2104
IN 15:00 OUT 10:00
從宇登呂溫泉巴士總站步行20分鐘
120台
宇登呂 ▶MAP P.37 D-1

從房間窗戶眺望夕陽和流冰

知床季風俱樂部飯店

價格 1晚附2餐1萬1340日圓～

共有16間客房的2層樓飯店。除了日式、西式房型外，還有2間小木屋，所有客房都是海景房。晚餐提供大量使用當地海鮮和野菜烹調的日式餐點。也有源泉掛流溫泉。

斜里町Utoro東318
☎0152-24-3541
IN 15:00 OUT 10:00
從宇登呂溫泉巴士總站開車3分鐘
30台
宇登呂 ▶MAP P.37 D-1

以羅臼溫泉和當地料理為豪的旅館

陶燈之宿 羅臼第一飯店

價格 1晚附2餐1萬950日圓～

以陶製貓頭鷹燈做裝飾，氣氛溫馨。源泉掛流溫泉讓人從身體內部暖和起來，備受青睞。早晚餐各提供2種選項，吃得到野菜、扇貝和多線魚等。

羅臼町湯之澤町1
☎0153-87-2259
IN 15:00 OUT 10:00
從阿寒巴士羅臼營業所開車3分鐘
35台
羅臼 ▶MAP P.7 F-2

擺滿新鮮海產的豪華晚餐

丸美羅臼旅館

價格 1晚附2餐1萬290日圓～

位於羅臼海岸邊的旅館。賣點是擺滿新鮮羅臼海產的自助式晚餐。也有搭配知床Aruran賞鯨船的包套方案。

羅臼町八木浜町24
☎0153-88-1313
IN 14:30 OUT 9:30
從阿寒巴士羅臼營業所開車10分鐘
35台
羅臼 ▶MAP P.7 E-2

羅臼附近有數處隱密的露天浴池。如面海的「相泊溫泉」、位於羅臼川畔的「熊之湯」、位於海中央的「瀨石溫泉」等。

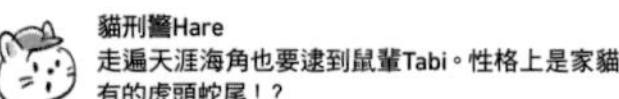

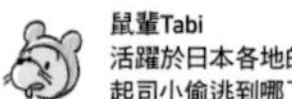

❶ 要走知床五湖地面步道必須依季節規定，參加導覽團（收費）或講座。 ❷ 為了保護植被，絕對不可以走到路線以外的地方。當個守規矩的旅客吧。

擁有濕原和湖泊等豐富自然景觀

釧路・阿寒・摩周湖

KUSHIRO AKAN MASYUKO

最佳季節

●7～9月

最佳季節是氣候宜人，山清水秀的夏秋時分。還有多項夏季限定的戶外活動。須注意冬季會關閉許多設施。

最佳停留期間

●2～3天

安排行程時，到釧路市和釧路濕原觀光最少要1天，阿寒湖和摩周湖也要1天。各景點間的移動距離也要算進去。

觀光移動方式？

進出本區的玄關是丹頂釧路機場。所以，路線安排上以釧路～阿寒湖～摩周湖、屈斜路湖～釧路比較順暢。住宿方面，在釧路有市區飯店，溫泉旅館則集中於阿寒湖溫泉、川湯溫泉一帶。

交通方式

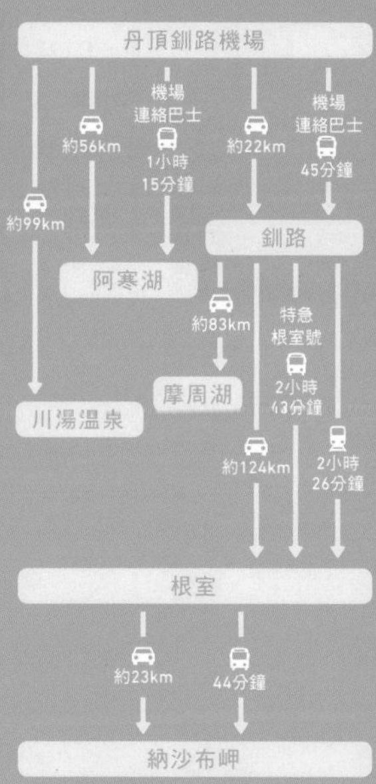

到其他地區

時間充裕的話，也建議走摩周湖對岸，經由神祕的神之子池往知床方向的路線。以釧路為據點到最東端納沙布岬的行程也頗受歡迎。中途會經過知名牡蠣產地厚岸和霧多布濕原等處。

雄偉的釧路濕原和美麗湖泊

認識釧路・阿寒・摩周湖！

釧路擁有日本最大的濕原。天然綠球藻棲息的阿寒湖、以美麗湖水聞名的摩周湖都是必遊之地。

在釧路・阿寒・摩周湖必做的3件事

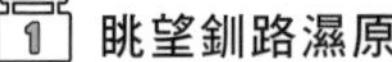

1 眺望釧路濕原

→P.188

從濕原東西邊觀景台看出去的視野相當棒，也能到濕原內的步道散步。

2 到阿寒湖看綠球藻

→P.192

綠球藻生長在濃密森林圍繞下的阿寒湖。也能搭觀光船遊覽美麗湖泊或到愛努村逛逛。

3 前往神祕的摩周湖

→P.194

摩周湖位於道東的大自然中心，以神祕藍水而聞名。也會舉辦觀星活動。

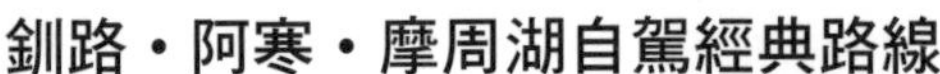

2天1夜 釧路・阿寒・摩周湖自駕經典路線

以道東玄關口釧路為據點的湖泊巡禮行。還能到阿寒湖溫泉享受泡湯樂趣。

START

釧路機場

↓ 開車20分鐘

① 釧路濕原

→P.188

↓ 開車1小時10分鐘

眺望雄偉的釧路濕原。

② 阿寒湖

→P.192

【在阿寒住1晚】

坐觀光船遊阿寒湖。

③ 摩周湖

→P.194

↓ 開車25分鐘

喚作摩周藍的神祕藍色！

④ 硫磺山

→P.195

↓ 開車17分鐘

周圍蝦夷杜鵑叢生。

⑤ 屈斜路湖

→P.195

↓ 開車1小時5分鐘

女滿別機場

冬天有天鵝飛過來。

釧路・阿寒・摩周湖MAP

釧路・阿寒・摩周湖事件簿

道東地區有多處雄偉壯麗的景點，其中以濕原為具代表性。規畫行程時多預留點時間慢慢逛。

FILE 1

阿寒湖溫泉的伴手禮店居然在賣自然紀念物綠球藻！？

在阿寒湖溫泉街的伴手禮店閒逛時，發現裝在瓶子裡的綠球藻！綠球藻明明就是自然紀念物，可以採集販售嗎？

解決！

這是長在不同湖泊的藻類，加工成和綠球藻一樣的外形。

指定為自然紀念物的是阿寒湖底天然形成的綠球藻圓球。市面上販售的綠球藻是在不同湖泊採集的藻類，手工揉製成圓球的產品，所以不是天然紀念物。養得好的話會繼續長大。

店內販售的綠球藻伴手禮。要看自然紀念物綠球藻可到阿寒湖上的忠類島。

FILE 2

油箱都快見底了還找不到加油站，好緊張！

雖然從釧路市區開車經阿寒湖前往摩周湖的路線不錯，但出市區後沒有加油站，差點就開到沒油了。

解決！

出市區後幾乎沒有加油站，盡量提前加油。

釧路市區、阿寒湖溫泉、摩周湖的入口弟子屈市區和各鄉鎮內都有加油站。但是，鄉鎮之間幾乎沒有加油站。隨時提醒自己要離開鄉鎮前先加滿油。

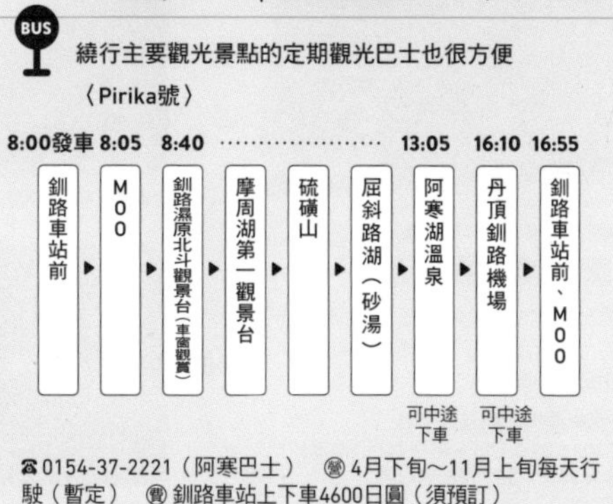

BUS 繞行主要觀光景點的定期觀光巴士也很方便

〈Pirika號〉

8:00發車	8:05	8:40	……	……	……	13:05	16:10	16:55
釧路車站前 ▶	MOO ▶	釧路濕原北斗觀景台（車窗觀賞）▶	摩周湖第一觀景台 ▶	硫磺山 ▶	屈斜路湖（砂湯）▶	阿寒湖溫泉 ▶	丹頂釧路機場 ▶	釧路車站前、MOO
						可中途下車	可中途下車	

☎0154-37-2221（阿寒巴士） [營] 4月下旬～11月上旬每天行駛（暫定） [費] 釧路車站上下車4600日圓（須預訂）

看見延伸到地平線的美景！

釧路濕原景點攻略

暢遊釧路濕原的方法有3種。從步道上、從觀景台、從觀光列車的車窗…決定好玩法後再來規畫濕原漫遊之旅吧。

一邊散步邊一邊觀賞 無邊無際的濕原

WHAT IS

釧路濕原

指定為釧路濕原國家公園，橫跨4個城鎮，是日本面積最大的濕原。釧路川流經面積約220km2的濕原，境內約有600種植物。

從衛星觀景台看出去的風景。70%的釧路濕原盡收眼底。

釧路濕原MAP

展現在步道盡頭的開闊視野！

A 濕原觀景台步道

從釧路市濕原觀景台延伸出去的周遊步道。沿途有7座廣場和絕景勝地衛星觀景台。各處也立有關於濕原的解說牌。

釧路市北斗6-11
0154-56-2424
自由散步　108台
釧路 ▶MAP P.4 A-3

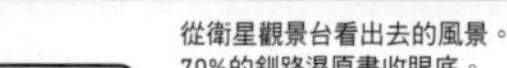

1圈2.5km 約1小時

START 來去散步吧！

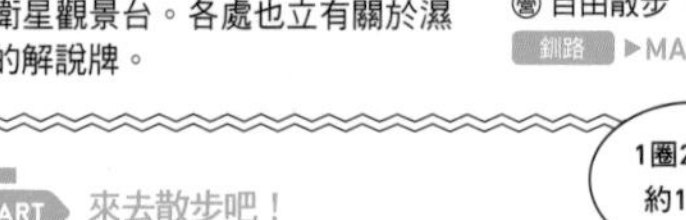

GOAL

從觀景台下來的步道比較平坦好走。

終於到達衛星觀景台！

看展示品、賞美景、吃美食

釧路市濕原觀景台

除了可以從3樓觀景室或屋頂眺望美景外，還有濕原四季風情的展示品。附設餐廳和商店。

同濕原觀景台步道
8:30～18:00（11～4月9:00～17:00）
全年無休　門票480日圓
釧路 ▶MAP P.4 A-3

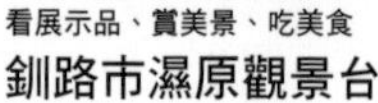

森林裡也有步道階梯。

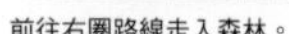

前往右圈路線走入森林。

穿過搖搖晃晃的吊橋。

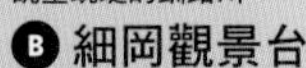

眺望蜿蜒的釧路川

B 細岡觀景台

從觀景台廣場再往上走就是細岡觀景台（大觀望），可遠眺蜿蜒的釧路川，天氣晴朗的話連雄阿寒岳、雌阿寒岳都能一覽無遺。

釧路町達古武22-9
☎0154-40-4455（細岡遊客中心）
營 自由參觀　🚗 60台
釧路 ▶MAP P.4 A-3

從東邊觀景台欣賞釧路川流過濕原的美景

釧路濕原一望無際的畫面十分壯麗。還有釧路川蜿蜒行經濕原中間的水色風光。

START　來去散步吧！

細岡遊客中心

釧路濕原觀光資訊中心。附設咖啡區和商店。

營 9:00～18:00（4～5月～17:00、10～11月～16:00、12～3月10:00～16:00）
休 全年無休
釧路 ▶MAP P.4 A-3

步行3分鐘

從觀景廣場看出去的視野也很棒！

步行2分鐘

GOAL

從細岡觀景台（大觀望）看出去的絕佳美景。

遠眺濕原的列車優遊之旅

C 釧路濕原慢車號

從JR釧路本線的釧路車站開到塘路車站的觀光列車。當中以從釧路濕原車站出發不久，沿著釧路川行駛的風景最棒。要到細岡觀景台，可在釧路濕原車站下車。

☎0154-24-3176（JR釧路站）
營 預計4月下旬～10月上旬運行（有停駛日。6月上旬～9月下旬1天來回2班，除此之外1天來回1班）
費 釧路站～塘路站自由席單程640日圓，指定席另購840日圓
釧路 ▶MAP P.4 A-3

緩慢遊走在濕原上的人氣觀光列車

鳴著汽笛穿過濕原的慢車號。

從釧路車站慢慢地行駛到塘路車站約要1小時。途中經過釧路川時，河川彷彿觸手可及。

利用前面的柴油機關車頭牽引客車。

塘路車站
約16分鐘

近距離看到車窗外的釧路川。事先預訂觀景車廂吧！

細岡車站
約6分鐘

位於中間點的釧路濕原車站，是小木屋造型的可愛車站。

釧路濕原車站
約20分鐘
東釧路車站
約6分鐘
釧路車站

慢車號的標準配備是3節擁有大車窗和木製長椅的觀光車廂及1節普通車廂。只有1節普通車廂是自由座，其餘均須另購指定票。

港都才有的海鮮& B級美食！

大啖釧路美食

釧路是漁港發展起來的小鎮。除了海鮮美食外，還有各種當地特色小吃。想吃海鮮的話有爐端燒和勝手丼飯，此外，以釧路拉麵為首的B級美食也令人難以割捨！

大口塞進熱騰騰的碳烤海鮮

爐端燒

享受BBQ樂趣！

岸壁爐端燒

釧路港岸壁的期間限定營業活動。從櫛比鱗次的商店購買喜歡的食材，拿到爐邊燒烤享用。

釧路市錦町2-4　☎0154-23-0600（漁人碼頭MOO）
營 5月中旬～10月的17:00～21:00
休 營業期間無公休　交 從JR釧路站步行15分鐘　🚗76台（收費，30分鐘內免費）

釧路 ▶MAP P.37 E-2

除了當地新鮮海產外，還有各種串燒食材和蔬菜。

扇貝或牡蠣1個250日圓～、多線魚一尾600日圓～※依季節而異。

勝手丼飯

價格依挑選的配料種類而異。

製作勝手丼飯3步驟3STEP

1. 店挑選商家！
有4家店可以買飯，5家店可以買配料。

2. 買飯
價格依飯碗尺寸而異。110日圓～

3. 挑選配料
在勝手丼飯店挑海鮮配料，由店員幫忙擺盤。

道東首屈一指的鮮魚市場

釧路和商市場

和商市場原本是商人將漁貨放在推車上叫賣的露天市場。目前約有60家以海鮮或海鮮製品為主的店面。也有多家賣勝手丼飯配料的商店。

釧路市黒金町13-25　☎0154-22-3226
營 8:00～18:00（1～3月～17:00）
休 週日不固定公休　交 從JR釧路站步行3分鐘　🚗134台（收費）

釧路 ▶MAP P.37 E-2

豬排鐵板麵

WHAT IS

釧路當地美食

以下是港都釧路才有的海鮮吃法，和備受當地人喜愛的靈魂美食。

■爐端燒 預算…1000日圓～
海鮮或蔬菜放在烤爐上用炭火慢烤，源自釧路的吃法。

■勝手丼飯 預算…1000日圓～
挑選喜歡的配料做成海鮮丼飯。原先是給記者的餐點。

■豬排鐵板麵 預算…980日圓～
肉醬義大利麵和豬排放在鐵盤上桌的餐點。

■炸雞 預算…580日圓～
發源地在鳥松。唐揚炸雞在北海道普遍稱作zangi。

■釧路拉麵 預算…700日圓～
以柴魚高湯為底的清爽醬油拉麵。為了在冷天能迅速出餐而選用細麵。

大份量的麵和豬排

泉屋餐廳總店

說到釧路名產豬排鐵板麵就是這家店。也提供漢堡或焗烤套餐1400日圓～等多樣西餐。

豬排鐵板麵 980日圓
蔬菜和絞肉細火慢燉成肉醬。

創業61年的老店。店內充滿懷舊氣氛。

🏠 釧路市末廣町2-28
☎ 0154-24-4611　營 11:00～21:00LO（10～3月～20:30LO）
休 每月週二不固定公休1天
交 從JR釧路站步行15分鐘　🚗 無
釧路 ▶MAP P.37 E-2

炸雞

炸雞 580日圓
有雞翅或翅小腿等部位。1盤約7～8塊。

釧路拉麵

醬油拉麵 700日圓
以柴魚高湯為底的清爽醬油拉麵。特色是細捲麵。

無骨炸雞 690日圓
雖說炸雞就是要啃骨頭，但也有方便食用的無骨炸雞。

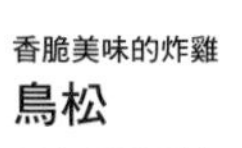
位於釧路市鬧區的元祖炸雞店。

傳統釧路拉麵

河村釧路拉麵

以少許豬油和調味料調味，用雞骨和海鮮高湯燉煮湯頭，並加入煮豬腿肉叉燒的醬汁，完成風味柔和的拉麵。

🏠 釧路市末廣町5-2
☎ 0154-24-5334
營 11:00～14:30、18:00～24:00（週日、假日11:00～14:00）　休 不固定
交 從JR釧路站步行10分鐘
🚗 使用特約停車場
釧路 ▶MAP P.37 E-2

香脆美味的炸雞

鳥松

原本是烤雞店，上一代主人在1960年左右改賣炸雞，成為炸雞專賣店。有一般炸雞和無骨炸雞，淋上特製醬汁後食用。

🏠 釧路市榮町3-1
☎ 0154-22-9761
營 17:00～凌晨0:30LO
休 週日
交 從JR釧路站步行13分鐘
🚗 無
釧路 ▶MAP P.37 E-2

市區也有多家爐端燒餐廳。基本品項有石狗公、多線魚、柳葉魚和扇貝。秋季盛產的秋刀魚也很好吃。

搭阿寒湖遊船、到阿寒湖愛努村

認識綠球藻和愛努文化

阿寒湖是天然綠球藻的棲息地。愛努村就位於湖畔，既可觀賞綠球藻也能體驗愛努文化。前去認識阿寒湖的自然和傳統文化吧。

尋找巨大綠球藻 搭阿寒湖觀光船出發！

到位於阿寒湖北側的Churui島，來回約12km的遊船路線。

搭船前往綠球藻之島

阿寒觀光汽船

從船上遠眺雄阿寒岳和欣賞周圍風景，並登上位在湖面北側的Churui島。島內的綠球藻展示觀察中心設有綠球藻展示水槽。還有可看到湖內的水中相機。

🏠 釧路市阿寒町阿寒湖溫泉1-5-20
☎ 0154-67-2511 [營] 4月中旬～11月下旬（5月1日～10月20日8:00～16:00、1天8班，其他時間減少班次，4月15～30日營運不固定）
㊡ 營運期間無公休 [費] 船票2000日圓（包含綠球藻展示觀察中心門票）
㊌ 從阿寒湖巴士中心步行5分鐘（綠球藻之里棧橋） 🚗 無
阿寒湖 ▶MAP P.37 D-3

WHAT IS

綠球藻

如漢字寫做鞠藻般的圓球藻類。由無數條藻絲集結而成，因湖底水流等影響滾成球狀。

Churui島

可在島上的綠球藻展示觀察中心看到天然綠球藻。

邊賞景邊享受森林浴

Bokke步道

從阿寒湖溫泉到阿寒湖湖畔及森林中，長約1.5km的步道。春天開滿臭鼬白菜。途中會經過充滿硫磺味的泥火山。

🏠 釧路市阿寒町阿寒湖溫泉
☎ 0154-67-4100（阿寒湖畔生態博物館中心） [營] 自由參觀 ㊌ 從阿寒湖巴士中心步行7分鐘 🚗 無
阿寒湖 ▶MAP P.37 D-3

泥火山（Bokke）

沼澤地底噴出天然氣的地質現象。

綠球藻歌碑

位於步道盡頭附近的綠球藻之碑。

弁慶泡腳池

位於Bokke步道入口的大型泡腳池。

在愛努村體驗愛努傳統文化

WHAT IS

愛努文化

以北海道為中心，擁有自己的語言，以狩獵維生的愛努族文化。愛努族的傳統舞蹈登錄為聯合國教科文組織世界無形文化遺產。

重現愛努傳統建築的聚落。店前擺滿刺繡和木雕工藝品。

CHINITA民藝店老闆設計的愛努刺繡商品頗受歡迎。

還有愛努生活紀念館和最佳拍照點。

北海道最大的愛努聚落

阿寒湖愛努村

在愛努語中，愛努（アイヌ）指的是人類、コタン則是村落的意思，約有130人住在阿寒湖畔的愛努村。離村落約50m的道路兩旁傳統工藝店林立。

⌂ 釧路市阿寒町阿寒湖温泉4-7-19
☎ 0154-67-2727（愛努劇場Ikor）
㊮ 自由參觀
㊌ 從阿寒湖巴士中心步行12分鐘
🚘 村內共用30台

阿寒湖 ▶MAP P.37 D-3

也有愛努族的傳統口琴表演。

阿寒湖愛努劇場Ikor

位於愛努村內的劇場。表演愛努族傳承下來，據說約有200種舞蹈中的部分舞蹈。中間穿插講解，讓觀眾看懂舞蹈內容。

⌂ 阿寒湖愛努村內　☎0154-67-2727
㊮ 5～10月每天4～5場，其他時間1天1場（lomante火祭4～11月的20:15～）
㊡ 全年無休　㊝ 傳統舞蹈1080日圓、lomante火祭1200日圓　㊌ 從阿寒湖巴士中心步行10分鐘　🚘 村內共用30台

阿寒湖 ▶MAP P.37 D-3

買來當伴手禮

愛努傳統工藝品

1500～1800日圓

杯墊大・小

上面有愛努傳統的手工刺繡圖案。

2330日圓

木雕熊・大

手工雕刻的熊擺飾。也有中型1230日圓、小型970日圓。

阿寒美食中最有名的是在阿寒湖長大的西太公魚。阿寒蝦夷鹿肉也是名產之一。

神祕雙湖

順遊摩周湖&屈斜路湖

摩周湖和屈斜路湖位於釧路北邊。有很多人前來觀賞神祕震撼的湖泊景致。
一起去參觀日本最具代表性的2大火山口湖吧！

WHY

日本排名第一的清澈度

1931年測出湖水透明度41.6m位居世界第一。湖泊由雨水或雪水過濾蓄積而成，沒有河水流入，水質澄澈透明。

如明鏡般反射出天空 透明度號稱日本第一的湖泊

湖面如鏡映照天空

摩周湖

愛努語稱為Kintan•Kamui•To，意即「山神之湖」，周長20km的火山口湖。位於阿寒國家公園內。每年約有100天霧氣繚繞。

弟子屈町摩周湖
015-482-2200（摩周湖觀光協會） 自由參觀
從JR摩周站開車20分鐘
140台，停在摩周湖第一觀景台（收費。冬季免費）

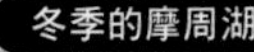

▶MAP P.4 A B-2

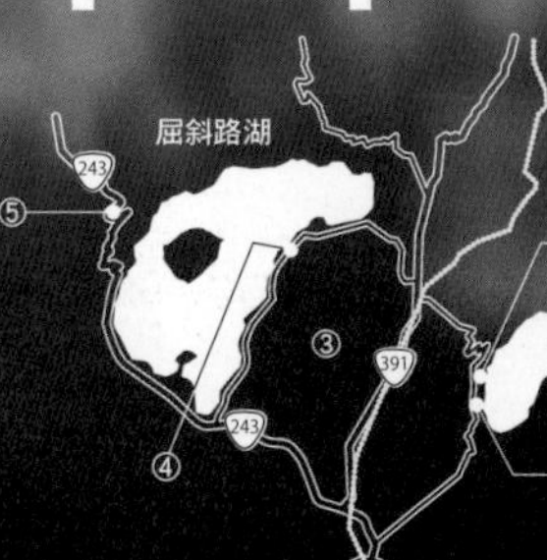

冬季的摩周湖

可以看到空氣中的水蒸氣結凍後附著在枝頭上的霧冰。

自駕路線　巡遊摩周湖、屈斜路湖的半天精實路線。

女滿別機場

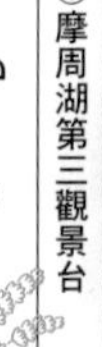

▶▶ 2小時

①摩周湖第三觀景台

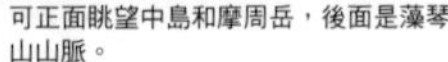

可正面眺望中島和摩周岳，後面是藻琴山山脈。

▶▶ 5分鐘

②摩周湖第一觀景台

位於海拔858m處，是摩周湖旅客最多的觀景台。右邊是摩周岳，湖泊後方是斜里岳。

摩周湖小吃店賣的名產，馬鈴薯糰子250日圓。

在6～9月天氣晴朗無風的日子，可以看到如鏡面般的湖水。

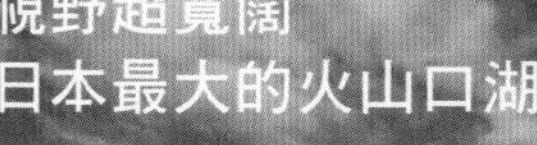

視野超寬闊 日本最大的火山口湖

每年會飛來近100隻的天鵝。

日本第一大的火山口湖

屈斜路湖

周長57km，最大水深117.5m，是日本最大的火山口湖。位在正中間的中島也是日本最大的淡水湖島。部分湖畔地區會冒出溫泉。

弟子屈町屈斜路
☎015-482-2200（摩周湖觀光協會）
自由參觀
從JR美幌站開車30分鐘
120台，停在美幌峠停車場
屈斜路湖 ▶MAP P.4 A-1

6到8月這段時間可以看到雲海，冬季則可看到霜花和御神渡（※冬天時，湖面因收縮龜裂而產生隆起的現象）等自然現象。

是日本最大的蝦夷杜鵑群生地。開花期在6月中旬～7月上旬。

以蒸氣噴發 高山植物吸引遊客的火山

感受地球的能量

硫磺山

位於摩周湖和屈斜路湖之間的活火山，也是川湯溫泉所在地。以前此處曾開採過硫磺。從步道可以近距離地看見噴氣孔。

弟子屈町川湯溫泉硫磺山
☎015-483-3511（硫磺山小吃店）
自由參觀
150台（收費。冬季免費）
川湯溫泉 ▶MAP P.4 A-1 2

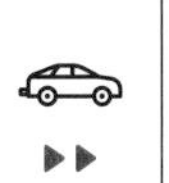

▶▶ 30分鐘

③硫磺山

▶▶ 15分鐘

④砂湯

砂地上除了長椅外，也有現成的泡腳池。

屈斜路湖的觀光據點。在湖畔砂地挖洞就會冒出溫泉。

▶▶ 40分鐘

⑤美幌峠

從屈斜路湖西側，海拔525高的美幌峠觀景台眺望湖面。

漂亮的綠色名產熊笹霜淇淋350日圓。

▶▶ 50分鐘

女滿別機場

川湯溫泉的源泉地在硫磺山。有以溫泉為賣點，「保證100%源泉掛流」的旅館和泡腳池，是頗受歡迎的觀光據點。

走遠一點也想去的地區

從釧路到納沙布岬可以當天往返。到位於日本本土最東端，可眺望北方領土的海岬看看吧！

從釧路開車2小時40分鐘

日本本土最東端的海岬

納沙布岬

位於根室半島前端，北緯43度23分、東經145度49分的海岬。周邊規畫成望鄉之岬公園，設有紀念碑和觀景台。

地區特色

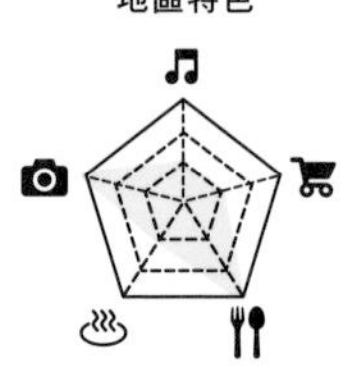

靠近北方領土，景點皆為相關設施。

到納沙布岬的交通方式

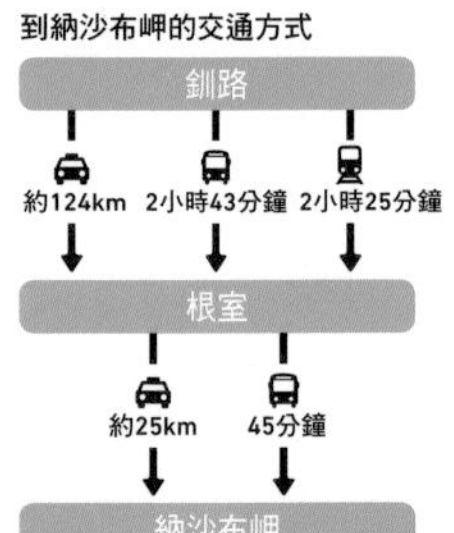

到海岬散步眺望北方領土

先去看該區最有名的海岬景點吧。
遙想前方海域上視線可及的北方領土，再到周遭設施散步。

建於1872年（明治5年），北海道第一座西式燈塔「納沙布岬燈塔」。

離北方領土最近的海岬

納沙布岬

日本本土最東端的海岬。是北海道最早看得到日出的地方，因此元旦有許多遊客慕名前來。特產是昆布和扇貝。

🏠 根室市納沙布岬
☎ 0153-24-3104（根室市觀光協會）
[營] 自由參觀
㊮ 從JR根室站開車30分鐘
🚘 70台
▶MAP P.5 E-2

齒舞群島的貝殼島就位於離根室半島只有3.7km的外海上。

海岬前端到處都看得到寫有本土最東端的紀念碑。

品嘗納沙布岬名產秋刀魚丼飯

納沙布岬的在地美食是秋刀魚和螃蟹。
在位於海岬的餐館吃得到丼飯或生魚片。

日本最東端
納沙布岬

秋刀魚丼飯1800日圓

放了整整1隻的秋刀魚。附花咲蟹味噌湯。

大口品嘗生鮮秋刀魚

鈴木食堂

以特製醬汁醃漬入味的秋刀魚片，漂亮地擺在米飯上，就是當地名產秋刀魚丼飯1300日圓（單品）。選用8～10月捕獲的新鮮秋刀魚。

🏠 根室市納沙布36-10
☎ 0153-28-3198
[營] 5～10月的8:00～17:00左右
㊡ 營業期間無公休 [交] 從巴士納沙布岬站步行5分鐘 🚘 7台
▶MAP P.5 E-2

自駕途中的順遊 SPOT

根室
知名美食

炸豬排奶油飯（Escalope）870日圓。附馬鈴薯沙拉。

想吃根室名產炸豬排奶油飯

Dorian咖啡館餐廳

用阿寒豬肉炸豬排，如註冊商標的炸豬排奶油飯頗受歡迎。

根室市常磐町2-9 ☎ 0153-24-3403 [營] 10:00～20:40LO ㊡ 週二（如遇假日照常營業） ㊮ 從JR根室站步行7分鐘 🚘 無

根室

方便的觀光美食據點

入住釧路市區飯店

釧路市區是道東觀光據點，市區飯店林立。大多分布在車站南邊到港口一帶。港口附近的飯店還能看到美麗的夕陽。

從浴場可眺望北海道第3大名橋

天然溫泉幣舞之湯 La Vista釧路川

客房寬敞時尚。頂樓有三溫暖和看得到幣舞橋的天然露天浴池，設施完善。還有能品嘗海鮮的餐廳（只提供早餐）。

釧路市釧路町北大通2-1
0154-31-5489 IN 15:00
OUT 11:00 從JR釧路站步行10分鐘 78台

釧路 ▶MAP P.37 E-2

價格 單床房7290日圓～、雙床房1萬2990日圓～

位於可眺望大海的絕佳位置

釧路全日空皇冠假日飯店

客房裝潢高雅豪華。可到飯店頂樓一邊看夜景一邊享用道地法國菜（須訂位）。

釧路市錦町3-7
0154-31-4111
IN 14:00 OUT 11:00
從JR釧路站步行15分鐘
63台

釧路 ▶MAP P.37 E-2

價格 但人房7000日圓～雙床房1萬3000日圓～

雙床房全是景觀房

釧路王子大飯店

共有400間客房的大型市區飯店。頂樓有天花板挑高，視覺開闊的餐廳，可從玻璃窗欣賞夕陽。

釧路市幸町7-1
0154-31-1111
IN 14:00 OUT 11:00
從JR釧路站步行10分鐘
90台

釧路 ▶MAP P.37 E-2

價格 單床房5346日圓～、雙床房9028日圓～

早餐提供剛出爐的麵包

釧路Royal Inn

位於釧路車站前，交通便捷的飯店。服務親切頗受好評。早餐提供種類豐富的現烤麵包，頗受歡迎。

釧路市黑金町14-9-2
0154-31-2121
IN 14:00 OUT 11:00
從JR釧路站步行1分鐘
75台（每晚500日圓）

釧路 ▶MAP P.37 E-2

價格 單床房5500日圓～、雙床房1萬日圓～

從釧路開車1小時30分鐘

在原始自然環境下療癒身心的奢侈旅館

阿寒地區的自然環境保有原始風貌。遠離都市塵囂享受片刻的幸福時光吧。

晚餐提供的Cotan火鍋是這裡的招牌菜！

在飯店的源泉溫泉泡湯，享受和阿寒川融為一體的感覺。

客房裡有眺望阿寒川的大面窗和長椅。

佇立於大自然內的溫泉旅館

神威之湯La Vista阿寒川

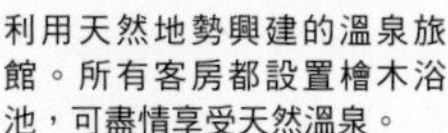

利用天然地勢興建的溫泉旅館。所有客房都設置檜木浴池，可盡情享受天然溫泉。

釧路市阿寒町Okurushube3-1
0154-67-5566
IN 15:00 OUT 11:00
從JR釧路站開車1小時30分鐘
50台

阿寒湖 ▶MAP P.9 F-2

價格
1晚附2餐
2萬1000日圓～

釧路附近也有看得到丹頂鶴的景點。是日本最大的鶴鳥，站姿優雅有「雪原貴婦」之稱。

以優質溫泉和露天浴池為賣點

投宿川湯・阿寒湖的溫泉旅館

釧路地區最具代表性的溫泉是川湯溫泉和位於阿寒湖畔的阿寒湖溫泉。
浸泡在大自然懷抱下的優質溫泉中，優閒地撫慰旅途的疲憊吧。

川湯溫泉

入住日式優質空間

忍冬川湯第一飯店

分成東館和西館2棟建築，除了日式、日西合併式客房外，也有附挖空暖桌的客房。露天浴池當然是源泉掛流式溫泉。

價格 1晚附2餐 1萬1000日圓～

弟子屈町川湯溫泉1-2-3
☎015-483-2411
IN 15:00 OUT 10:00
從JR川湯溫泉站開車6分鐘
50台
▶MAP P.4 A-1

川湯溫泉

原始森林環繞的森林旅館

北梟名湯之森飯店

入浴設施完善，從露天浴池可以眺望滿天星空。晚餐是用大量當地食材烹調的四季御膳。

價格 1晚附2餐9650日圓～

弟子屈町川湯溫泉1-9-15
☎015-483-2960
IN 15:00 OUT 10:00
從JR川湯溫泉站開車6分鐘
30台
▶MAP P.4 A-1

阿寒湖溫泉

五種別具特色的套房

阿寒鶴雅別墅 鄙之座

採用大量木質元素的榻榻米客房。客房全是附露天浴池的套房。大浴場也有岩盤浴。

價格 1晚附2餐3萬日圓～

釧路市阿寒町阿寒湖溫泉2-8-1
☎0154-67-5500
IN 14:00 OUT 11:00
從阿寒湖巴士中心步行3分鐘步3分
30台
▶MAP P.37 D-3

阿寒湖溫泉

享受各種套裝方案

阿寒遊久之里 鶴雅

由4棟建築組成的大型度假飯店。客房種類豐富，風情各異。提供北海道當季食材的自助餐很受歡迎。

價格 附自助餐的本館日式客房1晚附2餐1萬5000日圓～

釧路市阿寒町阿寒湖溫泉4-6-10
☎0154-67-4000
IN 15:00 OUT 10:00
從阿寒湖巴士中心步行10分鐘
200台
▶MAP P.37D-3

阿寒湖溫泉

立於湖畔的景觀旅館

御前水飯店

開放式露天浴池和大浴場採用源泉掛流式溫泉。也有附露天浴池的湖景客房。

價格 1晚附2餐8640日圓

釧路市阿寒町阿寒湖溫泉4-5-1
☎0154-67-2031
IN 15:00 OUT 10:00
從阿寒湖巴士中心步行10分鐘
50台
▶MAP P.37D-3

阿寒湖溫泉

一覽阿寒湖景色的源泉掛流式浴池

阿寒湖莊飯店

大浴場有3種溫度不同的溫泉池，窗前就是遼闊的阿寒湖風光。日式庭園景觀的鹿鳴之湯也很漂亮。

價格 1晚附2餐1萬1050日圓

釧路市阿寒町阿寒湖溫泉1-5-10
☎0154-67-2231
IN 15:00 OUT 10:00
從阿寒湖巴士中心步行5分鐘
80台
▶MAP P.37D-3

稚內・利尻・禮文島

WAKKANAI RISHIRI REBUNTOU

最佳季節

●7～8月

位於日本最北端的稚內，年均溫是6.8℃。即便在最熱的8月平均高溫也是22.3℃，是相當寒冷的土地。因此，夏季涼爽適合觀光。當地特產海膽的產季也在夏天。

最佳停留期間

●2～3天

要逛完宗谷岬、野寒布岬和稚內市區等景點，大約要1天。再加上利尻島和禮文島的一島1日遊行程，至少要留宿2晚。

觀光移動方式？

稚內車站附近可以步行觀光，不過要到小丘上的稚內公園、宗谷岬、野寒布岬，開車比較方便。在利尻島和禮文島可搭島內計程車遊覽，如果是觀光季節，利用觀光巴士比較經濟實惠。

交通方式

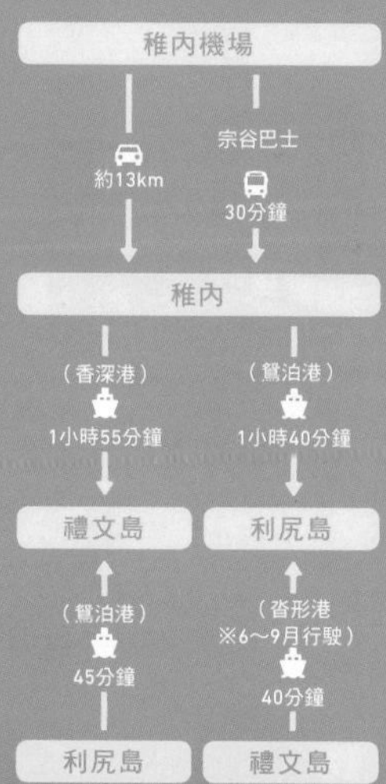

到其他地區

從札幌到稚內約有330km。日本海沿岸的Ororon Line是擁有多處景點的無敵海景公路。稚內以南約30km處，也有被指定為佐呂別國家公園的佐呂別原生花園。

最北鄉鎮和位於前端的2座小島

認識稚內・利尻・禮文島

這裡有「日本的天邊」之稱。日本最北的宗谷岬及最北島嶼禮文島，邊陲色彩濃厚。

在稚內・利尻・禮文島必做的3件事

1 到日本的天邊宗谷岬

→P.202

前往北緯45度的日本最北端之地。附近有最北端紀念碑。

2 在稚內室內尋找最北端

→P.204

必訪最北端景點&當地美食。

3 品嘗利尻・禮文島的絕品美食

→P.206・207

說到禮文特產絕對不能錯過海膽和扇貝。

2天1夜 稚內・利尻・禮文島經典路線

以稚內為據點，搭渡輪前往利尻島&禮文島。租車自駕很方便。

START

稚內機場

開車50分鐘

① 宗谷岬

→P.202

開車50分鐘

② 稚內市區

→P.204

開車10分鐘

③ 野寒布岬

→P.203

【在稚內市區住1晚】

稚內渡輪總站

搭渡輪1小時40分鐘

④ 利尻島（鴛泊港）

→P.206

搭渡輪45分鐘

⑤ 禮文島（香深港）

→P.207

搭渡輪1小時55分鐘

稚內渡輪總站

大海對岸是庫頁島。

知名夕陽景點。

到市場尋找美食，到市區探訪最北景點。

「白色戀人」包裝上的圖案。

有各式原生種花卉。

到花之島・禮文島挑戰山區健行。還有豐富的海鮮美食。

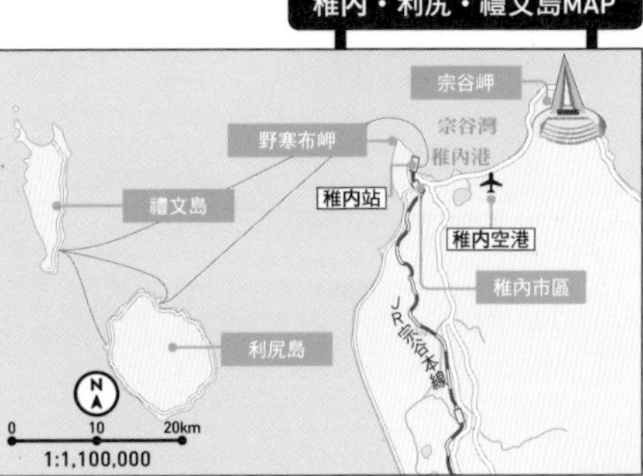

稚內活動

2月下旬

全國狗拉雪橇稚內大賽

聚集北海道內外選手的狗拉雪橇大賽。賽程共有2天，可到現場觀賞緊張刺激的比賽。

比賽分成6頭或1頭等不同數量的狗拉著雪橇賽跑。

大沼特設會場（從JR稚內站開車30分鐘）
☎0162-23-6272（全國狗拉雪橇稚內大賽執行委員會）
開 2月下旬其中2天

稚內・利尻・禮文島事件簿

各島間的移動及島內交通方式有限，事先做好功課是旅途順暢的祕訣。善加利用渡輪和巴士吧。

FILE 1

想去利尻・禮文島，卻遇上渡輪停駛動彈不得！

預計從稚內到利尻．禮文島一日遊，到了渡輪碼頭才發現因天候不佳船班停駛！來到稚內原本很期待登島行程，結果敗興而歸。

解決！

10月以後海面風浪較大
最好多留點時間

受到颱風或炸彈低氣壓等影響，渡輪可能會停駛。因為當天早上才決定是否出航，擔心的話可以打電話詢問。安排旅程時多預留1天為停駛做準備就能放心。

只有夏季才吃得到海膽或牡丹蝦等海鮮！

海膽和牡丹蝦是島上的必吃美食。因為產季在初夏～秋，要登島吃美食，請看準正確季節。

FILE 2

抵達稚內機場了，要移動到各景點卻很麻煩！

從羽田機場飛到稚內機場。本來想去稚內市區再到宗谷岬，交通上卻很費時。說不定逛不到幾個景點？

解決！

除了機場出發的觀光巴士
還有定期觀光巴士。

6月上旬～9月中旬有宗谷岬機場線巴士行駛。車票約2000日圓（暫定），從宗谷岬開到站前巴士總站約2小時50分鐘。也很推薦市區觀光半日遊的定期觀光巴士。

搭巴士輕鬆觀光

BUS 宗谷岬機場線巴士

稚內機場 ▶ 宗谷丘陵（經過。可自由上下車） ▶ 宗谷岬 ▶ 稚內港北防坡堤圓頂（經過） ▶ 稚內站前巴士總站 ▶ 稚內渡輪碼頭

☎0162-33-5515（宗谷巴士）
㊫6月中旬～9月中旬 [費]2000日圓（暫定）

BUS 定期觀光巴士「稚內A 日本最北端和北海道遺產巡禮」

8:00 …… 11:55

稚內巴士總站 ▶ 北防波堤圓頂（車窗觀賞） ▶ 稚內公園 ▶ 野寒布岬 ▶ 太陽能發電板（車窗觀賞） ▶ 宗谷丘陵（車窗觀賞） ▶ 宗谷岬 ▶ 稚內機場（可中途下車） ▶ 副港市場（可中途下車） ▶ 稚內巴士總站

☎0162-33-5515（宗谷巴士）
㊫5月特定日期，6～9月每天 [費]3300日圓

6～9月可轉乘渡輪到2島1日遊，也能登島觀光。詳情請上宗谷巴士官網。

日本最北端的2個海岬

走訪宗谷岬和野寒布岬

抵達稚內後的首要目標是最北端海岬．宗谷岬和夕陽名勝地野寒布岬。
在日本的天邊眺望夕陽絕對讓人感動萬分！

宗谷岬

目標是日本的天邊！

WHAT IS

日本的地理極點

以下是日本包含離島的東西南北極點位置。
東…南鳥島（東經153度59分）
南…沖之鳥島（北緯20度25分）
西…與那國島（東經122度56分）
北…擇捉島（北緯45度33分）
可以自行前往的極點，最北端是宗谷岬，最東端是納沙布岬（→P.196）。

中間有代表北方的N型文字。

寫上日本最北端之地的石碑。

日本最北端の地
The Northernmost Point in Japan

隔著宗谷海峽，離庫頁島僅43公里遠。天氣晴朗時，還能望見庫頁島。

找找看！

宗谷岬紀念碑

MONUMENT
間宮林藏銅像
間宮林藏是江戶時代從這裡渡海到庫頁島的探險家。

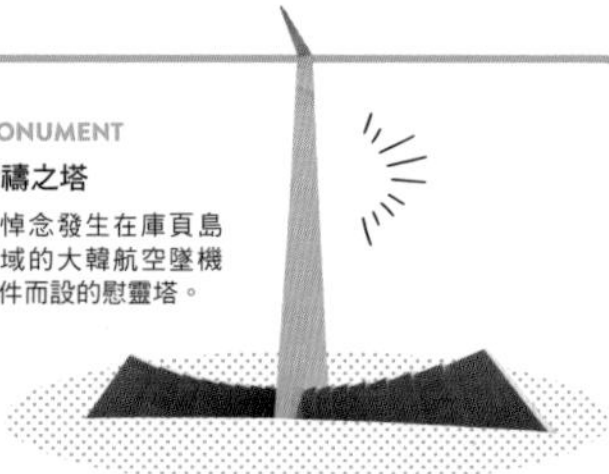

MONUMENT
祈禱之塔
為悼念發生在庫頁島海域的大韓航空墜機事件而設的慰靈塔。

MONUMENT
宗谷岬音樂碑
石碑上寫有歌詞，按下開關會播放名曲〈宗谷岬〉。

完成監視俄羅斯國界任務的舊海軍瞭望台。是市立有形文化財產。

最靠近庫頁島的地方

宗谷岬

位於北緯45度31分，是一般人可以到達的日本最北地。附近有紀念碑和燈塔。

稚內市宗谷村宗谷岬
☎0162-24-1216（稚內觀光協會）
[營]自由參觀 [交]從JR稚內站搭巴士50分鐘 ※5月的特定日期和6～9月有從稚內機場出發的定期觀光巴士（→P.201）
🚗100台
稚內 ▶MAP P.19 D-1

HOW TO

漫步宗谷岬

位於宗谷岬內側的宗谷丘陵，設有一邊散步一邊欣賞風力發電的風車和雄偉風光的散步路線。長程路線約11km，需時4小時。途中還能看到草地上放牧的宗谷黑牛。

稚內Footpath宗谷丘陵路線

⌂ 稚內市宗谷村宗谷岬
☎ 0162-24-1216（稚內觀光協會）
[營] 約5～10月開放通行
[交] 以宗谷岬為起點、宗谷公園為終點（從宗谷岬搭巴士10分鐘）
[稚內] ▶MAP P.19 D-1

鋪滿扇貝貝殼的白色道路。

野寒布岬

在極北地看見最棒的夕陽

抓準海豚親吻夕陽的落日時段。

天氣晴朗的話，此處還能看到像是浮在海面上的利尻富士。

落日時間表

1月	16:05左右	7月	19:25左右
2月	16:45左右	8月	19:00左右
3月	17:25左右	9月	18:05左右
4月	18:10左右	10月	17:10左右
5月	18:45左右	11月	16:15左右
6月	19:20左右	12月	13:50左右

※以每月5日為參考基準

還有這裡！

日本最北端的水族館

在水量90公噸的巨大水族箱游泳的遠東哲羅魚。

觀察北方魚種

野寒布寒流水族館

賣點是360度，水量90公噸的環遊水族箱。可以看到自在悠游的東方狼魚、遠東多線魚和遠東哲羅魚等北方魚種。

⌂ 稚內市野寒布2-2-17
☎ 0162-23-6278
[營] 9:00～17:00（冬季10:00～16:00。最後入館時間為閉館前20分鐘）
[費] 門票500日圓
[休] 12～1月、4月1～28日
[交] 從JR稚內站搭巴士15分鐘、在野寒布站下車即達 🚗 30台
[稚內] ▶MAP P.18 C-1

白天可以眺望汪洋大海和利尻山。

橘色海洋和利尻富士

野寒布岬

突出於宗谷海峽的另一處海岬。是知名夕陽景點，天氣晴朗時還能看到變化多端的晚霞。

⌂ 稚內市野寒布
☎ 0162-24-1216（稚內觀光協會）
[營] 自由參觀
[交] 從JR稚內站搭巴士15分鐘、在野寒布站下車步行5分鐘 🚗 50台
[稚內] ▶MAP P.18 C-1

宗谷黑牛是宗谷岬牧場飼養管理的日本最北品牌牛。肉質軟嫩，在北海道內外都頗受好評。

在稚內市區
征服各個最北的景點！

在最北端鄉鎮稚內，到處都看得到「最北端○○」。
到小鎮散步走訪最北邊景點並享受購物美食樂趣吧。

最北端車站

路帶哀愁感的車站月台。

到處可見最北端車站的招牌。

抵達位於最北邊的終點站！

觀光據點兼鐵路終點站
JR稚內車站

延伸1922年通車的第一代稚內車站（現今南稚內車站）軌道，在1928年啟用的稚內港車站（現在的稚內車站）。

☎0162-23-2583（JR北海道稚內車站服務台）
[營] 6:20～17:50
[費] 附到站證明書的門票340日圓
[休] 全年無休 🚗 無
[稚內] ▶MAP P.18 A-3

最北端市場

天花板懸掛著大漁旗。

生魚片或天婦羅的組合套餐，品味便當1200日圓。

有稚內伴手禮還有溫泉
稚內副港市場

面對稚內港的複合式設施。1樓有販售稚內、利尻、禮文島特產的市場棟，2樓則有溫泉。

🏠稚內市港1-6-28
☎0162-29-0829
[營] 9:00～18:00（10～3月9:30～17:30） [休] 不固定 [交] 從JR稚內站步行15分鐘 🚗 240台
[稚內] ▶MAP P.18 A-3

最北端美食

米飯上覆滿蟹肉的螃蟹飯2000日圓。

使用松葉蟹肉。

在稚內熱賣50年！
Hitoshi之店

傳承前人風味的螃蟹飯老店。招牌餐點是鋪滿調味蟹肉的螃蟹飯。螃蟹便當也是2000日圓。

🏠稚內市中央2-11-20
☎0162-23-4868
[營] 7:00～19:00（7～8月6:30～）
[休] 週一
[交] 從JR稚內站步行1分鐘 🚗 4台
[稚內] ▶MAP P.18 A-3

最北端的城市公園

眺望稚內市中心和港口。

8m高的庫頁島民慰靈碑「冰雪之門」。

遠眺大海和市區的景觀公園
稚內公園

位於市區後方高地上的公園。數座雕像坐落其間。最高點豎立著創立百年紀念塔，還有展示館和觀景台。

🏠稚內市稚內村Yamuwakkanai
☎0162-24-1216（稚內觀光協會）
[營] 自由參觀
[交] 從JR稚內站開車10分鐘
🚗 100台
[稚內] ▶MAP P.18 A-3

觀光方便
入住車站附近的飯店

車站附近的飯店，交通便捷，往來各區暢行無阻。附近也有多家餐飲店，住起來相當舒適。還有交通工具到渡輪碼頭，方便離島觀光。

最北城鎮的市區飯店
稚內Surfeel飯店

醒目的大型市區飯店。餐廳提供用在地當季食材烹調的餐點，也有可眺望稚內灣夜景的酒吧。

稚內市開運1-2-2
☎0162-23-8111
IN 13:00 OUT 11:00
JR稚內站步行3分鐘
40台
稚內 ▶MAP P.18 A-3

價格 單床房6000日圓～、雙床房1萬日圓～

心滿意足的溫泉&手工早餐
稚內大飯店

飯店內和客房均採用日式裝潢。從地底1200m湧出的天然溫泉撫慰旅客的身心。標榜健康均衡的自助式早餐頗受好評。

稚內市大黒2-13-11
☎0162-22-4141
IN 14:00 OUT 10:00
從JR南稚內站步行2分鐘
70台
稚內 ▶MAP P.18 C-1

價格 單床房7480日圓～雙床房1萬960日圓

價格
單床房1萬1990日圓～雙床房1萬4990日圓～

附頂樓露天浴池的飯店
天然溫泉 天北之湯 稚內Dormy Inn

客房裝潢簡潔設備齊全，住起來很舒適。大浴場設有景觀露天浴池和三溫暖。自助式早餐提供鮭魚卵等海鮮。

稚內市中央2-7-13
☎0162-24-5489
IN 15:00 OUT 11:00
從JR稚內站步行2分鐘
70台
稚內 ▶MAP P.18 A-3

離島觀光據點 利尻・禮文島飯店

利尻島和禮文島位於稚內前方。時間和預算允許的話，也可以在島上住1天，享受優閒的離島之旅。

從時髦客房一覽利尻富士
利尻海洋飯店

提供日式和西式客房，採用復古沉穩的裝潢。特色是帶有黏糊感的天然溫泉。吃得到利尻螃蟹的晚餐頗受好評。

利尻富士町鴛泊港町81-5 ☎0163-82-1337
IN 15:00 OUT 10:00 從鴛泊港步行8分鐘
20台 利尻島 ▶MAP P.18 B-2

價格 1晚附2餐1萬1340日圓～

絕景海邊旅館
看得到海豹的旅館 須古頓岬民宿

民宿共8間客房。可從旅館遠眺海驢島，運氣好的話還能看到海豹。旅館最引以為傲的是使用大量禮文海鮮製作的晚餐。

禮文町船泊字須古頓岬 ☎0163-87-2878
IN 15:00 OUT 9:00 從香深港開車約40分鐘
20台 禮文島 ▶MAP P.18 A-1

價格 1晚附2餐1萬3230日圓～

JR稚內車站是KITAcolor複合式設施的一部分，附設巴士總站和遊客服務中心。

走遠一點也想去的地區

從稚內搭渡輪1小時40分鐘

利尻富士聳立的島嶼

利尻島

周長約63km近乎圓形的島嶼，雄偉的利尻富士聳立在島中央。知名甜點「白色戀人」的包裝圖案就是採用此處風景。

地區特色

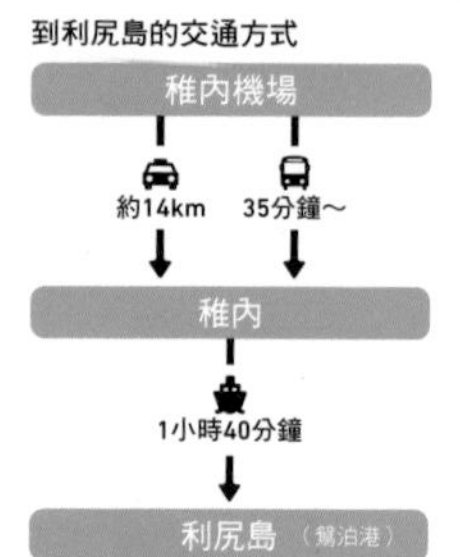

美麗的湖光山色引人入勝。也是知名的昆布產地。

前往可遠眺利尻富士的美景勝地

利尻島的地標是海拔1721m，別名利尻富士的利尻山。前往尋訪美景勝地吧。

冬季積雪的風景十分漂亮。

利尻富士的絕景地

Otatomari沼澤

利尻島的代表觀光名勝。周長約1km的圓形沼池，利尻富士聳立在正前方。周圍有約1.5km的步道。

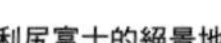

利尻富士町鬼脇沼浦
☎0163-82-1114（利尻富士町觀光協會） 營5～10月 休11～4月 交從鴛泊港開車30分鐘 🚗30台 ▶MAP P.18 B-2

正面聳立著利尻富士。

入口設有伴手禮店。

發現海豹！

遇得到海豹的風景勝地

仙法志御崎公園

可眺望海岸線和利尻富士的景點。可近距離看到透明的大海。夏季可到海洋中圍起來的池子餵食海豹。

利尻町仙法志御崎 ☎0163-84-2345（利尻町鄉鎮振興課） 營自由參觀 交從鴛泊港開車40分鐘 🚗10台
▶MAP P.18 B-2

品嘗利尻海膽和當地飲料

要吃新鮮濃郁的利尻海膽首選丼飯。還要嘗試這裡才喝得到的名產乳酸飲料！

利尻名產自製乳酸飲料

Mirupisu商店

老闆森原先生首創，自1965年販售至今歷史久遠的乳酸飲料。除了一般口味外，還有15種特殊口味。

利尻町沓形新湊153
☎0163-84-2227
營7:00～20:00
休全年無休
交從鴛泊港開車20分鐘
🚗10台 ▶MAP P.18 A-2

Mirupisu
1罐400日圓（外帶）
當場喝完退瓶只要350日圓。也有紫蘇和利尻昆布口味。

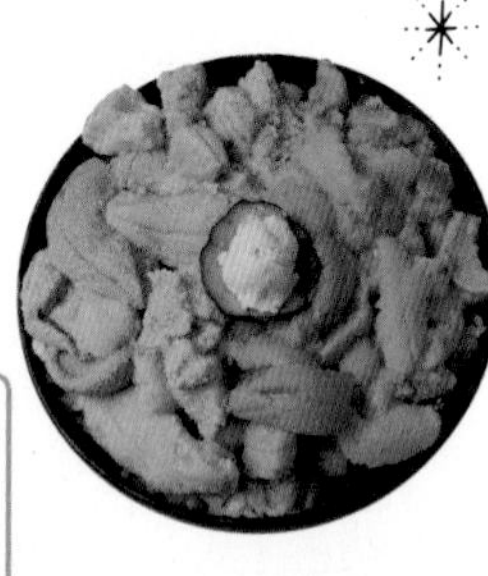

生海膽丼飯
4500日圓
右邊是蝦夷馬糞海膽，左邊是紫海膽。

盡情享用海膽

Sato食堂

位於鴛泊港前的餐館。供應生海膽丼飯的季節是6～9月，根據當天狀況，可品嘗到蝦夷馬糞海膽和紫海膽綜合丼飯。

利尻富士町鴛泊港町
☎0163-82-1314
營5～10月的9:00～16:00（時有變動）
休不固定
交從鴛泊港步行1分鐘
🚗無 ▶MAP P.18 B-2

從稚內港出發2座可當天來回的島嶼，包括擁有知名景點利尻富士的利尻島和繁花盛開的禮文島。登島享受豐富的自然景觀和名產海膽吧。

從稚內搭渡輪1小時55分

繁花似錦的浮島

禮文島

位於北海道的最北邊，是南北長29km、東西長8km，最高點490m的島嶼。是知名的花之島，島上有7條健行路線。

地區特色

別名花之浮島，島上有300種野生花卉。多為原生種。

到禮文島的交通方式

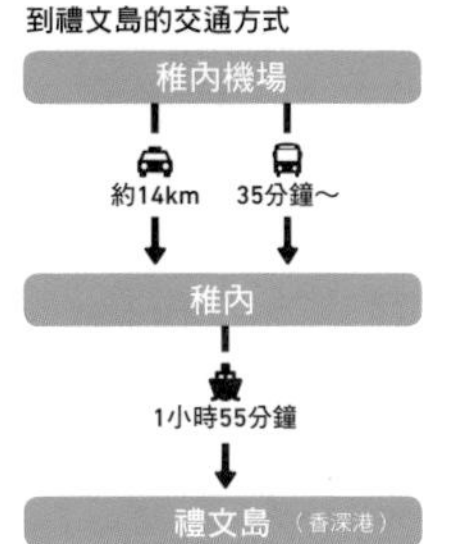

登島賞花健行

約有300種野生高山植物，一到花季島上繁花盛開。這裡是以賞花為據點的景觀勝地。

桃子形狀的桃岩。觀景台位於2座岩石間。

奇岩林立的南部海岸

桃台貓台

島上有近150m高如桃子形狀的桃岩和模樣像貓的貓岩。從海拔50m高的桃台貓台觀景台可以眺望2座岩石。

禮文町香深村元地
☎0163-86-1001（禮文町產業課）
營 自由參觀
交 從香深港開車10分鐘　10台
▶MAP P.18 A-1

島內的野生高山植物特別多。

禮文薄雪草和禮文小櫻。

在花之浮島享受散步樂趣

桃岩觀景台

位於自然紀念物花田中間，是禮文最具代表性的景觀勝地。站在觀景台可以看到桃岩、利尻富士等雄偉遼闊的美景。

禮文町香深村元地
☎0163-86-1001（禮文町產業課）
營 自由參觀
交 從香深港搭巴士8分鐘，在桃岩登山口下車步行20分鐘　20台
▶MAP P.18 A-1

享用島上知名美食

說到禮文島的美食就是新鮮海產。
而放了大量新鮮海膽的丼飯，堪稱人間美味！

海膽丼飯
4300日圓
右圖中放的是蝦夷馬糞海膽，海膽種類依當日而異。

漁會直營餐館

海鮮處Kafuka

用實惠的價格就能吃到禮文島海膽和多線魚。海膽丼飯3800日圓，也有鮭魚卵丼飯2500日圓等餐點。

禮文町香深村Tonnai　☎0163-86-1228　營（夏）5月～9月11:00～14:00、17:00～21:00，（冬）10月～4月17:00～21:00　休 夏季週二，冬季週日、假日、年末年初
交 從香深港步行10分鐘　10台
▶MAP P.18 A-1

在利尻島和禮文島環島觀光，開車比較方便。只要半天就能逛完景點。

北海道之旅 Info

事先查清楚就放心！

到北海道的交通方式

到北海道的交通方式有3種。從日本各地前往，有速度最快的飛機、新幹線、汽機車一起運上船的渡輪。配合觀光內容和預算，選擇交通方式吧。

飛機

北海道主要的機場是新千歲機場。從北海道外22座機場都有飛往新千歲機場的航班。
雖然北海道內各機場也有定期直營航班，但班數較少。

☑ 依目的地選擇機場

北海道幅員遼闊，依選擇的進出機場就能大幅度縮短交通時間。例如要從羽田機場到函館，不選新千歲機場改成函館機場就能提早4個小時到函館。但是，如果選擇的機場航班較少，反而限制了出發時間，所以安排旅行計畫時，連同航班和起降時間都要考慮進去。

☑ 利用套裝行程享折扣

機票越早訂折扣越高，所以一決定好日期就盡早訂票。另外，來回運費加住宿的套裝行程也享有優惠價。甚至有的套裝行程價格比單訂機票還便宜。可上各航空公司或旅行社的官網訂購，但以10天前預約為原則。

● 一般規畫

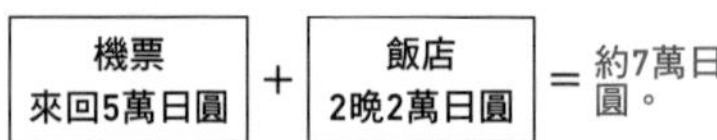

機票＋飯店 ＝ 1萬6800日圓～

※2019年4月的案例。價格依季節和住宿飯店而異。

☑ 瞄準LCC（廉航）的特價機票

要省機票價格，可以選擇LCC也就是廉價航空。2019年4月，飛往北海道的LCC有樂桃、香草、捷星和春秋航空。因為有托運行李和指定座位須付費的規定，請事先確認清楚。

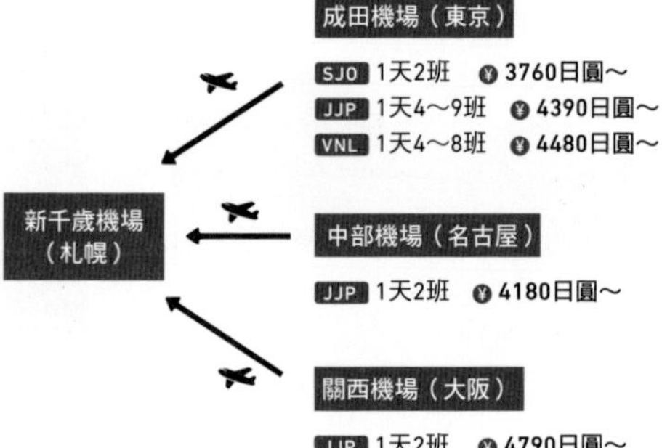

【航空公司詢問處】

- JAL（日本航空） ☎0570-025-071
- ANA（全日空） ☎0570-029-222
- ADO（北海道國際航空） ☎0120-057-333
- SKY（天馬航空） ☎0570-039-283
- FDA（富士夢幻航空） ☎0570-55-0489

【LCC詢問處】

- APJ（樂桃航空） ☎0570-001-292
- JJP（捷星日本） ☎0570-550-538
- VNL（香草航空） ☎0570-6666-03
- SJO（春秋航空） ☎0570-666-118

※香草航空併入樂桃航空，成田～新千歲的航班到2019年8月31日為止

日本各地飛往北海道的航班

航班數和飛行時間依各機場或各航線而異。訂位前先比較清楚。

※航班數量、所需時間和運營路線可能會根據季節而變化。請直接聯繫各航空公司了解最新航班時刻表。

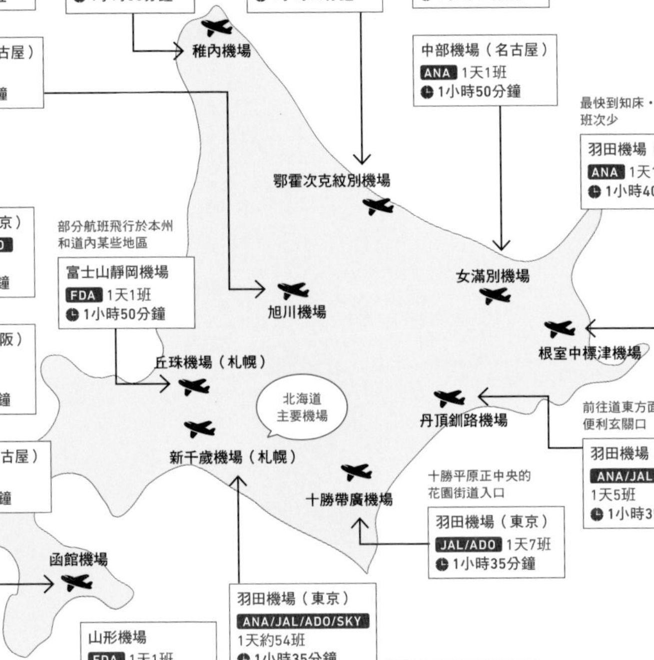

北海道主要機場

稚內機場
飛往日本最北端宗谷岬的據點
羽田機場（東京） ANA 1天1班 1小時55分鐘

鄂霍次克紋別機場
只有1天1班的ANA
羽田機場（東京） ANA 1天1班 1小時55分鐘

女滿別機場
最快到知床或網走的機場
羽田機場（東京） JAL/ADO 1天5班 1小時45分鐘
中部機場（名古屋） ANA 1天1班 1小時50分鐘

根室中標津機場
最快到知床・羅臼但班次少
羽田機場（東京） ANA 1天1班 1小時40分鐘

丹頂釧路機場
前往道東方面的便利玄關口
羽田機場（東京） ANA/JAL/ADO 1天5班 1小時35分鐘

十勝帶廣機場
十勝平原正中央的花園街道入口
羽田機場（東京） JAL/ADO 1天7班 1小時35分鐘

旭川機場
直飛美瑛・富良野地區
羽田機場（東京） JAL/ADO 1天7班 1小時40分鐘
中部機場（名古屋） ANA 1天2班 1小時45分鐘

丘珠機場（札幌）
部分航班飛行於本州和道內某些地區
富士山靜岡機場 FDA 1天1班 1小時50分鐘

函館機場
開車15分鐘就到函館市區很方便
羽田機場（東京） ANA/JAL/ADO 1天8班 1小時20分鐘
伊丹機場（大阪） ANA/JAL 1天2班 1小時35分鐘
中部機場（名古屋） ADO 1天1班 1小時30分鐘

新千歲機場（札幌）
羽田機場（東京） ANA/JAL/ADO/SKY 1天約54班 1小時35分鐘
青森機場 ANA/JAL 1天5班 55分鐘
岩手花卷機場 JAL 1天3班 1小時
仙台機場 ANA/JAL/ADO/APJ 1天12班 1小時15分鐘
秋田機場 ANA/JAL 1天4班 55分鐘～1小時5分鐘
山形機場 FDA 1天1班 1小時20分鐘
福島機場 ANA 1天1班 1小時20分鐘
新潟機場 ANA/JAL 1天4班 1小時10～25分鐘
富山機場 ANA 1天1班 1小時30分鐘
小松機場 ANA 1天1班 1小時30分鐘
成田機場 ANA/JAL/JJP/VNL 1天12班 1小時35～50分鐘
茨城機場 SKY 1天2班 1小時25分鐘
富士山靜岡機場 ANA 1天1班 1小時45分鐘
信州松本機場 FDA 1天1班 1小時30分鐘
伊丹機場（大阪） ANA/JAL 1天10班 1小時50分鐘
西空港（大阪） ANA/JAL/APJ/JJP 1日11～15便 1時間55分
中部空港（名古屋） ANA/JAL/SKY/JJP/ADO 1日16便 1時間45分
神戶機場 ANA/SKY/ADO 1天6班 1小時55分鐘
岡山機場 ANA 1天1班 1小時50分鐘
廣島機場 ADO/JAL 1天2班 1小時55分鐘
福岡機場 ANA/JAL/SKY/APJ 1天5班 2小時20分鐘
那霸機場 ANA 1天1班 3小時5分鐘

冬季時有受大雪影響飛機停飛的狀況發生。雖然航空公司會安排改搭其他航班，但最好預留彈性時間。

新幹線

隨著北海道新幹線的通車，從日本本州也可以搭新幹線到北海道了。以下介紹從東京出發，經青函隧道抵達終點新函館北斗車站的路線。

東京～新函館北斗

車種 東北・北海道新幹線「隼」號 1天13班

運費 2萬2690日圓（搭乘「隼」號普通車指定座位）

最快3小時58分鐘

東京車站

東北新幹線區間 搭「隼」號 約3小時10分鐘。

新青森車站

北海道新幹線區間 從盛岡・新青森也可搭「疾風」號。

奧津輕今別車站

從奧津輕今別車站到青函隧道約6km。穿過53.85km長的隧道約22分鐘。

北海道

木古內車站

北方大地的第一個車站。可在這裡轉搭「道南漁火鐵道」。

新函館北斗車站

新幹線終點站

「函館Liner」 約20分鐘 360日圓

函館車站

運行車輛的車身色帶分成薰衣草紫和粉紅色2種。

新函館北斗車站 ▶MAP P.25 D-1
用北海道杉木打造車站大樓。以成排的白色柱子代表白楊樹林。

H5系新幹線的周邊商品

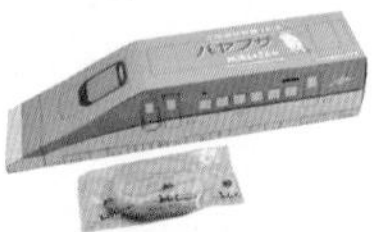

超特急組合車 1080日圓
利用發條驅動的新幹線。各車廂拆開來可當磁鐵貼。

H5系造型襪
540日圓
適合腳長15～21cm的兒童或小腳人。穿起來很可愛。

伴手禮

北寄貝壽司君 最中麵包乾 6個裝 870日圓
結合最中餅和麵包乾的新式甜點。做成北斗市吉祥物北寄貝壽司軍的造型。

鐵路筷
648日圓
做成新幹線造型的筷子。成人款兒童款都有。

原子筆
432日圓
筆夾是新幹線圖案。也有自動鉛筆。

新幹線塑膠杯
594日圓
杯身印上各個角度的新幹線圖案。

＼ 享受悠哉的慢車之旅 ／

道南漁火鐵道

地區資訊傳播列車「Ngamare號」也有行駛。

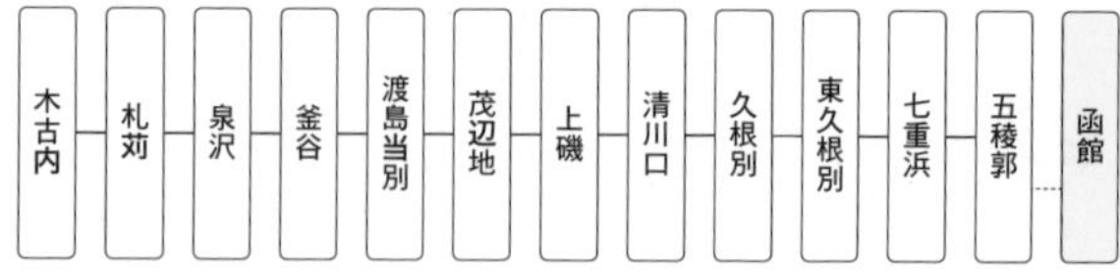

道南漁火鐵道是和北海道新幹線一起通車的普通列車，行駛於木古內車站～五稜郭車站～函館車站間的來回區間車。享受邊搭車邊眺望津輕海峽的樂趣。

木古內～五稜郭～函館 1天9班
1小時
木古內～函館 1110日圓
※五稜郭～函館使用JR線鐵軌

船

時間充裕，想開自家車或騎腳踏車巡遊北海道，建議搭渡輪。
有些渡輪標榜豪華客房及飯店等級的艙內設施，讓旅客享有優雅的船上之旅！

① 青森港出發 3小時40分鐘
【班次】1天8班
A 青函渡輪
純旅客標準房 ¥ 1600日圓
含汽車託運 ¥不滿5m 1萬4400日圓
B 津輕海峽渡輪
純旅客標準房 ¥2220日圓～
含汽車託運 ¥不滿6m 1萬6460日圓～
※夏季也有航程3小時10分鐘的航班

② 大間港出發 1小時30分鐘
【班次】1天2班
B 津輕海峽渡輪
純旅客標準房 ¥ 1810日圓～含汽車託運 ¥ 不滿6m 1萬3160日圓～
※夏季會增班

③ 八戶港出發 7小時15分鐘～8小時30分鐘
【班次】1天4班
C 川崎近海汽船銀色渡輪純旅客2等房 ¥ 5000日圓
含汽車託運 ¥ 不滿5m 2萬5000日圓

※可能會在不得已的情況下變更營運日期、時刻表、運費等。請直接向各家船公司詢問最新消息。

小樽港
苫小牧港
室蘭港
苫小牧東港
函館港
仙台港

⑥ 秋田港出發 11小時
【班次】1週6班 1天各1班
F 新日本海渡輪
純旅客通鋪J ¥ 4370日圓
含汽車託運
¥ 不滿5m 1萬8810日圓

⑦ 宮古港出發 10小時
【班次】1週6班（室蘭發船週日休息、宮古發船週一休息）
C 川崎近海汽船銀色渡輪
純旅客2等房 ¥宮古～室蘭6000日圓～、室蘭～八戶4800日圓、室蘭～宮古（經八戶）6000日圓～
含汽車託運 ¥不滿5m 宮古～室蘭2萬6000日圓～、室蘭～八戶 2萬4000日圓～、室蘭～宮古（經八戶）2萬6000日圓～

⑧ 新潟港出發 16小時
【班次】1週6班 1天各1班
F 新日本海渡輪
純旅客通鋪C ¥ 6680日圓～
含汽車託運
¥不滿5m 2萬1900日圓

⑨ 敦賀港出發 20小時
【班次】1天1班（直達）
F 新日本海渡輪
純旅客通鋪A ¥ 9970日圓
含汽車託運
¥ 不滿5m 3萬2170日圓

⑤ 大洗港出發 17～19小時15分鐘
【班次】1天1～2班
E 商船三井渡輪
純旅客通鋪 ¥ 9900日圓～含汽車託運 ¥ 不滿5m 2萬6740日圓～

⑩ 舞鶴港出發 21小時
【班次】1天1班（直達）
F 新日本海渡輪
純旅客通鋪A ¥9970日圓～
含汽車託運
¥不滿5m 3萬2170日圓

④ 仙台港出發 15小時20分鐘
名古屋港出發 40小時
【班次】從仙台1天1班，從名古屋1週3～4班（停靠仙台）
D 太平洋渡輪
純旅客2等房 ¥ 名古屋出發1萬800日圓、仙台出發8300日圓～
含汽車託運 ¥ 不滿5m 名古屋出發3萬4000日圓、仙台出發2萬6300日圓

設備齊全！
「向日葵」客輪

商船三井渡輪公司經營的「向日葵」是航行於茨城縣大洗港和苫小牧間的客輪。有分成傍晚班次和深夜班次，傍晚班次設有豪華客房和海景餐廳。

【船公司詢問處】
A 青函渡輪
☎017-782-3671（青森）
☎0138-42-5561（函館）
B 津輕海峽渡輪
☎017-766-4733（青森）
☎0138-43-4545（函館）
C 川崎近海汽船銀色渡輪
☎0120-539-468
☎050-3821-1490（苫小牧）
☎050-3821-1478（八戶）
D 太平洋渡輪
☎03-3564-4161（東京）
E 商船三井渡輪
☎0120-489-850
☎029-267-4133（大洗）
☎0144-34-3121（苫小牧）
F 新日本海渡輪
☎03-5532-1101（東京）
☎06-6345-2921（大阪）
☎052-566-1661（名古屋）

新函館北斗車站前的複合式商業設施「Hokkuru」已經開幕，除了遊客中心外也有餐飲店和伴手禮店進駐。

事先查清楚就暢行無阻！

北海道內交通指南

來到北海道就想多玩幾個地區。遊走各區時可搭飛機、長途巴士和鐵路列車。
掌握各種交通工具的特色，擬定最適合自己的計畫吧。

所有機場都設有租車櫃台，可在機場取車還車。也能在不同的車站或機場間異地還車。長途移動時打算搭火車到車站取車，可以選擇「鐵路&租車」的優惠組合（參考右頁）。

利用方式

有空車的話也能當天預約，但通常會事先上網或打電話預約。尤其是黃金週和夏季等旅遊旺季，最好提前預約。租金依車種、選配項目、車輛調度及是否異地還車而不同，租車公司也會不定時推出優惠活動價，可以多比較幾家看看。

【租金參考價】

等級	車種	～12小時	～24小時	之後每天
660cc	move、tanto等	6000日圓	7500日圓	6000日圓
1300cc	note、fit等	7000日圓	8700日圓	7000日圓
1600cc	corolla等	8800日圓	1萬1000日圓	8800日圓

※價格依租車公司而異。另外旺季費用較高

【主要租車公司】

HONDA租車預約中心
☎0120-253-539
NIPPON租車預約中心
☎0800-500-0919
TIMES租車預約中心
☎0120-00-5656
日產租車預約中心
☎0120-00-4123
ORIX租車預約中心
☎0120-30-5543
TOYOTA租車預約中心
☎0800-7000-111
CHOINORI租車預約中心
☎0570-200-055

【都市距離速查表】

	ニセコ	小樽	苫小牧	千歳	札幌	富良野	美瑛	旭川	帯広	釧路	弟子屈	厚岸	標津	斜里	根室	羅臼	網走	紋別	稚内
紋別																			214
網走																		116	330
羅臼																	137	249	466
根室																141	186	302	516
斜里															145	95	41	157	371
標津														55	90	51	96	212	426
厚岸													105	160	80	156	193	300	521
弟子屈												116	65	61	116	116	77	184	398
釧路											71	51	113	132	124	163	149	256	471
帯広										125	160	175	226	213	248	276	187	241	395
旭川									175	272	246	322	301	246	363	341	216	142	241
美瑛								26	151	257	271	307	325	270	380	365	240	166	266
富良野							34	58	117	223	258	273	324	302	346	374	272	198	302
札幌						116	165	140	195	301	336	351	401	378	424	473	348	274	337
千歳					40	125	195	169	161	267	302	317	367	407	390	418	377	304	366
苫小牧				27	62	167	217	191	192	298	333	348	398	430	421	449	399	326	389
小樽			101	78	39	149	199	173	233	339	374	389	440	412	462	507	381	308	371
ニセコ		86	114	115	107	232	281	256	276	382	417	432	482	494	505	533	464	390	453
函館	186	248	253	273	309	414	463	437	438	544	594	594	644	676	667	695	646	572	635

※以高速公路為優先的參考距離。（km）

租車自駕攻略HINT

北海道幅員遼闊，最適合開車旅遊。想擁有高效率且價格實惠的自駕遊，請參考下列祕訣！

在哪裡還車？

善用異地還車服務

跨區移動時，返回出發地點還車很浪費時間。這時建議到其他地區的門市還車。

異地還車服務價目表

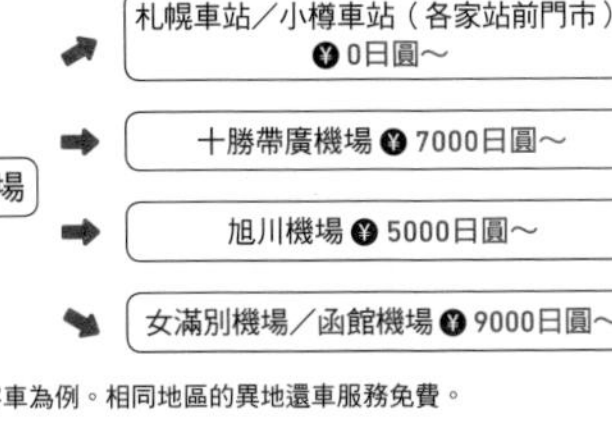

※以租借小客車為例。相同地區的異地還車服務免費。

開上高速公路的話？

要上高速公路必須有ETC卡

利用高速公路可以縮短交通時間。但是距離越長，過路費越貴，所以善用ETC卡的折扣優惠吧。

ETC折扣內容

假日折扣
【時間】週六、日、假日
【內容】折扣30%

夜間折扣
【時間】每天0:00～4:00
【內容】折扣30%

自駕優惠方案 北海道 觀光Free Pass
「北海道觀光Free Pass」
【時間】4月2日～11月5日
【價格】小客車7900日圓
【內容】在使用期間內的週五～一、假日或盂蘭盆節期間，最多連續3天自由使用北海道的高速公路

搭渡輪移動時？

利用離島渡輪載運車輛

搭渡輪到離島時，汽車一起託運也是方法之一。希望在島上自駕觀光可以參考看看。

稚內～禮文島
1小時55分鐘
Heartland渡輪
☎0162-23-8010
乘客 ¥2800日圓
汽車拖運 ¥2萬3400日圓

利尻～禮文島
45分鐘
Heartland渡輪
☎0162-23-8010
乘客 ¥910日圓
汽車拖運 ¥7630日圓

江差～奧尻島
2小時20分鐘
Heartland渡輪
☎0139-52-1066
乘客 ¥2860日圓
汽車拖運 ¥2萬3900日圓

稚內～利尻島
1小時40分鐘
Heartland渡輪
☎0162-23-8010
乘客 ¥2500日圓
汽車拖運 ¥2萬870日圓

※以上是2019年1～9月的價格。乘客費用為2等艙座位票。汽車託運費為4m以上不到5m的價格。汽車拖運費包含1位乘客的2等艙座位票。

交通資訊

北海道地方道路資訊提供系統
info-road.hdb.hkd.mlit.go.jp
日本道路交通資訊中心
☎050-3369-6760（北海道地方高速資訊）
☎050-3369-6601（札幌資訊）
www.jartic.or.jp

NEXCO東日本（客服中心）
☎0570-024-024
☎03-5338-7524
（使用PHS、IP電話撥打）

高速公路資訊DoRaPuRa
www.driveplaza.com
北海道北方休息站
www.hokkaido-michuboeki.jp
北之道NAVI
northern-road.jp/navi/

也有JR結合租車的「鐵路&租車優惠方案」。可享有JR車票打8折，特快、綠色車廂打9折的優惠價。

北海道的主要機場是新千歲機場，不過距離札幌車站車程20分鐘左右的丘珠機場也有飛往北海道各地的班機。從新千歲機場可直飛北海道內大部分機場，但有些地方班次較少，需確認清楚。

北海道內班機MAP

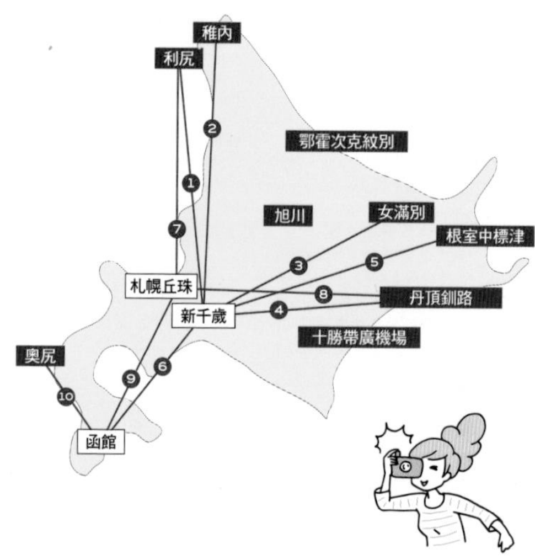

新千歲機場出發

	目的地	時間（約）	價格	班次	航空公司
1	利尻機場	50分鐘	2萬2200日圓～	1天1班※1	ANA
2	稚內機場	60分鐘	2萬1200日圓～	1天2班	ANA
3	女滿別機場	50分鐘	2萬1400日圓～	1天6班	ANA・JAL
4	丹頂釧路機場	50分鐘	2萬日圓～	1天3班	ANA
5	根室中標津機場	55分鐘	2萬1800日圓	1天3班	ANA
6	函館機場	40分鐘	1萬6600日圓	1天2班	ANA

札幌丘珠機場出發

	目的地	時間（約）	價格	班次	航空公司
7	利尻機場	55分鐘	2萬6400日圓～	1天1班	JAL/HAC
8	丹頂釧路機場	45分鐘	2萬4600日圓～	1天4班	JAL/HAC
9	函館機場	45分鐘	2萬100日圓～	1天6班	JAL/HAC

函館機場出發

	目的地	時間（約）	價格	班次	航空公司
10	奧尻機場	30分鐘	1萬7300日圓～	1天1班	JAL/HAC

※上述票價為正常票價。另外，依日期會有折扣票。ANA・JAL為聯營航班。
（※1）新千歲～利尻只飛行6～9月。

【北海道內各主要機場】

函館機場
離函館市區車程約20分鐘，地理位置優越，方便前往五稜郭公園、函館山、湯川溫泉等觀光景點。
☎0138-57-8881 ▶MAP P.25 E-2、P.33 F-2

旭川機場
位於北海道中央的機場。離市區開車約35分鐘。到旭川動物園或美瑛都很近只要25分鐘。到富良野約1小時。
☎0166-83-3939 ▶MAP P.36 B-1

十勝帶廣機場
位於十勝平原正中央，是花園街道的起點。十勝平原擁有酪農王國特有的優閒牧場風光和遼闊的美麗風景。
☎0155-64-5678 ▶MAP P.10 C-1

丹頂釧路機場
是前往道東方面的玄關口。名古屋、大阪間只有季節性航班。到釧路市區開車約45分鐘。有開往市區的聯絡巴士。
☎0154-57-8304 ▶MAP P.9 F-3

女滿別機場
這座機場是前往網走、北見、知床的交通據點。往北見、網走方面都可以搭機場連絡巴士。6～9月也有觀光接駁車。
☎0152-74-3115 ▶MAP P.7 E-3、P.9 F-1

根室中標津機場
日本最東邊的機場，是到知床、羅臼距離最近的機場，不過和新千歲機場間1天只有3班，班次相當少。到摩周湖等觀光勝地很方便。
☎0153-73-5601 ▶MAP P.4 C-2

鄂霍次克紋別機場
位於紋別市區的機場，到網走車程約2小時。從羽田機場過來的班機只有1天1班的ANA。要看鄂霍次克海流冰頗方便。
☎0158-26-2655 ▶MAP P.6 B-2

稚內機場
便於前往日本天邊的宗谷岬、利尻島和禮文島。可想而知6～8月的旺季會湧進大量人潮。到稚內車站搭公車約30分鐘。
☎0162-27-2111 ▶MAP P.19 D-1

長途巴士連接主要都市和其他都市的路線。不用轉車就能到達目的地。座位主要是3排獨立的活動躺椅。也有夜間巴士路線，價格實惠又能善用時間。

主要都市間的巴士路線圖

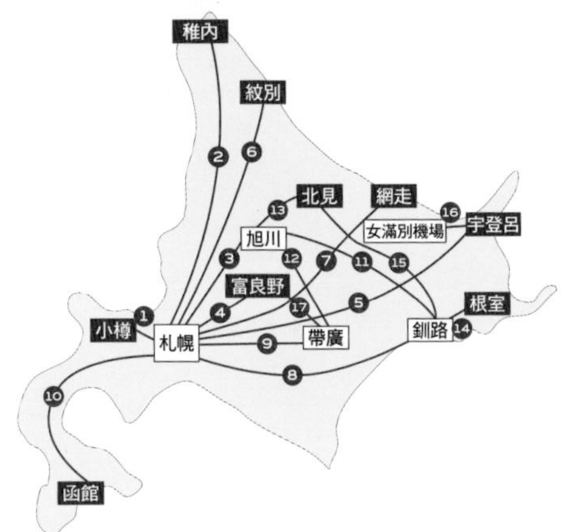

札幌發車

	目的地	時間（約）	價格	巴士名稱	詢問處
1	小樽	1小時10分鐘	610日圓	高速小樽號	AB
2	稚內	5小時50分鐘	6200日圓	特急濱茄號/特急稚內號	EF
3	旭川	2小時20分鐘	2060日圓	高速旭川號	ABG
4	富良野	2小時30分鐘	2260日圓	高速富良野號	A
5	宇登呂	7小時45分鐘	8230日圓	Eagle Liner	AM
6	紋別	4小時40分鐘	4930日圓	流冰紋別號	ABG
7	網走	6小時15分鐘	6390日圓	Dreamint鄂霍次克號	AIL
8	釧路	5小時35分鐘～	5770日圓	Starlight釧路號	ADH
9	帶廣	3小時40分鐘	3770日圓	Potato Liner	ABCEJ
10	函館	5小時45分鐘～	4810日圓	高速函館號	AEK

旭川發車

	目的地	時間（約）	價格	巴士名稱	詢問處
11	釧路	6小時30分鐘	5450日圓	Sunrise旭川・釧路號	GH
12	帶廣	4小時	3240日圓	North Liner	CGJ
13	北見	3小時30分鐘	3600日圓	石北號	GI

釧路發車

	目的地	時間(約)	價格	巴士名稱	詢問處
14	根室	2小時43分鐘	2250日圓	特急根室號	D
15	北見	3小時	3390日圓	特急釧北號	HI

女滿別機場發車

	目的地	時間(約)	價格	巴士名稱	詢問處
16	宇登呂	2小時10分鐘	3300日圓	知床Airport Liner	LM

帶廣發車

	目的地	時間(約)	價格	巴士名稱	詢問處
17	富良野	2小時37分鐘	2160日圓	North Liner	CGJ

當地出發的旅行團

搭定期觀光巴士一日遊！

可以在1天內遊覽多處人氣觀光勝地。坐在巴士上就能輕鬆地巡迴各景點。

札幌發車【富良野・美瑛四季物語路線】

約10小時30分鐘　費 7300日圓
期間：6月1～28日、8月5日～10月14日
☎ 0570-200-600（北海道中央巴士）

札幌站前巴士總站 ▶ Campana六花亭 ▶ 新富良野王子大飯店・風之花園 ▶ 富田農場 ▶ 四季彩之丘 ▶ Ken & Mary之樹及其他（車窗觀賞） ▶ 札幌工廠（可中途下車） ▶ 札幌市鐘樓（可中途下車） ▶ 札幌站前巴士總站

釧路發車【Pirika號】

約8小時55分鐘　費 4600日圓（需預約）
期間：4月下旬～11中旬每天出發
☎ 0154-37-2221（阿寒巴士）

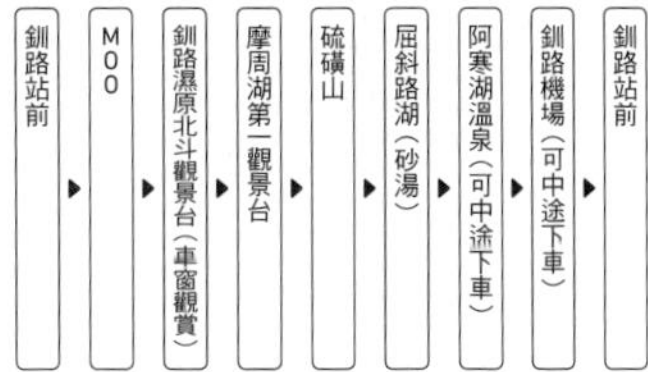

【巴士詢問處】

- A 北海道中央巴士 ☎ 0570-200-600
- B JR北海道巴士 ☎ 011-241-3771
- C 北海道拓殖巴士 ☎ 0155-31-8811
- D 釧路巴士 ☎ 0154-36-8181
- E 北都交通 ☎ 0138-22-3265
- F 宗谷巴士 ☎ 0162-33-5515
- G 道北巴士 ☎ 0166-23-4161
- H 阿寒巴士 ☎ 0154-37-2221
- I 北海道北見巴士 ☎ 0157-23-2185
- J 十勝巴士 ☎ 0155-23-3489
- K 道南巴士 ☎ 0143-45-2131
- L 網走巴士 ☎ 0152-43-2606
- M 斜里巴士 ☎ 0152-23-0766

都市間國道巴士買來回票比較便宜。越來越多車輛提供Wi-Fi服務，長距離移動也很舒適。

從車窗欣賞風景

火車 TRAIN

特急・急行列車是以札幌為據點連接北海道境內主要都市的火車。雖然比巴士貴，但優點是車速快，不會受到旺季塞車的影響能順利抵達目的地。停靠站少，可以在車內享有悠哉舒適的旅途。

從札幌出發的時間和價格

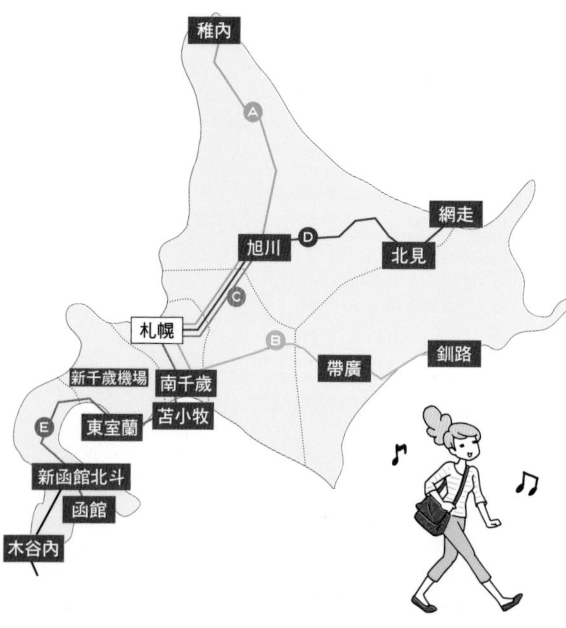

- Ⓐ 特急「宗谷號」
  特急「Sarobetsu號」
  到稚內 5小時10分鐘
- Ⓑ 特急「超級大空號
  特急「超級十勝號」」
  到帶廣 2小時35分鐘
  到釧路 4小時
- Ⓒ 特急「神威號」「紫丁香號」
  到旭川 1小時25分鐘
- Ⓓ 特急「鄂霍次克號」
  特急「大雪號」
  到網走 5小時25分鐘
- Ⓔ 特急「超級北斗號」
  特急「鈴蘭號」
  到函館 3小時30分鐘

※有關價格、時間、最新運行資訊請上JR北海道官網查詢。

也有季節限定觀光列車！

僅在觀光季節運行的期間限定列車，因為不是每次都坐得到，格外讓人興奮！車身圖案也充滿特色。

釧路～塘路

釧路濕原慢車號

行駛在釧路濕原東側的列車。不僅可從大片車窗欣賞濕原的自然風光，也有導覽人員同行。

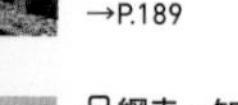

期間：預計在4月下旬～10月上旬（有停駛日）

→P.189

旭川～富良野

富良野・美瑛慢車號

可從車窗眺望美瑛和富良野的田園風光及十勝岳的景觀列車。用蒸汽機車牽引客車。

期間：6～9月（預計）

→P.135

網走～知床斜里

流冰物語號

行駛在釧路本線鄂霍次克海沿岸的列車。可從車廂內觀賞流冰海和知床山脈的景色。

期間：2月上旬～3月上旬

→P.180

JR超值票券

JR北海道發售的優惠來回票及周遊券等票券。
只在定點間移動建議買來回票，想到處遊玩的話就買周遊券。

來回票

詢問處 JR北海道電話客服中心 ☎011-222-7111

往來道南・道東方向

車票優惠來回票

基本車票的優惠來回票。加購特急票的話也能搭特急列車。

【價格】札幌～登別3390日圓、札幌～函館9000日圓、札幌～釧路1萬640日圓等
【有效期間】6天內

往來稚內・網走方向

指定席優惠來回票（R車票）

可搭乘特急列車普通車廂對號座的優惠來回票。

【價格】札幌～網走1萬6460日圓、札幌～稚內1萬2550日圓、札幌～北見1萬4190日圓等。※在4月1日～11月30日使用的票價
【有效期間】6天內

往來旭川方向

自由席優惠來回票（S車票）

可搭乘特急列車普通車廂自由座的優惠來回票。再加520日圓也可以坐對號座。

【價格】札幌～旭川5080日圓、旭川～網走1萬3060日圓、旭川～稚內1萬80日圓等。
【有效期間】6天內

周遊券

※只在限定季節發售超值票。使用時請上JR北海道官網查詢最新資訊。

巡遊北海道各地

北海道自由乘車券

7天內可自由搭乘JR北海道全線列車和JR北海道巴士（部分路線除外）。可任意搭乘特急列車、普通列車的普通車廂自由座。也可以搭6次普通車廂對號座。

【價格】2萬6230日圓
【有效期間】7天內（4月27日～5月6日、8月10～20日、12月28日～1月6日不可使用）

札幌近郊一日遊

1日散步票

搭乘範圍從札幌、小樽近郊起，南到長萬部和室蘭，東到十勝新得等地。可在1天內自由搭乘指定區域內普通列車、快速列車的自由座。限週六、日、假日使用。不可搭特急列車。在特定地點及限定季節發售。

【價格】2260日圓（乘車當日發售）
【有效期間】限乘車當日使用

賞花之旅

道北一日散步票

以旭川為中心，乘車範圍包括富良野、上川、美唄、名寄和留萌。可在1天內自由搭乘指定區域內普通列車、快速列車的自由座。限週六、日、假日使用。不可搭特急列車。在特定地點及限定季節發售。

【價格】2260日圓（乘車當日發售）
【有效期間】限乘車當日使用

善用觀光計程車

預算充裕的話，選擇可自由規畫行程的觀光計程車，移動起來更方便。

何謂觀光計程車？

包下計程車讓司機載往各景點觀光。各家計程車公司都有建議觀光路線，不過也能依客戶要求修改行程。費用依車輛數計價，所以人多比較划算。右邊是其中一家計程車公司推出的觀光路線範例。

小客車（～4位）

9人座（～9位）

MODEL PLAN
富良野・美瑛路線

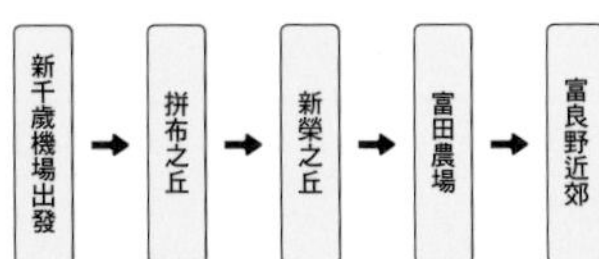

約6小時
費 小客車3萬2000日圓
Likenet預約中心
☎011-776-5050
www.likenet.jp

北海道之旅 SUPER INDEX

營業時間、公休日或停車位等，各類別關注的焦點都不同。
只要一眼就能找到資料！讓北海道之旅暢行無阻的實用索引。

TOURISM&PLAY

地區	景點	公休日	營業時間	類別	費用	停車場	頁碼	MAP
阿寒湖	阿寒觀光汽船	營業期間無公休	4月下旬～11月	觀光船	2000日圓	無	192	P.37 D-3
阿寒湖	阿寒湖愛努村	–	自由參觀	村落	–	共用	193	P.37 D-3
阿寒湖	阿寒湖愛努劇場Ikor	全年無休	5～10月每天4～5場、其他時間1天1場	劇場	1080日圓	共用	193	P.37 D-3
旭川	旭川市旭山動物園	4月8～26日、11月4～10日	9:00～17:15（依季節調整）	動物園	820日圓	有	34	P.15 F-1
網走	網走流冰觀光破冰船極光號．極光2號	營業期間無公休（天候不佳時停駛）	1月20日～4月上旬（暫定）的9:00～16:30	觀光船	4000日圓	有	30.180	P.6 C-1
川湯溫泉	硫磺山	–	自由參觀	山	–	有（收費）	195	P.4 A-1.2
大沼	Exander 大沼獨木舟屋	不固定	9:00～17:00（報名）	獨木舟	4000日圓～	有	33	P.24 A-2
新得	佐幌西部村	不固定	一天前預約	騎馬	1萬2800日圓	有	32	P.8 A-3
旭川	上野農場	營業期間無公休	每年4月下旬～10月中旬 10:00～17:00	花園	1000日圓	有	151	P.15 F-1
白老	UPOPOY（民族共生象徵空間）	另洽	2020年4月OPEN	博物館.公園	另洽	另洽	23	P.12 B-2
Tomamu	雲海平台（星野度假村 Tomamu）	營業期間無公休（天候不佳時停駛）	5月11日～10月14日的5:00～7:00（依季節調整）	觀景台	1900日圓	有	22.31.164	P.15 F-3
江差	江差追分會館．江差山車會館	11～3月的週一，如遇假日順延至隔天	9:00～17:00	會館	500日圓	有	128	P.24 A-2
襟裳	襟裳岬「風之館」	營業期間無公休	3～11月的9:00～17:00（5～8月～18:00）	觀景設施	300日圓	有	165	P.11 F-2
札幌	大通公園	–	自由散步	公園	–	無	52	P.28 A-3～P.29 D-3
大沼	大沼．小沼湖畔步道	–	自由散步	步道	–	有	126	P.24 A-1
大沼	大沼遊船	營業期間無公休（天候不佳時另洽）	4月～12月上旬的8:20～16:20（7．8月～17:00）	觀光船	1100日圓	有（收費）	126	P.24 A-1
登別溫泉	大湯沼川天然足湯	–	日落為止	泡腳池	免費	有（收費）	86	P.12 A-2
利尻島	Otatomari沼澤	11～4月	5～10月自由散步	沼澤	–	有	206	P.18 B-2
小樽	小樽運河遊船	全年無休	1天16～24班（依季節調整）	觀光船	1500日圓～	無	94	P.20 B-2
小樽	小樽藝術村	全年無休（11～4月每週三公休，如遇假日則順延到隔天）	9:30～17:00（11～4月10:00～16:00。最後入場時間為30分鐘前）	美術館	2000日圓（3館聯票）	特約	99	P.20 B-2
紋別	鄂霍次克海豹中心	全年無休	10:00～16:00	飼養設施	200日圓	有	182	P.6 B-2
網走	鄂霍次克流冰館	全年無休	8:30～18:00（11～4月9:00～16:30）	科學館	770日圓	有	180	P.7 F-3
美瑛	親子之樹	–	–	樹木	–	–	143	P.36 B-1
十勝川溫泉	十勝川溫泉花園水療館	5～10月第2週週二，8月為第3週週二，11～4月每週週二如遇假日順延至隔天	9:00～21:00（週一～四～19:00、週四有特別活動時有變動）	SPA	1500日圓	有	167	P.10 C-1
函館	外國人墓地	–	自由參觀	墓地	–	無	115	P.34 A-2
富良野	風之花園	營業期間無公休	4月27日～10月14日的8:00～17:00（依季節調整）	外景地	1000日圓	有	141	P.36 A-3
函館	天主教元町教堂	全年無休（聖堂使用期間休館）	10:00～16:00（週日12:00～，禮拜時間除外）	教堂	免費	無	115	P.34 C-2
積丹半島	神威岬	全年無休（冬季封閉）	8:00～19:00開放（依季節天候調整）	海岬	–	有	104	P.21 D-2
函館	元祖活烏賊釣場	1～6月、10、11月的第3週週三	7:00～13:30（依季節調整）	釣池	600日圓～	有（收費）	118	P35 E-1
上富良野	菅野農場	營業期間無公休	6月上旬～10月中旬的9:00～18:00	花園	免費	有	138	P.36 B-1
小樽	北一威尼斯美術館	全年無休	8:45～18:00	美術館	700日圓	特約	99	P.20 C-3
釧路	釧路溼原觀景台	全年無休	8:30～18:00（11～4月9:00～17:00）	觀景台	480日圓	有	188	P.4 A-3
釧路	釧路溼原慢車號	有停駛日	4月下旬～10月下旬運行	觀光列車	360日圓～	–	189	P.4 A-3
屈斜路湖	屈斜路湖	–	自由參觀	湖泊	–	有	195	P.4 A-1
美瑛	Ken & Mary之樹	–	–	樹木	–	有	143	P.36 B-1
宇登呂	哥吉拉岩觀光（宇登呂）	營業期間無公休（天候不佳時停駛）	4月下旬～10月下旬（1天2班）	觀光船	9000日圓	有	174	P.37 D-1
函館	五稜郭公園	全年無休	城池5:00～19:00（11～3月～18:00）	公園	–	周邊（收費）	116	P.33 D-1

函館	五稜郭塔	全年無休	9:00～18:00	塔	900日圓	周邊（收費）	117	P.32 C-1
富良野	五郎的石屋．最初的家	營業期間無公休	4月中旬～11月上旬的9:30～18:00（依季節調整）	外景地	500日圓	有	140	P.36 C-3
中富良野	彩香之里	營業期間無公休	6～9月的8:00～17:00	花園	免費	有	139	P.36 A-2
札幌	札幌市鐘樓	全年無休	8:45～17:10（最後入館～17:00）	鐘樓	200日圓	無	57	P.29 D-3
札幌	札幌電視塔	不固定	9:00～22:00	電波塔	1000日圓	無	56	P.29 D-3
札幌	札幌農學校第2農場	第4週週一、11月上旬～4月上旬	8:30～17:00室內	農場	免費	無	59	P.28 B~C-1
惠庭	SAPPORO啤酒北海道工廠	週一（如遇假日順延至隔天）	報名參觀10:00～11:00、12:45～16:00（可預約）	工廠	免費	有	63	P.12 C-1
札幌	札幌羊之丘觀景台	全年無休	9:00～17:00（依季節調整）	觀景台	600日圓	有	62	P.27 D-3
札幌	札幌市圓山動物園	第2.4週週三（如遇假日順延至隔天）、其他休園日	9:30～16:30（11～2月～16:00。最後入園為30分鐘前）	動物園	800日圓	有（收費）	62	P.26 B-2
新得	Sahoro Resort Bear Mountain	5～6月、10月的週二	2023年4月29日～10月22日的9:00～最後入園15:20	動物園	步道行程2200日圓、巴士行程3300日圓	有	165	P.8 A-3
稚內	JR稚內車站	全年無休	6:20～17:50	車站	340日圓	無	204	P.18 A-3
美瑛	四季彩之丘	全年無休	8:30～18:00（依季節調整）	花園	10～6月免費 7～9月500日圓	有	142	P.36 B-2
登別溫泉	地獄谷	–	自由參觀	源泉地	–	有（收費）	86	P.12 A-2
支笏湖	支笏湖觀光船	營業期間無公休	4月上旬～11月上旬8:40～17:10（依季節調整）	觀光船	1620日圓	有（收費）	85	P.12 B-1
支笏湖	支笏湖透明獨木舟之旅	全年無休	8:00～20:00	戶外活動	8000日圓	有（收費）	85	P.12 B-1
帶廣	紫竹花園	營業期間無公休	4月下旬～10月下旬的8:00～17:00	花園	1000日圓	有	156	P.10 B-1
釧路	濕原觀景台步道	–	自由散步	步道	–	有	188	P.4 A-3
美瑛	珠寶冰	–	自由參觀	自然景觀	–	–	23	P.11 D-2
定山溪溫泉	定山溪鶴雅休閒渡假溫泉SPA飯店	森之謌 全年無休	11:15～15:00（泡湯11:30～）	當日來回溫泉	3240日圓	有	87	P.12 A-1
定山溪溫泉	定山溪萬世閣飯店Milione	全年無休	12:00～21:00（最晚入場20:00）	當日來回溫泉	2400日圓	共用	87	P.12 A-1
美瑛	白鬚瀑布	–	自由參觀	瀑布	–	共用	23	P.36 C-2
宇登呂	知床觀光船極光號．極光2號	營業期間無公休	4月28日～10月25日（1天4～5班）	觀光船	3100日圓	有（收費）	174	P.37 D-1
知床	知床五湖	營業期間無公休	4月下旬～11月上旬的7:30～18:30（依季節調整）	湖泊	依季節調整	有	172	P.7 E-1
羅臼	知床Nature Cruise	營業期間無公休	鯨魚、海豚、賞鳥之旅是4月下旬～9月、流冰&賞鳥之旅A．B是2月～3月上旬	觀光船	4400日圓～	有	175	P.37 E-1
札幌	白色戀人公園	全年無休	9:00～18:00	主題樂園	600日圓～	有	63	P.26 A-1
美瑛	白金青池	–	自由參觀	水池	–	有	31.142	P.36 C-2
美瑛	新榮之丘展望公園	全年無休	自由入園	公園	–	有	142	P.26 B-1
札幌	Star Hall	比照觀景設施	11:00～末場開始放映20:30（依季節調整）	星象儀	700日圓	有	61	P.24 B-3
大沼	賽格威之旅	營業期間無公休	4月下旬～10月下旬的9:00～17:00（1天最多4場）	賽格威	9000日圓	有	33	P.25 D-1
美瑛	七星之樹	–	–	樹木	–	有	143	P.36 B-1
美瑛	亞斗夢之丘	營業期間不固定公休	4月中旬～10月中旬的8:30～17:00	花園	免費	有	138	P.36 B-1
利尻島	仙法志御崎公園	–	自由散步	公園	–	有	206	P.18 B-2
稚內	宗谷岬	–	自由參觀	海岬	–	有	202	P.19 D-1
上川	大雪森林花園	營業間無公休	4月下旬～10月中旬9:00～17:00（最後入園16:00）	花園	800日圓	有	151	P.8 A-1
上士幌	Taushubetsu 川大橋	–	自由參觀	橋	–	有	165	P.8 C-2
函館	天使聖母Trappistine修道院	全年無休	9:00～16:30	修道院	免費	周邊（收費）	129	P.33 F-2
洞爺湖	洞爺湖汽船	全年無休	夏季8:00～16:30（冬季9:00～）	觀光船	1500日圓	有	84	P.23 F-2
清水	十勝千年之森	營業期間無公休	4月27日～10月20日的9:30～17:00（依季節調整）	花園	1000日圓	有	156	P.10 A-1
幕別	十勝Hills	營業期間無公休	4月中下旬～10月中下旬的9:00～17:00	花園	800日圓	有	156	P.10 C-1
函館	Trappist修道院	商店1～3月的週日	週二院內參拜，需申請（限男性）	修道院	免費	有	129	P.25 D-2
上士幌	Naitai高原牧場	開放期間無公休	6月～9月的7:00～19:00，5月、10月的7:00～18:00	牧場	免費	有	165	P.8 C-3
中富良野	中富良野町營薰衣草園	營業期間無公休	6月中旬～8月下旬的9:00～17:00	花園		有	139	P.36 A-2

新雪谷	NAC新雪谷探險中心	全年無休	泛舟4月上旬～11月上旬每天2梯	戶外活動	6156日圓	有	33.106	xP.22 B-1
新雪谷	新雪谷格蘭比羅夫滑雪場夏季纜車	營業期間無公休	7月中旬～9月下旬的9:00～16:00（依季節調整）	纜車	1100日圓	有	106	P.22 A-1
余市	日果威士忌余市釀酒廠	全年無休	9:00～17:00	工廠	免費	有	105	P.21 E-3
納沙布岬	納沙布岬	–	自由參觀	海岬	–	有	196	P.5 E-2
稚內	野寒布寒流水族館	12～1月、4月1～28日	9:00～17:00（冬季10:00～16:00）	水族館	500日圓	有	203	P.18 C-1
稚內	野寒布岬	–	自由參觀	海岬	–	有	203	P.18 C-1
登別溫泉	登別棕熊牧場	全年無休（纜車時有停駛）	9:30～16:30（依季節調整）	動物園	2800日圓	有（收費）	86	P.12 A-2
網走	網走監獄博物館	全年無休	9:00～17:00	博物館	1500日圓	有	181	P.7 E-3
江差	幕末軍艦 開陽丸紀念館	營業期間無公休（11～3月的週一公休、如遇假日順延至隔天）	4～10月的9:00～17:00	紀念館	500日圓	有	128	P.24 A-2
函館	函館市舊英國領事館（開港紀念館）	全年無休	9:00～19:00（11～3月～17:00）	紀念館	300日圓	無	115	P.34 C-2
湯之川溫泉	函館市熱帶植物園	全年無休	9:30～18:00（11～3月～16:30）	植物園	300日圓	有	131	P.33 E-2
函館	函館東正教教堂	全年無休（12月下旬～3月中旬不定期公休）	10:00～17:00（週六～16:00、週日13:00～16:00）	教堂	200日圓	無	115	P.34 C-3
函館	箱館奉行所	全年無休（時有臨時休館）	9:00～18:00（11～3月～17:00）	奉行所	500日圓	周邊（收費）	117	P.33 D-1
函館	函館山山頂觀景台	纜車時有停駛	10:00～22:00（10月16號～4月24號～21:00）	觀景台	1500日圓	有	112	P.34 B-3
函館	八幡坂	–	自由參觀	斜坡	–	無	115	P.34 C-2
帶廣	輓曳十勝	週二～五	週六～一（賽程時間另洽）	賽馬場	100日圓	有	168	P.11 E-2
上富良野	日之出公園	–	自由入園	公園	–	有	139	P.36 B-2
紋別	冰海觀景台鄂霍次克塔	12月下旬、天候不佳時	10:00～16:00（8～9月的週六、日、假日～20:00）	觀景塔	800日圓	有	182	P.6 B-2
富良野	撿來的家- YAGATE町	全年無休	9:30～18:00（依季節調整）	外景地	500日圓	有	140	P.36 C-3
中富良野	富田農場	營業期間無公休（依設施而異）	自由入園。各設施8:30～18:00（依設施、季節調整）	花園	免費	有	28.136	P.36 B-2
松前	福山城（松前城）	營業期間無公休	4月10日～12月10日的9:00～17:00（最後入園～16:30）	城池	360日圓	無	127	P.24 B-3
定山溪溫泉	二見吊橋	–	自由參觀（冬季禁止通行）	橋	–	共用	87	P.12 A-1
上富良野	Flower Land上富良野	12～2月	9:00～18:00（依季節調整）	花園	免費	有	138	P.36 B-2
美瑛	北西之丘展望公園	營業期間無公休	5～10月的9:00～17:00	公園	–	有	142	P.36 B-1
北龍	北龍町向日葵之里	–	自由入園	農田	–	有	29	P.15 D-1
釧路	細岡觀景台	–	自由參觀	觀景台	–	有	189	P.4 A-3
釧路	細岡遊客中心	全年無休	9:00～18:00（依季節調整）	遊客中心	–	有	189	P.4 A-3
千歲	北海道龜甲萬股份有限公司	週六、日、假日	工廠參觀1天4次，9:20、10:45、12:45、14:10（須預約）、需時1小時	工廠	免費	有	63	P.12 C-1
札幌	北海道大學	–	自由參觀	大學	–	無	58	P.28 B～C-1
札幌	北海道大學綜合博物館	週一、時有臨時休館	10:00～17:00（6～10月的週五～21:00）	博物館	免費	無	58	P.28 B～C-1
札幌	北海道廳舊本廳舍	年末年初	8:45～18:00	建築物	免費	無	57	P.28 C-2
阿寒湖	Bokke步道	–	自由散步	步道	–	無	192	P.37 D-3
摩周湖	摩周湖	–	自由參觀	湖泊	–	有（收費）	31.194	P.4 A.B-2
松前	松前藩屋敷	營業期間無公休	4月上旬～10月下旬的9:00～17:00（最後入園16:30）	主題樂園	360日圓	有	127	P.26 B-3
帶廣	真鍋庭園	營業期間無公休	4月20日～12月1日的8:30～17:30	花園	1000日圓	有	157	P.10 C-1
積丹半島	積丹岬之湯	週三（如遇假日則營業）	11:00～20:00（11～3月11:00～20:30。最後進場時間為30分鐘前）	溫泉	610日圓	有	104	P.21 D-2
Tomamu	霧冰平台（星野度假村Tomamu）	營業期間無公休（天候不佳時停駛）	2022年12月1日～2023年3月31日的9:00～15:00（依季節調整）	觀景台	2200日圓	有	164	P.15 F-3
札幌	藻岩山山頂觀景台	4月11～25日	10:30～22:00（上山最晚21:30。12～3月11:00～）	觀景台	1700日圓	有	60	P.26 B-3
札幌	莫埃來沼公園	全年無休（依設施而異）	7:00～22:00（最後入園～21:00）	公園	–	有	63	P.27 E-1
禮文島	桃岩觀景台	–	自由散步	觀景台	–	有	207	P.18 A-1
禮文島	桃台貓台	–	自由散步	觀景台	–	有	207	P.18 A-1
旭川	雪之美術館（停業）	全年無休	9:00～17:00	美術館	700日圓	有	150	P.15 E-1
上富良野	薰衣草東部	營業期間無公休	7月的9:00～16:30	花園	免費	有	28.137	P.36 B-2
紋別	流冰破冰船GaringoII號	營業期間無公休（天候不佳時停駛）	1月中旬～3月31日的6:00～16:10。1天5～7班（需預約）	觀光船	3000日圓	有	182	P.6 B-2

網走	流冰物語號	–	1月～2月（運行期間預計1天2班次來回）	觀光列車	970日圓	–	180	P.7 F-3
富良野	麓鄉之森	全年無休（冬季封閉）	9:30～最後入場17:00（冬季時有更動，需另洽）	外景地	500日圓	有	140	P.36 C-3
中札內	六花之森	營業期間無公休	4月下旬～10月中旬的10:00～16:00（依季節調整）	花園	1000日圓	有	157	P.10 B-2
稚內	稚內公園	–	自由入園	公園	–	有	204	P.18 A-3
稚內	稚內Footpath宗谷丘陵路線	–	5～10月左右開放通行	散步路線	–	有	203	P.19 D-1

EAT

地區	店名	公休日	營業時間	類別	停車場	頁碼	MAP
小樽	美園冰果店	週二、第三週週三	11:00～18:00（冬季～19:00）	咖啡館	有	103	P.20 A-2
函館	早市味處茶夢	不固定	7:00～15:00	海鮮	有（收費）	118	P.35 E-1
旭川	旭川拉麵村	依店鋪而異	11:00～20:00（依店鋪而異）	拉麵	有	150	P.15 F-1
函館	Asian Kitchen Chaze	週四	17:30～凌晨1:00	亞洲菜	無	129	P.35 F-1
札幌	味之三平	週一、第2週週二	11:00～18:30左右	拉麵	無	66	P.31 D-1
札幌	ATELIER Morihiko	全年無休	8:00～21:30LO	咖啡館	有	75	P.30 A-1
小樽	Amato總店	週四	10:00～19:00（咖啡館10:30～18:30LO）	咖啡館	有	103	P.20 A.B-2
宇登呂	熊之家荒磯料理	不固定	11:00～14:30LO 17:00～19:30LO	海鮮	有	178	P.37 D-1
美瑛	Aruu no Pain	營業期間的週四、五	5月～10月的11:00～17:00（售完為止）	咖啡館	有	147	P.36 B-1
札幌	ISHIYA CAFÉ	年終年初	8:00～20:00	咖啡館	無	53	P.28 C-3
小樽	伊勢壽司	週三及第1、2週週二	11:30～14:30LO、17:00～21:00LO	壽司	有	100	P.20 A-1
函館	一花亭Tabiji	全年無休	5:00～15:00（10月下旬～4月下旬6:00～14:00）	海鮮	有（收費）	118	P.35 E-1
札幌	INITIAL	不固定	14:00～24:00（週日、假日14:00～23:00）	巴菲冰	無	77	P.30 C-1
宇登呂	宇登呂漁會婦女餐廳	不固定	4月下旬～10月的8:30～14:30LO	海鮮	有	178	P.37 D-1
札幌	海味Hachiko 別亭OYAJI	不固定	17:00～24:00	居酒屋	無	73	P.31 D-2
函館	大手町house函館cafe centenaire	4月～10月週二，11月～3月週一、週二	4月～10月10:30～18:00 11月～3月11:00～17:00	咖啡館	有	123	P.35 E-2
芽室	OONO FARM COWCOW Café	週一（如遇假日順延至隔天）	午餐11:00～14:00、咖啡館14:00～16:00LO	餐廳	有	159	P.10 B-1
帶廣	Hujimori宴會餐廳	週二（如遇假日另洽）	11:00～20:45LO	餐廳	有	161	P.11 F-3
余市	OcciGabi Winery & Restaurant	12/31～1/1	11:00～17:00（餐廳11:00～14:00LO、17:00～18:30LO。須訂位）	酒莊	有	105	P.21 E-3
禮文島	海鮮處Kafuka	夏：週二，冬：週日、假日、年末年初	5月～9月11:00～14:00、17:00～21:00，10月～4月17:00～21:00	海鮮	有	207	P.18 A-1
函館	Cafe & Deli MARUSEN	週二	午餐11:00～15:00LO／咖啡11:00～17:00LO	咖啡館	有	122	P.35 E-2
函館	California Baby	週四	11:00～21:00	西餐	無	121	P.34 C-2
函館	Caldo Calcio	週一	11:30～22:30	義大利菜	有	119	P.33 E-1
釧路	岸壁爐端燒	營業期間無公休	5月中旬～10月的17:00～21:00	爐端燒	有（收費）	190	P.37 E-2
小樽	北一Hall	全年無休	9:00～17:30	咖啡館	特約	103	P.20 C-3
帶廣	北之屋台	依店鋪而異	依店鋪而異	小吃街	無	165	P.11 F-3
函館	炭Sanko	不固定	16:00～1:00	海鮮	無	119	P.35 F-1
函館	金魚茶屋	週三，第2、4週週四	5月～10月10:00～17:00，11月～4月～16:30	咖啡館	有	122	P.34 C-2
帶廣	串燒店串之Yassan	週日	17:30～24:00	小吃	無	165	P.11 F-3
釧路	河村釧路拉麵	不固定	11:00～14:30、18:00～24:00（週日、假日11:00～14:00）	拉麵	特約	191	P.37 E-2
釧路	釧路和商市場	週日不固定公休	8:00～18:00（1～3月～17:00）	海鮮	有（收費）	190	P.37 E-2
札幌	Gaucher	週二	17:00～23:00	法國菜	無	44	P.30 B-1
富良野	森林時鐘咖啡館	全年無休	12:00～19:30LO（飲料20:00LO）	咖啡館	有	141	P.36 A-3
帶廣	Kokoro	週日	17:00～24:00	小吃	無	165	P.11 F-3
札幌	THE JEWELS	比照觀景設施	11:30～20:00LO（冬季12:00～。15:30～17:00僅供外帶）	法國菜	有	61	P.26 B-3
札幌	札幌市場飯館marusan亭	不固定	7:00～14:30LO（壽司料用完為止）	海鮮	有	65	P.26 B-2
札幌	札幌成吉思汗白熊札幌總店	週日、假日	18:00～凌晨1:00LO（週四～六～凌晨1:30LO）	成吉思汗烤肉	無	71	P.31 D-2
札幌	札幌啤酒園	全年無休	11:30～21:30LO	成吉思汗烤肉	有	71	P.26 C-2
利尻島	Sato食堂	不固定	5～10月的9:00～16:00（時有變動）	海鮮	無	206	P.18 B-2
札幌	Saera三明治店	週三	10:00～17:30LO	三明治	無	45	P.29 D-3
札幌	積丹濱料理 第八 太洋丸	週日、假日	17:00～23:00	居酒屋	無	73	P.31 D-2
積丹半島	純之店	週一（如遇假日順延到隔天）	10:30～20:30	海鮮	有	104	P.21D-2

根室	Dorian咖啡館餐廳	週二（如遇假日照常營業）	10:00～20:40LO	西餐	無	196	P.5 E-2
小樽	味處Takeda食堂	全年無休（元旦休息）	7:00～16:00	海鮮	有（收費）	101	P.20 A-2
函館	Jolly Jellyfish	全年無休	11:00～21:00LO	西餐	有	121	P.33 D-1
函館	龍鳳新函館拉麵	全年無休	10:30～凌晨0:30	拉麵	無	129	P.35 F-1
札幌	Sumire札幌總店	全年無休	11:00～15:00、16:00～21:00（週六、日、假日11:00～21:00。依季節調整）	拉麵	有	67	P.26 C-3
札幌	YELLOW湯咖哩	全年無休	11:30～20:30LO	湯咖哩	無	69	P.31 E-2
札幌	TREASURE湯咖哩	不固定	11:30～21:00LO（午餐15:00LO，晚餐20:30LO）	湯咖哩	特約	69	P.31 D-1
札幌	SUSHI KAN	週日、假日	17:30～凌晨0:30	壽司	無	64	P.30 C-2
札幌	福家壽司	週日、假日	11:30～14:00、17:00～20:00	壽司	無	65	P.30 C-1
納沙布岬	鈴木食堂	營業期間無公休	5～10月的8:00～17:00左右	海鮮	有	196	P.5 E-2
札幌	Yamaka炭烤成吉思汗	第一週週日（時有臨時休息或營業）	17:00～22:30LO	成吉思汗烤肉	無	70	P.31 D-2
札幌	SOUL STORE	週一	11:30～15:00LO、17:30～20:30LO	湯咖哩	無	68	P.30 B-1
江差	藏YAMAGEN蕎麥麵店（停業）	週三、第3週週二	11:00～15:00（售完為止）	蕎麥麵	有	128	P.24 B-2
札幌	Kurobee大眾酒場	週日、假日	11:30～14:00LO、17:00～23:00LO（週六只有晚上營業）	居酒屋	無	72	P.28 B-3
小樽	大正玻璃kubo家	週一	10:00～19:00	咖啡館	無	102	P.20 C-2
美瑛	LIKKALOKKA麵包小店	週日、一、二	13:00～16:00（售完為止）	麵包店	有	146	P.36 B-2
札幌	Cherry Merry	週三、週四	11:00～19:00（咖啡館～18:00LO）	巴菲冰	無	76	P.26 C-1
札幌	中央食堂	全年無休	10:00～20:00（週六11:00～19:00、週日、假日11:00～15:00）	餐館	無	58	P.28 B.C-1
小樽	桂苑中華食堂	週四	11:00～20:00	中國菜	無	101	P.202 A-2
中富良野	富田哈密瓜工房	營業期間無公休	6月中旬～9月的9:00～17:00（依季節調整）	甜點	有	145	P.36 B-2
釧路	鳥松	週日	17:00～凌晨0:30LO	居酒屋	無	191	P.37 E-2
上士幌	NAITAI TERRACE	營業期間無公休（依天候調整）	4月下旬～10月下旬的7:00～19:00（依季節調整）	咖啡館餐廳	有	23	P.8 C-3
富良野	Natural Dining（暫停營業）	週四	11:00～14:30LO、17:30～20:30LO	餐廳	有	145	P.36 A-3
札幌	Bar plus Sweet Two Rings（停業）	週一	18:00～凌晨2:00	巴菲冰	無	76	P.30 C-1
旭川	梅光軒總店	週一	11:00～15:30、17:00～20:30LO（週日、假日20:00LO）	拉麵	無	150	P.37 D-2
函館	函館海鮮居酒屋魚Masa五稜郭總店	全年無休	17:30～22:00LO（週五、六、假日前一天～23:00LO）	居酒屋	無	119	P.32 C-2
函館	Enraku函館鹽拉麵專賣店	全年無休	11:00～18:00（依季節調整）	拉麵	有（收費）	120	P.35 D-2
函館	函館光之屋台 大門橫丁	依店鋪而異	依店鋪而異	小吃街	無	129	P.35 F-1
函館	長谷川商店灣區分店	全年無休	7:00～21:45LO	便當	有	121	P.34 C-2
旭川	蜂屋 五条創始店	週四	10:30～19:50LO	拉麵	有	150	P.37 D-2
帶廣	Hanatokachi	週二（如遇假日改週四公休）	11:00～19:00（中間會休息）	豬肉丼飯	有	160	P.11 F-3
札幌	BARISTART COFFEE	全年無休	10:00～17:00	咖啡館	無	74	P.30 C-1
札幌	BISSE SWEETS	比照大通BISSE	10:00～20:00（依店鋪而異）	甜點	特約	53	P.29 D-3
稚內	Hitoshi之店	週一	7:00～19:00（7～8月6:30～）	海鮮	有	204	P.18 A-3
中札內	野島家農家餐廳	週四、不固定日	11:00～17:00	餐廳	有	158	P.10 B-2
美瑛	FERME LA TERRE美瑛	週一（如遇假日則順延至隔天。依季節調整）	10:00～17:00（午餐11:00～15:00）	咖啡館餐廳	有	23	P.36 B-1
西帶廣	Butadontoko Butaya	週一（如遇假日照常營業）	11:00～19:30	豬肉丼飯	有	161	P.10 B-1
帶廣	Pancho豬肉丼飯	週一、第1、3週週二（如遇假日順延至正常上班日公休）	11:00～19:00	豬肉丼飯	無	161	P.11 F-3
帶廣	Tonta豬肉丼飯	週日	11:00～18:00（售完為止）	豬肉丼飯	有	160	P.11 F-3
富良野	富良野漢堡	營業期間無休	4月下旬～10月的11:00～17:30LO	漢堡	有	145	P.36 B-3
小樽	米華堂（停業）	週一	10:00～21:30（週日～20:30）	咖啡館	無	103	P.20 B-2
中富良野	Popura Farm中富良野總店	營業期間無公休	4月中旬～10月下旬的9:00～17:00LO	甜點	有	145	P.36 B-2
支笏湖	Poropinai食堂	營業期間無公休	4月上旬～11月上旬的10:00～17:30	餐館	有	85	P.12 B-1
札幌	圓山鬆餅	週三	11:00～18:30LO（鬆餅售完為止）	鬆餅	有	45	P.26 B-2
函館	味彩麵廚房JR函館車站分店	全年無休	10:00～19:30LO	拉麵	無	120	P.35 E-1
札幌	彩味麵屋	週一、每月2次不固定公休	11:00～15:15（週四～日 17:00～19:30也營業）	拉麵	有	67	P.27 D-2
富良野	唯我獨尊	週一、7～8月不固定公休	11:00～20:30LO	咖哩	有	145	P.36 A-3
大樹	充滿夢想的牧場	週一、六（1～3月休息）	10:00～16:00	餐廳	有	159	P.10 C-2
余市	余市酒莊	全年無休（依季節調整）	10:00～16:30（葡萄酒廠參觀～16:30。其他依設施而異）	酒莊	有	105	P.21 E-3
札幌	Parfaiteria PaL 夜間巴菲冰專賣店	全年無休	18:00～凌晨1:30LO	巴菲冰	無	77	P.31 D-2
羅臼	羅臼海味知床食堂	全年無休（11～4月不固定公休）	8:00～19:00（11～4月8:00～17:00）	海鮮	有	179	P.37 E-1
羅臼	羅臼丸魚濱田商店	不固定	10:30～15:30（餐館只有2～10月營業）	海鮮	有	179	P.7 F-2
函館	幸運小丑 Marina末廣店	全年無休	9:30～23:00	漢堡	無	121	P.35 D-2

大沼	Lumber House	週一	11:00～14:30、17:00～19:30	牛排	有	126	P.24 B-1
札幌	RITARU COFFEE	不固定	8:30～20:30	咖啡	有	75	P.26 B-2
富良野	Rugorowa Furano	週一、二（營業時間依季節而異）	12:00～13:30LO、17:30～19:30LO（須訂位）	義大利餐廳	有	23	P.20 C-3
函館	Genova餐廳	全年無休	11:00～21:30（10月中旬～4月下旬～20:00，依天氣調整）	餐廳	有	113	P.34 B-3
釧路	泉屋餐廳總店	每月週二不固定公休1天	11:00～21:00LO（10～3月～20:30LO）	西餐	無	191	P.37 E-2
美瑛	Restaurant bi.blé	週二	4～10月11:00～14:30LO、17:30～19:30LO	餐廳	有	147	P.36 B-1
松前	矢野餐廳	10月～3月每週四、12月31日	11:00～20:30（10月～3月14:00～17:00休息）	餐廳	有	127	P.24 B-3
函館	大謀爐端燒	全年無休	17:00～23:00	海鮮	無	129	P.35 F-1
函館	ROMANTiCO TOMANTiCA	週二、週三	11:00～19:00	咖啡	有	123	P.34 B-1
小樽	若雞時代Naruto	不固定	11:00～20:30LO	炸半雞	有	101	P.20 A-2

SHOPPING

地區	店名	公休日	營業時間	類別	停車場	頁碼	MAP
小樽	車站超市TARCHÉ	全年無休	9:00～20:00	食品	無	93	P.20 A-2
小樽	彩屋小樽玻璃燈	全年無休	9:30～18:00（冬季10:00～17:00）	玻璃	無	99	P.20 C-2
小樽	小樽洋果子舖 LeTAO總店	全年無休	9:00～18:00（依季節調整）	甜點	特約	96	P.20 C-3
函館	金森洋物館	全年無休	9:30～19:00	生活用品	有（收費）	124	P.35 D-2
小樽	北一硝子三號館	全年無休	8:45～18:00	玻璃	特約	98	P.20 C-3
札幌	北菓樓札幌本館	全年無休	10:00～18:00（咖啡館～16:30LO）	甜點	無	78	P.28 C-3
札幌	KITA KITCHEN極光城分店	不固定（比照地下街）	10:00～20:00	食品	有	83	P.29 D-3
札幌	札幌市中央批發市場 場外市場	全年無休（依店鋪而異）	6:00～15:00（依店鋪而異）	海鮮	有	65	P.26 B-2
札幌	札幌Style Shop（停業）	全年無休	10:00～20:30	生活用品	特約	81	P.29 D-2
小樽	三角市場	依店鋪而異	依店鋪而異	海鮮	有（收費）	101	P.20 A-2
札幌	SPACE1-15	依店鋪而異	依店鋪而異	生活用品	無	81	P.26 B-2
小樽	大正硝子館總店	全年無休	9:00～17:00	玻璃	有	98	P.20 B-2
帶廣	十勝Toteppo工房	全年無休	10:00～18:00	甜點	有	163	P.11 E-3
中札內	十勝野Fromage	全年無休（11～6月週三休息、如遇假日正常營業）	10:00～17:00	甜點	有	163	P.10 B-2
帶廣	十勝物產中心	全年無休	9:00～18:00	食品	租約	162	P.11 F-3
帶廣	十勝村產地直銷市場	全年無休	10:00～19:00（11月～4月下旬～18:00）	食品	有	162	P.11 E-2
帶廣	Natural COCO帶廣總店	週二	10:00～18:45	食品	有	162	P.11 E-2
新雪谷	新雪谷高橋牧場牛奶工房	全年無休	商店9:30～18:00（冬季～17:30）	甜點	有	106	P.22 A-2
小樽	Nouvelle Vague LeTAO Chocolatier小樽總店	全年無休	9:00～18:00（依季節調整）	甜點	特約	97	P.20 C-3
大沼	沼之家	全年無休	8:30～18:00（售完為止）	糯米糰子	有	126	P.24 A-1
函館	函館早市	依店鋪而異	5:00～14:00（依店鋪而異）	海鮮	有（收費）	118	P.35 E-1
函館	函館明治館	週三	9:30～18:00（週六、日、假日9:00～。依季節調整）	生活用品	有（收費）	125	P.35 D-2
帶廣	Harukoma麵包坊	週日、一	10:00～19:00	麵包店	有	159	P.10 B-1
美瑛	美瑛選果	依季節、設施而異	選果市場9:00～18:00（依季節、設施而異）	食品	有	149	P.36 B-1
札幌	piccolina	週二、週三、時有不定期公休	11:00～19:00	生活用品	無	81	P.31 E-1
富良野	富良野市集1店&富良野市集2店	11月中、下旬約5天設施維護期、112/31～1/1	9:00～19:00（依季節縮短時間）	食品	有	148	P.36 A-3
小樽	Fromage Danish DANI LeTAO	全年無休	10:00～18:00（依季節調整）	甜點	特約	97	P.20 C-3
札幌	presse	週一	12:00～17:00（週日～16:00）	生活用品	無	80	P.26 B-2
函館	BAY函館	全年無休	9:30～19:00	生活用品	有（收費）	125	P.35 D-2
札幌	北海道Dosanko Plaza	全年無休	8:30～20:00	食品	無	83	P.28 C-1
網走	流冰街道網走休息站	12/31～1/1	9:00～18:30（11～3月18:00。依設施而異）	休息站	有（限夏季）	181	P.6 C-1
利尻島	Mirupisu商店	全年無休	7:00～20:00	乳酸飲料	有	206	P.18 A-2
帶廣	麥音	全年無休	6:55～20:00	麵包店	有	159	P.10 C-1
小樽	LeTAO PATHOS	全年無休	9:00～18:00（依季節調整，咖啡館10:30～）	甜點	特約	96	P.20 C-3
小樽	LeTAO PLUS	全年無休	9:00～18:00（依季節調整）	甜點	特約	97	P.20 C-3
札幌	六花亭札幌總店	全年無休	10:00～17:30（咖啡館11:00～14:30，週三休）	甜點	無	79	P.28 B-2
洞爺湖	若狹芋本舖 洞爺湖總店	全年無休	9:00～19:00	甜點	有	84	P.23 F-2
稚內	稚內副港市場	不固定	9:00～18:00（10～3月9:30～17:30）	海鮮	有	204	P.18 A-3

北海道：最新・最前線・旅遊全攻略

作　　者　朝日新聞出版
譯　　者　郭欣惠、高詹燦
總 編 輯　曹　慧
主　　編　曹　慧
封面設計　Bianco Tsai
內頁排版　思　思
行銷企畫　林芳如
出　　版　奇光出版／遠足文化事業股份有限公司
E-mail: lumieres@bookrep.com.tw
粉絲團：https://www.facebook.com/lumierespublishing
發　　行　遠足文化事業股份有限公司（讀書共和國出版集團）
http://www.bookrep.com.tw
23141新北市新店區民權路108-4號8樓
電話：(02) 22181417
郵撥帳號：19504465　戶名：遠足文化事業股份有限公司
法律顧問　華洋法律事務所 蘇文生律師
印　　製　呈靖彩藝有限公司
初版一刷　2023年7月
初版三刷　2024年4月30日
定　　價　450元
I S B N　978-986-98226-5-7　書號：1LBT0056

國家圖書館出版品預行編目 (CIP) 資料

北海道：最新・最前線・旅遊全攻略 / 朝日新聞出版著；
郭欣惠，高詹燦譯. -- 初版. -- 新北市 : 奇光, 遠足文化,
2023.07
面；　公分
ISBN 978-986-98226-5-7（平裝）
1. 旅遊　2. 日本北海道

731.7909　　109001688

線上讀者回函